纵横国际法
——势力均衡与帝国理念

何 力／著

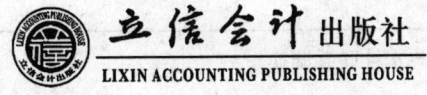
立信会计出版社
LIXIN ACCOUNTING PUBLISHING HOUSE

图书在版编目(CIP)数据

纵横国际法:势力均衡与帝国理念/何力著. —上海:立信会计出版社,2013.3
ISBN 978-7-5429-3782-7

Ⅰ.①纵… Ⅱ.①何… Ⅲ.①国际法—研究 Ⅳ.①D99

中国版本图书馆 CIP 数据核字(2013)第 045895 号

责任编辑　方士华
封面设计　周崇文

纵横国际法——势力均衡与帝国理念

出版发行　立信会计出版社	
地　　址　上海市中山西路 2230 号	邮政编码　200235
电　　话　(021)64411389	传　真　(021)64411325
网　　址　www.lixinaph.com	电子邮箱　lxaph@sh163.net
网上书店　www.shlx.net	电　话　(021)64411071
经　　销　各地新华书店	
印　　刷　常熟市梅李印刷有限公司	
开　　本　787 毫米×1092 毫米	1/16
印　　张　15.75	插　页　1
字　　数　295 千字	
版　　次　2013 年 3 月第 1 版	
印　　次　2013 年 3 月第 1 次	
印　　数　1—3 100	
书　　号　ISBN 978-7-5429-3782-7/D	
定　　价　36.00 元	

如有印订差错,请与本社联系调换

前　言

这部《纵横国际法——势力均衡与帝国理念》是一部关于国际法的书。纵横出自《韩非子》。"纵者,合众弱以攻强者也;横者,事一强以攻众弱也"。在这里,纵,体现的是势力均衡;横,体现的是帝国理念。这就是本书在讨论国际法中要展开的两个基本概念以及历史发展趋势。纵横也是指合纵连横。这是战国时代根据天下大势实行的国家战略。纵是上下,地图上是南北。横是左右,地图上是东西。具有成为霸权国家要素的强秦在西方,连横是它的东方战略,即与东方六国中的特定的国家进行双边结盟,防止东方六国联合起来抗击它的霸权,分化瓦解,各个击破,实现独霸天下的帝国梦。这就是帝国理念在中华世界的体现。合纵是处在秦国东方的六国从北到南结盟联合,共同抗秦,防止秦的连横战略的实施,从而维持一种势力均衡状态,阻止统一天下的帝国出现。这就是势力均衡在中华世界的昙花一现。战国时代的中华大地上,游走着这样一批纵横家。他们是杰出的外交家,凭着三寸不烂之舌,游说各国君主。他们知大局,善揣摩,通辩辞,全智勇,长谋略,能决断,无所不处,无所不入,无所不可。他们将外交发挥到极致,成为一门纵横学,在先秦诸子百家中独树一帜。

如今已经是 21 世纪,互联网、3D、高铁、动漫、宇宙空间站、转基因、克隆……这是新的事物层出不穷,目不暇接的时代。我们也看到地球气候变化、人口爆炸、资源匮乏、宗教纷争、政治动荡、暴力革命……到处都是问题,到处都威胁着人类。特别是大大小小的战争从未停息,总是在某个地方与人类相伴,形影不离。我们审视历史,就会看到人类一直在努力。国际法就是人类避免战争的发生、防止战争悲剧的扩大而形成和发展起来的调整国与国之间关系的法律规则。将国家间的关系从武力和暴力调整变成法律和规则调整,是人类社会理智战胜冲动、克制战胜狂妄的历史进步。这部《纵横国际法——势力均衡与帝国理念》,就是从历史的眼光和地理的角度来审视国际法的发展演变。纵就是时间,国际法从古到今的历史,可一直追溯到国际法的史前时代。

横就是空间,国际法是怎样从欧洲区域法逐渐通过正当或不正当的途径,发展演变成为当今世界上唯一调整国与国之间关系的法律规范,成为具有普遍性的普世规则。这是一部宏大历史画卷,古往今来,在国际法的舞台上,有多少帝国称雄称霸,有多少战争波澜壮阔,有多少外交运筹帷幄,有多少国家盛衰兴亡。罗马、大英帝国、德意志帝国、拿破仑帝国……每一个都关系着国际法的生存发展。人是历史和国际法的主角。那些驰骋疆场的英雄,那些宫闱争斗的惊险,处处扣人心弦,步步惊心动魄。恺撒、腓特烈大帝、特蕾莎、叶卡捷琳娜二世、拿破仑……在国际法的历史上粉墨登场,各领风骚。

通常,国际法被认为是一门高深而专业的学问,是外交家、法律家们才会去关心和钻研的学科。大学中众多的学子为了拿到这门课的学分而绞尽脑汁,刻苦学习。其实,国际法就在我们生活中,它关系到战争与和平,和普通民众的生活和前途命运息息相关。国际法那丰富多彩的历史,充满多少传奇故事和数不清的名人轶事。这是一座充满悲剧喜剧的舞台,这是一个栩栩如生的世界。本书叫做《纵横国际法——势力均衡与帝国理念》,也就是以一种轻松愉快的心态,纵横天下,指点江山,去打开国际法这道威严沉重的大门。我们走进去一看,原来这里别有天地,到处生机勃勃。

轻松有趣并不意味着可以不严谨,可以非学术。本书从势力均衡与帝国理念的线索写国际法,本身就是一个独特的研究视角。这是国际法学界还没有进行过研讨的视角。本书的基本观点和论点都可以引出学术问题和学术争论:国际法与国际关系及国际政治相辅相成;国际法是在势力均衡的背景下才能产生、发展和生存;国际法与帝国理念格格不入;帝国理念占据了历史的主流,所以国际法只是历史发展洪流中的一小段历史;国际法的发展演变伴随着非国际法因素,体现了殖民主义、侵略和非正义一面;国际法演变到当今,已经成为维护和平、抑制战争、弘扬正义的普世性法律规则。如果本书的观点能够抛砖引玉,引来国际法学的学术争论,那更是本书的作者感到欣慰的。要知道,用一本国际法著作把这么多人物、国家、历史、战争串联在一起,又要有知识,又要有趣味,又要有学术,是一个艰难的作业。《纵横国际法——势力均衡与帝国理念》就是提交的答卷。

何 力

2013.3

导　读

　　本书应该说是国际法书籍中的异类，因为本书的写法和风格完全不同于以往将国际法作为高深学问的学术著作。《纵横国际法——势力均衡与帝国理念》本意就是脱逸传统思维的束缚，以自由奔放的笔调谈论国际法。因此，不同的读者阅读此书自然有不同的感受。

　　对于普通读者，难免对法学著作有一种深奥莫测的印象，可能对于国际法更是如此。法学有一套专门的学术话语体系，无论中外都是法律专业人士的世界，与普通民众的家常话语相去甚远。其实，法律和法学知识都在日常生活之中，国际法也是如此。在出国旅游工作学习已经成为普通百姓生活的一部分的今天，国际法已经与我们息息相关。因此，本书会以非常通俗而浅显的语言和事例将普通读者引入国际法的世界，然后从国际法发展的长河的描述、那些惊心动魄的历史画卷和史诗，以及名人及其轶事中体会读书和知识的愉悦。

　　对于法律乃至国际法的学习者，虽然已经来到法学的殿堂，但是国际法始终是一门令人头痛的专业课程。本人起初学习国际法是这样，开始教国际法还是这样。但随着学术和知识的积累，教学经验的长进，枯燥的课堂开始变得妙趣横生，渐渐感到国际法奥妙无穷，体会到了国际法的很多趣味。本书用这种方式写作国际法，在某种程度上也是我的课堂中某些场景的再现。学者固然可以通过学术著作把学术留在世上，但一般并没有将课堂用文字加以再现。本书是一个尝试，想让国际法的学习不再沉重而更加轻松，想让欢声充满国际法课堂。

　　对于我那些十分敬重的国际法学者和同仁，我多年来虔诚地读过你们的各种著述，贪婪地从你们的学问和学术贡献中汲取了无穷的营养。本书虽然是以一种轻松的笔调写成，但我不敢忘记作为学者的本分。一方面我要忠实于所叙述的国际法的历史事实；另一方面我也要通过本书体现我的若干国际法学术上的主张和观点。国际法博大精深,可以从各种不同的角度去探讨它。我是以势力均衡与帝国理念这一条线索来展开我的国际法论述的,也包括对国际法的历史、国家主权和国际法的性质和局限、国际法与国际政治的关系等提出我的见解,也算是我从你们那里获取的知识的一种回报和反馈。我没有用通常的注释,因为本书采用的是另一种的文风,思路形成和思绪的整理都是一气呵成的。但我参阅了你们不少的文献,并综合了我多年积累的法学、历史学、地理学、国际政治学、宗教学、民族学等知识。我愿意抛砖引玉,就本书的任何观点和看法与读者进行学术探讨。

　　本书不像其他国际法书籍那样一开始就在国际法的国家主权上高谈阔论,而是从一个非常现实的现象着手,即为什么有些国家可以违反国际法这一事实,用"只准州官放火,不许百姓点灯"这句流行的谚语来作为我们谈及国际法的切入口。从中我们可以看到国际法的守法和违法的辩证关系。联合国安理会五大常任理事国具有特权,国际法律秩序有大哥和小弟,不入流的萨达姆被美国做掉当然就有冤屈了。因此国际社会存在"官军"和"草寇"的现象。五大常任理事国当然是"官军",在联合国内拥有否决权。这虽然是特权,违反国家主权平等原则,但是事实上却维护了第二次世界大战后半个多世纪的和平。它们作为既得利益者当然倾向于维护对自己有利的现行国际法规则,自会珍惜得来不易的特权,当然不会过于滥用特权去破坏现行规则。这就是国际法作为法能够得到普遍遵守的原因所在。但是这个和平也不是理所当然到来的。冷战时代的和平奇迹并非基于人类的善意和理性,而是在核威慑下的空前恐怖下才得以维持。1962年古巴导弹危机的解决才使得人类社会能够侥幸生存下来,使人类避免了回到石器时代。在这个意义上,戈尔巴乔夫虽然葬送了苏联,但他主动结束了冷战体现了人类利益高于意识形态的理念。这就是国际法具有一定普世性的体现。

　　国际法并非一般的法律。违反国际法的现象比比皆是,难道因此可以认为国际法不是法吗?我们注意到一个现象,那就是即使一个国家有违反国际法的行为,它也不会轻易承认自己违反国际法,反而千方百计从国际法中寻找理由来为自己违反国际法进行辩解,这就反证了国际法是一种法。国际法是法,却是一种有着遗漏和欠缺的法律制度体系,因此国际法始终存在着是否被遵守,没有遵守是否都会承担违反国际法的责任这样的矛盾。在国际法不起作用的地方,国际政治就来填补法律的空白。国际法是规则,国际政治是实力关系。国际政治中的势力均衡关系的出现,就是国际法的生存、发展的基础。所以,国际法的作用和范围不是绝对的。国际法的权威只能是大体上得到尊重,特别是在长期和平时代,国际法成为国际社会不可缺少的要素。

因此,国际法尊崇的国家主权及主权平等原则并非无条件无例外的,可以轻易找到的例外就是在19世纪国际法古典时代的英国维多利亚女王获得了印度女皇称号。为了体现英国不低于德国的国家地位,当时世界上最强盛的英国竟然从印度盗版了一个山寨皇冠给自己戴上。欧洲的国家根深蒂固的等级观念其实是和国际法的国家主权平等背道而驰的。从欧洲皇帝和皇冠的演变来看,这些欧洲的君主们追逐皇冠是多么的执著和可笑。其实国际法只是欧洲一个时期的区域法。它偶然形成,又因为种种偶然的原因发展演变成为今天具有普世性的法律规则。虽然这么多偶然里面存在着必然,但我们必须看到在这个国际法出现之前和没有波及的时候,调整国与国之间关系也是有法律规则并存在国际法律秩序的。我们可以追溯到苏美尔、埃及、古希腊和古罗马。此外,还有教会法以及教权和皇权的斗争,其中的共性都是体现了某种帝国理念。这在中国则是"普天之下莫非王土"。以中国为核心的中华文明圈内形成了华夷秩序和朝贡体系,也使得朝鲜、日本、越南除了要处理与中国的臣属关系外,还想法在自己的范围内推行"小中华"的国际法律秩序。我们还可以把眼光进一步推广到中亚、印度和阿拉伯世界。

17世纪威斯特伐利亚体制的建立标志着真正意义的国际法的形成,但这并不意味着国际法从此就一帆风顺,一路高歌去征服世界。即便在国际法的故乡欧洲,国际法的发展历程也是步步惊心。彻底否定国际法秩序的帝国理念在欧洲根深蒂固,驱使一些强国或强人去征服欧洲,颠覆国际法及其赖以生存的势力均衡。18世纪是一个充满浪漫的时代。欧洲卷入一系列王位继承战争之中,每一次对国际法和国际法秩序都是严峻的考验。国际法经过一次次考验后也越来越得到稳固发展。英国也在玩弄势力均衡游戏中越来越得心应手。这一时代也是女性在国际社会乃至国际法舞台上大活跃的时代。我们可以看到玛利亚·特蕾莎、玛丽·安托瓦奈特、腓特烈大帝、叶卡捷琳娜二世等登场和那些悲欢离合的恩恩怨怨。而拿破仑的登场不但将宫闱的脂粉气一扫而空,让欧洲成为男人们角力的战场,而且让国际法本身都面临生死存亡的考验。这是与国际法的主权原则背道而驰的帝国理念在欧洲与势力均衡的空前绝后的较量。终于随着拿破仑的退场,拿破仑体制下的国际法律秩序的崩溃,国际法才重新获得新生。

正是因为拿破仑之后的欧洲势力均衡发挥到极致,国际法才进入到黄金时代。国际法在欧洲的巩固和发展也为它推广到全世界打下了基础。欧洲的殖民主义并不名誉,却将国际法推向世界,在印度、在奥斯曼帝国、在东亚和东南亚,取代了这里本来的帝国理念下的国际法律秩序,终于在19世纪末成为一种世界性的法律制度。在欧洲,维也纳体制得以建立,出现了历史上绝无仅有的百年和平。塔列朗和梅特涅在国际法史上留下了他们的足迹。而英国的"光荣的孤立"则体现了势力均衡和国际法的最高艺术。即使是拿破仑三世复辟了,也充满帝国理念和野心,但俾斯麦打碎了他的梦,赢得了普法战争,英国却仍然能够娴熟地运用势力均衡抑制了德意志帝国野心的膨胀,维持着欧洲的国际法秩序。也许是帝国主义时代的到来,俾斯麦退出历史舞台,德国皇帝威廉二世应运而生,终于按捺不住称霸世界的冲动,第一次世界大战爆发。可是,时代已经变了,国际法不但稳固下来,而且已经超越了势力均衡和帝国理念的博弈,成为20世纪和本世纪的普世性法律规则和法律制度。

目 录

1 只准州官放火,不许百姓点灯:国际法是什么

1.1 五大国一致原则与世界和平 … 1
1.1.1 安理会常任理事国否决权的形成 … 1
1.1.1.1 国际社会的州官和百姓 … 1
1.1.1.2 萨达姆的冤屈 … 2
1.1.1.3 国际社会的"官军"与"草寇" … 2
1.1.1.4 安理会常任理事国及其否决权的制度的法律依据及其分析 … 4
1.1.1.5 朝鲜战争:为什么中国派出去的是"志愿军"而非"正规军" … 6
1.1.1.6 关于安理会否决权的"君子协定" … 8
1.1.2 核威慑下的冷战和平 … 9
1.1.2.1 第二次世界大战结束以来是人类历史上空前的和平时代 … 9
1.1.2.2 冷战下的和平奇迹 … 9
1.1.2.3 相互保证毁灭机制 … 10
1.1.2.4 古巴导弹危机 … 11
1.1.3 后冷战时代乱套了吗 … 13
1.1.3.1 人类灭亡了,"主义"实现了又有何意义 … 13
1.1.3.2 历史的终结 … 14
1.1.3.3 对历史终结论的国际法解读 … 16
1.1.3.4 文明的冲突 … 17
1.1.3.5 对文明冲突论的国际法解读 … 19
1.1.3.6 冷战后美国的战略及其对国际法的影响 … 20

1.2 国际法是法吗 … 21
1.2.1 死不认错的法理 … 21

| 1.2.1.1 没有不违反国际法的国家 ························· 21
| 1.2.1.2 中国自身的例子:对《辛丑条约》的国际法分析········· 22
| 1.2.1.3 为什么各国都不愿意承认自己有违反国际法的行为····· 25
| 1.2.2 国际政治与国际法·· 27
| 1.2.2.1 国际社会中国际政治的作用空间······················ 27
| 1.2.2.2 现实主义国际政治与国际法·························· 28
| 1.2.2.3 理想主义国际政治与国际法·························· 30
| 1.2.3 国际法的作用范围和本质··· 33
| 1.2.3.1 国际法的作用范围···································· 33
| 1.2.3.2 国际法是法吗·· 34
| 1.2.3.3 国际法与国内法关系的一元论和二元论················ 35
| 1.2.3.4 为什么国际法能够得到遵守···························· 37
| 1.2.3.5 国际法的性质·· 38

2
国际法的前世今生:帝国理念

2.1 国际法的史前时代   **40**

2.1.1 国家是有等级的:皇冠有多么辉煌·································· 40
    2.1.1.1 女王还是女皇:英国君主维多利亚······················ 40
    2.1.1.2 欧洲国家的等级·· 43
    2.1.1.3 国际法所要求的国家平等······························ 44

2.1.2 欧洲的帝国和帝位的由来··· 45
    2.1.2.1 源头是恺撒和奥古斯都·································· 45
    2.1.2.2 欧洲的皇帝和帝位的谱系································ 47

2.2 古代和中世纪的国际法   **50**

2.2.1 古代中世纪有国际法吗··· 50
    2.2.1.1 国际法与国际法律秩序·································· 50
    2.2.1.2 国际法的欧洲中心主义·································· 50
    2.2.1.3 欧洲的国际法也是世界法律文明积累的成果·············· 51

2.2.2 前罗马时代·· 52

	2.2.2.1	国际法律秩序的萌芽	52
	2.2.2.2	古希腊时代	53
2.2.3	罗马帝国		55
	2.2.3.1	暴君卡拉卡拉与《安东尼努斯敕令》的功过	55
	2.2.3.2	罗马市民与异邦人	56
	2.2.3.3	市民法与万民法	58
	2.2.3.4	《安东尼努斯敕令》的意义：市民法与万民法合流	59
	2.2.3.5	罗马法中的国际法律秩序	60
2.2.4	中世纪欧洲的国际法律秩序：基督教与教皇		61
	2.2.4.1	罗马帝国理念在基督教附体	61
	2.2.4.2	教皇教权下的中世纪国际法律秩序	63
	2.2.4.3	哥伦布的"欺君"及其地理学后果	64
	2.2.4.4	教皇子午线：难道世界就这样被分掉了	66
	2.2.4.5	对教皇权力的挑战：教权与皇权	67

2.3 中国古代与国际法律秩序 — 68

- 2.3.1 春秋战国与国际法律秩序 — 68
  - 2.3.1.1 "两国交兵不斩来使"的国际法解读 — 68
  - 2.3.1.2 "挟天子以令诸侯"的国际法解读 — 69
  - 2.3.1.3 合纵连横的国际法解读 — 70
- 2.3.2 "普天之下莫非王土" — 72
  - 2.3.2.1 华夷秩序：中华民族是上天的"选民" — 72
  - 2.3.2.2 册封与朝贡：朝贡体系的国际法律秩序 — 73
  - 2.3.2.3 华夷秩序中的朝鲜和"小中华"思想 — 75
  - 2.3.2.4 天皇制的古往今来：日本君主是国王还是天皇 — 77
  - 2.3.2.5 越南竟曾认为和中国之间是南北朝关系 — 80
  - 2.3.2.6 宋辽金的国际关系："檀渊之盟"等的国际法解读 — 81

2.4 其他东方国际法律秩序 — 86

- 2.4.1 蒙古帝国系列 — 86
  - 2.4.1.1 "蒙古治下的世界和平" — 86
  - 2.4.1.2 大元大蒙古的国际法律秩序 — 87
  - 2.4.1.3 帖木儿帝国 — 87
  - 2.4.1.4 莫卧儿帝国 — 89

2.4.2 阿拉伯帝国系列 ··· 90
2.4.2.1 阿拉伯帝国的兴起 ·· 90
2.4.2.2 阿拔斯革命 ·· 91
2.4.2.3 奴隶王朝与马木留克王朝 ································ 92
2.4.3 印度帝国和王朝系列 ··· 93
2.4.3.1 印度的地理环境与和平的志向 ····························· 93
2.4.3.2 帝国时代的到来:孔雀王朝及其后来 ···················· 94
2.4.3.3 帝国时代的复兴:笈多王朝及其后来 ···················· 94

3
王国宫闱和帝国霸权:国际法的传统时代

3.1 国际法最早是欧洲区域法律规则　　96
3.1.1 为什么国际法产生在欧洲 ······································ 96
3.1.1.1 国际法形成的条件 ·· 96
3.1.1.2 脱离帝国理念:主权论的提出 ····························· 97
3.1.1.3 人民主权论和自然法对主权论的补充 ···················· 99
3.1.1.4 格劳秀斯 ·· 100
3.1.2 威斯特伐利亚体系的建立 ······································ 101
3.1.2.1 帝国理念已成明日黄花 ··································· 101
3.1.2.2 三十年战争与《威斯特伐利亚条约》 ···················· 102
3.1.2.3 威斯特伐利亚体系 ·· 104
3.1.3 势力均衡 ·· 104
3.1.3.1 势力均衡的原理 ··· 104
3.1.3.2 势力均衡的展开:中国的例子 ····························· 106
3.1.3.3 势力均衡的失败例:宋的战略失策 ························ 107

3.2 威斯特伐利亚体制的展开:欧洲宫闱与国际关系及国际法　　107
3.2.1 西班牙王位继承战争的国际法解读 ···························· 107
3.2.1.1 萨利克之咒:王位继承战争为何在欧洲频繁发生 ······· 107
3.2.1.2 西班牙王位继承战争 ····································· 109
3.2.1.3 《乌德勒支条约》及其体现的势力均衡原理 ············ 111

- 3.2.1.4 《乌德勒支条约》的国际法意义 ………………………………… 113
- 3.2.2 奥地利王位继承战争 …………………………………………… 114
  - 3.2.2.1 18世纪男女同权的一次较量 ……………………………… 114
  - 3.2.2.2 战争及《第二亚琛和约》 …………………………………… 115
  - 3.2.2.3 无冕女帝特蕾莎 …………………………………………… 116
- 3.2.3 七年战争 ………………………………………………………… 118
  - 3.2.3.1 开战原因 …………………………………………………… 118
  - 3.2.3.2 战争经过 …………………………………………………… 120
  - 3.2.3.3 第二次勃兰登堡的奇迹 …………………………………… 120
  - 3.2.3.4 对七年战争的国际法解读 ………………………………… 123

3.3 拿破仑战争与国际法   126

- 3.3.1 法国大革命与国家主权 ………………………………………… 126
  - 3.3.1.1 法国大革命的爆发及其对欧洲的冲击 …………………… 126
  - 3.3.1.2 第一次反法同盟时期的法国保卫战 ……………………… 127
  - 3.3.1.3 法国的卫星国的建立及其对国际法的挑战 ……………… 131
- 3.3.2 拿破仑战争及其对国际法的破坏 ……………………………… 134
  - 3.3.2.1 拿破仑夺权和称帝 ………………………………………… 134
  - 3.3.2.2 拿破仑战争的发展 ………………………………………… 138
  - 3.3.2.3 拿破仑帝国的国际法律秩序 ……………………………… 141
  - 3.3.2.4 第四次反法同盟 …………………………………………… 143
  - 3.3.2.5 拿破仑国际体制的崩溃和国际法的新生 ………………… 145
  - 3.3.2.6 拿破仑的谢幕 ……………………………………………… 149

4
势力均衡大国博弈：国际法的经典时代

4.1 国际法的全球化   156

- 4.1.1 19世纪的反差：欧洲与非欧洲 ………………………………… 156
  - 4.1.1.1 欧洲以外的国际法的不平等 ……………………………… 156
  - 4.1.1.2 欧洲：19世纪的人和20世纪的人谁更爱好和平 ………… 157
  - 4.1.1.3 波兰尼对19世纪和平的解释 ……………………………… 158

4.1.2 殖民主义与国际法 ··· 160
- 4.1.2.1 早期的殖民主义 ··· 160
- 4.1.2.2 十字军国家及其马耳他骑士团国的国际法承认问题 ··· 161
- 4.1.2.3 威尼斯城市共和国及其殖民地 ··· 163
- 4.1.2.4 东印度公司与国际法:是公司,还是国家 ··· 164

4.1.3 奥斯曼帝国的国际法律秩序的崩溃 ··· 168
- 4.1.3.1 奥斯曼帝国的兴起于君士坦丁堡的沦陷 ··· 168
- 4.1.3.2 维也纳攻防战对欧洲国际法秩序的冲击 ··· 169
- 4.1.3.3 首都特惠待遇——近代国际法不平等条约的起源 ··· 170
- 4.1.3.4 奥斯曼帝国的国际法律秩序 ··· 172
- 4.1.3.5 俄土战争及第一次世界大战的爆发 ··· 174
- 4.1.3.6 第一次世界大战中的奥斯曼帝国 ··· 174
- 4.1.3.7 奥斯曼帝国的国际法律秩序的崩溃和土耳其融入国际法体系 ··· 176

4.1.4 华夷秩序的崩溃 ··· 177
- 4.1.4.1 尼布楚条约 ··· 177
- 4.1.4.2 马嘎尔尼访华 ··· 178
- 4.1.4.3 华夷秩序的崩溃 ··· 178
- 4.1.4.4 中国的不平等条约的产生 ··· 179
- 4.1.4.5 日本、泰国等的治外法权和不平等条约的废除 ··· 180

4.2 维也纳体制的建立 **182**

4.2.1 维也纳会议 ··· 182
- 4.2.1.1 维也纳会议的举办 ··· 182
- 4.2.1.2 维也纳会议的灵魂人物梅特涅及其国际法影响 ··· 183
- 4.2.1.3 维也纳会议对拿破仑战争的处理 ··· 185

4.2.2 维也纳会议与正统原则 ··· 186
- 4.2.2.1 正统原则主导维也纳会议 ··· 186
- 4.2.2.2 正统原则成为19世纪欧洲区域国际法的普遍原则 ··· 188
- 4.2.2.3 正统原则在20世纪国际法的变形 ··· 189
- 4.2.2.4 正统原则确立中塔列朗的历史作用 ··· 190
- 4.2.2.5 维也纳体制体现的其他国际法的原则 ··· 191

4.2.3 欧洲协调机制的国际法构造 ··· 192
- 4.2.3.1 欧洲协调机制的精神支柱——神圣同盟 ··· 192
- 4.2.3.2 四国同盟和五国同盟 ··· 195

4.2.3.3　1848年革命与维也纳体制的崩溃 ······ 196
4.2.3.4　维也纳体制的国际法解读 ······ 198

4.3　势力均衡与光荣的孤立　200
4.3.1　英国的势力均衡政策的国际法基础 ······ 200
4.3.1.1　均衡政策的地缘要素:大英帝国真的很大吗 ······ 200
4.3.1.2　霍布斯的现实主义国际法观念对英国势力均衡政策的影响 ······ 203
4.3.1.3　海权国家英国的国策与国际法的发展 ······ 204
4.3.2　英国的既定国策:光荣的孤立 ······ 205
4.3.2.1　英国的势力均衡与光荣的孤立的提出 ······ 205
4.3.2.2　从欧洲协调机制到孤立战略的转变 ······ 206
4.3.2.3　英国的光荣的孤立与美国的门罗主义:拉美独立运动 ······ 209

4.4　势力均衡的崩溃与国际法的走向　211
4.4.1　普法战争 ······ 211
4.4.1.1　法兰西第二帝国 ······ 211
4.4.1.2　普法战争的前奏:对丹麦战争和普奥战争 ······ 213
4.4.1.3　奥地利脱离德意志统一和奥匈帝国的兴亡 ······ 216
4.4.1.4　普法战争的爆发和德意志帝国的成立 ······ 217
4.4.2　俾斯麦体制及其崩溃 ······ 222
4.4.2.1　德国的统一 ······ 222
4.4.2.2　俾斯麦体制及其对国际法的影响 ······ 224
4.4.2.3　欧洲势力均衡的崩溃 ······ 227

参考文献　232

后　记　235

1 只准州官放火，不许百姓点灯：国际法是什么

1.1 五大国一致原则与世界和平

1.1.1 安理会常任理事国否决权的形成

1.1.1.1 国际社会的州官和百姓

国际法是什么？对这个问题不同的人有不同的回答。一般而言，国际法是调整国家之间关系的法，而不是国家之上的法。即国家具有主权，主权就是不受外来干预的最高权力。各国的主权都应该是平等的。然而现实如何呢？我们这里可以从一句老话说起："只准州官放火，不许百姓点灯"。谁是州官？谁是百姓？州官就是联合国安理会的5个常任理事国，即美国、中国、俄罗斯、英国和法国。百姓就是其他国家。即在当今的国际社会中，5个常任理事国享有某种特权，不受一些国际规则的约束，国际法的制裁也难以落到它们的头上。而其他国家则正好相反，5个常任理事国拥有的某些东西则不准许它们拥有。如果它们违反了5个常任理事国的意志而拥有，在没有安理会常任理事国撑腰或做后盾的情况下，就会被指责，甚至被制裁。

拿军事方面来说，5个常任理事国拥有的最大特权就是能够合法拥有核武器。五大国合法拥有核武器特权的由来也许并不是来自安理会常任理事国的身份和地位。特别是中国，1964年第一次核试验成功时并没有取代国民党政权获得联合国会员国和安理会常任理事国的资格。事实上当时国际上并无关于防止核扩散的条约和制度。但是当1974年印度核试验成功的时候，国际社会也不承认印度合法拥

有核武器的权利,以至于后来的巴基斯坦、朝鲜、以色列、伊朗等国的核武器的开发以及持有都不能获得国际社会的认可而处于非法状态。这是因为 1968 年 7 月 1 日,美国、苏联、英国等 59 国签署了《不扩散核武器条约》(Treaty on the Non-Proliferation of Nuclear Weapons,简称 NPT。中国于 1991 年加入该条约)。该条约于 1970 年 3 月 5 日生效,规定了核国家不得以任何方式转让核武器爆炸装置,非核国家保证不制造核武器,不接受其他国家核武装的转让。这部条约事实上认可了当时保有核武器的 5 个国家拥有核武器的合法性,而这 5 个国家正好就是联合国安理会常任理事国。以后尽管印度、巴基斯坦、朝鲜都爆炸了核装置,并且在 1996 年 9 月 10 日联合国大会上还通过了《全面禁止核试验条约》,而这 3 个事实上保有核武器的国家始终未能获得合法持有核武器的资格,从而其合法性受到质疑。安理会常任理事国不仅拥有一般意义上的核武器,还将这种特权发挥到极致:从原子弹到氢弹、中子弹(除英国外),再加上洲际导弹和分弹头技术作为运载手段,形成远程核威慑力。在其他大规模杀伤武器方面,5 个安理会常任理事国都开发并保有着化学武器。

1.1.1.2　萨达姆的冤屈

安理会常任理事国以外的国家呢? 先看看伊拉克的例子。第二次海湾战争美国攻击伊拉克的理由是存在或开发大规模杀伤武器。所谓大规模杀伤武器是指核武器、生物武器和化学武器三种(即 atomic, biological, chemical,简称 ABC)。除了前述的核武器外,关于生物武器,有 1972 年 4 月 10 日签署、1975 年 3 月 26 日生效的《禁止细菌(生物)及毒素武器的发展、生产及储存以及销毁这类武器的公约》(禁止生物武器公约)。关于化学武器,有 1993 年 1 月 13 日签署、1993 年 4 月生效的《关于禁止发展、生产、储存和使用化学武器及销毁这类武器的公约》(禁止化学武器公约)。美国根据自己的情报声称伊拉克开发或拥有化学武器,并且其核武器开发的疑惑一直没有消除,于是便以伊拉克拥有大规模杀伤武器以及不配合国际原子能机构的监督工作为理由进攻伊拉克,直接推翻了萨达姆·侯赛因政权。但是美国占领伊拉克后却始终没有发现萨达姆政权开发大规模杀伤武器的证据。这一方面说明了安理会常任理事国以外的国家开发和拥有大规模杀伤武器的非法性原则的确存在,即如果被怀疑开发或拥有大规模杀伤武器,就有可能被某个安理会常任理事或国际社会干预,甚至导致政权倒台、国家领土被占领的后果。后来的伊朗的核武器开发疑惑也面临同样的困境。

1.1.1.3　国际社会的"官军"与"草寇"

也不是所有的非安理会常任理事国就绝对与核武器等大规模杀伤武器无缘。如果有某一个常任理事国给它罩着,也就不会担心国际社会的干预,导致政权倒台领土被占。这是由第二次世界大战后建立起来的国际集体安全体制以及国际法框架所决定的。这一体制就是国际秩序是由5个大国负责维持。它们构成国际社会的5个强权老大(power)。其他国家要不就入伙,由某个或几个老大庇护,成为小弟,要不在几个强权之间周旋并玩弄平衡术。老大作为"州官"都有着以核威慑力量为基础的特权。在老大的庇护下,小弟行为多少有些出格,只要不出格得太多,老大也会替它担待。也就是说,老大和受其庇护的小弟构成了当今国际社会的"官军"。而没有老大庇护,不入伙而周旋在世上的其他国家,如果遵守国际集体安全体制以及国际法规则,则相安无事,但是如果不遵守国际法规则,做出了出格的事情,则会沦为"草寇"。"草寇"不但不受老大的庇护,还有可能遭受制裁和打击。国际法的强制性和制裁性在这里就得到了集中体现。

虽然国际法奉行国家主权原则,即国家享有主权,国家之间是主权平等的。但是任何法律部门在理论上和原则上与实践中和现实中是不能完全画等号的。在国际社会现实中,国际法则不一定处处完全体现着主权平等原则。鉴于第二次世界大战的教训,为了能够真正有效建立大国控制下的国际和平和安全体制,在1944年德黑兰会议以及1945年雅尔塔会议上,由当时的反法西斯3个强国美国、苏联和英国领导人确定了战后国际社会秩序由数个国际警察来加以维持的共识(雅尔塔会议上开始是美国、苏联、英国、中国4个,后来加上的法国,成为5个"国际警察")。这就使得战后建立的联合国在本质上就不同于第一次世界大战后建立起来的国际联盟。国际联盟的执行机构"理事会"(相当于后来联合国的安理会)虽然也有常任理事国,但是并没有确立常任理事国一致原则,即常任理事国没有否决权。并且国际联盟也不伴随着行使武力的权力,以便制止破坏国际和平和安全的侵略行为。因此,当1931年9月18日后日本侵占中国满洲,以及1935年意大利侵略埃塞俄比亚时,国际联盟不能采取有效措施制止侵略,以至于后来演变成为第二次世界大战。

这表明,貌似严格遵守国家主权平等的世界,在缺乏集体安全体制的情况下有可能演变成弱肉强食的丛林法则支配的世界。第二次世界大战造成的重大损失也促使各战胜国反思。尽管在意识形态上社会主义国家及其阵营和资本主义国家及其阵营似乎势不两立,但是由于已经出现了核武器这样的可怕武器,双方再也经受不起也不愿意经受下一场世界大战的折腾。这样,一个现实主义的选择成为美国、苏联等国的共识,其结果就是突破了国家主权平等原则,建立了五大国作为联合国安理会常任理事国,实行五大国一致原则(即安理会常任理事国拥有否决权)来决定国际和平和安全的重大事项,并且可以采取包括行使武力在内的措施维护国际和平和安全。起初想定的"草寇"是前法西斯国家。《联合国宪章》第57条和第107条(即敌国条款)就是旨在防止前法西斯国家发动侵略,并规定了采取措施制止这种行为。后来德国和日本结束占领状态纳入到资本主义国家阵营后,所谓"草寇"就成为那些游离于两大阵营之间或之外的一些国家,比如刚果、乌干达等。冷战结束后,则有伊拉克、利比亚等例子。

然而,如果就开发核武器和导弹等而言,以色列、巴基斯坦、朝鲜、印度等国的行为比起伊拉克、利比亚以及近来的伊朗等有过之而无不及。为何它们的待遇完全不同呢?这是因为《联合国宪章》第39条规定,由安理会来判断是否构成危害国际和平和安全的事态。进而根据1974年联合国大会《关于侵略定义的决议》也确定了,由安理会认定是否构成侵略。如果把这些规定和安理会常任理事国否决权制度结合起来考虑,安理会常任理事国永远不可能成为侵略国家,不可能发动侵略战争。如果指控安理会常任理事国的某个行为是侵略,在安理会认定是否构成侵略行为的时候,受指控的该常任理事国就会自己投反对票对此加以否决。安理会常任理事国永远是"官军",不可能为"草寇"。这种永不遭安理会决议谴责和制裁的地位就等于安理会常任理事国获得了永久豁免权。

这项权力还可以被延伸运用。如果不是安理会常任理事国的某个国家受到某个或某些安理会常任理事国的庇护,在其行为是否会被认定为侵略行为的场合也会受到常任理事国的否决权的保护。比较典型的例子就是以色列。它被认为已经拥有核武器和导弹打击力量,并且多次无视联合国大会决议,武力侵入南黎巴嫩,甚至派出特别行动队实行越境打击。面对阿拉伯国家的指控,美国无例外都会行使否决权,使得通过联合国的程序无法认定以色列的越境打击行为或者其保有核武器的行为是否侵害到了中东地区的和平与安全。朝鲜虽然在开发核武器方面也走过了头,擅自爆炸核装置,屡次造成了东北亚紧张局势,不符合中国的利益。但是由于中国和朝鲜是同盟国的关系,所以中国的安理会常任理事国的地位和否决权对朝鲜也起着一种庇护作用。而印度和巴基斯坦虽然不被认为是合法的核持有国,但是作为一种既成事实得到国际社会某种程度的默认。印度作为金砖国家和世界第二人口大国,以及南亚次大陆区域性大国,即使还不是安理会常任理事国,但有可能在安理会机构改革中获得新增常任理事国的地位,所以国际社会目前不能对印度的行为采取过多的干预行动。而巴基斯坦作为印度的对立面存在,其核武器的保有也因印度受到国际社会的默认而同样得到默认。

1.1.1.4 安理会常任理事国及其否决权的制度的法律依据及其分析

联合国安理会常任理事国的否决权的法律依据是《联合国宪章》。《联合国宪章》第27条第3款规定:"安全理事会关于程序事项的决议,应以九理事国之可决票表决之。安全理事会对于其他一切事项之决议,应以就理事会之可决票包括全体常任理事国之同意票表决之;但对于第六章及第52条第3项内各事项之决议,争端当事国不得投票。"

这些规定有以下几层意思:第一,程序性决议为简单多数表决制。这里不存在否决权的问题。第二,程序性决议以外的实质性决议要有2/3多数通过,其中要包括所有常任理事国。反过来说,如果常任理事国中的任何一个没有同意,决议就不能获得通过,即被否决。第三,规定了表决回避制度,也包括常任理事国的回避,作为否决权的例外。《联合国宪章》第六章是"和平解决国际争端",第52条关于区域争端解决机制的和平解决争端的规定。而安理会最具有实质性的制度和手段是第七章"对于和平之威胁和平之破坏及侵略行为之应对办法",行使武力的规定就在这部分,却并不在表决回避制度中。因此在涉及对侵略行为的认定和行使武力的事项,否决权则不设例外,即常任理事国可以否决对自己不利的决议。

为什么要给安理会常任理事国以如此特权呢?在起草《联合国宪章》的时候,鉴于第二次世界大战造成的巨大战争创伤,当时内部也在钩心斗角的盟国在战后国际法律秩序构建上达成了共识,建立一个可在战后有实效而非空谈的国际干预机制。由于传统国际法是建立在国家主权原则基础之上,国家主权意味着国家对内的最高权力和对外的排他的权力。排他的权力就是否定来自外来干涉,即不干涉内政的原则。但是主权和不干涉的绝对化,会导致难以约束国家行为的结果。第二次世界大战前没有一个约束国家侵略行为的国际法机制。所以战后建立联合国体制,就是建立一个约束国家侵略行为的新的国际法机制。

根据这一机制,国际社会是可以通过联合国安理会决议和采取包括武力手段在内的方式对国家的一些行为,特别是影响到国际和平和安全的行为进行干预,以防止战争等严重事态的出现。但是如果这种干预是针对大国(按照当时的理解是指五大战胜国),大国由于有强大的军事实力,用武力对抗这种干预是完全可能的。这样一来,不但不能实行有效的干预,反而会引起大国之间的对抗。由于任何一个大国都有一定的影响力和追随者,这就更迫使世界上其他国家不得不在大国之间作出选择,世界又会面临着艰难的选择,即严格维护正义和国际法必然导致新的世界大战呢,还是妥协以求避免世界大战。如果选择前者,与有核武器武装的大国进行战争,是没有绝对胜算的。如果向国际社会挑战的大国取得了军事上的胜利,给人类社会带来的灾难性后果是无法估量的。所以,建立战后可以实施国际干预的国际和平安全体制,必须要避免对大国进行国际干预。否则不但不能带来和平和安全,反而会成为大国间战争乃至新的世界大战的温床。因此,要严格按照国家主权平等原则,在战后的国际和平安全体制中对大国和小国一视同仁实行国际社会干预,是极不现实的,从实施的可能性中被完全排除掉了。大国既然是世界警察,就必须要给予警察必要的例外特权和豁免权。

大国享有国际干预豁免或例外特权是否会助长大国的恣意妄为,导致大国之间的战争,或者随意对小国发动战争呢?如果这一体制是建立在第一次世界大战后,也许可以推迟第二次世界大战的爆发,但是也不能排除大国间战争乃至新的世界大战的爆发的可能性。而第二次世界大战结束之际,由于这场战争空前的破坏性和残酷性对各国执政者和民众的冲击,以及核武器的出现导致的未来战争无胜者结局的可能性,使得大国对于国际和平和安全的责任变得非常重要了。这样的责任之大,足以唤醒大国的理性,增强大国的国际责任,自我约束大国的行为。尽管大国有可能对小国发动一些军事行动,并且不受制裁,但是在大国之间可能引起战争的举措却非常谨慎。否决权制度使得大国获得特权,大国是巨大受益者,也促使大国珍视其价值,不会轻易滥用导致其归于无效。

第二次世界大战结束时成立的联合国只认定了5个享有否决权的大国,即美国、苏联、英国、中国和法国5个战胜国。以后虽然联合国会员国的数量扩大了几倍,安理会理事国的数量也从11个扩大到15个,但是常任理事国的数量仍然维持在5个。虽然扩大的呼声不断高涨,特别是那些战后得到较大发展的日本、德国、印度、巴西等一直谋求获得安理会常任理事国的地位,但是遇到是否增加常任理事国的难题。现任的五大常任理事国的公开或私下的态度却惊人一致,表面并不反对,甚至赞成,但实际上就是不断拖延,以至于常任理事国的增加变得遥遥无期。作为既得利益者自然不愿与更多的国家分享特权,也说明在这些年中常任理事国也基本上恪尽职守,在有权放纵自己的行为的体制下也能够适度把握分寸,认真地珍惜和维护着这一体制和现有的否决权的特权。

1.1.1.5 朝鲜战争:为什么中国派出去的是"志愿军"而非"正规军"

1945年随着第二次世界大战的结束和联合国的成立,世界也分为了政治、军事、经济上相互分离和对立的两大阵营,冷战时代开始了。由于德国和日本处于被占领之中,属于要共同防范的"敌国",当时安理会五大常任理事国中站在以美国为首的西方阵营的有美国、英国、法国和中国(台湾的国民党政权),而东方阵营只有苏联一国。由于否决权的存在,美国和苏联相互否决对方的提案,使得安理会在国际争端解决中的作用和职能受到严重削弱,这种状态持续了很多年。在大国卵翼下的小国的一些过分的举动也因美国和苏联的相互否决也受到庇护和纵容。但是,否决权制度的最大作用,即避免大国之间的军事冲突却有效发挥了其机能。特别是苏联在1949年核试验的成功,使得两大阵营之间出现了非对称但足以使对方恐惧的核恐怖平衡,苏联的否决权就越来越具有与美国一方西方阵营四票否决权同等的意义了。双方之间口水战不断升级,口号一个比一个响亮,声势一个比一个高扬,但是实际行动一个比一个谨慎。

从1945—1949年,尽管中国发生了政权更替,联合国和大国没有进行干预。但是这就产生了这样的结果,即支配中国大陆本土的中华人民共和国政府,以及被赶到台湾的国民党台湾当局。它们之中到底哪一个应该代表联合国乃至安理会中的中国席位呢?如果根据实际统治原则,席位当然应该由中华人民共和国政府拥有,因为这个政府已经实际控制和统治着中国96%以上的领土。这属于安理会应该讨论的事项。于是,同为社会主义国家的苏联于1950年1月向安理会提出了中华人民共和国政府取代国民党台湾当局的议案。而在当时的安理会第459次会议上,美方提出将苏联的提案推迟到以后表决(实际上是无限期搁置)的议案。由于这是程序性议案,苏联没有否决权,因而这一提案以8票赞成,2票反对(苏联和南斯拉夫),1票弃权(印度)获得通过。面对这一不公正结果,苏联代表毅然离席,抵制会议,表示抗议。

  1950年6月25日,朝鲜战争爆发,成为安理会要讨论的重大议题。但是这时苏联正在为中国的联合国席位问题生着闷气,抵制安理会的会议。美国指责苏联不参加安理会,苏联认为由于中国席位问题没有解决,安理会无法作出有法律效力的决定,因此苏联没有参会。到底苏联还有什么其他目的目前还不得而知,但是不可思议的事发生了,美国利用这一千载难逢的时机通过了安理会第82、第83、第84号决议,认定朝鲜侵略韩国。苏联见势不妙,于1950年8月重返安理会会议,开始否决一切对社会主义国家朝鲜、中国不利的所有安理会议案。但是,苏联的这一抵制的法律后果已经显现。那就是中国已于1950年10月派出军队越过了鸭绿江,参加朝鲜战争,直接与美国为首的联合国军相对抗了。这是二战以后第一次,也是唯一的一次大国间的军事对抗。

  由于美韩一方有安理会决议的支持,成为"官军",可以顺当地打上"联合国军"的旗号,并在此旗号下可以纠集西方国家阵营的更多国家参加,结果又有英国、澳大利亚、荷兰、新西兰、加拿大、法国、菲律宾、土耳其、泰国、南非、希腊、比利时、卢森堡、哥伦比亚、埃塞俄比亚等16个国家多少也派出了军队参战,联合国军总部设在东京。韩国不是联合国会员国,自己宣布将韩国军队交由联合国军司令部统一指挥。此外,还有瑞典、印度、丹麦、挪威、意大利为联合国军派出了医疗队和医疗船。这样一来,美国通过安理会决议的方式把对朝鲜战争的干预变成了联合国的集体干预行动,披上了合法的外衣,拥有了国际法上的优势。

  但从国际法上看,这一事态对于中朝一方来说则处于极其不利的境地。本来朝韩双方都是大国支持下立志于统一国家的两个国家,性质并无什么重大区别,但这样一来,对于朝鲜而言,对方竟然成为"官军",而己方则沦为"草寇"。尽管有苏联和中国的支持,但是由于那几个安理会决议的原因,在国际法上处于劣势。结果,在中国进行抗美援朝时,就难以用中国人民解放军的正式名称,只能用"中国人民志愿军"的名义。如果中国是以正式的名称参战,虽然有苏联作后方支持,并不怕对方,但至少在法律上处于极其不利的地位。其结果是,志愿军在国际法上是以民间或个人名义参加境外军事行动的。因为它属于个人行为,因此就避免了国家承担国际责任的国际法问题。在联合国成立后,国家的军事行为被分为了合法的

"官军"的行为和非法的"草寇"的行为两类,一个国家采取行动的时候就只能尽量进行国际法上的处理。为了避免出现国际法上的中国对抗联合国的事态,中国派到朝鲜的正规军就成为中国人民志愿军了。代表国家军队的领章帽徽等标志也拿掉,换上了布制的中国人民志愿军标志缝在上衣上。朝鲜战争规模巨大,战斗激烈,军事对抗程度不亚于第二次世界大战,美军在朝鲜战争中使用的弹药量超过了第二次世界大战。但是从国际法看,不得不说是中国人民以个人名义志愿赴朝支援朝鲜人民抗击美帝的入侵,即人民反抗以联合国军旗号下的"官军"。

1.1.1.6 关于安理会否决权的"君子协定"

如果我们问到,在苏联缺席没有参加表决的情况下安理会通过的决议是否合法有效呢?从《联合国宪章》第 27 条从字面上理解,"全体常任理事国之同意票"当然是指 5 个常任理事国的明确的同意票。换言之,如果任何一个常任理事国没有明确的同意,决议就不能获得通过,即构成了否决,与明确投票行使否决权具有同样的效果。在出席安理会的情况下,明确投票同意是一种情况,另外两种投票则是投票反对,以及投弃权票,这构成否决。此外还有缺席而没有出席安理会会议的情况,即第四种情况。关于朝鲜问题的决议时苏联代表未到会就属于第四种情况。那么,苏联能不能以上述第 27 条的规定提出该决议因苏联缺席构成否决而无效呢?事实上苏联没有提出来。其原因是因为在此之前安理会 5 个常任理事国已经就安理会表决制度达成过某项"君子协定":为了限制否决权的滥用,安理会 5 个常任理事国同意在安理会表决时只有明示的反对票才构成否决,而弃权和缺席不构成否决。

"君子协定"是不经过书面签字,只以口头承诺或交换函件而订立的协定。君子协定曾经应用于以往的一些国际协定中,但是 1969 年《维也纳条约法公约》第 2 条专门规定了本公约所指的条约是指"国家间所缔结而以国际法为准之国际书面协定"。这项规定专门规定国际条约的书面形式,即口头的君子协定不适用《维也纳条约法公约》。那么,安理会常任理事国关于否决权的君子协定是否有国际法上的效力呢?

第一,该君子协定是在《维也纳条约法公约》之前的君子协定,不受条约法公约约束,可以认为是有效的约定。

第二,该君子协定虽然涉及事实上修改了《联合国宪章》条文的效果,但是由于是"州官们"商定的,理论上不存在使得该君子协定归于无效的程序和方法。

第三,该君子协定是安理会常任理事国自愿限制自己的否决权的特权,有助于防止否决权的滥用。既然"州官"常任理事国自己都同意了,其他无权无势的"百姓"国家岂有反对之理?

结果,尽管苏联当时缺席安理会的动机也许是好的,是为了中国席位问题闹别扭,好像是为中国打抱不平的非常讲义气的举动,但是效果却是最坏的。这导致中国在参加朝鲜战争中处于国际法上极其不利的地位。这到底是不是苏联刻意要达到的效果,有待于历史学家去发掘了。这也说明了不管世上有的人如何否定国际法,国际法的实际作用和效果都是任何一个国家无法回避和必须认真面对的。

1.1.2 核威慑下的冷战和平

1.1.2.1 第二次世界大战结束以来是人类历史上空前的和平时代

由此可见,第二次世界大战后建立了联合国体制的核心安理会有权行使武力和常任理事国的否决权,是在制度上起到了防止大国之间发生战争的可能性。唯一的一次实质上的大国之间的战争朝鲜战争中的中美对抗,也在国际法上进行了修饰,即国际法上中国并没有参加朝鲜战争。中国人民志愿军参战后联合国大会在美国的操纵下也通过了几个决议,将中国在朝鲜的行为说成是侵略行为。但是联合国大会并无认定侵略的权力,也无权采取武力行动,因此这只不过是一种国际舆论行为,并非真正的法律性行动,不会产生任何法律效力和效果。至于朝鲜是否被认定为"草寇",则因为安理会的决议成为现实。不过军事上有中国通过派遣志愿军直接参战的支持,国际法上有老大苏联在以后的安理会上招呼着,因此可以确保无忧。战争之后并没有受到国际法的困扰。中国和美国双方都不能将对方彻底击垮,朝鲜战争的结果是无最终胜负,朝鲜半岛分裂,朝鲜和韩国两个国家存在至今。

其实第二次世界大战以后的半个多世纪中也是战争不断。这是否是以安理会有权行使武力和常任理事国的否决权为核心的战后国际法的失败呢?回答也是否定的。而且反过来还可以证明,恰恰是这样的制度保证了战争只是局限在大国之外的边缘地带,或者是由大国庇护下的"小弟们"之间打代理人战争。既然人类社会在现阶段还不可能真正避免战争,那么将战争的规模和范围限制在可控的范围之内,将其损害降低到最小的程度,才是最为理智的结果。事实上战后做到了这一点,使得人类终于学会了大国之间不要再爆发战争的智慧,在冷战时代和后冷战时代都能保持国际社会的大致和平。各国的企业公司和人们专注于经济发展,人类社会进入到空前繁荣的时代。从这点看,对于安理会常任理事国的否决权的设计,表面看不符合国际法的主权平等原则,但对人类和平的贡献是无论如何评价都不为过的。

1.1.2.2 冷战下的和平奇迹

自从人类进入文明时代以后始终与战争相伴。虽然相对而言有的时代战争更多,有的时代却相对和平。自西方国家主宰世界以后,拿破仑战争到第一次世界大战之间的100年间相对和平。但在20世纪前半期相继发生了两次世界大战,人类进入到一个空前杀戮的暴虐时代,再加上能够毁灭人类自身的核武器的出现和首次投入使用,在第二次世界大战结束的当时,还会有世界和平吗？人类还有未来吗？

以苏联为首一方形成了社会主义国家阵营,以美国为首一方形成了资本主义国家阵营,双方都声称自己代表人类的正义和未来,在意识形态上竭力诋毁对方,都将对方放在必须从地球上加以消灭、抹杀的最邪恶敌人的位置上,并拥有能够毁灭对方的真实的武器和力量。核武器的研究和开发升级,核军备和核竞赛的展开,一种人类未曾经历过的核恐怖冷战状态形成了。

冷战是以美国为首的西方国家阵营发动的。"冷战"(cold war)一词来自美国参议员伯纳德·巴鲁克,区别于真枪实弹的"热战"(hot war)。英国前首相丘吉尔于1946年3月25日发表的著名的"铁幕"演说拉开了冷战的序幕。西方国家建立了北大西洋公约组织,结成了军事同盟。与此相对,1947年9月苏联等东欧国家成立了共产党和工人党情报局,1955年成立了华沙条约组织,结成了与西方国家集团的北大西洋公约组织相对抗的军事同盟。冷战时期除了朝鲜战争、越南战争和阿富汗战争三大局部战争外,北约组织和华约组织之间没有爆发任何正面战争,实现了世界两大军事集团之间的和平。但是这种和平并非祥和的和平,而是在极其恐怖的核威慑下的和平。如果说战后联合国体制下的安理会行使武力权和常任理事国的否决权是一种防止大国之间战争的制度设计,那么核威慑恐怖下的冷战状态则是防止大国之间战争的现实选择。

1.1.2.3　相互保证毁灭机制

相互保证毁灭机制(Mutual Assured Destruction,简称MAD)是一个核战略概念,是指在拥有核武器的相互对立阵营中任何一方向对方使用战略核武器之际,另一方确认后实施报复,结果一方使用核武器必然导致双方灭亡的状态。这一状态导致任何一方都会对使用核武器非常谨慎。

从20世纪50年代开始的美苏核竞赛中,为了能够在核武器上压倒对方,双方开始在核武器规模上下工夫,将核武器从原子弹升级到氢弹。氢弹的核当量也不断加大,被疯狂地投放到大气层进行核试验,给人类的生存环境造成了无法挽回的严重后果。例如,1961年10月30日苏联在临北冰洋的新地岛上进行的一次人类事实上最大的当量5 000万吨(相当于3 000颗投向广岛的原子弹)的氢弹核试验,将这个面积超过8万平方公里的大型岛屿彻底毁灭。美苏还将弹头小型化,导弹成为其运载工具,进行了分弹头化,一枚导弹的分弹头可以分别击中10个左右的目标,每个目标相当于1个中等规模的城市,总共就是10个左右的中等规模的城市。为了保证能够在核打击后还能够保持第二次打击的力量,继续打击对方使之也同归于尽,美苏双方拥有的核弹头不断增多,以至于达到了互相可以将对方毁灭数百次的规模。其中苏联拥有毁灭对方的次数比美国还要多100次之多。由于大规模核战争后全球性放射性污染和核冬天的到来,事实上核战争也会导致人类社会,甚至生物圈的毁灭。

这样,美苏双方都不敢再发动第一次核打击。因为对方会在预警后进行攻击,或者利用核潜艇等可移动的发射平台进行反击(第二次核打击)。即使一方的全部陆基核设施和城市全部毁灭,只要有一艘核潜艇漏网,它所装载的十余枚海基弹道式导弹,每枚弹头又带十来枚分弹头,仍然可以毁灭对方100个以上的城市,这样是没有真正的胜者的。这样的结果,导致双方乃至人类社会毁灭的巨大恐怖,反而能够促使双方能够理智行事,在一种核恐怖中实现稳定的和平。所谓相互保证毁灭机制是否正是作为美苏两国的战略指导思想有待验证,但是双方实际上是在按照这一路线实施的。这也是冷战时期为什么美苏的核竞赛如此激烈,却并没有发生直接的军事冲突的原因所在。因为有极其庞大的核威慑力量,即使是美苏间的常规武器的军事冲突都有可能演变成核战争的可能,因此即使是常规战争也是美苏间千方百计要避免的,这已经是美苏间达成的共识和理解。双方不可调和的意识形态之争则可以通过代理人战争或边缘地区战争得以释放,以便向国内舆论或者同盟国的众小弟们有所交代。为了确保能够在第一时间充分探知对方发出的第一次核打击的情报,苏联和美国先后发展了卫星技术,然后又将这些技术运用到核武器的运载手段上。洲际导弹及其分弹头技术,再加上核潜艇游弋到各大洋,更使相互保证毁灭机制发挥到极致。

1.1.2.4 古巴导弹危机

1962年,唯一的一场可能将人类带入毁灭的危机发生了,这就是古巴导弹危机。当时东西方两大阵营的核武器配置主要集中在冷战前线欧洲,离苏联的重心很近,但是远离美国。当时双方的洲际弹道导弹固然都可以打击18 000公里外目标,但是这样的远程打击预警时间太长,会使得对方有充分的时间采取反措施,及时发动第二次核打击,其结果仍然是同归于尽。因此,与美国本土远离对峙前线的欧洲相比,苏联明显处于劣势。美国为保护盟国,必然会在欧洲部署中程弹道导弹。中程导弹从发射到目标只有数分钟,不但来不及预警,而且无法迅速完成第二次核打击的准备,因而苏联就有可能成为单方面牺牲品。苏联本来是找不到美国附近的国家能够让其部署导弹的,然而1959年机会来了。这年1月,离美国只有100多公里的古巴发生革命,推翻了亲美政府,出现了亲苏的由卡斯特罗领导的社会主义政权,并于同年5月与苏联建交。美国于1959年在意大利和土耳其部署了中程弹道导弹,被认为是对苏联的一种挑衅,使得苏联感觉到现实的核威胁。美国于1960年对古巴实行禁运,苏联立即向古巴伸出援助之手。1961年4月17日,美国中央情报局组织的流亡古巴人入侵古巴的猪猡湾,试图颠覆古巴的社会主义政权,但终归失败,这使得古巴切身感受到了自己的社会主义政权有被美国及其代理人颠覆的现实危险。为了避免这一事态发生,古巴开始积极寻求苏联的帮助,老大苏联当然不能对新入伙的忠诚小弟古巴置之不管。同年,美国的U-2型高空侦察机拍摄到了在古巴的苏制萨姆2式地对空导弹。1962年5月,苏联开始秘密在古巴部署可以装载核弹头的SS-4中程弹道导弹。这一举动足以抵消美国在意大利和土耳其部署中程导弹造成的战略劣势。美国对此反应强烈,古巴导弹危机爆发了。

这场危机使得美苏乃至人类社会陷入有史以来最大的一场生存危机之中,对地球生物进化而言不亚于恐龙灭绝事件。因为双方都以庞大的核武器作为威胁的手段,最高领导人随时掌握核导弹的按钮。一旦双方沟通不畅,或者发生了对对方意图的误读,或者领导人及实际操作人员与老婆吵架或喝醉了酒等引起的一时意识混乱,都会导致核战争的爆发。特别是美国的军方将苏联在美国家门口部署中程导弹的行为看做是公然挑衅,更是火冒三丈。很多强硬派和政治家主张直接打击古巴。美军于1962年10月22日进入警备状态。苏联的核潜艇也来到古巴水域,美国两架入侵古巴领空的飞机被击落,战争一触即发。

美苏双方领导在表面上保持高压强硬姿态的同时,其实都真心不愿意发生军事冲突。对于这一点,你死我活的意识形态之争始终是让位于现实的。但是由于双方的猜忌和对于对方的过分恶意推定和评价,难以建立真正的信赖关系。经过双方秘密渠道的交涉,据说是教皇的秘密斡旋,双方于10月28日终于达成妥协。苏共第一书记赫鲁晓夫宣布同意撤回在古巴的导弹。而美国同意不入侵古巴,并秘密运回部署在土耳其的导弹。美国把家门口的大石头移开了。老大苏联则尽到了保护小弟的江湖责任,在自己阵营里维护了体面。

这场危机让美国和苏联两个超级核大国更进一步认识到了核战争的危险和肩负的全人类和平使命。如何避免类似的危机,两个敌对阵营的领导人在莫斯科和华盛顿之间建立了美苏热线电话,以便在紧急情况下进行双方首脑直接谈判避免危机升级。这样,相互保证毁灭机制终于发生作用,使得国际社会终于可以在核威慑下实现和平,顺利渡过了后来还持续了30年的冷战时代。即使是美国和苏联仍然在联合国安理会中互相否决对方的提案,国际和平和安全仍然能够维持下来。这是人类社会进步和文明的成果,是一个历史的奇迹,无论多么高的评价都不为过。

但是这种和平并不能制止局部战争。正是由于威慑方很难下决心使用核武器,被威慑方也不相信威慑方会冒天下之大不韪悍然实施核打击。所以,只要不去挑动大国之间的战争,只在那些与核大国没有生死攸关利益冲突的地区发生有限战争、种族冲突战争和内战等,还是能够被战后国际社会包容的。所以大国之间的和平并不等于世界和平。事实上,即使是人类历史上最为和平的年代,也总是能够找到发生战争和武装冲突的地方。康德的人类永久和平的理想还远远没有实现。

1.1.3 后冷战时代乱套了吗

1.1.3.1 人类灭亡了,"主义"实现了又有何意义

尽管冷战时代实现了核威慑下的和平,但是人类的发展前进道路无疑是走在一条高悬在悬崖之间的钢丝索上,稍有不慎就会跌得粉身碎骨。把人类的命运押在美苏两国领导人身上,取决于他们是否心智正常,保持理性,而且还要在争斗中保证不要误读对方,人类社会发展到这样的境地也太可悲了。

但是,出于意识形态、盟国利益、国家的自私和猜忌本能,拥有空前强大军力的美苏两个超级大国是不会为了所谓人类的利益而自动退出这场核竞赛的。为了自身更为安全,也为了自己同盟国的安全和履行对盟国的承诺,美苏两个超级大国不得不将自己巨大的人力和物力投入这场核军备中。这是享受老大尊严和风光必须要付出的代价。这是一场谁都输不起的竞争,双方都押上了全部身家作为赌注。但是,正如冠军赛场上最终会分出高低,胜利者只能有一个一样,这场核竞赛也最终有了结果。要维持核威慑的有效性必须要稳定而持续地开发和投入高技术,保持并不断提高可靠的第二次核打击能力,依靠计划经济,经济效率日渐低下的苏联终于撑不住了。在20世纪80年代,苏联的国民经济出现严重的衰退。而实行市场经济的美国则在这场竞赛中体现出了强大的竞争能力。在雄厚财力的支撑下,美国总统里根开始实行耗资巨大的星球大战计划,目标是要拖垮苏联,最终这样的痴人说梦式的宣言竟然成为现实。

如果苏联没有出现戈尔巴乔夫这样一位领导人,苏联也许还要硬撑下去,但是一个穷兵黩武的超级大国还能否继续在核威慑下的恐怖的平衡中保持理智是一个很大的疑问。历史上穷兵黩武的大国坚持到最后共同毁灭的例子也举不胜举。但这时戈尔巴乔夫登场了。在他开始执政的1985年,苏联已经不景气十年之久,难以支撑花费巨大的核战略。他提出了全面改革苏联体制的新思维,其中包括了外交新思维。他认为,核战争带来的是人类的毁灭,通过核战争即使实现共产主义也毫无意义。美国也注意到了苏联的新动向,开始放弃以往的高压政策,和苏联的外交新思维相配合。1987年12月8日,美国总统里根和苏联领导人在白宫签署了全部销毁两国中程和中短程核导弹条约,并为了验证销毁的结果规定了严格的验证程序。由于苏联的退缩,接踵而来的是东欧国家相继改变社会制度。柏林墙的拆除,苏联的解体,东欧苏联各个卫星国相继放弃社会主义制度,宣告了长达40余

年的冷战时代的结束。老大支撑不住,会导致小弟们散伙的。

进入20世纪以来,人类先是经历了两次世界大战的现实恶梦,然后是处于随时都有可能导致人类自身毁灭的核恐怖之恶梦,直到这时才真正从这些恶梦中解脱出来了。从现在的一些俄罗斯人的角度看,戈尔巴乔夫也许是俄罗斯的历史罪人。但是从全人类的角度看,他在某种程度上也给人类带来了某种福音。结束冷战,苏联退出历史舞台,不论是否出于戈尔巴乔夫本意,客观上将多年以来的核战争威胁,即悬在世界各国和人民头上的达摩克利斯之剑终于解除了。我们作为地球人,难道不应该值得庆贺吗?

1.1.3.2 历史的终结

美籍日本人、约翰·霍普金斯大学教授弗朗西斯·福山(Francis Yoshihiro Fukuyama,1952—)在冷战结束的1992年出版了历史哲学著作《历史的终结及最后的人》(The End of History and the Last Man),提出了历史终结论,成为冷战与后冷战时期国际秩序演变的一种解释。

福山所说的"历史"是一个意识形态斗争的过程,表现为通过战争和政变导致的国家或王朝的兴亡变迁的"历史"。"历史"遵循历史的法则,那就是"持剑者都亡于剑"。但这样的"历史"不会永远继续下去。古希腊雅典及斯巴达城邦、马其顿帝国、罗马帝国、奥斯曼帝国、蒙古帝国、中国各王朝、波旁王朝、拿破仑帝国、纳粹德国、苏联等通过强权支配下的霸权国家都崩溃了。但是脱离"历史"发展起来的民主国家,将不会崩溃而永续下去。因此,"历史"已经终结了。

他对于冷战及其结局进行了总结。苏联持有超过美国的世界最强大的核武器等军事力量,但却崩溃了。这样被软实力颠覆硬实力的事例是人类历史上划时代的事件。这表明"武力即正义"的以硬实力为核心的"历史"已经过去,而"笔强于剑"的软实力为核心的后历史时代到来。他进一步论证,民主国家和民主体制是永存不灭的,不是基于资本主义生产方式,而是基于民主政体和民主的意识形态,包括平等、人权、议会、普选、国民投票、多党制、政治自由、差别的废除等。目前还没有能够与民主主义相抗衡的意识形态出现,也不能指望突然出现超越民主主义的意识形态的天才思想家,但是从辩证法来看,这样的情况不会无中生有地出现,新事物必然是从旧事物中演化出来的。民主主义的演化而来的历史源流清晰可见,但可能超越民主主义的意识形态的原型、雏形、试验等至今未曾出现。过去和现在不存在的东西也不会存在于未来。即使出现天才的思想家,由于他的思想前所未有,不可能为周围的人们所理解,也只能被当作可怜的怪人终其一生。

福山的历史观对20世纪的国际关系进行了他独特的诠释。第一次世界大战是既得利益国家与非既得利益国家就殖民地重新分配进行的帝国主义战争。而第二次世界大战则是民主主义及共产主义对法西斯主义的政治体制的战争。以长期观点看来,战争的胜败不是依靠战术和后勤的优劣,而是依靠意识形态的优劣决定。苏德战争中苏联获胜是因为苏联共产主义超越了民族界限具有普遍性,纳粹德国的失败则是因为日耳曼民族至上和强制性希特勒个人崇拜。太平洋战争中中国和美国胜利的原因在于两国的政治制度都超越了民族界限具有普遍性,受到国内外普遍支持,明显优越于日本的大和民族至上的理念和对天皇的强制性崇拜,因而在战术和后勤方面占据优势地位。即便德国、日本这样的狭隘民族主义和寡头支配的军事力量强大,取得巨大的军事胜利,也由于政治上的压制导致其他民族的敌对情绪,并为反抗和内乱所困,然后被政治制度优越国家的军事力量所压倒。即使具有最为强大军事力量的美国,在越南战争和伊拉克战争中没有解决能够获得国内外广泛支持的战争理由的情况下,就贸然进行战争,结果饱受国内外非难而受挫。同样,美苏冷战中美国获胜的原因在于美国具有自由主义的意识形态,能够得到各种势力的支持,结果在战略战术上都能取得对苏联的优势,而苏联的压制型政体最终导致自我毁灭。

民主主义一旦普及就不可逆转。因此"历史"不会逆转和回归。虽然发展过程是蜿蜒曲折的,但是民主国家不断增多扩大,却是可以得到实证的事实。"历史"斗争的结果实际上是犹太人的平等愿望(这是一种源于奴隶的道德追求)对日耳曼的优越意识(这是一种源于贵族的道德追求)的胜利。如果消除了因出身、种族、性别、宗教等导致的差别,即在法律制度上实现男女普选制等各种政治权力平等,"历史"发展的要素也消失了。这里不一定需要达成经济上的平等或生产手段的共有化。人们感到愤慨的不合理是机会的平等、规则的平等的规则被破坏了。只要是公平的自由竞争结果导致的不平等(如体育比赛的结果、成绩、学历、收入、企业内职位的差别等)是可以接受的。只要规则平等,社会上存在竞争,就能够健全地化解人们的追求优越的愿望。而共产主义不是追求机会平等,而是追求结果平等,结果努力者和懒惰者得到同样报酬,失去了健全的竞争意识,陷入坏的平等的恶性循环怪圈。只要达到了政治权利、机会、规则的平等,不合理就不存在,大规模的有组织的内乱和反抗就不会发生(这就不存在奴隶揭竿而起的理由了),安定的统治终于确立,"历史"终结了。

因此,由已经实现民主化的国家群所构成的世界是"脱历史世界",已经从"历史"毕业。还没有民主化的国家构成的"历史世界"还在不断重复以往的"历史",意识形态的斗争、政治压制、政治不平等还在重复和重演。"脱历史世界"国家间有矛盾可以通过民主性对话解决,军事紧张和危机就不会发生。例如,长期以来一直是战争策源地的欧洲,实现民主化的今天完全不存在任何军事紧张。因此,民主制度的普及以及"脱历史世界"的扩大会带来世界和平。这就是所谓"民主和平论"。美国哥伦比亚大学国际政治学家迈克尔·多伊尔(Michael W. Doyle)1983年发表论文《康德、自由遗产与外交事务》(Kant, Liberal Legacies, and Foreign Affairs)在倡导民主和平论时论证了200年来民主国家之间无战争。民主国家为什么能够实现相互和平？理由有以下几点：

第一，意识形态没有对立，所以不会发生意识形态对立的战争。

第二，议会民主的谈判交涉能力的发达，一般问题都可以用谈判等非暴力方法解决，不会升级到非用战争手段解决国家间争端，而不是像专制国家那样将谈判只是当作拖延时间或进行恐吓的场所而已。

第三，自由主义的发达。民主国家具有宽容性和包容性，以暴力打倒或排除少数派的做法被认为是不道德的。自由主义具有非交战性质。

第四，信息公开。民主国家要决定发动战争必须要获得议会和国民的支持，因此必须要信息公开。这样，对他国实行偷袭攻击是不可能的。陷入"囚徒困境"（博弈论的非零和博弈中具有代表性的例子，反映个人最佳选择并非团体最佳选择，如军备竞赛中双方都理性增加军备，但结果是非理性的，对经济都造成了破坏）也少见。这不仅对于宣战导致的战争有抑制作用，也能够防止冷战升级。

第五，民主国家将民主主义作为正义。因此，民主国家攻击专制国家可以获得"从独裁者手中解放民众"的名义从事战争，即变相的"圣战"。但是同样理由是不能对民主国家发动攻击的。福山从历史哲学的观点看，民主主义具有的平等主义、对等愿望、普遍价值观对于抑制战争具有很大的意义。

1.1.3.3 对历史终结论的国际法解读

历史终结论是历史哲学，也是国际政治理论，并非是法律思考，尤其是国际法思考的结果。但是并不影响我们用国际法对此进行解读，尤其是历史终结论是对第二次世界大战后冷战时代转变为后冷战时代的历史解释，并预测冷战后国际社会的主流仍然是和平，是值得从国际法上进行探讨的。民主作为当今人类社会的普世价值，能否体现在国际法之中？能否对国际法的基石国家主权原则形成挑战，使得以主权原则为基础的国际法成为过去的历史，而进入到一个国际法新的历史阶段？

首先，第二次世界大战既是民主主义战胜专制主义，而苏联战胜德国则是更具有普遍性的超越了民族界限的意识形态战胜了种族主义的意识形态。即便如此，民主主义的国家在发动战争的时候也要有能够获得国内外广泛支持的战争理由。美国在越南战争和伊拉克战争中的受挫原因正在于此。这里的战争理由也必须要有国际法上的依据。为什么伊拉克战争美国要提出伊拉克开发大规模杀伤武器这一理由来，后来又找不到伊拉克大规模杀伤武器的证据，导致美国参战的国际法依据一下子不成立，其结果是美国军队及其军事行动不容易得到国内外的理解。越南战争虽然有"民主"的意识形态大义和名分，但是美国作为一个直接进行军事干预的国家,在对于来自越南军民的游击战式的抵抗而采取军民不分、化学战以及无差别轰炸等做法,在很大程度上是触犯《日内瓦公约》的。国际法上的依据欠缺以及重大的道德缺陷,导致美国国内反战的加剧,最后不得不从越南撤退。

其次,冷战时期美苏两大阵营的对抗,已经不是以国家为单位,而是一种超国家集团性对抗。美国和苏联作为两大阵营的盟主和军事超级大国,为了各自阵营的根本利益,可以在各自阵营的国家驻军和进行军事部署。但是,其基本的法律形式仍然遵循了国际法,即通过国际条约的方式从事各种行为,国家主权至少在形式上是得到尊重的。即使美国和苏联相互之间的行为也是在联合国和安理会框架内以遵循国际法的形式进行的。虽然核战争的阴影始终存在,如古巴导弹危机,但是出现在舞台表面的仍然是国际法,国际法的基本规则并没有被破坏。

再次,冷战结束意味着"历史的终结",但并非国际法的终结。如果说"普世价值"的推广和扩大是被实证的实施,那也意味着规则发挥着越来越大的作用。这在处理国家间关系的时候就体现为国际法规则的作用。这样一来就对国际法产生了两个方面的影响:其一,在"民主化地域",具有意识形态性质的超国家、超主权的要素退出历史舞台,国与国之间的关系从实质上回归到主权原则上。已不存在华约驻军,而北约驻军已不具有以前的性质。其二,"民主化地域"对于历史尚未终结的地域的国家,则高举超国家的"人权"、"民主"、"自由"的"普世价值"旗号,为干涉他国内政提供理由。在这里,主权原则让位于人权原则。即在主权大于人权还是人权高于主权问题上,国际法的主权原则受到挑战和弱化,而主权得到强化。

最后,在国际法上的战争与和平这一级别问题上,"历史终结"后的"民主化地域"则出现了民主和平论现象。但是这并不影响"民主国家"可以以"从独裁者手中解放民众"的名义从事战争,攻击"专制国家"。在这里,战争又分为正义战争和非正义战争,国际法的战争非法论有了很大的后退。

1.1.3.4 文明的冲突

1996年,美国哈佛大学教授塞缪尔·亨廷顿(Samuel P. Huntington,1927—2008)发表了《文明的冲突与世界秩序的重建》一文,对冷战后的国际秩序作出了现实主义分析。

亨廷顿不是从意识形态和政治制度,而是从文明的角度分析冷战后的国际秩序。他认为,历史和现实的世界存在着多种文明,如中华文明、印度文明、伊斯兰文明、日本文明、东正教文明、西欧文明、拉美文明、非洲文明。而西欧文明存在着两面性:第一在当今世界具有压倒性优势;第二是该文明正在衰退之中,包括领土、经济、军事等各方面都在衰退之中,并将在21世纪进一步相对衰退下去。

这样的衰退可以从区域主义的兴起和宗教的复兴得到证明。区域主义的发展导致世界各地出现文化摩擦和文化复兴。而曾被预测宗教将衰退下去的结论已被证明是错误的。被称为"神的复仇"的宗教复兴已经发生在所有文明圈,其原因是现代化进程中对改革的反抗、冷战的终结导致的意识形态影响力的下降。这些现象特别在亚洲更为明显。中华文明、日本文明和伊斯兰文明中经济增长显著的结果,对西方文明的挑战态度开始显露出来。日本曾经经历过的经济高速发展虽然可以用日本的特殊性加以解释。但是以后不仅是日本,韩国、新加坡、中国、中国香港、中国台湾、马来西亚、泰国、印度尼西亚也相继进入经济快速增长的轨道,这似乎可以用儒教、汉字等亚洲文化的普遍性及其对西欧文明的挑战加以解释。同样,伊斯兰文明也在抬头,在现代化过程中拒绝西欧文化重建伊斯兰文明,就是近年来的伊斯兰复兴运动的背景。至于原教旨主义也不过是其中的要素而已。

冷战时期美国和苏联形成的意识形态势力范围已经被各种文明的势力范围取而代之。这样就出现了各个文明圈交汇处。在这里,冷战时期的争端比较少见,与意识形态和核竞赛相比相对被边缘化。但 20 世纪 90 年代以来,这里成为争端和冲突的集中频发地域。这些文明圈交汇处出现了认同危机,人们开始把血缘、宗教、民族、语言、价值观、社会制度当作重要的东西。冷战时期美苏两个超级大国、同盟国、卫星国、附庸国、中立国、不结盟国家等作为国际社会的构造,但是冷战后则成为某个文明的构成国、核心国、非共有文化的孤立国、被两个以上文化集团分裂的分裂国的国际社会构造。其中文明的核心国在冷战后国际政治中起着重要作用。这与安全保障以及经济等是不同的行动原理,必须要加以区别。

文明的对立日渐深刻。微观看有伊斯兰文明、印度文明、非洲文明、西欧文明、东正教文明等;宏观看可以看作是西欧文明与非西欧文明的对立。这是因为非西欧文明追求从西欧文明的支配中脱离出来,寻求与西欧文明的均衡。这具有对抗性质。伊斯兰文明和中华文明作为挑战者与西欧文明之间存在着紧张关系,根据情况有可能演变成敌对关系。拉丁文明和非洲文明对西欧文明居于弱势,现阶段还不可能成为西欧文明的对立者。俄罗斯文明、印度文明和日本文明居中,根据情况可以和西欧文明合作,也有可能和西欧文明对立。因此冲突性最高的文明是伊斯兰文明和中华文明。文明的冲突地带就是这些文明圈交界或交汇的地带,如巴尔干地区。在这里已经出现了严重的暴力化倾向。战争必然会终结,但是文明圈交汇处的冲突则将来不一定会终结。这里的战争根源于文明间的不同性质,因为地理的接近、异质的社会制度和宗教、历史的记忆等都是导致半永久性的引发要因。要停止这种战争,必须要有稳健派占据主导权,与对方达成某种合意,或者终止战斗符合双方共同利益。

冷战后对世界的主要威胁已经是文明的冲突。世界主要文明的核心国家引发世界大战的危险性是存在的。文明圈交汇处的战争也许是一个国家卷入,但是由于事关该文明整体,因此可能整个文明圈被卷入。因此,文明圈的核心国家介入文明圈交汇处的战争必须慎之又慎。亨廷顿主张,应该建立不干涉的规则,文明圈核心国家要进行谈判,防止属于自己文明圈交汇处的战争升级扩大,建立共同调停的规则,这才是和平的条件。更长期的则是要考虑,现在不平等的文明的政治地位和平地变成平等的地位,有必要努力防止西欧文明与非西欧文明的冲突。但是实施起来非常困难。不过为了寻求世界和平,至今为止不同的文明所依据的政治秩序的建立是有必要的。

1.1.3.5 对文明冲突论的国际法解读

文明冲突论作为现实主义理论,对美国和一些国家的政策影响更大。特别是2001年美国发生"9·11"恐怖袭击后,对国际法的影响非常大,以至于有必要对文明冲突论进行国际法的解读。

第一,文明冲突论把考察世界的单位不是放到国家,而是放到各个文明上。这脱离了国际法上的国家本位的主权观念。国际法正是在西欧文明基础上形成的。它虽然在当今世界具有压倒性优势,但是在21世纪将进一步衰退下去。

第二,西欧文明的衰退意味着宗教复兴。在这里主要是指伊斯兰教的复兴。国际法是在以西欧文明为核心的基督教文明基础上形成,并推广到全世界。随着西欧文明的衰退,伊斯兰国家中的原教旨主义等通过伊斯兰复兴等方式开始对现存的国际法秩序进行挑战。

第三,随着冷战的结束和文明冲突的加剧,国际冲突和战争已经从冷战时期的东西方两大阵营交叉地区或争夺地区转移到文明交汇地区。当时是巴尔干半岛。后来事态的发展并没有脱离亨廷顿的预料,从阿富汗到北非的带状地带,即从"9·11"事件后的阿富汗到北非"茉莉花革命"的发生地,就是伊斯兰文明和西欧文明的交汇地带。虽然这些地区本来是伊斯兰文明地区,但却是伊斯兰文明内部西欧化文明和伊斯兰复兴运动(有时是伊斯兰原教旨主义)的冲突,由于美国以及其他西方国家卷入其中,也是一种变相西欧文明与伊斯兰文明的冲突。在伊斯兰复兴运动向西欧文明发起挑战之际,宗教的意识显然高于国际法和主权意识,从而弱化了国际法的观念。

第四,反恐成为国际法的一个主题。由于"9·11"事件的发生,按照传统的国际法框架很难找到解决的办法。于是在反恐中形成了对国际法的一些新的发展。针对恐怖主义的非对称袭击,反恐也要突破国际法框架。为恐怖主义提供庇护和支持的政府也是反恐军事打击的对象,如阿富汗塔利班政权被推翻。恐怖主义被认定为像战争罪、种族灭绝罪等反人类的国际罪行,可以进行国际法庭审判。甚至美国为了规避国内法以及人权问题,将在阿富汗抓获的恐怖分子关到关塔那摩基地的监狱等做法。

第五,虽然亨廷顿预测的中华文明与西欧文明的冲突并未出现,但是中国的崛起也给世界秩序带来了冲击,以至于今后发生某种程度的冲突也并非不可能。因此要建立文明圈之间的谈判沟通机制,制定规则。文明圈核心国家可以构成谈判的主体,通过相互谈判,确立文明圈之间不干涉的规则。这实际上是对国际法的国家主权的新理解,即从国家本位上升到文明圈本位。

1.1.3.6 冷战后美国的战略及其对国际法的影响

福山的历史终结论实际上提出了一个普世价值观及其在世界的推广问题,体现了美国战略的理想主义,为美国20世纪90年代克林顿政府推广人权外交和以民主画线提供了理论基础。而亨廷顿的文明冲突论指出了冷战后文明冲突加剧的现实,体现了美国战略的现实主义应对,并在"9·11"事件中得到印证,美国开始了反恐战略。这正是小布什政府推出的"布什主义"的两大支柱:反恐和民主。这样的战略在奥巴马政府时代也得到延续。

美国作为冷战后剩下的唯一超级大国,在"历史"终结后其基本的价值观已经主导世界。美国拥有世界上最强大的军事力量和政治影响力。以此为后盾,美国可以推行它的国际战略。美国的国际战略对国际法有很大的影响,主要体现在有限主权论。有限主权论不仅在理论上否定现行的国际法赋予国家的完全主权和平等地位,而且还进一步具体到美国不喜欢的国家,即美国称为的"邪恶国家"或"流氓国家"。在这一名单上曾经有阿富汗、伊朗、塞尔维亚、伊拉克、朝鲜、缅甸、利比亚、叙利亚等,而其中很多国家不为美国喜欢的政权都先后被美国通过各种方式颠覆了,或者和平演变了。这些国家作为国际社会的"百姓"如果离开了国际社会的"老大"(安理会常任理事国)的庇护,就有可能被美国及其盟国修理。它们的国家主权可以不被承认、不受尊重。

作为唯一的超级大国的美国,失去了苏联这一制衡力量后,已经不满足于作为安理会常任理事国的国际社会5个"老大"之一的地位。美国一国的军事预算和军事能力已经远远超过了其他4个"老大"的总和,甚至除了美国的其他前10名国家的总和,更何况还有安理会常任理事国英国的无条件支持和法国在大多数情况下的支持。在美国外交的两大支柱反恐和民主中,反恐问题上安理会常任理事国态度可以基本一致,但是在民主,即美国要在世界上推行它的普世价值观,中国和俄罗斯却是其主要的障碍。因此,美国开始试图突破第二次世界大战后的国际法基本框架,即联合国集体安全体制,由安理会五大常任理事国作为世界警察共同维护国际和平与安全。美国的第一次突破是1999年3月24日至6月10日北约对塞黑的空袭行为,即科索沃战争。

这一战争起因于塞黑共和国(后分裂为塞尔维亚和黑山两个共和国)境内自治地方科索沃地区的塞尔维亚族和阿尔巴尼亚族的争端,出现了人道主义危机。联合国安理会讨论科索沃问题时,由于塞尔维亚和俄罗斯的关系,以及中国反对外来干涉的主张,美国等西方国家的提案不能获得通过。于是美国为首的西方国家便以北约的名义发动了对塞尔维亚的空袭。虽然以往美国的军事行动很多都是单边行动,并非都经过安理会授权,但是那些发生在美国后院或势力范围内的军事行动并没有和美国推行普遍价值观挂钩。而科索沃战争则是在俄罗斯和中国的观点直接对立的情况下,美国以人权理由带领北约国家直接进行军事行动。所以,科索沃战争已经突破了战后国际法的基本框架,构成了对国家主权原则的严重挑战。这也是历史终结论在国际法领域的首次演练。这场战争使得美国的自信心大大膨胀,美国《外交》杂志发表了《新的罗马帝国》一文,就是美国的世界帝国梦的真实写照。

美国的第二次突破是伊拉克战争对萨达姆·侯赛因政权的打击。因为该政权是独裁政权,军事行动符合美国推行人权和民主的理念,是美国的人权民主的理想主义体现。伊拉克也是伊斯兰国家,则不管有无证据,美国认为其与恐怖主义有关系,具有反恐的现实主义目的,也符合亨廷顿指出的文明冲突地域。美国虽然没有以北约的名义进行这场战争,但也是绕过了联合国安理会决议。只有和美国关系最为密切的国家才派兵力挺美国,而法国并没有参与这场战争的行动。所以,这场战争同时满足了美国国际战略的理想主义和现实主义目的。

1.2 国际法是法吗

1.2.1 死不认错的法理

1.2.1.1 没有不违反国际法的国家

经常在电视上看到中国政府或中国外交部抗议美国、日本等国违反国际法的消息。其实在美国、日本,也会听到他们抗议中国违反国际法的消息。至少在本国人的眼中,其他国家经常违反国际法,特别是那些和自己国家关系不好的国家,而自己的国家却永远正确,从不违反国际法,好一副受尽委屈的老好人形象。这不是一个国家的对外软弱的表现,而是因为有了国际法,一个国家不得不装出来的样子,以免在国际法上不利。即使是美国这样的超级大国,也常常在国际社会里扮演无辜的可怜受害者的形象。国际法可以改变一个国家的形象,也说明了国际法所具有的微妙的作用。

其实在这个世界上,几乎所有国家都是多多少少违反过国际法的。就拿美国来说,美国 1979 年国会通过的《与台湾关系法》(Taiwan Relation Law)从法理上就违反了国际法的基本原则。该法第 2 条(乙)第 5 款规定"向台湾提供防御性武器",第 6 款规定"使美国保持抵御会危及台湾人民的安全或社会、经济制度的任何诉诸武力的行为或其他强制形式的能力。"从这两条涉及中国主权和干涉中国内政的规定来看,起码违反了国际法的国家主权原则和不干涉内政原则。具体说,以美国国内法规定美国的国际义务,甚至包括与军事和武力相关的内容,是与美国承认中华人民共和国政府为代表中国的唯一合法政府的国际法效力完全背离的。这也是中国和美国双边关系的一个重大的障碍。但是,美国从来不认为该法违反国际法。在美国,要认定一项法律是否违反国际义务,必须要在联邦最高法院提起违宪审查,由最高法院作出违宪的判断或判决。美国这类例子还有很多。至于美国派兵入侵巴拿马、格林纳达等军事行动,都是赤裸裸地违反国际法的事例。而像美国这样的违反国际法前科累累的国家,却经常指责别的国家违反国际法。难道国际法还有不同的吗?难道美国说的国际法与我们说的国际法是两种国际法吗?

1.2.1.2 中国自身的例子:对《辛丑条约》的国际法分析

拿近代以来成为国际法秩序中一员的中国来说,是否也是遵守国际法的模范呢?在这里我们可以拿清末义和团事件作为例子进行分析。我们通常受到的教育是,义和团是反帝爱国主义运动,遭到了帝国主义八国联军的疯狂镇压,最后清政府被迫签订了《辛丑条约》。然而,从国际法进行分析的结果却大不一样,是中国违反了国际法,而非八国联军违反国际法。西方列强在义和团事件中按照他们的说法,都是按照国际法进行的。明明是八国联军打到中国来,是赤裸裸的侵略战争行为,最后逼迫清政府缔结城下之盟,签订了丧权辱国的《辛丑条约》,这是铁定的事实。

根据欧美国家推行的近代国际法秩序,不是看八国联军侵略本身,而是要从国际法上看引起八国联军入侵的原因是什么。八国联军入侵中国,是因为义和团仇杀外国传教士吗?不是。从国际法看,这还只能触发国际法上的外交保护,而非派兵入侵的理由。但是,义和团触发了外交事件,只有这一点使得列强找到干涉和入侵中国的理由。

在慈禧太后授意下,1900 年 6 月 10 日,20 万义和团成员在"扶清灭洋"口号下聚集北京,情绪高昂,渐渐失控。很快,来自甘肃董福祥属下的甘军义和团团民开始攻打八国公使馆所在地北京东交民巷,并杀害了日本公使馆秘书杉山彬,6 月 20 日进而在东单杀害德国公使凯特勒(Clemens Freiherr von Ketteler,1853—1900,中文名字克林德)。次日,清政府向列强 11 国发布措词强硬的宣战布告。为什么清政府史无前例要同时对当时世界上所有强国开战,而且多达 11 个?其一,大沽炮台问题,列强要求从清政府军移交给列强,并于6月17日开始攻击大沽炮台。在此之前还有列强要求对传教士被害事件的司法干预和撤换山东巡抚。其二,列强照会要求慈禧太后退位(后来被认为是主战派端郡王载漪之流伪造)。其三,为了抑制李鸿章以及一些亲王对列强的妥协。

列强早已有军事干涉的计划,只愁没有国际法上的借口。这一下各种借口都具备了。被宣战的11个国家中有8个国家派出了军队应战,它们是英国、美国、俄罗斯、法国、德国、奥匈帝国、意大利和日本。首任司令为英国人阿尔弗雷德·伽司理,属下军队有2万人,其中派兵最多的是日本和俄罗斯,而其他国家一时派不出更多的兵。英国因在南非与布尔人打仗,美国因美西战争派不出更多的兵来。战争进行了两个月,8月15日,八国联军攻陷北京,开始了1年的占领。其间包括慈禧太后和光绪皇帝在内的清廷逃往西安避难。八国联军在北京进行了大肆抢劫和破坏。这里肯定有违反《日内瓦公约》的行为,但当时《日内瓦公约》还没有生效,中国还不知道这个公约是什么,不是缔约方。9月,八国联军司令、德国元帅瓦德西(Alfred Graf von Waldersee,1832—1904)率领数万德国兵抵达北京,开始向北京周边追讨义和团。俄罗斯则趁机扫除江东六十四屯,占领东北三省。最终各国投入的兵力最大达到71 920人。

被义和团包围的使馆区东交民巷内当时有外国人925人,中国人基督徒等有3 000人左右也在此避难。外国人避难者中还包括海关总税务司赫德(Robert Hart,1835—1911)。各国公使馆的卫兵和志愿兵有481人,总指挥为英国公使麦克唐纳。从6月20日开始到8月15日,义和团包围和攻击大约两个月。外国人方面战死者大约20人,中国基督教徒死亡18人。

经李鸿章等的谈判,1901年9月7日,《北京议定书》(即《辛丑条约》,欧美称为"义和团议定书",Boxer Protocol)签字。签字国除了参战的8个国家外,清政府宣战的西班牙、比利时和荷兰也包括在内,加上清政府共12个国家。主要条款是:对死于义和团的德国公使和日本公使馆秘书派专使吊唁和充分赔偿,皇帝本人致哀,为德国公使建纪念碑(即克林格碑,现在北京中山公园的保卫和平坊)。杀害过外国人的州和府5年禁止科举。对清帝国实行武器禁运。清政府支付战争赔款即庚子赔款4.5亿两白银,加上年利4%共9.8亿两白银,相当于当时中国清朝廷年财政收入8 800万两白银的十几倍,39年分期偿还,以赫德为总税务司代理中国政府管理下的海关收入作为担保,优先支付赔偿金,剩余的海关收入作为关余(即海关关税收入扣除当年支付赔款后的结余)交还给清政府(到1938年实际支付了6.5亿两白银,包括返还中国的部分)。各国公使馆区域及其周边置于各国公使馆驻军和警察权管辖之下,禁止中国人居住。其中日军400人,俄军350人,德军300人,英军、法军和奥军各250人,意大利军200人,美军100人。大沽炮台及其到北京沿途妨碍自由交通的炮台一律拆除,各国有权在沿线驻军和占领,驻军占领地点为黄村、杨村、廊坊、天津、军粮城、塘沽、芦台、唐山、滦州、昌黎、秦皇岛、山海关。禁止排外。废除总理各国事务衙门,成立外交部,其地位高于六部。清政府不得拒绝《辛丑条约》任何条款。这样就出现了列强在中国军事占领区域,一直维持到第二次世界大战结束。1937年7月7日卢沟桥事变中,为什么日本在丰台有驻军,在卢沟桥地区进行军事演习,其国际法依据也正是《辛丑条约》。

毫无疑问,《辛丑条约》是一部不平等的国际条约,因为它是在武力占领下被迫签订的。并且,该条约规定了东交民巷使馆区的特殊规定,以及列强在中国的驻军占领权。

首先,是《辛丑条约》的原因,即义和团事件的国际法分析。《辛丑条约》是发生战争战败的结果。按照当时的国际法,国与国之间的争端是可以用战争手段解决的。在宣战前,应该说,义和团攻击西方国家传教士,而西方国家先进攻大沽炮台,都是战争前的冲突行为,双方都彼此彼此。但是义和团进北京后,攻击东交民巷使馆区,杀害日本公使馆秘书,却构成了对国际法的重大违反,其本身构成宣战的理由。在这样的情况下,还不是列强先向清政府宣战,而是清政府先向11国宣战。这显然不是正常而理智的国家行为。因此,这样的行为招致八国联军入侵中国和占领北京,违反国际法毋宁说是中国一方,由此承担战败后果的国家责任也在当时国际法的范围之内。

其次,《辛丑条约》条款本身当然是不平等条约。但当时的国际法并没有禁止不平等条约。如果没有不平等条约,就不会有那时的帝国主义和殖民主义了。后来,国际法上也开始有不认可不平等条约的理论和实践了。从条文本身来看,最受中国人诟病的是赔款数量,据说是为了惩罚中国人民,4.5亿两白银是针对中国4.5亿人口每人1两,这样的说法好像没有历史事实支持。实际上是根据各国上报的军费开支和外国人生命财产损失累加计算的结果。当时的1美元大约兑换2两白银,而30年前的普法战争,法国作为战败国承担了50亿金法郎战争赔款,等于8.6亿两白银。而之前的甲午战争虽然战争赔款是2.3亿两白银,但是加上利息等一共实际支付了4.7亿两白银。因此庚子赔款从赔款规模看也不算离谱,在当时国际法和舆论看也是天经地义的。当然,实际上存在着高估军费、损失而推高赔款数额的情况,这点美国后来也承认,也是后来美国退还庚子赔款的重要原因之一。接着又有其他一些国家也跟进,退还了部分庚子赔款,将其作为专款用于一些文化、教育等事业上。当时的清华大学就是用庚子赔款的退款开办的。至于丧权辱国的东交民巷使馆区的超出一般外交特权与豁免的特权、列强在北京周边广大地域长期驻军和军事占领的权力等,则是取得国家同意下的条款,在当时也不存在国际法的问题。

因此，从国际法上分析，在义和团事件中中国在国际法上并不占理，存在着严重违反国际法的行为，因而承担了重大的国家责任，遭受严重的国际惩罚，则是不争的事实。但是这一切在一般的历史教科书中却很少提及。当然，八国联军也不是什么天使。而在承认战争合法性的当时，不追究战胜国的国际法责任也似乎是当时的规则。事实上，在人权观念在国际法领域还是空白的当时，追究战争国的残酷行为也是不可能的。中国自从鸦片战争以后多次遭受列强侵略和欺负的历史，从国际法上分析都会发现，擅长国际法的西方列强与中国之间的很多事件，如1840年鸦片战争、1860年的第二次鸦片战争等，尽管从事实看是西方列强侵略中国的行为，但好像西方列强都有某种国际法的理由，都从国际法上看中国有违反国际法而遭受惩罚的借口。这样的历史虽然沉重，但也必须从国际法上正视。

1.2.1.3　为什么各国都不愿意承认自己有违反国际法的行为

违反国际法就是违反国际法，为什么各国都不愿意承认自己有违反国际法的行为呢？从基本法理看，法之所以是法，是因为法作为一种社会规范，具有假定、处理和后果三个构成要素。假定就是该规范适用的条件，只有在这种条件情况出现时它才能适用。处理是关于行为规则的具体规定，指明可以如何行为、应该如何行为或禁止如何行为，也就是法律规范所规定的行为模式，包括赋予权利、履行义务等。后果即法律后果，是指其行为符合或违反法律规范时会引起什么样的法律后果。其中有带来利益的肯定性后果，也有对违法行为进行制裁和惩罚的否定性后果。

如果一个国家畅快地承认自己有违法国际法的行为，而且承认国际法规范也是法律规范的话，那么该国就必须觉悟到要承担起违法的后果。在国内法的情况下，如果不承认违法，国家的强力机关会通过一定程序证明或强迫其承认违法。不招供是要承担更为严重的法律后果的。但是在国际法的情况下，国家违反国际法，就要承担国家责任。这个责任相对国内法而言是非常重大的，有时不仅仅停留在物质财产上，还会波及国家的尊严乃至主权。因此，国家不会轻易承认自己有违反国际法的行为。

其实，问题的核心在于，国家真有违反国际法的行为而又不承认，是否能够逃避国际法上的法律责任呢？答案是有这样的可能性，但不绝对。如果这个国家是安理会常任理事国，即当今国际社会的"老大"，在现有的国际法框架下，即使违反国际法而又不承认，那谁也拿它没有办法。即使不是"老大"，只要是在"老大"手下混的"小弟"，有"老大"罩着，也是可以蒙混过去的。只有那些没有"老大"罩着的游兵散勇才不好混下去，有可能被揪住不放。不过，在被揪住之前，也会百般抵赖下去的。

因此，国际法是一种有着某种遗漏和欠缺的法律制度体系。国际法是一个矛盾的综合体。在这里,存在着国际法规则得到遵守和没有得到遵守的矛盾。在没有遵守国际法规则的场合,也存在着承担了法律责任和没有承担法律责任的矛盾。这也是国际法与其他很多法律部门具有明显不同的地方。其他的法律部门,特别是国内法及其各部门,与国际法相比具有的不同特征是非常明显的,大体上有:法律的主体的不同,法律的形成机制的不同,调整的对象的不同,司法和执法机制的不同。

从法律主体来看,国内法的主体在私法方面主要是自然人和法人,政府部门也是作为平等主体参与进该法律关系中。但是这种关系是需要国内最高权力来加以维持的。公法方面则政府取得更高的法律地位,但是政府的背后是国家主权的对内统治权。而国际法的主体则是一个个具有主权的国家。国家在国与国之间关系,即国际法关系里表现为排他的独立权,也就是不服从任何其他的主权体或者更高的权力。因此,在国际法中是缺乏一个能够统括一切的最高权力的。

从法律形成机制来看,国内法的法律是通过国家机关制定或认可而形成的。这是一套有着具体立法权限、立法程序、法律渊源效力等的完整系统的规定。由于存在至高无上的国家权力,所以在国内法形成中,只要符合立法权限、立法程序等要件,即使这些法律没有经过一定的国内公民或法人等主体同意和认可,该法律仍然对其具有效力和强制力的。而国际法的法律规则最早是来源于国际习惯,然后一部分国际习惯通过各国权力的参与成为了国际条约。无论其通过什么程序成为国际条约,它都必须要经过主权国家的批准,才对该主权国家产生效力,才能约束主权国家的行为。

从调整的对象来看,国内法调整的私法关系和公法关系都有国家作为最高权力,具有至高无上的地位。私法关系虽然都是平等关系,但是这种平等关系的维持是需要超然于其上的国家强制力的。公法关系本来就是拥有国家强制力的政府处在强势的一边。而国际法调整的国与国之间的关系中则不存在这样一种超然于国家之上的权力。联合国没有这样的权力,WTO也没有这样的权力。这里最大的只有国家主权,而各国的国家主权在国际法上又是平等的。

从司法和执行机制来看国际法与国内法之间的区别就更大了。国内法都是依赖一整套完整的司法和执行机制的,包括各国完整的法院系统,以及检察机关、警察机关、监狱机构等系统。这样严密的机制包罗万象,疏而不漏,使得那些国内法的违法行为无处逃匿,都要承担法律责任及其后果。而国际法则没有这样的完整机制。国际法院只有法院,并无配套的检察机关、警察机关。国际法院自身是没有执行机制的,只能依赖于联合国安理会这样的非法律性机构,即通过政治机制来作为国际法的执行机制。这就把国际法的法律问题与国际政治问题混淆起来了。

总之,在国际法中,由于主体是具有主权的国家,法律规则的形成要经过主权国家的批准或认可,所调整的国与国之间关系中不存在超然于国家之上的权力,自身缺乏执行机制。也就是说,国家主权的存在并在国际法中起决定性作用,是国际法作为一个法律体系、法律部门不能在机制上自我完成的根本原因所在。因此可以说,国际法是存在自身的漏洞和缺陷的。正是这点才是解释国际法的各种谜团的关键。

1.2.2 国际政治与国际法

1.2.2.1 国际社会中国际政治的作用空间

国际社会是由各种要素构成的。这些要素中国家是最基本、最重要的要素。因此我们这个世界都是以国家作为划分各种事项的基本单位。比如,人本来是生活在一定群体之中。这个群体有时表现为家族、部落、民族,有时表现为企业、宗教团体、党团。但是无论哪种表现形式都受到国境线的制约,出入国时都必须要用护照,要有签证(也可以免签或落地签),原则上都要经过海关的监督。只有国家才是决定性要素。这就是说,国际社会是以国家为本位的,正是因为存在着一个个的国家,才构成了国际社会。

这个由一个个的国家构成的国际社会是靠什么来维持的呢? 换句话说,国际社会是用什么力量、什么规则将这么多的国家维系在一起,结成各种各样的国与国之间的关系,并使得这种国与国之间的关系能够运转下去呢? 最现实的就是政治的力量。自从近代主权国家形成,国家主权得到国际社会认可后,国与国的关系在国际法上成为平等关系,即主权平等。但是,主权平等就意味着一个国家在法律上不服从其他国家,国际社会岂不变成各个国家为所欲为的丛林世界的无休止的战争状态了吗?

如果我们从近现代历史来看,战争—和平—战争—和平往往交替出现。战争固然也是国际社会一种常态,但和平的时期毕竟更长。如果用国际政治来解释的话,可以理解成一种国际政治实力的对比变化和此消彼长的反映。与国内政治不同,国内社会在政府机关制定的法律规则及其秩序下进行活动,国际政治是主权国家并立,没有统一的超国家权力机关存在,因而实际上是处于无政府状态。无政府状态并非无秩序状态,国际社会靠什么来建立、确定和维持国际关系的秩序呢? 一个是靠实力,另一个就是靠规则。后者就是所谓国际法,而前者是由多种因素,如外交、军事、经济、文化、宗教、人口、面积等综合而构成,并集中体现为各个国家的政治及其势力。

当国际社会中的各个国家的政治反映了其现实的实力,那就是达到了平衡的状态。这时除了极少数不正常的国家之外,国际社会一般是处于和平状态下。当然,这种和平也不是处于完全静止的和稳定状态下的。实际上还存在着各种各样的对立关系、敌对关系、合作关系、友好关系等。当世界并没有构成一个统一系统的时代,即前近代,这样的国际关系是在各自的地域范围内分别加以维持,如东亚、南亚、中东、西欧等。随着西方殖民主义推行到全世界,这样的国际关系就构成一个全球性的系统,世界规模的国际社会由此建成。

无论是先前的区域性的国际体系,还是后来的世界性的国际体系,由于各国各地区政治经济发展的不平衡,原有的平衡的状态就有可能被打破。新兴的国家势力不满足平衡的现状,要求将其打破并重组反映自己真实实力的国际体系。而既存的国家势力则竭力维护现有的平衡和现状。这样的新旧势力的矛盾和冲突最后会很容易引发战争。这样一来,国际体系便进入战争状态之中。战争以后,根据战争的结果,由战胜国重新进行势力范围的分配,于是又形成了一个新的平衡状态。

所以,根据国际政治的理论和实践,决定国际社会和国际关系的是各个国家的实力。一个国家的实力强,在国际社会和国际关系中的发言权就大,其政治影响力和势力范围就大;反之亦然。特别是在战争状态下,和平时代的各种游戏规则都失去了效力,决定性的力量还是国家的实力。战争的结果也是国家实力相互较量的结果。正如西塞罗说的,战争使得法律化为乌有。

国际政治也分现实主义和理想主义两大流派。现实主义将国际社会看作是无政府状态,决定国际关系的是国家。国家如果要在无政府状态下的世界中得以生存,就必须要把安全保障放到最优先的位置上。为此,各个国家只能运用自己的实力参与到国际关系中,由此构成了国际社会的种种现象。在这里,所有的价值观以及价值追求都被排除掉。在国际政治学看来,对于国际合作和国际法是没有必要认真对待的,只有军事力量和国家利益才是国家重视的焦点。当然这也并不意味着好战。

1.2.2.2 现实主义国际政治与国际法

现实主义的国际政治将国际法是放到与该流派相对立的理想主义的位置,从根本上就持否定态度。即使某些流派也在某种程度上认可国际法的作用,但是也将其放到非常有限的辅助地位上。国际社会是以国家为中心的。即使当代国际社会中也有国际组织、跨国公司等非国家主体的参与,但是它们与国家相比明显居于劣势。这是因为国家独占武装军事力量,具有法律执行力,能够充分守护个人和团体,持有所有的有效手段,包括一切强制力。国际组织和跨国公司无论多么强大,也得依赖国家的支持。国家间的权力斗争才是国际关系的本质,国家必须动用一切实力保障自身的安全和生存。

现实主义分为悲观的现实主义和乐观的现实主义两大类。前者建立在性恶论基础之上，从人性的性恶论出发，认为国家从本质上并不比人性更为善良。因此一个国家的安全保障是不能单相思式的建立在他国的善意上，而是推定所有国家都怀有吞并他国、扩展势力、损人利己的意图。因此国与国之间的关系就是生死竞争的零和关系。只有通过武力或者夸示势力，才能达到实力均衡状态，实现被动的国际和平。而乐观的现实主义则否定国家的性恶论本质。国家在确认自己的安全没有受到威胁的情况下往往会做出各种善意的举动，积极进行国家之间的合作，从而可以能动地达成势力均衡状态，实现安全保障和国际和平。

最早的现实主义是古典现实主义（Classical Realism）。其代表人物是美国政治学家、芝加哥大学教授汉斯·摩根索（Hans Joachim Morgenthau, 1904—1980）。他认为，国家与人的本性一样，具有权力欲，时常在进行权力斗争。国家所能够依赖的是以军事力量为基础的实力，这正是围绕着国家利益而通过国际战争达到势力均衡的国际关系的起因。因此，古典的现实主义就是悲观的、建立在性恶论基础上的现实主义。美国参加越南战争就是以此理论为基础的。在这里，国际法被彻底否定。国际法在国家间激烈的权力斗争中是根本不能发挥其作用的。或者说，国际社会根本不存在能够发挥机能的国际法。国家间争端解决的方法只能依靠国家的实力。

但是，国际社会和国际关系绝非都可以用赤裸裸的权力斗争来说明一切。我们也可以看到大量的国家间的善意行为和国际合作的存在。因此出于对古典的现实主义的批判，出现了新现实主义（Neorealism），也称为结构现实主义（Structural Realism），或防御性现实主义（Defensive Realism）。它的代表学者是美国国际政治学家、加利福尼亚伯克利大学名誉教授肯尼斯·瓦尔茨（Kenneth Neal Waltz, 1924—　）。在他的《国际政治理论》（Theory of International Politics, 1979）一书中，他认为国家的行为主要在于追求安全保障。如果安全保障没有受到威胁，国家不应该对他国采取进攻的姿态。这是乐观现实主义的一种表现。在这里，也存在包括国际法在内的其他要素在国际关系中起到一定作用的空间。

与新现实主义相对立的是攻击性现实主义（Offensive Realism）。其代表人物是芝加哥大学教授约翰·米尔谢默尔（John J. Mearsheimer, 1947—　）。他的代表作是《大国政治的悲剧》（The Tragedy of Great Power Politics, 2001）。在国际社会是无政府主义和国家将生存作为主要目标之一，这点与其他的现实主义是一致的。但是与防御性现实主义不同在于，攻击性现实主义认为所有国家都至少具备了攻击性军事能力。而国家是不能准确判定其他国家的意图。因此国与国之间的关系实际上处于一种危险的不确定状态。国家要确保生存，就要采取攻击性的策略，拿美国来说就要确保霸权，并积极主动排除其他国家成为霸权国家的可能性。因此绝不能把国家安全建立在他国的善意之上。虽然客观上也存在维持世界秩序的国际合作，包括国际法，但是即使这样国家还是以自己的生存作为最优先的考虑。攻击性现实主义对于福山的民主和平论持否定态度，认为所谓民主国家之间无战争是无稽之谈。此外，还有将古典现实主义与新现实主义相结合的新古典现实主义等，不再一一评论。

现实主义国际政治理论总结归纳了欧美近代以来的国际政治和国际关系史，极其冷静地客观分析了势力均衡的原理和结构，采用近乎理性的方法解明了国与国关系的实质，成为指导美国第二次世界大战后大部分时期国际关系的理论。在国际政治和国际法中，美国的外交政策更加倚重国际政治，即通过美国的实力的夸示和行使，确保美国的国家利益、安全和全球战略。

1.2.2.3 理想主义国际政治与国际法

理想主义（Idealism）是指通过国际合作建立世界和平的国际政治理论。理想主义重视国际社会中的道义和道德，重视国际法和国际组织的作用，认为实现国际和平是所有国家共同的利益，这是高于一切的价值和理念。在理想主义的推动下，20世纪以来国际和平的观点得到普及，1928年《巴黎非战公约》得以缔结，国际联盟和联合国得以建立。

相对于现实主义，理想主义更加紧随国际社会发展的潮流。理想主义对现实主义的批判是，国际关系中的行为主体并非只限于主权国家，还有国际组织、非政府组织、跨国公司以及个人。国家追求的目标并非只限于安全，还包括经济发展（相互依存和互惠互利）、文化繁荣等。国家关系之间的实力并非只限于军事实力，还有经济力、文化力、软实力等，因此国家间不能通过夸示和行使军事力等来处理相互关系。国际政治不是只有权力斗争这样一种形态，还有政治、社会、经济、金融、文化等各方面的交流和合作。

理想主义在第一次世界大战后一度兴起，但是第二次世界大战则被认为是理想主义的历史性失败。在第二次世界大战后，理想主义则是以和平主义和自由主义国际政治理论表现出来。

和平主义也有很久的历史源流，康德的永久和平论被认为是起点，主张成立国际联邦政府、废除战争、禁止战争行为，这是对欧洲19世纪初期拿破仑战争的反思而形成。尔后在第一次世界大战后的国际联盟建设的实践中得到体现。这一时期的美国总统托马斯·威尔逊（Thomas Woodrow Wilson，1856—1924）本来就是政治学家、普林斯顿大学校长，1910年甚至担任美国政治学会会长（他还担任过美国历史学会会长）。1911—1913年任新泽西州州长，在1912年年底的总统选举中当选为美国总统，成为美国历史上第一个也是唯一一个大学教授出身的具有博士学位的总统。他把他的政治学理论中的理想主义的和平理念带到了美国现实的国家政策中来，将美国参加第一次世界大战和战后处理当作了实现他的和平主义理想的舞台和试验场。1917年4月6日,他代表美国毅然决定放弃传统的孤立主义的中立立场,参加到针对被他定位为邪恶势力的德国的战争中,并最后获得胜利。大战末期的1918年1月8日,他在美国国会演说中发表了著名的《十四条和平原则》,超脱了欧洲各国的现实主义政治,提出构筑战后确保世界和平的理想国际秩序,成为同年11月战争结束后战后处理的基本原则,并在亲赴巴黎主持对德战后处理的会议(凡尔赛会议)中得以实现。这是美国总统在任期间的第一次赴欧旅行。《十四条和平原则》中除了第6条至第13条分别是欧洲具体国家的战后处理方案外,其他都是建立国际和平机制的设想,包括第1条废除秘密外交、第2条海洋自由、第3条消除经济壁垒、第4条削减军备、第5条公正解决殖民地问题(包括部分承认民族自决权)、第14条建立国际和平机构。正是根据《十四条和平原则》,才有了巴黎和谈形成的《凡尔赛和约》。其中第一章就是关于成立国际联盟的规定,即《国际联盟盟约》。

国际联盟(League of Nations)成立于1919年6月28日。1920年1月16日在巴黎召开了会议,并与同年11月15日在日内瓦举行了第一届大会。这是世界历史上第一个普遍性国际和平机构,创始国一共有42个,包括英国、法国、意大利、日本4个常任理事国。但是它的实际倡导者和创始者美国却因国内参议院的否决,使其最终不能成为其中的一员。受此打击,威尔逊总统于1919年10月2日突然中风,造成了严重的后遗症,但对外一直保密到总统任期结束后。美国未能参加国际联盟,美国的对外政策在参议院的门罗主义(孤立主义)导向下重新回到现实主义。但是美国的国际政治理想主义之花在威尔逊总统的倡导下却在第一次世界大战后的国际政治秩序中结果,造就了国际联盟长达20余年的实践。尽管这个实践不能说是成功的,因为它并没有能够阻止第二次世界大战的爆发,但是其和平主义的理想和实践毕竟反映了人类社会的爱好和平和善意的一面,在历史上写下了重重的一笔。

威尔逊的理想主义构想也给国际法发挥作用留下了空间,无论在国际法理念上还是实践上都产生了深远的影响。《十四条和平原则》中的海洋自由有利于海洋航行和防止领海无限扩大,都直接与海洋法的发展相关联。消除经济壁垒涉及贸易和投资的自由化,虽然没有取得实际成果,但是其理念在经过第二次世界大战的沉痛教训后终于在《关税与贸易总协定》(GATT)体制下得到实现,并发展到现在的世界贸易组织(WTO)。削减军备的原则直接导致了第一次世界大战后的海军军备扩张控制的国际法制度,有力地限制了美国、英国、日本、法国和意大利五大军事大国的海军军舰的持有量的大小和比例。更有意义的还在于部分承认民族自决权的主张,实际上成为一条新的国际法基本原则——民族自决原则。这是对国际法的重大贡献,是国际法从传统、古典时代向现代国际法发展的标志之一。当然，受那时的时代局限，威尔逊的民族自决原则也只是在东欧地区才得以具体实现，即除了南斯拉夫王国外体现为一民族一国家的原则。而对于那些处于老牌殖民主义国家英国、法国、葡萄牙等殖民统治下的亚洲和非洲的广大殖民地来说，凡尔赛会议睁一只眼闭一只眼，并没有打算去贯彻。不过仅从东欧地区的处理来看，也使因奥匈帝国和奥斯曼帝国的解体而涌现出来的民族独立、建设东欧若干民族国家的理想得以实现。

威尔逊的理想主义对国际法的最大贡献是建立了国际常设法院（Permanent Court of International Justice，简称 PCIJ）。这是历史上建立的第一个常设的国际法院，国际联盟的常设司法机构。1922 年 1 月 30 日，国际常设法院正式成立，2 月 14 日正式开庭。本来在 1907 年海牙和平会议上就起草了《常设仲裁法院条约》（Convention for a Permanent Court of Arbitral Justice）的草案，但是因各国在其法官选任程序等问题上分歧颇大，结果未能实现。只有发生了第一次世界大战那样的惨祸，才使得人们认识到建立某种世界性法院成为必要。结果，《国际联盟盟约》第 14 条对此作出了规定，要求国际联盟理事会起草《国际常设法院规约》草案，由国际联盟表决通过。1920 年 6 月，国际联盟任命的法律学委员会作成了《国际常设法院规约》草案，同年 12 月 13 日在日内瓦表决通过。当年该法院做出了三个法律咨询意见，都是与国际劳工组织相关的（*Designation of the Workers' Delegate for the Netherlands at the Third Session of the International Labour Conference*，PCIJ Series B，No. 01；*Competence of the ILO in regard to International Regulation of the Conditions of the Labour of Persons Employed in Agriculture*，PCIJ Series B，No. 02；*Competence of the ILO to Examine Proposal for the Organization and Development of the Methods of Agricultural Production*，PCIJ Series B，No. 3）。国际常设法院在第二次世界大战爆发后一直陷于瘫痪，最后于 1946 年 4 月 19 日根据国际联盟解散决议而解散。

国际常设法院从一开始就得到了政治家、法律职业者和学者的一致赞扬，认为这是法学家们所追求的法学学问的进步，是政治家、法律职业者和法学家们在其有生之年实现的一大梦想。美国虽然没有参加规约，但美国人也被任命为法官，算是美国在宏大的威尔逊的和平主义计划实践中留下的唯一的痕迹。到 20 世纪 30 年代初期，美国也开始承认国际常设法院的管辖权了，这说明了国际常设法院具有一定的普世性。1930 年 12 月 19 日，在美国参议院提出过《国际常设法院规约》的批准书，但因为要紧急处理"紧迫的国内问题"而被搁置延期，最后终于流产。

和平主义在第二次世界大战后又以新的形式复活。虽然美国等西方国家为了应对冷战而都采取了现实主义路线，在核威慑下几乎都对和平主义绝望，但随着冷战的终结重新燃起了希望。

理想主义在第二次世界大战后更多的是体现为自由主义国际制度论。国际制度论是说在国际社会里并非国家及其主权就是决定一切的。国际社会里对国家主权的过分执著而导致的无政府状态的一面是存在的,因此导致了现实主义的流行。但是在贸易、人权、集体安全保障体制等方面则是国际合作占主流。这样的国际协调已经国际制度化,它们很多已经体现为国际法规范、制度和程序。因此,国际社会里国际法是有发挥其效果的范围的。

自由主义则是重在各国实际进行国际合作和协调的领域已经形成了各国行为准则。它们也逐渐演化成为新的国际惯例法,作为一种国际制度在某种程度上独立于国家或国家主权而存在。即使是在国家或国家主权之下,国家并非不可救药的极端自私自利,而是要考虑到国家也具有合理性,需要让自己的利益最大化。对于未来的发展,虽然不知道将来别的国家是否会变成敌对国,但是至少在现时段来说国际合作对于国家而言更为有利。在这样的国际合作下,一国获得的利益并不意味着他国损失的利益。因此国家之间是存在都受益的绝对利益,而应该否定国家利益相互减损的相对利益。为什么国际制度化可以给很多国家带来利益呢?首先,国际制度化的结果是产生了监督成员的行为,要求报告其遵守国际规则的情况,从而接受国际监督,并且对于违反规定的国家实行惩罚,并将制裁措施明文化。其次,交易费用的降低和国际合作制度化的结果,能够降低未来达成合意的成本,从而提高未来国际合作的可能性。比如 GATT 各轮谈判就是建立在前一轮谈判成果的基础之上,从而使得进一步的国际合作变得更为容易,成本也最小化。最后,随着成员间国际合作一般化、普及化,就可能使对未来合作的期待和预料实现的可能性大大增加,并使国际合作成为一种信条,从而形成良性循环。这里实际上倡导的是国际社会和国际关系多元化,而非国家主权一元化。在这样的多元化世界,国际法也就有很大的发挥作用的余地,因为很多国际制度化都体现为了具体的国际法规范和国际法制度。

1.2.3 国际法的作用范围和本质

1.2.3.1 国际法的作用范围

了解了国际社会和国际关系中的国际法和国际政治,我们就会明白国际法并非像国内法那样具有万能性。国际法的作用范围是有限的,并非唯一的。国际政治反而无所不在,处处发挥着其作用。正因为国际法作为一种法律体系并不能将法律的特质贯彻到底,所以国际法就会出现前述的某些遗漏和缺陷,国际法自身存在着难以克服的矛盾。

我们不能像国内法那样去理解国际法。从某种法律制度、法律部门或法律体系的发展的眼光来看,国际法还处于未充分发展成熟的阶段。它是以主权国家为基本主体的一个法律体系。而主权国家因为有主权,即对内具有最高统治权,对外具有排他的独立权,就意味着从国际法上看可以不服从任何权威,排除其他权力的干涉。如果真的国与国之间的关系遵循绝对主权的原则的话,那么国际社会就只能是在丛林法则下的弱肉强食或持续不断的战争状态了。国际社会当然经常采用战争方式来调整相互关系,但如果国与国之间真的都长期处于战争状态,那人类岂不是走向一条自我毁灭的道路了吗。幸好,人类也是具有理性的生物,不会眼看着自己毁灭自己的。虽然人类个体的理智并不等于人类社会全体的理智,但是国际法是个体理智上升到人类社会理智的一个方面。国际法就是人类一种自我生存和保护的智慧的本能反应。起初它是作为战争法而出现,意在明确战争的规则,如宣战、海上战争规则、战争是否正义等方面,试图限制战争的规模、泛滥、残酷性和无节制。然后就是确定和规定和平期间国与国之间如何进行交往,如外交使节、国际条约、争端解决等,这样终于有了一套不依赖于实力的法律性规则体系了。但只要国际法中的主体是具有主权的国家,就意味着国际法中始终存在着一种只靠法律规则无法规制或控制的力量。国家之上并无高高在上的超国家权力存在。这就是国际法存在漏洞和缺陷的内在原因。

但是也不能因此否定国际法的存在理由和价值。反而,国际法是人类理性和进步的体现。国际政治,特别是现实主义的国际政治虽然能够解释国际关系的本质,但如果仅停留在这一阶段,将国际政治唯一化、绝对化,以此作为国家外交和国家战略的根据,那么国际关系就不能达到新的高度,国家的行为模式也得不到升华。

因此,国际法不是像国内法那样法力无边。它是有自己的作用范围的。在这个范围内,国际法能够充分发挥其效用。而超出了这个范围,国际法的局限性就会显现出来。有人把国际法说成是软法,这太绝对。国际法有硬法部分,而且是相当硬的。国际法是硬法和软法的结合。

1.2.3.2 国际法是法吗

国际法是法吗?这一问题在19世纪与20世纪之交时开始提出来,并且根据当时日益紧张的国与国之间关系的现实来看盛行否定性的回答。当时面对新兴崛起的强国德国的挑战,老牌强国英国和法国显然在国际法范围内无法有效应对。对于要求德国将自己的行为约束到国际法规则容许的范围内,德国的回答是国内法优先的一元论,即国际法和国内法都在同一个法律系统和序列内。当国际法与国内法关系中哪一个更优先,那就是国内法高于国际法。德国法学家、海德堡大学教授乔治·耶利内克(George Jellinek, 1851—1911)认为,国家对内对外行使最高主权,但通过自我限制对外遵守国际法。而国际公法是许多国家通过协议自行限制的产物,其效力来自国内法。这一流派的学者认为,国家可以通过国内法来排除国际法的适用,取消国际法的效力。这样一来,在整个国际社会,国际法不被遵守可能成为一种普遍现象。在19世纪与20世纪之交,以及20世纪两次世界大战之间,这一理论不但流行于德国,而且还在意大利等国有广泛的市场,这也是当时国际社会和国际关系现实的反映。因为以德国为代表的后起强国挑战老牌强国,当然是要打破由国际法维持的国际秩序的,更没有必要和可能去承认国际法的权威和有效性。面对第一次世界大战前的德奥同盟国以及第二次世界大战前的德意日三个轴心国联盟的挑战,英法美等国无力应对,导致人们开始严重怀疑国际法的强制性问题。特别是德国纳粹上台执政后,希特勒发起挑战由《凡尔赛和约》建立起来的国际法秩序,多次采取违反国际法的行动并屡屡得手,让当时国际社会开始严重怀疑国际法的有效性。于是19世纪英国法学家约翰·奥斯丁(John Austin, 1790—1859)的实证主义法学在国际法领域里被重提。他认为实在法是主权者的命令,对于违反法律义务的法律制裁是已经被预先规定好了的。如果用奥斯丁的标准来衡量国际法,就会发现它并不能够满足实在法的要件,因为其包括法律制裁在内的强制性并不能够得到保障,因此国际法不能算作是法,只不过是国际道德而已。

如果我们看清国际法的本质,我们才能够理解国际法到底是不是法。从历史的和发展的眼光考察国际社会,就会发现它交替处于相对变动和相对稳定时期。正如"合久必分,分久必合"一样,当一定国际社会秩序中各种大国和强权的实力得到体现和反映,这个时代的国际关系就比较稳定,国际社会就进入一个相对和平的时期。相对和平时期国际秩序的维系主要就不是靠以武力为基础的实力的碰撞和较量,更多依靠的是法律规则,即国际法规则。这时的国际法是法,而且具有相当的硬法性。当一定国际社会秩序中出现了新旧大国实力发生变化和利益冲突加剧的事态,这一秩序就不一定能够充分体现和反映这样的变化,这一时代的国际关系就会出现不稳,国际社会就会进入一个相对动荡的时期。这时具有维护稳定秩序倾向的国际法及其规则的有效性就会受到挑战,其强制力就不能够得到充分的体现,国际社会开始出现国内法高于国际法规则的状态,这时的国际法就显示出软法现象。

幸好,国际法受到质疑也只是历史上的个别时期和个别国家。从整个世界和整个近现代史看,在国际法与国内法的较量中,国际法的权威还是大体上得到尊重的。我们没有必要贬低国际法的有效性。

1.2.3.3 国际法与国内法关系的一元论和二元论

在国际法和国内法关系上,到底国际法和国内法是一个法律体系还是两个不同的法律体系?如果是一个法律体系,是国际法优先还是国内法优先?在这里存在着一元论和二元论的学说。

一元论认为国际法和国内法本质上是一样的，都是实在的法律规范体系。只不过国际法和国内法是一个法律体系中派生出来的两个方面而已。至于国内法优先说则将国内法凌驾于国际法之上，不管用什么办法去解释国际法的效力，总归会让国际法的效力归于零。这样否认国际法效力，即否认国际法是法不仅在理论上否定了国际法，不符合国际法实际作用范围的现实，在实践上则导致后期的强国干预挑战国际法律秩序，从而增加引起世界大战的风险。事实上两次世界大战爆发的原因中，德国的某些法学家的国内法优先说是起到了推波助澜的作用的。这样的不名誉往事也使得国内法优先说在第二次世界大战后再无市场。因此，现在的一元论就是指的国际法优先说。奥地利公法学家、维也纳大学教授汉斯·凯尔森（Hans Kelsen，1881—1973）在他的纯粹法学理论中认为国家与法律是一元的，国家就是法律秩序，法律是来自国家权力的，无论国内法还是国际法。因此国际法和国内法也是一元的和同源的，是同一法律秩序中的法律规范。法律规范是由不同等级层次的规范体系构成，而宪法居于国内法规范金字塔的顶端。而国际法则高于国内法，属于最高的法律规范。对于凯尔森的理论也有各种不同的议论，但是在国际法高于国内法这一点上是比较得到认同的。这一观点也在第二次世界大战后的国际社会和国际秩序中国际法基本得到尊重的事实中也得到验证。关于对国际法优先说的一元论的批判主要是，该学说要求在任何条件下都必须要遵守国际条约，否定了国内法在国内的作用，从而也否定了国家在制定国内法律的主权，有违国家主权原则。并且，将国际法与国内法混同为同一法律规范体系中的不同层次的法律规范，实际上混淆了国际法是国家之间的法这一实质性不同。

在国际法得到充分尊重的前提下并非都是一元论的天下。一元论尽管在理论的自我完善方面具有一贯性，但是在第二次世界大战后的国际司法实践和国家实践中，二元论则更有市场。

二元论的倡导者是19世纪德国法学家海因里希·特里佩尔和意大利法学家安齐洛蒂。他们认为，国际法和国内法是两个不同的法律体系，其渊源不同，调整对象不同，强制力不同，效力依据不同。因此国际法和国内法作为两个完全独立的法律体系，应该分别适用于不同的场合。国内法调整属于国家的个人与个人之间的关系，或者个人与国家之间的关系，而国际法则是调整平等的主权国家之间的关系。所以，国际法是主权国家之间的对等关系的法律，而国内法是以国家宪法至上的从属关系的法律。虽然二元论也受到关于其过分强调国际法和国内法的对立而忽视相互联系的批判，有贬低国际法效力的倾向，但是由于受到多数学者和国际司法实践的支持，因而可以说是当今世界最受到支持的学说。

国际法院则完全采取了二元论的立场。例如，在1989年西西里电子工业公司案判决中表明,即使是国内的政府机关违反了国内法,也不一定构成违反国际法(I. C. J. Report 1989, p. 74, para. 124)。《维也纳条约法公约》第27条也规定,当事国不得以条约不履行作为正当化的根据,援用本国的国内法。

各国的实践中将国际法要获得国内法效力采用了三种方式。第一种方式是"采纳"(incorporation or adoption),即国际法不经任何国内法措施在国内直接适用。第二种方式是"转化"(transformation),即为了将国际法适用于国内法律秩序中,就要将其转化为国内法。第三种方式是"执行指示",即向国内的法律适用机构发出将国际法直接适用的指示或命令,其具体的国内法措施则根据该机构的权限加以执行。因此,也不能下结论是一元论还是二元论占上风。即使是国际条约,也分具有直接适用性的自动执行(self-executing)条约和非直接适用的条约两种。

1.2.3.4 为什么国际法能够得到遵守

由此看来,国际法在自其形成后的大多数时代和大多数地域都能够得到遵守。即使是在国际关系紧张、国际秩序遭到破坏的时代和地域,哪怕是纳粹德国,也没有公开否认国际法的效力。当一个国家受到国际法指责时也在使用国际法的名义进行自我辩解,国际法是法这一命题就会得到反证。自从国际法得到各国公认成为调整国与国之间关系的法律规则以来,即使一个国家要违反国际法,也在公开的场合打着国际法的名义来进行的,几乎没有国家会从正面与国际法及其有效性相对抗。

至于国际社会进入到了相对稳定的时代,国际法的作用就更为明显了。拿第二次世界大战后的国际秩序来说,对于违反国际法的行为,受害国是可以采取对抗措施反报复(countermeasures)的,还可以报复(retortions)。前者是说如果加害国采取了国际不法行为实施侵害,受害国在某种程度上也可以采取相应的措施对抗。这虽然写在还没有生效的《国家责任条约草案》第46条,但实际上在实践中屡得到应用,在某种程度上也在形成国际惯例或国际习惯法。后者则是指采用符合国际法的措施,这从任何方面来看都是国际法强制性的体现。最典型的就是WTO的争端解决机制,当被争端解决机构认定为违反WTO规则(也是一种国际法规则)的时候,受害国是可以被授权采取中止减让义务的措施,甚至被授权实施报复。而这种报复措施在没有被授权的情况下则是属于国际不法行为,是违反WTO规则的。几乎所有国家的外交部门都设有专门处理国际法问题的像中国外交部条法司那样的法律部门,一方面是确保本国方面能够遵守和不违反国际法规则;另一方面是要应对其他国家对自己一方或在国际舞台上的国际不法行为。

如果国际法都只靠受害国自己来进行救济,那么弱国就可能永远得不到救济,国际法的权威性也就丧失殆尽,国际法的法律性质也可能受到否定。那么,国际法的实施是靠什么来保障的呢?

在19世纪国际社会和国际关系相对稳定的时代,欧洲国家及其在全球的势力范围的国际法秩序主要是靠在欧洲取得势力均衡的大国来加以维护。这些大国在这个国际法秩序里都拥有自己的利益,因而具有维护国际法的动机愿望,并且自己作为大国也拥有相应的实力。美国则在其门罗主义下维护着美洲势力范围内的国际法秩序。当这个稳定被破坏时,也就是国际法的作用范围受到限制之时,混乱持续了半个世纪之久。尽管第一次世界大战后有了国际联盟那样的实践,但是不可否认国际法的效力受到严重的怀疑。中国、埃塞俄比亚等遭受日本、意大利侵略时叫天天不应叫地地不灵,深深感受到了国际社会和国际法的无力,这一切只有经历了第二次世界大战的历练,世界以及国际法才能得到新生。

联合国体制的建立使得国际和平和安全处于以安理会五大常任理事国集体负责的状态下,五大常任理事国一致则构成了维护国际法秩序的强制力之所在。至少,"不许百姓点灯",就杜绝了一些国家公然违反国际法、铤而走险实施侵略和发动战争的可能性。萨达姆·侯赛因的伊拉克的冒险行为公然去吞并另一个主权国家科威特,这样冒天下之大不韪的行为终于受到惩罚,也实证了国际法就是实实在在的法。但是"只准州官放火"却是一个绝好的反证材料。而且,在"州官老大"罩住的那些"小弟们"的违反国际法的行为也难以受到国际法上的制裁,如以色列的例子。这是否又否定了国际法是法这样的结论呢?

其实这正是国际法最大的漏洞。但是如果我们理解了国际法的作用范围和局限性,我们还是会得出国际法是法的结论。因为在"只许州官放火,不许百姓点灯"体制下,国际社会和国际关系是处在相对稳定的时代,现存的国际秩序是有利于"州官"的。在稳定的时代,国际法是维持国际秩序最有力的工具。只要"州官们"的利益能够得到维护,他们有什么理由去主动地、大规模地去违反国际法,损害国际法的权威呢?第二次世界大战后的国际秩序分为冷战前和冷战后两个阶段。在冷战时期,美苏两个超级大国都自持强大的核武器实现了核恐怖的平衡,不但主持维护了各自势力范围内的国际法秩序,而且相互之间通过核军备控制等防止出现危机等事态。冷战后时代国际法的权威则更加得到加强。

1.2.3.5 国际法的性质

通过以上论述,在对国际法是法可以说已经得出了肯定的回答后,我们应该如何分析国际法的性质呢?也就是说我们最后要回答国际法是什么这样一个疑问。

首先,国际法是一种有别于国内法的法律体系。关于国际法与国内法关系的学说中,二元论更加符合现阶段国际法的性质。国际法最大的特征在于它是主权国家之间的法,没有一个超然于国家之上的实体可以对国家发号施令,也没有一个来自国家之外的强制力量强制国家履行国际法。联合国不是这样的机构,WTO也不是这样的机构。这样的看起来具有很大权限的国际组织,其运作和决定权都在其中拥有很大影响的国家手中,实际上是通过国家间的妥协作出决定和采取行动的。无论国际法在多大程度上影响和深入到国内法领域,至少在现阶段,国际法和国内法还是两个相互独立的体系。

其次,国际法是有法律约束力的,但是要对这种约束力有清醒的认识。国际法上的约束力并非任何时候任何地方都可以贯彻到底的。国际法有的规则属于软法,其约束力并没有表现为对国家的直接约束力。有的规则属于硬法,但是其强制执行力也有程度之别。有强制性较高的硬法,如WTO的规则,也有强制性较低的硬法,如针对安理会常任理事国的一些国际法措施。国际法之所以其约束力在不同的场合各有不同,是因为国际法的基本主体是主权国家。面对一个个理论上可以自我做主的主权国家,国际法的效力在一些场合下不能贯彻到底,是完全可能的。在国际法缺乏约束力的场合,还需要大国之间实力的较量、国际舆论、国际道德、国际礼让等来加以补充。

最后,国际法还处于不成熟时期,还在随历史的发展而不断演变之中。自从17世纪威斯特伐利亚和会以来,今天意义上的国际法虽然经过了数百年的发展,但是由于它的作用范围的有限性,在处理和调整国与国关系中与国际政治的力量混杂在一起,没有一个像国内法发展那样的纯粹的法律环境。所以从法律发达进化的观点来看,国际法并非处在法律发展的发达阶段,而是处于尚未充分成熟的阶段。国际法的不成熟性表现在以下几个方面:第一,从法律渊源看,习惯法的比例很大。虽然经过联合国主导下的国际法编纂活动,但是总体而言不成文法部分还有很多,与国内法形成鲜明的对比。第二,没有完整的国际立法机构和立法机制。国际条约的制定还需要一个个国家独立完成条约批准程序。即使是联合国、WTO那样的国际组织都没有取得制定国际条约并使之生效的权限。第三,没有完整的国际司法机制。国际法院、国际海洋法庭、国际刑事法院等国际司法机构并不能执行自己的判决,因为它们若要执行判决,就要面对拥有强大的军队和警察的主权国家。目前WTO的争端解决机制是比较完善的国际司法性机制,但是即使它的最具有强制力的授权报复制度,也不是由WTO的执行机构来独立执行,而是授权让其成员国自行采取报复措施,只不过这是作为受害人的报复,而且是经过授权而被披上了合法的外衣而已。但是也要看到,国际法目前的动向是在逐渐向成熟、高级、完善方向发展。比如,国际司法机构就越来越多,覆盖面也越来越广,特别是最近十几年出现了WTO的争端解决机制的实践,更使得国际法发展得更为成熟。

2 国际法的前世今生:帝国理念

2.1 国际法的史前时代

2.1.1 国家是有等级的:皇冠有多么辉煌

2.1.1.1 女王还是女皇:英国君主维多利亚

国际法是从 17 世纪初开始出现在欧洲。因此在此之前的欧洲,或者在此之后国际法还未传播到的非欧洲地区是处于国际法的史前时代。但是,国际法与其史前时代之间并没有一个明确的界限。即使是在国际法时代,也可以看到史前时代留下的痕迹。按照国际法的基本原则,国家是有主权的,主权不相隶属,就意味着国家之间是平等的。可是我们从 19 世纪的欧洲看,至少在名义上,国家是有等级高低的。我们就从国际法时代的英国女君主维多利亚说起。

英国是君主制国家,由于英国的王位继承制度没有受到中世纪日耳曼法的法兰克人的习惯法萨利克法的影响,所以并不排斥女性王位继承人。这样,英国就会出现女君主,如 16 世纪的伊丽莎白一世女王、17 世纪的玛丽女王等。而在欧洲大陆的德国、法国的继承法等受到古日耳曼法的《萨利克法典》(Lex Salica)的影响。萨利克法否认女性有继承土地的权利,而王位继承就是继承国土,所以王位继承制度就没有女性的位置。

1837 年,肯特公爵爱德华的女儿,年方十八的优雅少女维多利亚(Victoria,1819—1901)成为英国女君主。她一共在位 63 年 7 个月,为英国在位最长的君主。

这一时期英国在世界史上处于黄金时代。英国拥有世界霸权,拥有全世界最强大的军事实力和经济实力,是全世界最富有的国家,拥有最先进的政治制度、法制文明和社会进步。英国的殖民地和海外领地遍布全球,以至于全世界24个时区中的每1个时区在太阳东升的时候都会有英国国旗升起,被称为"日不落帝国"(the empire on which the sun never sets)。世界历史上另外一个"日不落帝国"是之前的西班牙,它的全盛时期也完成了这一目标。后来还有德国想完成这一目标,但还差得很远就被彻底打得趴下了。

英国的这一繁荣盛世是与维多利亚女王的名字联系在一起的,即"维多利亚时代"(Victorian era),甚至泛指这一时期的政治、外交、军事、文学、科学技术、家具、建筑风格等。为了纪念英国历史上最辉煌的时代,以"维多利亚"命名的城镇、街道、公园、博物馆等遍布全球,此外还有维多利亚岛(加拿大)、维多利亚大瀑布(津巴布韦和赞比亚交界的非洲最大瀑布)、维多利亚港(中国香港)、维多利亚地(南极洲)等,"维多利亚"似乎成为流传最广的地名,大大超过了中国以"孙中山"命名的街道、公园等的数量。然而,这位面善慈祥的英国女君主到底该怎么称呼?有人称她是维多利亚女王,也有人称她为维多利亚女皇。到底哪种称呼是对的呢?

其实答案是两种都对。英国长期以来就是一个欧洲古老的王国。即使从1066年诺曼人建立的英国王朝算起都超过了千年,所以维多利亚作为英国女王是毫无疑问的。然而,1876年,维多利亚就接受了印度女皇的称号,被当时的英国首相本杰明·迪斯雷利(Benjamin Disraeli,1804—1881)忽悠得专程前去印度,出席1877年1月1日在德里举行的印度女皇加冕仪式,兼任印度君主。其实当时印度已经成为英国殖民地,丧失了国家主权。而印度莫卧儿王朝最后一位皇帝巴哈杜尔·沙(1775—1862)已于1857年被英国废黜,印度皇位空置。维多利亚生养众多的儿女,五男四女,很多都与欧洲王族婚配,子孙繁盛,被称为"欧洲的祖母",也是后来因欧洲王族近亲结婚出现的血友病危机的源头。其中她的长女维多利亚公主于1858年嫁给了普鲁士王国腓特烈王子。1861年,腓特烈成为普鲁士王国储君。1871年,普鲁士赢得了普法战争胜利后,联合德国诸邦成立了以普鲁士王国为核心的德意志帝国。这样,腓特烈成为德意志帝国皇储,有可能继承帝国皇位称为皇帝。其实在此之前,德意志诸邦就有劝进普鲁士国王称帝的动向,如法兰克福议会。

英国首相本杰明·迪斯雷利考虑到,一旦腓特烈就任德国皇帝,维多利亚公主就成为德国皇后。女儿当了皇后(empress)而母亲还只是女王(queen),不但造成女儿地位反超母亲,而且还造成了英国君主地位低于德国君主的严峻事态,事关英国的国格,有必要让维多利亚女王升格成为女皇。而英国从来就是一个王国,从哪儿才能弄到皇位呢？英国历史上也有个别国王自己称过皇帝，如英格兰王国时代的阿尔弗雷德大帝，但欧洲国际社会都只把此事当做笑柄，从未认真对待过，连维多利亚时代想称帝都不好意思从英国自身去寻求皇帝的来源和合法性、正统性。英国虽说是世界第一强国，也不能毫无理由发动战争从附近其他国家那里抢来。而且欧洲的皇位也很少，想抢也抢不到。于是迪斯雷里有了一个妙计，想到了印度空置的莫卧儿王朝的王位。经过他的巧妙操作，终于在1877年把印度女皇的皇冠戴到维多利亚头上。这一皇位后来一直为维多利亚以后的英国君主珍视，奉若至宝。他们一直将其保持到1947年印度和巴基斯坦独立时为止。然而英王印皇乔治六世仍然恋恋不舍，把皇位保持到了1948年6月22日。实在是挨不过脸面，他迫不得已才正式放弃印度皇帝的称号。由此可见英国君主对印度皇位的迷恋达到了病态的程度。

维多利亚在与印度有关的公文文件中的署名后要加上RI，即女王(regina)及女皇(imperatrix)。这在维多利亚时代的硬币上都有所体现。

最无辜的是可怜的印度。末代莫卧儿帝国皇帝巴哈杜尔·沙二世(Bahadur Shah II，1775—1862)1838年登基继承皇位时，印度很多地方实际上是在英国东印度公司(British East India Company)控制之下。这是一个政府授予特权的垄断性公司，垄断着对东方的贸易。引起鸦片战争的鸦片贸易、引起美国独立战争的茶叶贸易印花税也是这个公司搞出来的事。东印度公司有军队，实际上已经组成了一个公司式的政府，远远超过当今中国的国有垄断企业。东印度公司的行政管理也成为英国公务员制度的原型。但是它在印度也惹祸了，使得这个无比温顺和不善于反抗、只靠宗教信仰默默忍受着英国殖民者残酷剥削和压榨的印度人民终于揭竿而起，于1857年爆发了全国性的民族起义。同年，英国一气之下结束了东印度公司的垄断，其管理事务移交给了英国政府，印度也就变成英国的直辖殖民地，但同时印度的莫卧儿王朝却成了英国撒气的出气筒、受气包。英国废黜了巴哈杜尔·沙二世的皇帝地位，长达332年的莫卧儿王朝被宣告结束。这位末代皇帝本是虔诚的穆斯林(莫卧儿王朝本来就是伊斯兰王朝)，英国却把他流放到缅甸仰光的佛教寺庙渡过余生，通过这种方式羞辱皇帝来发泄对印度民族的不满。1862年，87岁的年老废帝在这里郁闷地写了以下的诗句后，终于离开了这个丝毫不值得他留恋的世界。

> 我既不是谁的光明，
> 也不是谁心中的芳香。
> 我对谁也没有用处，
> 只不过是一抔黄土而已。

而印度莫卧儿帝国的帝位又是何方神圣呢？莫卧儿王朝的名称来自波斯语"Mughul"（发音），即表示蒙古人的读音缩写，因而莫卧儿帝国也有蒙古帝国的意思。莫卧儿帝国建于1526年，创建者巴卑尔（Babur）母系为成吉思汗后裔，父系为帖木儿后裔，是突厥化的蒙古人，因此，这个帝位有可能是来自蒙古。一个遥远的东亚的皇位成为大英帝国获取帝位的历史渊源，简直就是嘲弄历史。

为什么堂堂英国首相要费心劳神地去操办如此无聊至极的事情呢？显然他强烈地意识到君主虽然是一国之主，但君主地位是有高低之分的。君主的地位代表国家的尊荣，所以国家也是有高低之分的。这种高低之分有名义上的，也有实质上的。名义上的高低之分事关国格，而实质上的高低之分则涉及国家是否独立自主，拥有主权。英国作为当时世界最强大的国家不可能实质上低于德国，因此英国首相非常在意的是名义上王国和帝国的地位高低之分。这是当时的一个事实，就连因工业革命和海上霸权而自信百倍的英国都不能脱俗。这就牵涉到了国际法的基本问题：国际法的最基本的要素是什么？国家主权在国际法中处于什么地位？国家主权原则下的国家是否在法律上平等？在不平等的国家体制下是否存在国际法？

2.1.1.2 欧洲国家的等级

从以上例子可以看到，皇位在欧洲是不能由君主随便自封的。它必须要有正当的合法来源，这可能也是当时欧洲的国际习惯法吧。这明显不同于中国历史上什么山大王都可以自称皇帝，就连最强大的英国也不能随便弄个皇位来显摆。维多利亚时代英国从印度那里抢来皇帝称号，也充分说明了这个地处欧洲边缘远离帝位眷顾的王国，即使如此发达强盛，也不免存在内心的自卑。帝位如此抢手和稀缺，是因为皇帝是欧洲历史上地位最高的君主。君主拥有皇帝的称号，和中国那些经过残酷斗争后坐在龙椅上的皇帝一样，就大有君临天下俯瞰群小的气概。

当时欧洲基本的君主国是王国，比如有法兰西王国、西班牙王国、葡萄牙王国、荷兰王国、比利时王国、丹麦王国、瑞典王国、普鲁士王国、萨克森王国、巴伐利亚王国、波西米亚王国、匈牙利王国、奥地利王国等。王国地位当然低于帝国，因此国王地位低于皇帝。比王国地位低的还有大公国，如卢森堡大公国。以下还有公国、伯国，如摩纳哥公国、列支敦士登公国、安道尔伯国等。这种国家等级高低在当时可能只是名义上、形式上的，但是在欧洲中世纪则是实质上的，它们实际上是从中世纪欧洲的封建贵族制度演变而来的。在欧洲封建时代，到处都是分立的封建诸侯。诸侯根据领地的大小和受封的贵贱获得了公爵、侯爵、伯爵、子爵、男爵等各个等级的贵族的封号，这是他们身份的标志，也代表了他们领地的级别。由于这个时代没有主权观念，这些诸侯的领地就构成欧洲中世纪意义上的国家。一些大的公国等级更高,就有了大公国。一些本来就十分强大的联盟领袖和王者,则成为国王,领土构成王国。因此,欧洲中世纪的国家本来就是一个国家等级体系,并不存在国家的平等性。为了防止这些领地或领土越分越小,欧洲中世纪的封国和爵位实行的长子继承制。在基督教传统下,诸侯和国王们都实行一夫一妻制。只有正式的夫妻的子女才有继承权,不承认非婚生子女的继承权。这样,诸侯和君王家中的老二老三老四们,以及那些私生子们虽然有着高贵的出生,成年后也只得出走,成为骑士,去追逐那些领主老婆、贵妇,犹如非洲大草原上被赶出狮群到处流浪的公狮子们,这就是所谓"骑士精神"。尊重妇女值得倡导,但从这点看,中国封建社会分家和分家产的制度似乎更为人道。

2.1.1.3 国际法所要求的国家平等

国家之间是否平等到底具有什么样的意义呢?这也是国际法的基本问题。近现代国际法认为,国家是有主权的。所谓主权就是对内最高统治权和对外独立权。无论对内还是对外,主权都意味着一个主权国家可以自主决定自己的对内和对外事务,排除任何来自其他国家或超国家实体的外来干涉,即不干涉内政。主权是作为国家最基本的权力。所有国家都有这样的权力,并且是相互平等的,即主权平等。这也意味着平等者之间无管辖权和统治权。这就是国际法的基础,即国家主权原则及其衍生出来的不干涉内政原则和主权平等原则,也是当今国际社会最普遍的理念。根据国家主权原则,国家不分大小一律平等,国家之间是没有高低贵贱之分的。只要成为国家,为国际社会所承认,就自然拥有国家主权,拥有与其他国家相同的权力(权利)和地位。

但是人类发展组成一个个国家以来的历史中,国家自古以来就是平等的吗?答案是否定的。国家平等的主权概念只是出现在很短一段历史中,即从近代欧洲发源并实践,然后才逐渐传播到全世界的。在此之前,国家之间并非当然平等,也就是说,国家的确是有等级的。即使出现了近代主权和主权国家,一开始还只是所谓欧洲"文明国家"圈内的特权。它们歧视圈外的非"基督教文明国家",并不给予它们平等地位,和它们平等交往,直到它们也被"文明化",才被接纳到这一国际法体系之中,其国家主权原则才被认可。

所以,国际法只是国与国之间关系发展一小段历史的产物,它的出现和推广到全世界,是具有一定的历史必然性和偶然性的。在它出现之前,以及出现之后,那些尚未被纳入国际法秩序的地区,国家主权原则还不被认可,国家之间的关系一般也就不是平等的。世界各个地区也许都形成了自己文明圈内的国际法律秩序,这些国际法律秩序中国家平等不一定能够得到贯彻。我们可以把这种状态叫做"前国际法状态",即国际法的史前时期。不可否认的是,这样的前国际法状态才是贯穿古今最一般的状态,即使是在国际法出现并且得到贯彻的 19 世纪的欧洲,正如英国女君主维多利亚的例子,我们可以看出国家等级观念是如此深深扎根于法律和国家理念之中。由此可见,国家主权平等并非通行天下的。

2.1.2 欧洲的帝国和帝位的由来

2.1.2.1 源头是恺撒和奥古斯都

虽然在历史上有过很多伟大的君主被称为大帝或皇帝,很多强大的古代国家被称为帝国,如亚述帝国、赫梯帝国、波斯帝国、亚历山大帝国等,但至少在欧洲的范围内,帝国和皇帝在其国家等级体系中则具有唯一性。它的唯一正宗的来源是古代罗马帝国及其皇帝,没有其来源合法性、正统性的证明,任何自封为帝的行为都会成为笑柄。

欧洲皇冠的源头就是罗马时代的尤里乌斯·恺撒(Gaius Julius Caesar,公元前100至公元前44),而实际上第一个皇帝就是奥古斯都(Augustus)。这两人在西方世界里的地位从公历中就可以看出来。7月叫做"July",就是从恺撒的名字"尤里乌斯"(Julius)而来。8月叫做"Augest",就是从奥古斯都(Augustus,公元前63至公元前14)而来。从他们那里开始的"皇帝"一词和后世对皇帝头衔的疯狂追逐,演出了两千多年来历史中无数的悲喜剧。是大一统的帝国理念还是诸国共存的主权理念,两者的角逐和较量的结果就是后世的国际法。

公元前44年,在罗马共和国首都罗马的元老院会场附近的古代最大剧场庞培剧场前的台阶,恺撒被他最信赖的布鲁图斯等元老院议员们阴谋暗杀。这场暗杀改变了罗马的历史,使得罗马从共和国开始向帝国转变。

古代罗马从王政时期开始,到公元前510年进入共和国时代。罗马共和国开始只是台伯河畔一个小小城邦,但后来经过在亚平宁半岛征战和三次布匿战争,成为地中海巨大的霸权国家。但是在罗马共和国后期,贵族和平民之间的矛盾激化,罗马陷入长期的内乱。共和制下能否继续治理如此巨大的国家,已经成为严重的问题。恺撒出身贵族,但有着远大抱负和军事政治才能。早在40岁前就历任罗马祭司、财务官、元老院议员、罗马市政官、大祭司、大法官、西班牙总督,成为罗马非常有影响的人物。公元前60年,40岁的恺撒成为罗马执政官之一(罗马最高行政长官,共有两名,任期1年)。他与罗马其他两名最有实力的人物庞培和克拉苏结成三人同盟,史称"前三头同盟"。

恺撒在执政官期满后作为总督管理高卢一带,同时发动了长达9年的高卢战争,彻底征服高卢,写下了著名的《高卢战记》。他还渡过莱茵河到达日耳曼尼亚,和当时野蛮无比的日耳曼人征战,但却无法征服这些高傲的蛮族,因为他们是现在同样高傲的法国人祖先。结果莱茵河成为罗马人和日耳曼人的天然边界,也是现今法国和德国的自然国界。日耳曼人(German)曾经是罗马人对他们的蔑称,而他们自己则自称为"德意志人"(Deutschen),中文的译文怎么成了"有道德有意志的人"? 难道德国人真的都有道德有意志? 难道美国人都很美丽? 难道法国人都很守法? 难道英国人都很英明? 这大概反映了清末的文人们对这些国家及其文明的憧憬。为了打击英吉利海峡对岸那些支援日耳曼蛮族的不列颠人,恺撒渡过英吉利海峡进攻不列颠人,开始把不列颠纳入罗马的版图。恺撒已经取得赫赫战功,传到罗马早已赢得了巨大声望。

公元前 49 年,元老院发出召唤令,恺撒为安全起见,违规带领军团进入罗马,平时底气十足的元老院议员们这时也贪生怕死,现出懦弱的原形,纷纷逃出罗马。恺撒要求没有逃亡的元老院议员任命他为独裁官。接着他便又出征追击庞培,最后成功刺杀庞培,平息了庞培的反乱。埃及这时还是一个独立国家。当年随亚历山大大帝远征的部将托勒密在这里建立了托勒密王朝,到这时已经统治埃及近 3 个世纪。恺撒迷恋托勒密十三世的姐姐兼夫人,绝代美女克里奥帕特拉七世(Kleopatra Ⅶ,公元前 69 至公元前 30,即世称"埃及艳后",是后世文艺作品永恒的主题),以罗马强大军团干涉埃及内政,最终干掉了情敌托勒密十三世,将克里奥帕特拉扶上女王王位,也成为自己的情妇,然后凯旋罗马,演出了一段英雄与美女的千古风流剧。然后恺撒在罗马进行一系列有利于平民的改革,剿灭庞培余党,结束内战,实现了罗马全境的和平。

公元前 44 年,恺撒宣布成为终身独裁官,这似乎是恺撒要抛弃罗马 400 多年共和传统、走向独裁帝制的前兆。一场暗杀结束了恺撒的皇帝梦,却把恺撒祭上皇帝名号始祖的神坛,犹如中国的秦始皇。恺撒的名号甚至成为后世俄罗斯帝国沙皇和德意志帝国皇帝的正式头衔。这个从未做过一天皇帝的人被后世称作"恺撒大帝"。只要不脱离当时的历史背景,是不好评价恺撒抛弃共和传统和走向独裁的善恶的。从后来的发展来看,恺撒的继承人奥古斯都(全名 Gaius Julius Caesar Augustus)于公元前 29 年在平息因恺撒遇刺造成的内乱后,获得大元帅称号,进而于公元前 27 年获得"奥古斯都"称号,完全是顺着恺撒预示的方向走下去的。他完成了恺撒未完成的霸业,实现了完全称帝。奥古斯都意思是神圣、至尊,即尊严者。历史上都把这 1 年作为罗马从共和制转向帝制的 1 年。

实际上奥古斯都并没有即位所谓"罗马皇帝"的职位,而是集中拥有各种权力和权限,成为事实上的皇帝。以罗马的贵族为中心的寡头共和制已经出现各种弊病,不能有效统治版图巨大的领土和领土上的人民。只有出现强有力的统治者,才能为罗马这艘巨大的航船掌舵,并引向未来。但罗马又拥有深厚的共和传统,也不能够违背非常自尊的罗马市民的感情,"君主国王"一词在当时的罗马属于禁忌。于是,奥古斯都就采取了共和外衣下行皇帝实权的元首制(principatus,即元首统治),作为帝政的开始。元首这时的意思不过是"首席元老"、"罗马第一市民",表示了对罗马市民的极大的谦恭。不过元首一词后来被希特勒恶用,羞羞答答掩饰其帝王情结。后来还是有些国家的君主采用了"国家元首"的称号,显然比起国王称号来君主制色彩有所缓和,比如柬埔寨的西哈努克国王就曾经叫国家元首。

罗马的元首的权力已经与以往罗马只有在非常事态下才设置的独裁官的权限不同了,元首奥古斯都的权力在国内外和平时期都集于一身,实际上包括了执政官、各行省总督和护民官权限。而前两者权限以往是不能兼任而必须分权的,因为它实际上就是打遍天下无敌手的罗马军团统帅权。如今由一人统揽,就意味着奥古斯都集中了行政统治权和军权。奥古斯都还兼任最高祭司,其权威得到进一步神化。而他通过一系列军事胜利给罗马带来了和平,足以排除任何挑战者。这一权威为罗马后来的统治者所继承,就逐渐变成名副其实的皇帝和帝位了。皇帝"emperor"一词拉丁语是"imperator",是从"imperium"(命令权)中派生出来的。"imperium"后来就演变成表示帝国的"imperial"和表示皇帝的"emperor"两个词。

2.1.2.2 欧洲的皇帝和帝位的谱系

当古代罗马帝国于4世纪分裂为西罗马帝国和东罗马帝国以后,皇帝后来也分为东罗马皇帝和西罗马皇帝。西罗马帝国灭亡后,西罗马皇帝也消失了。而东罗马帝国则变身为拜占庭帝国,其皇帝仍然具有正统地位。西欧的皇帝空置状态持续了数个世纪之久。公元800年,基本上统一了西欧的查理曼被教皇里奥三世加冕为神圣罗马皇帝,这样一来,法兰克王国的加洛林王朝便升格为帝国。加洛林王朝的帝国和皇帝称号一直持续到公元899年。皇帝地位空位后的公元962年,东法兰克王国国王(其位置大约相当于后来的德意志)奥托一世被罗马教皇加冕为罗马皇帝,皇帝称号又一次在西欧复活。当初虽然奥托一世被教皇称为"罗马人的皇帝",但实际上其统治的主要是德意志人,因而帝国的全称为德意志民族(或日耳曼民族)神圣罗马帝国。由于这个皇帝称号是西罗马帝国皇帝称号的复活,并且是由教皇亲自授予,因而得到欧洲国际社会的认可,具有正统性和合法性,而与这位皇帝的军事实力的大小无关。即使他的实力弱于一些强势的国王,如17世纪时的法国国王路易十四世实力就强于当时的神圣罗马帝国,这些国王也得承认皇帝的地位。神圣罗马帝国及其皇帝一直持续到1806年,这一年另一位不信欧洲皇帝称号皇统而自己称帝的拿破仑宣布废除神圣罗马帝国皇帝的称号。德国只持续了65年就丧失了皇帝称号,被奥地利帝国和奥匈帝国拿去了。后来德国方面赢得了普法战争,重新获得皇帝称号——德意志帝国皇帝。同时,法国失去了由拿破仑家族自封的皇帝称号。德意志帝国一直持续到第一次世界大战结束。由于前面有德意志民族神圣罗马帝国,因此这一时期的帝国被称为德意志第二帝国,后来的纳粹德国被称为"第三帝国"就是按照这样的排行。但是这个所谓的德意志第三帝国并非法律意义上的,因为纳粹德国根据国家体制应该算作是共和制国家。

法国本无皇帝称号和帝国地位。法兰克王国的查理曼大帝及其查理曼帝国统治地域包括了后来的法国、德国和意大利广大地区,不能单算作法国。法兰克王国并不能和法兰西王国画等号。作为欧洲大陆的强国,特别是自从路易十四时代开始法国成为欧洲大陆最强大的国家,对帝位的渴望一直是法国人的心病。他们感到,无论这个国家多么强大,无论自己努力做得多好,与隔壁那个四分五裂的德国和德意志民族比起来,始终有一种自卑的感觉,心底深处不禁隐隐作痛。西欧唯一的正统帝位已经被德国人拿去了,还得到教皇的认可,也甚至与教皇在礼仪上平起平坐。法国实在想不出更好的办法。到了军事强人拿破仑执政,法国终于获得了这样的机会。1804 年,拿破仑把教皇叫到巴黎为他加冕"法兰西人皇帝"的称号(在加冕仪式上拿破仑夺过皇冠给自己戴上,实际上是自己给自己加冕),这样,法国终于可以过一把帝国瘾了。

在欧洲列国看来,拿破仑家族世代无王族贵族血统,取得皇帝的称号无异于篡位。而且法国历史上并无帝国。但是既然教皇出席了加冕仪式,而且很多形式也仿照了当年查理曼称帝,因而说拿破仑称帝完全没有正当性和合法性也似乎根据不足。但是在神圣罗马帝国及其皇帝存在的场合,拿破仑称帝无疑破坏了西欧世界皇帝唯一性的原则。其实,拿破仑称帝除了满足自己和法国人对英国和西班牙的虚荣心外,还有一个目的就是要在平等的地位和神圣罗马帝国直接交手,以自己必胜的把握直接把神圣罗马帝国皇帝从帝位上拉下来,以保证自己的帝位的唯一性。1804 年拿破仑称帝后的第二年底进军奥地利,在奥斯特里茨村与神圣罗马帝国(奥地利帝国)和沙皇俄国联军进行了大会战,史称奥斯特里茨战役。拿破仑军队取得了决定性胜利。1806 年 8 月 6 日,长达 842 年的神圣罗马帝国终于谢幕,弗兰茨二世宣布辞退神圣罗马帝国皇帝称号。

但是,对于数百年来一直保有神圣罗马帝国皇帝称号的哈布斯堡家族并没有因此而彻底放弃皇统。但早在 1804 年就成立了奥地利帝国,也就是说奥地利实际存在两个皇帝帝位。只不过因为神圣罗马帝国皇帝的帝位实在太权威了,所以也没有什么国家对此说三道四。因此弗兰茨二世仍然保留了奥地利帝国皇帝称号。到了 1867 年,为了解决匈牙利问题,将奥地利帝国改为奥匈帝国,内有奥地利王国和匈牙利王国。这个帝国一直到第一次世界大战结束才宣告灭亡。至此,从古代西罗马帝国传承而来的帝国和皇帝的谱系最后终止。而在欧洲君主们看来属于山寨的法国皇帝拿破仑一世的帝国寿命更短。1815 年的滑铁卢一战导致拿破仑一世被流放,以后客死他乡。而法兰西第一帝国也宣告灭亡,取而代之的是复辟的波旁王朝。波旁王族并无皇族血统,只属于国王级别,因此法兰西帝国也只能降格为法兰西王国。直到1851年拿破仑侄子路易·波拿巴重新登上帝位,法兰西第二帝国开始了。但是这个帝国也持续不到18年,在普法战争中没有能够维护自己帝国的荣光,被普鲁士打垮。法国从此走向共和,自觉自愿地永远告别了那令法国人无比激动,旋而又失望至极的帝国梦。

另一个来自古罗马帝国帝位的正统皇帝拜占庭帝国皇帝称号一直持续到1453年君士坦丁堡被奥斯曼土耳其攻陷,拜占庭帝国灭亡。其间还有巴尔干的斯拉夫人小国保加利亚也一度冲动而激动地称过帝,在斯拉夫语系中叫"沙皇"(Csar),起名源于"恺撒"的发音,和后来俄罗斯的沙皇一样。俄语也把拜占庭帝国的皇帝叫做"Csar"。这时,拜占庭帝国已灭,拜占庭帝国皇帝即罗马帝国皇帝的称号空出来了,该落到谁的手中呢？1467年,莫斯科公国大公伊凡三世迎娶了东罗马帝国末代皇帝君士坦丁十一世的侄女索菲亚作为第二个妻子,便宣称自己是罗马帝国继承者。由于有此血缘关系,他把莫斯科称作是继罗马、君士坦丁堡后的"第三个罗马",自称为沙皇。俄罗斯也是认可女系可以继承王位的国家,因为《萨利克法典》从来就与俄罗斯无关,俄罗斯曾有过叶卡捷琳娜二世那样有名的女沙皇。伊凡三世合并几个周围的公国后,于1480年从宗主国金帐汗国(成吉思汗帝国的后继国家之一)那里获得事实上的独立。1547年,伊凡四世举行了沙皇加冕仪式。但是一个欧洲边缘的小小公国居然自称帝国,未免也太山寨了。所以这些山寨皇帝俄罗斯沙皇在那些欧洲正宗君主的面前仍然只敢自称为莫斯科大公,连国王都不敢冒充。直到1721年,彼得一世从元老院获得皇帝称号,才开始对外称俄罗斯帝国。这时俄罗斯在北方战争中对瑞典赢得胜利,作为欧洲一个强国地位得到认可,因而俄罗斯帝国和沙皇的称号才在欧洲得到承认。俄罗斯沙皇的名称源于古罗马的恺撒,以示其皇位来源的正统性。其宗教理由是,既然东正教中心拜占庭(君士坦丁堡)已被穆斯林攻占,最大的东正教会俄罗斯正教会就自认为是东正教的代表,因此俄罗斯有权采用皇帝的称号。俄罗斯帝国和沙皇最后于1917年被革命废除,沙皇一家最后第二年死于革命政权。这样一来,整个欧洲就只剩下英国并不正宗的印度女皇这唯一的皇位了。遗憾的是这个皇位并不伴有法律意义上的帝国。即使是在印度,由于它只是英国殖民地的帝位,全然没有一般帝国的风采和霸气。

参与欧洲国际关系,但不属于欧洲法律文明圈的奥斯曼帝国也时常参入欧洲的国际关系之中。不过由于它是非基督教国家,因此其帝国和皇帝的皇统与欧洲的完全不同。这一帝国建于1299年,在第一次世界大战后的1922年最后灭亡。欧洲现在已无帝国,君主制国家只剩王国、大公国、公国和伯国。

2.2 古代和中世纪的国际法

2.2.1 古代中世纪有国际法吗

2.2.1.1 国际法与国际法律秩序

我们现在所说的国际法就是指的从威斯特伐利亚体系发展起来的以国家主权原则为核心调整国与国之间关系的法律体系。因此,国际法一词是不能指近代以前的欧洲和其他非欧洲地区关于国与国之间的法律规则的,否则就会陷入术语的混乱。在欧洲,威斯特伐利亚体系之前国与国之间的关系也是有规则、有秩序的,它们也包括法律规则和法律秩序。在非欧洲的各大文明圈也存在过各种各样的国家群,它们之间的关系也需要遵循一定的规则和秩序,也包括法律规则和法律秩序。由于国际法已经是特指,所以我们不能把古代中世纪欧洲以及其他非欧洲地区的关于国与国之间关系的法律规则叫做"国际法",最多可以称为"前国际法状态下调整国际关系的规则"。其含义可能不会产生误解,但名称太长太繁琐,也不会得到普遍认同的。但是不可否认的是,无论在欧洲的古代中世纪,还是在非欧洲地区,国与国之间进行国际交往也是出于某种秩序之中的。如果从更广义来看,这也许就是一种国际法律秩序。这里的"国际法律秩序"与严格意义上"国际法秩序"要进行区分,这样才能展开本书的讨论。国际法秩序是专指威斯特伐利亚体系成立后国际法得以产生所形成的,由国际法规范调整的国与国之间的法律秩序。而国际法律秩序是泛指所有时代所有地区的关于国与国之间关系的法律秩序。国际法秩序当然也是国际法律秩序的一种,但是国际法律秩序与是否存在国际法无关。即使没有出现国际法,或者国际法还没有主宰某个地区的国与国之间关系的时候,我们也认可存在着国际法律秩序。这样一来,我们在讨论古代中世纪的欧洲,以及非欧洲的其他地区国与国之间关系的规则和秩序的时候就没有障碍了。不过正如后来的历史所明确的,是在欧洲出现了国际法,最终取代了古代中世纪欧洲的国与国之间关系的规则,也取代了非欧洲的这些规则,而成为世界一统的共同规则。

2.2.1.2 国际法的欧洲中心主义

在历史学以及其他某些学科方面存在着所谓"欧洲中心主义"(Eurocentrism)。例如,哲学的欧洲中心主义就是说哲学是从古希腊哲学起源的,欧美哲学才是正统哲学,世界其他地区的哲学都只是地域哲学。各种文明文化、科学技术都是以欧洲为起源,欧美发展为主线,具有世界性意义,而其他地区都只是支流,只具有地域性。只有欧洲文明具有合理性、科学性,而其他地区的文明都是非合理性的,欧洲中心主义表现出欧洲对世界其他地区及其文明的优越感。其背景在于,欧洲大航海时代开始兴起的欧洲文明,经过后来的产业革命、工业化、扩张性的殖民政策等,已经取得了对其他非欧洲地区的各个文明的绝对或相对优势地位。北美文明是欧洲文明的延伸,所以欧洲中心主义在后来也包含了北美地区。欧洲中心主义的这种无视其他文明的存在和看低其价值的优越感当然受到很多批判,也存在很多不合理的成分,至少在历史学、哲学等领域就不能认可欧洲中心主义。但是我们从当今世界已经成为无法改变的很多既成事实来看,如本初子午线、格林威治时间、度量衡、公元纪元的格里高利历法、拉丁字母、时间单位等,都说明欧洲中心主义在一定范围内也是不可否认的客观存在。正确的做法应该是客观评价欧洲中心主义的某些合理成分的同时,也要认可其他文明的价值,充分评价其历史意义和对世界文明的贡献,奉行文化多元主义。

但是遗憾地说,至少在国际法领域,从国际法的发展历史观点看,的确就是欧洲中心主义。因为国际法规则起源于欧洲,而非来自其他文明。我们不能说其他文明就没有发展出一套能够和谐处理该地域国与国之间关系的法律规则。这些规则比起国际法规则来也许并不差,但事实上它们后来都被源于欧洲的国际法规则所取代。欧洲的国际法规则真的就是公平的、合理的吗?至少在当时面对欧洲国际法规则的时代,如清朝时期的中国、莫卧儿王朝时期的印度等古代文明地区则并不这样看。欧洲的国际法规则最后终于在西方列强的军事实力和经济技术实力的支持下,终于取得了最后优势,而其他非欧洲地区的前国际法时代的调整国际关系的规则则只是在某些方面对国际法规则或其发展起到一定的补充作用而已。可以说国际法是欧洲中心主义贯彻得最为彻底的领域之一,其程度超过了国内法领域,国内法毕竟还有本国的法律文化和传统的影响和痕迹的存在。

2.2.1.3 欧洲的国际法也是世界法律文明积累的成果

国际法上的欧洲中心主义也不能否认国际法作为法律文明的历史积累。历史上很多国家、民族和文明都在处理国与国之间关系方面做出过贡献。即使在欧洲,国际法也不是突然从天上掉下来的,也存在一个前国际法状态。这里就包括从古代罗马帝国和罗马法的大一统世界的理念、教会法的世界秩序观念、专制君主制国家和国家主权概念的形成、宗教改革和文艺复兴的启蒙等要素。

在其他非欧洲地区也存在着很多由国家群构成的国际关系,以及调整这些国际关系的法律、法规和准则。它们多年来是依照自己的逻辑和规则来处理相互关系的,有的甚至处理得非常圆满和和谐。在它们遭遇包括国际法在内的西方文明冲击之际,也通过文明的冲撞将自己这方面的某些合理的要素融汇到欧洲的国际法的法律文化之中。

在东亚地区,自古以来存在一个以中华文明为基础的国家群。在这个中华文明圈内有着国际秩序体系以及处理国与国之间关系的规则,那就是华夷秩序和朝贡体系,还存在着中原国家和王朝与北方游牧民族及其政权的国际关系问题。

在南亚地区,也存在着一个以印度文明为基础的国家群。这里的国与国之间关系比较复杂,统一王朝存在时期相对较短,而且来自中亚的入侵者不断,很多王朝属于征服王朝,与当地的土邦形成微妙的国际关系。在这个多产宗教的炎热的次大陆上,婆罗门教、印度教、佛教、伊斯兰教、拜火教、锡克教等的影响与国与国之间的关系交织在一起,形成了印度次大陆独特的国与国之间关系。

伊斯兰教地区包括西亚北非的阿拉伯世界、奥斯曼土耳其为中心的世界、波斯伊朗的世界以及绿洲和游牧民世界的中亚地区。这是一个拥有人类最古老文明的地区,也是与欧洲文明在地理上最接近、最有相互影响的地区。所以,这里关于国与国之间关系的规则和欧洲的国际法规则之间存在着互动关系。尽管欧洲的国际法世界自诩为文明世界的国际法,它们所说的文明即基督教文明,但是欧洲国家因为地理的宿命,是一直要与伊斯兰国家或王朝打交道的。奥斯曼土耳其也有很多时候参与着欧洲的国际关系。

本讨论并不打算深入南亚和伊斯兰教地区的国际法律秩序,主要对欧洲和东亚的国际法律秩序进行展开叙述。

2.2.2 前罗马时代

2.2.2.1 国际法律秩序的萌芽

一般都把最早的国际法律秩序的萌芽追溯到公元前 1270 年埃及法老拉美西斯二世和赫梯国王卡图西尔三世签订的和平条约,据说这是历史上第一部国际协定。古代赫梯是一个军国主义强国,公元前 13 世纪人口达 300 万。据说军队就有 30 万,这在 3 000 多年前是一支相当于如今美国军队那样的巨大军事力量。赫梯的势力延伸到巴勒斯坦地区,于公元前 1286 年与文明古国强权国家埃及发生战斗。埃及法老拉美西斯二世虽然取得胜利,但长年战争也不能从巴勒斯坦地区驱逐赫梯势力,形成僵持局面。最后他们缔结这部条约,条约文本分别保存在赫梯故都博加茨基奥的泥版和埃及的神庙墙面,现在被考古发现。条文内容是关于永久和平、废除战争以及相互援助:

> 缔约国之间永远不进行战争行为。赫梯伟大的国王永远不侵略和掠夺埃及。伟大的埃及国王拉美西斯永远不侵略和掠夺赫梯……如果其他国家袭击伟大的埃及王拉美西斯的国土,拉美西斯王将向伟大的赫梯王派遣使节要求

共同对敌的时候,伟大的赫梯王就要前来杀敌。但是,如果伟大的赫梯王不希望亲自前来,他就要派他的步兵和战车前来杀敌。如果伟大的埃及王拉美西斯在其臣下未辨别身份而不当地犯下了反抗的罪行,而杀错了,伟大的赫梯王就要和埃及王合作担当之。

这实际上也是构建了集体安全保障义务。此外还规定了犯罪引渡的内容:

如果埃及的要人从伟大的埃及王拉美西斯治下的城市或其他领土逃匿到伟大的赫梯王的地方,赫梯王不能接受他,而应该将其移交给他的主人伟大的埃及王拉美西斯。

可见这不是普通犯罪,而是政治犯,与今天国际法的政治犯不引渡原则正好相反。除此之外,该条约内容与当今条约内容相差不已。

但比这更早的美索不达米亚公元前 3500 年开始就出现了城市文明。公元前 2900 年开始,以乌尔、拉喀什等若干苏美尔人的城市国家成立,出现了最早的国际关系和处理国与国之间关系的规则。宣战等战争规则、派遣使节等外交规则以及媾和订立和平条约等已经出现。在大约公元前 2900 年就有条约规定拉喀什国王和乌恩马国王同意请求基什国王梅西利姆仲裁解决边界争端。该条约的原文保存在卢浮宫"秃鹰的碑"上面。此外,在耶鲁大学收藏的泥版圆筒中也有记载有两国大约公元前 2900 年战争后赔偿事宜,以及乌恩马作为战败国如果再侵犯拉喀什国境将受到天罚的内容的条约。后来这些苏美尔人城市国家被阿卡德帝国统一,在公元前 20 世纪出现了有名的《汉谟拉比法典》,不过没有发现有关于国际性法律规则的规定。

公元前 15 世纪,赫梯、埃及之间的战争经常侵入地处叙利亚的米坦尼,根据米坦尼故都出土的泥版,发现了赫梯、埃及和米坦尼三国订立的条约,其中有互不侵犯、犯罪者引渡等条款。

2.2.2.2 古希腊时代

苏美尔、埃及、巴比伦、赫梯、亚述、以色列等中东文明古国地理上都相互邻接,其文明能够互相影响和传播,当然也包括这些国际法律秩序的萌芽。在古代希腊城邦文明兴起之后,国与国之间用国际条约以神的名义约束相互的权利和义务,互派使节制度、犯罪引渡制度、战争赔偿制度、共同防御和互不侵犯制度等也都传播到了古希腊各城邦,成为处理城邦国家间关系的重要规则。由于古希腊城邦数量众多,城邦间关系得到很大的发展,交往也非常密切,各种规则以及签订国际条约已经不像先前的古老文明那样只限于战争等非常事态,而是成为和平时代的经常性制度了。城邦间条约至少是在形式上由对等的主权国家所缔结的,宣誓接受宙斯神的裁断。条约有永久性的,也有附有期限的。在古希腊《荷马史诗》中也可以找到古希腊更早时期的条约缔结的形式要求。条约在神面前批准,要有庄重的宣誓。国际谈判中关于送达制度、全权代表、书记员以及专门术语都要事先确定。缔约国谈判代表在条约中交换签字,盖上国玺,各自都要保存一份条约文本。条约文本有很多都是刻在大理石、青铜上,交由神殿保存。条约可以合法撤销,条件是双边条约,有了矛盾,或者条约的履行会导致和友好的第三国发生战争,或者出现情势变迁的场合。

关于互派使节制度也高度发达。虽然还没有常设使馆,但外交代表等级制度已经有了。只有独立的城邦才有权接受外交使节。拒绝接受外交使节,就相当于现代的不承认派遣国,或者断绝外交关系准备战争一样的效果。外交使节的派遣或接受等都是城邦政治重大事件,根据各城邦的程序进行表决决定。外交使节都由学识渊博的名流担任。外交使节和随行人员在古希腊享有人身不可侵犯的权利,并免除适用接受国法律,即享受外交豁免。为了能够完成外交使节的使命,可以自由出入境。

也出现了最早的类似于领事的制度。这个制度中,为了将贸易情报提供给本城邦,并给本城邦人提供咨询或援助,专门任命官员常驻在那个城邦里。

包括柏拉图、亚里士多德那样的博学者在古希腊有很多,而且留下了大量著述,但是并没有关于国际法方面的。其实除了自然法等法哲学的论述外,一般具体法律制度或法律原理的论述也几乎没有。但这并不表明古希腊就没有法律制度或国际法律秩序的萌芽。可以肯定的是,希腊城邦实力大小有所不同,甚至会出现像雅典、斯巴达等霸权城邦,但是从法律地位上和形式上看,希腊城邦相互之间都是对等的。雅典、斯巴达等霸权城邦即使最强大的时候,都没有和其他城邦之间形成类似于中国古代那种册封朝贡的藩属关系。这样的大量对等城邦同时存在数百年的事实本身说明,没有一整套处理城邦间关系的规则和惯例是不可能维持的。没有留下书面的记载,应该说这一切都属于自然法或理性法领域。这和古希腊很少留下一般法律方面的记载也是一样的。古希腊也分为希腊文明城邦和蛮族世界,这和欧洲国际法还没有在世界普及前的情况也差不多。

古希腊实行的是古代通行的属人法制度。这种制度与严格的城邦国籍法是密不可分的。相互之间贸易和其他交往很繁盛的希腊城邦不承认移民归化,因此其他城邦外邦人作为非奴隶的自由人与本邦人生活在一起是再正常不过的事情。这样,政治避难权、犯罪者引渡制度、城邦结盟和战争与否导致的异邦人的法律地位、异邦人的财产权和人身权的保护以及冲突法制度都是必要的。著名的哲人苏格拉底被判死刑,本可以逃亡到其他城邦政治避难,但是他因为作为本邦人的荣誉拒绝

避难,慷慨赴死。他喝下毒药前说的最后一句话:

> 现在我该走了,我去赴死;你们去继续生活,谁也不知道我们之中谁更幸福,只有神才知道。

而古希腊最聪明的学者亚里士多德在雅典开办学园,才高八斗,如果放到今天获得几个诺贝尔奖都绰绰有余,但却一直没能获得雅典公民权,也就是说伟大的亚里士多德还是一个没有雅典城邦国籍的外来黑户口。正是因为古希腊城邦公民在民主制下高度参与政治,其荣誉感和爱国心非常高涨,爱城邦高于爱自己,更高于爱希腊,因而阻碍了希腊形成统一联盟,乃至希腊世界的统一帝国。尽管古希腊也有一定的结盟和类似于国际组织、国际仲裁以及国际宗教祭祀等存在,如在波斯帝国入侵之际也能够同仇敌忾,团结反击,但大多数时候古希腊并不存在各城邦的普遍利益和普遍意志。其结果在北方马其顿亚历山大的铁骑南下时,希腊城邦的抵抗土崩瓦解。这一局面在后来遇到罗马扩张的时候也又一次重演,最后城邦主义终于让位于罗马的世界帝国。

2.2.3 罗马帝国

2.2.3.1 暴君卡拉卡拉与《安东尼努斯敕令》的功过

卡拉卡拉(Caracalla,公元188—217)是罗马第22任皇帝,他是罗马有名的暴君。他的父皇塞维鲁于公元211年去征服喀里多尼亚途中在布列塔尼病逝。随父远征的卡拉卡拉与弟弟盖塔被宣布成为两人共治皇帝。但回到罗马兄弟俩开始了新的争斗,甚至打算两分帝国,兄弟各自分治。多穆娜太后(Julia Domna,公元170—217)反对下分裂帝国未成。于是卡拉卡拉干脆刺杀了弟弟,并将弟弟名誉全部抹消,将与弟弟关系亲近的重臣、贵族和元老院议员们全都在肉体上加以清除。独占帝位的卡拉卡拉为了确保帝国财政,将罗马银币迪纳瑞斯含银量从56.5%下降为51.5%,使得帝国货币币值下降,造成通货膨胀。他从公元213年起住在罗马东部行省,在这些行省实施掠夺和屠杀。关于这些恶行,18世纪英国历史学家爱德华·吉本(Edward Gibbon,1737—1794)在《罗马帝国衰亡史》(The History of the Decline and Fall of the Roman Empire,1781)中称他为"全人类公敌"。在那里建自己的豪华别墅和剧场,资金不足就豪夺商人和贵族,并征收重税。在东部最繁华的伟大城市亚历山大进行了大屠杀,遇害市民达2万人之多。公元217年在计划远征帕提亚(即中国史书中的安息)准备中被卫兵暗杀,据说是因亲属为卡拉卡拉皇帝滥杀而复仇,这实属历史的报应。但是这样一个十恶不赦的暴君却有两件事使他名扬后世。

第一是他在罗马建设的"卡拉卡拉大浴场",长 225 米,宽 185 米,拱顶高达 38.5 米,设有 2 000~3 000 个浴槽。里面有冷室和温室,还供应温水,热源是在地下燃烧煤炭或木柴。大浴场还只是罗马公立图书馆的附属建筑。与浴场同样大小的两座图书馆建筑中分别收藏着希腊语书籍和拉丁语书籍,可见卡拉卡拉时代罗马的公共建筑和休闲文化设施有多么发达。浴场的建筑设计还是美国纽约宾夕法尼亚车站和孟加拉国民大会大厦的模本之一。

第二是他上台后第二年颁布了《安东尼努斯敕令》(Constitutio Antoniniana)。这一敕令宣布授予帝国境内全体自由民以罗马市民权。安东尼努斯是卡拉卡拉本来的名字(Marcus Aurelius Antoninus)。卡拉卡拉只是他的小名。他本来就不是罗马人,而是北非柏柏尔人和阿拉伯人的混血后裔,父母早已搞到了罗马市民权。他是属于进入罗马上层乃至顶层的幸运的异邦人。

2.2.3.2 罗马市民与异邦人

作为一个奴隶制国家,罗马从来就不是一个人人平等的国度,即使是自由人,也要分罗马市民和异邦人。罗马市民也还要分成贵族和平民两种身份,带有若干古代社会常见的种性制特征。古代法都是以民族为本位的属人法,罗马法也不例外。这样,罗马市民适用市民法,即 Ius Civile(civil law,民法),这就是今天的民法乃至民法法系(大陆法系)的历史源头。

罗马人最早是一支称为拉丁人(Latini)的古代民族,大约公元前 1000 年移居到亚平宁半岛中部台伯河畔,以狼为图腾,后来建立了城市国家罗马。罗马名称据说来自是狼孩(即被抛弃的婴儿或儿童被狼养大的孩子)的建城者罗慕路斯。公元前 753 年罗马建城,开始了王政时代,人口只有数千人。罗马王先是拉丁人,第 5 代王到末代王(第 7 代)为先前住在此地的伊特鲁利亚人。这样,本来是作为异邦人的伊特鲁利亚人在异邦人王领导下也能获得市民权。于是周边生活的伊特鲁利亚人也相继来到罗马,先是作为异邦人生活,后获得罗马市民权成为罗马市民,但也带来了各种技术。因此,在移民和国籍问题上,罗马从一开始虽然很弱小,但有一点已经远远超脱于当时具有最先进文明的希腊诸城邦。那就是它实行国籍(罗马市民权)的开放政策。

后来,通过与周围的拉丁诸部落或拉丁诸城邦建立了拉丁人同盟,并打赢一次次战争巩固这个拉丁人的同盟,最后将罗马市民权也作为奖励授予了这些建功立业的拉丁人。因而,罗马虽然走的是一条通过武力征服而发展壮大的道路,但提供兵源的罗马市民基数却越来越大。大量罗马市民不断战死,但罗马的国土和市民的人数却越来越多,罗马国家和罗马军团越来越强,而不是像希腊城邦那样公民权始终只是少数人享受的特权和荣誉,直接民主也只能是少数人的民主。比如,雅典城邦40万人中除了奴隶、女性、儿童、外邦人外,具有雅典市民权的只有两三万人。因为市民权不放开,兵源有限,最多只能提供数千人规模的军队,就连伟大的亚里士多德都是异邦人,改变不了身份,受尽歧视。罗马和雅典相比较,虽然雅典的文化和文明绝对高于罗马,但是就市民权是否开放这一点看,城邦的局限和帝国的普世性的优劣就一目了然了。这大概就是哪些绝顶聪明的希腊人为什么最终被罗马吞并,如此优秀的很多希腊人成为罗马人的高级知识奴隶的原因所在吧。希腊的优势是哲学、民主、文学、艺术,但局限是狭隘的城邦意识,而罗马的优势是军事和法律,但更重要的还是普世的帝国理念。由于罗马地处交通、商业要道,贸易发达。随着城市的扩大,异邦人来此居住营生的也越来越多,也就出现了罗马人与异邦人共处的兴旺境况。

罗马人毕竟是统治民族,他们拥有的市民权,实际上是以一种特权或者特殊待遇,就和我们现在的"北上广"的户籍一样。当然权利也伴随着义务,那就是当兵参加罗马军团,流血牺牲。但在公元前1世纪盖尤斯·马里乌斯的军制改革采用了志愿兵制度,当兵不再是罗马市民必尽义务了。这样,罗马市民权的含金量大大增加,当兵不但有荣誉,也是有利可图的。因为从军25年有工资保障,退伍后还有土地和年金。这一时期亚平宁半岛拉丁同盟各城邦市民纷纷要求获得罗马市民权。通过同盟城邦战争,最后整个亚平宁半岛的居民都获得了市民权。恺撒也给予教师和工匠在职期间以市民权,也给予驻在地站在自己一边的当地权势者以市民特权。奥古斯都对退役士兵给予可世袭的罗马市民权,这和当前美军给很多持有美国绿卡士兵美国国籍的做法如出一辙。

罗马市民权的授予规定就等于罗马的国籍法。能够获得罗马市民权资格的有:

第一,罗马人之间正式婚姻所生男子。这就是国籍法的血统主义原则。

第二,解放奴隶可以授予罗马市民权,但不能因此脱离与原主人的主仆关系,仍然是被庇护者(clientes)。也即是说,他们还是作为罗马市民的限制行为能力人。

第三,解放奴隶的子女无条件自动获得罗马市民权。

第四,罗马军团除了百人长(相当于现在的连长或指导员)之外的兵士没有正式婚姻者,因同居关系生的子女,在服兵役期间不能给予市民权。但是退伍后他们的市民权得到认可。

第五,非罗马市民出高价可以买得市民权。这与我们以前出钱获得城市户籍(蓝印户口)差不多。

第六,无市民权者不能参加只有罗马市民组成的罗马正规军团,但可以参加罗马军团的辅助部队,服完兵役后获得世袭的罗马市民权。其子女获得罗马市民权后还能参加罗马正规军团。

第七，对罗马有重大贡献的授予罗马市民权。辅助部队的士兵提拔为队长级别，不等退役就能获得罗马市民权。

第八，罗马市民权拥有者有权到角斗场观看角斗表演，可以进罗马公共浴场（罗马人爱清洁、爱沐浴在古代民族中首屈一指），可以收取皇帝或国家重要人物馈赠的面包和钱物。这被称为"面包和娱乐"（penem et circenses），是罗马社会一种救济、福利以及维稳的有效手段。

2.2.3.3 市民法与万民法

市民法作为罗马人自身的法律，早在公元前449年就因制定了《十二表法》而实现了从习惯法到成文法典的历史性转变，成为当时世界上比较先进优秀的古代法律。早期的市民法注重形式，在土地所有权方面有详细的规定，保护着罗马市民的私有财产，特别是土地财产权。适用市民法，也是罗马人作为统治民族享有的一种法律特权。而对于在罗马营生的异邦人，以及那些不断扩大的罗马国土上生活着的还没有被授予市民权的异邦人，根据自治原则，他们本族内的法律问题遵从他们自己的习惯法。但是不同民族的异邦人之间，以及罗马人和异邦人之间到底应该适用什么法，在当时的世界中还没有现成的答案。如果按照市民法，由于他们中一方或双方不是罗马市民，其契约就无法生效，也没有进行诉讼寻求罗马裁判官的法律救济。

如果是在一个封闭性的不开放移民的古代国度，对这些异邦人当然就干脆实行赤裸裸的法律差别政策，以暴力平息反抗就行了。这很简单，事实上很多古代社会都是这样做的。古代社会很难有公平，特别是在民族、种族间的公平。但是罗马是一个开放移民的社会，这些外邦人有朝一日或许成为罗马市民，因此照顾他们的利益，既体现公平和正义，也有利于社会稳定，繁荣罗马的商业和经济。于是公元前242年，罗马设了外事裁判官（praetor peregrinus）来处理这类诉讼和纠纷。他依照自然法的精神，遵从诚信（fides）来断案，以体现理性、公平和正义。特别是原先罗马市民法中比较欠缺的买卖关系、合同关系等债权法的内容通过外事裁判官之手发展起来。这就是万民法（Ius Gentium）。

万民法是适用于罗马境内除了罗马人自身之外的所有自由人的法律。它的出现体现了罗马人的法治精神和社会宽容，也是罗马商业社会的客观要求的体现。它实际上是在罗马各民族之间长年的商业交易和当时罗马世界内或罗马与其他国家之间的商业习惯基础之上形成，并且为了适应商业交易迅速便利的要求，在程序上、形式上大大简化了市民法的繁琐性。特别是只要当事人双方的合意就可以让契约成立，即诺成性契约，以及在《十二表法》中是找不到任何依据的租借关系等，通过万民法赋予了法律依据，使得罗马的债权法充分发达起来。

万民法体现出了罗马法的普世性、灵活性,是构成罗马文明的核心部分之一,对法律文明的发展具有重大意义。它也是罗马的国际私法,因为它可以解决罗马人和异邦人、异邦人和异邦人相互之间的法律冲突。这就是国际私法的最早渊源,因为罗马法和现今的西方大陆法系法律是一脉相承的。国际私法也是广义国际法的一个部门。不过一旦通过外事裁判官形成了统一性规则,一般是通过告示(magistratuum edicta)公布在罗马的广场上,就变成了统一实体法规则。

2.2.3.4 《安东尼努斯敕令》的意义:市民法与万民法合流

《安东尼努斯敕令》将罗马市民权授予全帝国所有自由民,使得罗马市民和异邦人的区别从此消失。罗马人的优越和特权也随之消失,罗马实现了帝国境内在民事法律方面的平等。原先作为罗马法的市民法和万民法两个部分的区别也再无必要,而合流为一体。无论从哪个方面来说,这都具有非常重大的历史意义。

罗马法实行类似于判例法的制度。前任裁判官(包括负责适用罗马市民法的内事裁判官和负责适用万民法的外事裁判官)的告示对后任的裁判官审案是没有拘束力的,但是如果前面的告示中有可借鉴的内容,后任裁判官就直接说明引用前面的某项告示。这样,罗马法的规则就积累性地发展、发达起来。这就是告示的继承(edictum traslatitium)。这种方法被罗马法学家帕比尼安努斯(Papinianus,142?—212)称作是裁判官法(Ius praetorium),即将市民法因公共利益需要补充和修正时由裁判官导入的法。

公元前50至公元230年共280年间是罗马法发展的古典时期。优秀的法学家具有解答法律的权利(jus publice respondere),极大促进了罗马法的发展,使得罗马法法学发展到了最高峰。以后,皇帝的敕令成为主要的法律渊源,但在法治传统深厚的罗马帝国,皇帝也遵循私法自治原则,一般不介入和干预私法领域。万民法实际上都体现着这些变化,市民法适用的范围越来越小,所体现和反映出来的市民特权也不断失去意义。所以,卡拉卡拉颁布敕令授予全国自由民市民权,实际上不过是追认那些反映着自然法的万民法早已实际普及性地运用的事实而已。但是,万民法也不是任何时候都和自然法画等号。《罗马法国法大全》中引用了罗马法五大法学家中的最重要法学家乌尔比安(Gnaeus Domitius Ulpianus,公元170—228)的话:"自然法是自然赋予所有动物的法,万民法是诸民族共同使用的法。"特别是关于奴隶制度在自然法中是违反自然的,但是在万民法中却具有从敌人那里保护俘虏和债务者的生命的意思。因为罗马法实行债务奴隶制,对于那些欠债无力偿还者,当时其他古代法可能只有处死,而罗马法则从当时的人道主义出发,可以将其卖身为债务奴隶,以劳动来偿还债务。而且债务奴隶职业受到各种条件的限制,也在不断进化和进步之中。但是,恰恰是万民法等于罗马法这样一个理念,才是近代法和国际法的出发点。

2.2.3.5 罗马法中的国际法律秩序

罗马与其他国家之间的关系,在罗马从一个城邦小国成长为世界帝国的过程中,也是从平等的国家关系逐步变成不平等的关系。在向亚平宁半岛扩张时期,这种关系就是敌对和同盟两种关系。敌对关系适用战争法规,同盟关系适用和平法规。是否是亚平宁半岛各国的惯例尚不得而知,但罗马方面则有记载。宣战和缔结和约的决定和缔结条约都要有罗马担当外交职能的机构祭司团(Collegium fetialium)的参与。战争在这里都是正义战争,当和平努力失败后,遵照罗马内部的程序进入宣战和战争状态。如果负责谈判的祭司团的负责人不能得到和平解决的结果,他就向元老院报告该情况。在他决定宣战时,要到几个相关的神庙在神的面前宣誓和进行祈祷,并且要向敌国的领土投掷涂满血迹的标枪。这个惯例很有名,对于那些面对胜多负少的罗马的亚平宁半岛其他国家来说,不知道罗马这个惯例才是不可思议的,因为这关系到自己国家的生死存亡,也许这本来就是亚平宁半岛各邦关于宣战的国际惯例。

从恺撒时代起,罗马就已经成为一个统治着当时地中海世界的世界帝国。在这个过程中,原来祭司团的外交、宣战、缔结和平条约的职能已经渐渐转移到罗马皇帝身上,这时已经没有什么平等的国际关系了。几乎所有的条约都是不平等的,都意味着对方国家永远成为罗马的属国。罗马虽然有万民法,但只有罗马市民与那些与罗马友好或具有同盟关系国家的市民之间的关系才能得到适用。这样平等而公正的法律并不适用于公法领域,即罗马和这些属国之间的关系。这些国家包括埃及、毛里塔尼亚以及小亚细亚一带的若干国家。

罗马人极其欣赏希腊文明和希腊人,在文化上面对希腊人具有一定的自卑感。但是面对希腊城邦,罗马并不与它们对等相待。如果它们不臣服,就消灭它们,然后将该城邦的市民都变卖为奴,而不论这些城邦市民是多么的高贵、聪明或充满民主思想。不过这些奴隶由于教养学识远远高于粗鲁勇武的罗马人,所以价格极其昂贵,因而就只能被变卖到上流罗马人家庭中,也只有他们才买得起,可以胜任家庭教师、顾问、庄园管家、会计等类似于当今白领的工作,领取高薪,拥有高级住宅,而不用像其他蛮族奴隶那样注定只能做苦工,或成为更为可悲的角斗士。如罗马最聪明的智者,哲学家、政治家、律师、作家、雄辩家西塞罗(Marcus Tullius Cisero,公元前106至前43)就有几个智商极高的希腊奴隶帮助他管理和整理文稿,实际上成了他的高级私人文秘。他的那些不朽的著作都离不开这些高级希腊奴隶的劳作。

罗马的这种排除其他一切平等的、独立的国际主体的帝国理念已经深深扎根于罗马世界的国际关系的惯例、程序、制度中,以至于无论对罗马的这种至高无上的地位和权威多么神化都不为过。这就是所谓的"罗马治下的世界和平"(Pax Romana)。18世纪的爱德华·吉本将五个贤明的皇帝(涅尔瓦、图拉真、哈德良、安敦尼·毕尤、马可·奥勒留)治理下的安敦尼王朝时代(公元96—192)称为"人类历史上最为幸福的时代",至少其幸福度他认为是超过他所处的时代,即18世纪的英格兰和海峡对岸的法兰西王国。罗马的版图达到最大时,有多达44个行省,人口上亿。这就是同时代中国的汉朝文景之治的西方翻版。但是,罗马虽然统一了西方,将地中海变为帝国内海,周边民族都成为蛮族,使之不敢对帝国作乱,建立了一个西方的理想世界,但我们还是可以认为罗马做得并没有地处远东的中国彻底。在罗马帝国的东方,有一个一直没有被罗马征服的帕提亚。这是一个其版图从幼发拉底河一直到印度河的广大帝国,始终是罗马帝国心头的痛。罗马在那里不得不和帕提亚进行各种作战,始终没有获得决定性胜利。罗马只能和它对等相处,无论打仗还是讲和,都没有占上风,都没有建立罗马一贯的那种威压下建立起来的那种不平等隶属关系。在罗马和帕提亚之间或者旁边还存在着一些缓冲国。它们扮演着墙头草的角色,从两强对立的夹缝中寻求自己的生存之道,并从中获取最大的利益。罗马(包括帕提亚)也只得不停地拉拢它们,缔结不稳定的同盟、友好关系,而时不时又被它们背叛。罗马也始终实现不了在西、南、北三个方向所形成的那种国与国之间的上下臣服关系。其中亚美尼亚就在这里扮演着较重要的角色,虽然作为一个不大的国家,也成为罗马和帕提亚争相拉拢的香饽饽。这个国家从古到今2000余年,以亚美尼亚正教为信仰,在大国林立的这一区域左右逢源,艰难地生存下来,竟然现在还有亚美尼亚共和国独立存在,不能不说是一个历史的奇迹。相比之下,中国在周边所及的世界范围内实现帝国理念,即普天之下莫非王土,做得比罗马彻底得多。

2.2.4 中世纪欧洲的国际法律秩序:基督教与教皇

2.2.4.1 罗马帝国理念在基督教附体

罗马世界的帝国理念和中华世界的普天之下莫非王土的理念的不同在于,前者在强调唯一性的同时有着更多的宽容性,而后者更具有唯一性,以至于天下不容二主,更容易出现火并。在罗马帝国末期,的确已经出现了衰亡的趋势,但是罗马及其帝国理念有两种方式得以延续和永生。其一是分成东、西罗马帝国,都具有合法性和正统性,以至于西罗马帝国在公元476年亡于日耳曼蛮族西哥特人之后,帝国还在君士坦丁堡延续香火,从奴隶制的东罗马帝国成功变身为封建的拜占庭帝国,竟然又持续了罗马的整个第二个千年。其二是罗马找到了一个世界宗教(汤因比语,他认为世界宗教有三个,即基督教、伊斯兰教和大乘佛教)。基督教,作为国教替代了罗马多神教,它未脱离原始性。基督教与罗马帝国成为一体,并从罗马帝国划分行政级别的统治方法中吸取养分,形成了自己的教阶制度,即教皇、红衣大主教、大主教、主教等教职阶级和级别体系。西罗马帝国被灭亡,其灿烂文明被那些野蛮无知的日耳曼蛮族破坏殆尽,而罗马的基督教僧侣们却成功地向这些来自北方的日耳曼蛮族及其首领们传播了基督教,包括东哥特人、西哥特人、勃艮第人、伦巴第人、法兰克人等都被基督教教化。只有汪达尔人来到北非,烧杀成性,没有受到基督教的洗礼,最后烧杀抢掠罗马后消失在历史的长河中。这意味着罗马又以宗教的形式重新征服了蛮族征服者。按照德国法学家耶林的罗马三次征服世界的说法:第一次是用军事;第二次是用宗教;第三次是用法律,即罗马法,指罗马法复兴。这一征服,不但改变了世界,也改变了国际法史前时期的历史。

　　基于罗马人用实力征服了世界的事实,罗马人也自然把其优越感体现在他们的宗教上,产生的罗马宗教是世界上最高宗教这样一个幻觉。这就是为什么罗马人早期对基督教进行残酷迫害的心理原因。在巴勒斯坦地区的犹太人在罗马帝国统治下于公元1世纪发动了对罗马人的起义,遭到罗马的镇压,耶路撒冷城也遭到破坏,失去故土的犹太人大量流亡世界各地。对于基督教,最初罗马分不清它和犹太教到底有什么区别,因为两者都有耶和华和摩西十诫,都是一神教。因此,早期的基督教开始也和犹太教一样受到罗马统治者和法律的一定保护。但由于基督教摈弃了犹太教关于犹太人才是上帝选民的思想,迅速在中近东下层民众中,特别是那些非犹太人中传播蔓延开来,罗马帝国开始把其视为一种可能威胁到帝国稳定和统治的危险势力,作为罗马帝国内的非法宗教受到宗教迫害。公元64年罗马皇帝尼禄以罗马大火为借口,以纵火的罪名大肆迫害基督徒。此后罗马对基督徒进行了近十次迫害。开始时只要表明是基督徒就可能要受到刑罚处罚。公元250年,罗马皇帝狄希厄斯发布敕令,开始动用国家及其对基督徒进行普遍而又组织的迫害,强迫其皈依罗马国教。公元303年,戴里克先皇帝发布敕令,逮捕罗马城内所有的基督教神职人员。

　　基督教作为一种新兴的下层劳苦大众的宗教,从4世纪初开始在罗马帝国迅速蔓延开来,连残酷迫害和镇压也改变不了基督教的蔓延之势。基督教简直就是"野火烧不尽,春风吹又生",再进行镇压反而会损害罗马帝国的稳定,于是罗马统治者转变了对基督教的态度,先后颁布敕令承认了基督教的合法地位。这时罗马已有东西并列的两个皇帝。公元313年,东方的皇帝君士坦丁与西方的皇帝李锡尼联合发布《米兰敕令》(Edictum Mediolanensium),保障所有宗教的信仰自由,返还被没收的基督教会财产。君士坦丁皇帝统一罗马帝国后,开始扶植和优待基督教,还运用皇权干预基督教内部争端和教派分裂。公元325年,他主持召开尼西亚会议,把基督教完全置于帝国政权控制之下。公元380年,狄奥多西一世宣布禁止除了基督教以外各种异端教派活动。公元392年,基督教成为罗马帝国的国教,在罗马帝国走向尾声的时候,其灵魂开始依附到基督教这样一个载体上了。而基督教内部有了保罗的神学改革思想,在到底是救主和还是救世等宗教问题上吸收了希腊哲学思想,使其成为从罗马帝国统治阶级到下层奴隶都可以接受的全民宗教。基督教的上帝惠顾一切人类,打破了犹太教狭隘的民族界限,具有普世性。

2.2.4.2 教皇教权下的中世纪国际法律秩序

7世纪(在伊比利亚半岛被穆斯林占据前)伊比利亚半岛塞维利亚大主教依希多尔斯在《语源志》(Etymologies)中说,罗马万民法就是关于战争、俘虏、奴隶化、战前复归权、和平条约以及其他条约、大使人身不可侵犯、不同国籍人之间结婚的禁止的法律规则。正是这些规则被教会所保存。基督教曾为罗马帝国国教,西罗马帝国灭亡后又征服了各蛮族王国,但基督教自身也存在各种教义学派之争,并常常互相指摘为异端,由此造成了基督教自身的分裂。其中1054年发生的罗马教皇与君士坦丁堡大主教的相互革除教籍,导致了以君士坦丁堡为中心的东正教和以罗马为中心的天主教的分裂。在此之前,罗马教皇在西欧也有着比较崇高的地位。欧洲特别是西欧的中世纪国际关系规则的展开,很多就是围绕着教皇施展教权而进行的。

教会尽很大努力限制私人间的争斗,保护非战斗员的结果使战时国际法律规范与中立法也发展起来。教会在10世纪倡导的"上帝休战",即星期天应该停止争斗,到11世纪扩展到星期四傍晚到星期一早上,并且所有的基督教节日都应该纳入"上帝休战"。而复活节前的四旬节则长达40天,都得休战。这样,留给君主们打仗的时间越来越少,比现今那些福利国家的工人们一年上班的时间都少。1095年,教皇乌尔班二世将"上帝休战"这些内容布告全基督教世界。教堂附近则禁止争斗,也禁止侵害圣职者、朝圣者、商人、妇女、农民。这样就使得一定的地域中立化,保护了几类人群,也是后来教堂、使馆不受侵犯的由来,也是拉丁美洲区域国际法中使馆有庇护权的由来。

在天主教世界,罗马教皇是精神领袖,也直接统治着意大利中部罗马周边领土为数万平方公里面积的教皇国。这个教皇国是罗马教皇安身立命的土地,保证了自己真正独立于世俗君主。为此,教皇伪造了"君士坦丁的捐赠"(Donatio Constantini)的罗马皇帝的法令,称是当年君士坦丁堡把包括拉特兰宫在内的罗马城交给了教皇。由此可见,教皇的权力也要从古代罗马皇帝和皇权那里寻找根据。

教皇的权力在西欧的皇帝、国王和诸侯之上,是基督在地上的代理人,并拥有世俗的权力。遍布西欧各地的各国君主都无法比拟的巨大教会财产也是教皇权力的经济基础。西欧的国王加冕,要由大主教戴王冠。而皇帝(主要是指神圣罗马帝国皇帝)的加冕则要由教皇戴皇冠,授予者当然比被授予者地位高。

罗马教皇的这种超然而高高在上的地位使其成为最有权威的国际仲裁者,对西欧各国间的国际争端提供了一个方便而权威的机制。一旦教皇作出裁决，无论胜诉国还是败诉国，都能够心平气和地接受。罗马教皇的仲裁规则在意大利各国君主间利用最多，也为西欧其他国家君主所运用，甚至包括很多大国和强国。教皇仲裁中最有名的有1289年法国国王、"美男子"腓力四世(Philippe le Bel，1268—1314)与英国国王、"长脚"爱德华一世(Edward Ⅰ，1239—1307)之间的仲裁，1319年法国国王，"高个子"腓力五世与弗兰德尔（现比利时）人之间的仲裁，以及14世纪神圣罗马帝国皇帝马克西米连与威尼斯共和国元首之间的仲裁。当然也有教皇不参与的国际仲裁，如瑞士各邦、汉萨同盟各都市港口、德意志诸邦等都存在着一定的仲裁制度和仲裁规则，这些仲裁有了后来国际商事仲裁的影子。英国和法国君主之间的国际争端也常常诉诸国际仲裁。汉萨同盟、地中海海上航运同盟等之间还有派遣贸易代表、常驻领事等制度，对于国际海商法的发展有着影响。但总体而言，中世纪对国际争端解决中的国际仲裁制度和规则的贡献和发展上，教皇起到了最大的作用。

天主教会也在外交惯例以及后来的国际法的发展上具有很大的影响。教皇很早期开始就向宗教会议派遣使节。在与君士坦丁堡教会断绝关系之前，双方都互派有常驻使节。教皇还向英国、神圣罗马帝国、法国、那坡里王国、匈牙利王国、阿拉贡王国、卡斯提尔王国以及其他国家的宫廷派遣使节。由于教皇地位神圣，被称为圣使，高于一般君主间派遣的大使。教皇与拜占庭之间派遣常驻使节及其规则也影响到14世纪意大利各城市国家的互派使节等外交惯例。近代国际法的很多外交惯例和使节制度正是从意大利城市国家间关系中直接发展而来的。

十字军东征出现过很多英勇悲壮的故事，也有很多丑陋的阴暗面。但是，这些来自西欧的粗鲁而率真的圣战者们在和穆斯林方面充满骑士精神，风度翩翩的统帅萨拉丁(Saladin，1138—1193)的战斗中触发了西欧骑士精神，使得从此以后的西欧的战争开始遵循一定的准则，也将文雅、贵族和礼仪带进战争领域，对后来的战争法的规则化、人道化起到了一定的影响。

2.2.4.3 哥伦布的"欺君"及其地理学后果

1492年，克里斯托弗·哥伦布向西航行到达了"印度"，并成功生还。卡斯提尔女王伊莎贝拉一世(Isabel Ⅰ de Castilla，1451—1504，这时她早已和阿拉贡国王斐迪南结婚，两王国合并就是西班牙王国，实际上这时也是由两位君主共同治理)在巴塞罗那接见了哥伦布。这完全是谎报军情的欺君大罪。因为哥伦布登陆的地方是巴哈马群岛的一个岛屿而已，他自己给它命名为圣萨尔瓦多。而他本来是打算到日本的，其实心知肚明，他当然知道根本就没有见到什么日本，于是就编造了到达"印度"的一个虚幻的故事。但对于当时地理知识特别欠缺的西班牙女王来说也不明就里。这个消息令她深受鼓舞，于是如约授予哥伦布海军上将军衔。

这恐怕是世界上"坐直升机"升得最快的提拔了,超过了拿破仑在土伦一战中从尉官直升将军。

哥伦布的这一忽悠也造成了"印度"这个地名的混乱。本来印度就是现在喜马拉雅山脉南边的那个次大陆,对西方人而言并不是什么稀罕的地方,早在公元前4世纪末亚历山大时代就知道了。但是1476年奥斯曼土耳其攻陷了君士坦丁堡,中断了持续了千年之久的丝绸之路以及东西方陆海直接贸易。西欧一带气候和土地条件并不太适合农业,畜牧业的发达使得肉类成为当时重要食物。而要保存肉类就需要东方的香料,特别是胡椒。得不到香料及其胡椒,就无法做腌肉,或者做好腌肉后又臭又腥难以下咽,西欧国家的贵族和农民们的生活水准就会大大下降。因此,香料及其胡椒的确是关系到国计民生的大问题,超过了当今韩国泡菜对韩国国家和国民的意义。当时已经有哥白尼的学说,已经假设我们的大地是球形的。如果陆路去不了东方,不妨从海路去。于是当时西欧最强大的航运大国西班牙和葡萄牙开始了开辟新航路的竞争。葡萄牙先走一步,早在15世纪后期在恩里克王子的先驱性资助和亲自带动下,顺着大西洋非洲海岸继续南行,先行发现了好望角,然后探险家达伽马斗胆绕过好望角进入印度洋,终于到达了印度。也就是说,葡萄牙人实现了绕过穆斯林的地盘,从海上直接到达了东方,包括盛产香料的地方的跨洋航路。西欧的航海者终于来到了郑和以及阿拉伯航海者曾经频繁航行过的这片海洋——印度洋。

葡萄牙是往南走的,为什么西班牙不能往南走同一条路线呢?难道要向葡萄牙人留下买路钱?其实那时的西班牙还没有完成国家统一大业,根本无力顾及海外也是原因之一。还有一个原因就是,1481年教皇西克斯特四世发布了布告,宣布加那利群岛以南都归葡萄牙,结果当西班牙准备行动时就只能往西。虔诚的西班牙国王从来都是教皇的乖孩子,根本没有想怀疑教皇的不公。只靠着一个"地球是圆的,而且西边的海洋直通亚洲东部"的信念支撑着这名实践者——哥伦布。

哥伦布的错误直到1500年才被亚美利哥纠正。期间哥伦布以海军上将的身份早就进行过好多次"印度"之行,不但为西班牙掠得不少领土,也带回了不少黄金。人们早就忽略了他的欺君之罪,反而已经习惯了他的错误,宁愿相信这样的一个故事:哥伦布的确正忙碌地往返于印度—西班牙做着大买卖,为西班牙国王和人民谋幸福。当亚美利哥将谜底揭穿后,哥伦布也不免落下了穿帮的下场。但是善良的人们仍然为他打掩护,干脆就称哥伦布最早到达的这一片群岛为西印度群岛。再加上后来者荷兰东印度公司占领了爪哇、苏门答腊等地,因此地在印度之东,干脆就命名为东印度。这样一来,除了印度之外,又有了西印度、东印度,简直让人摸不着头脑。这说明当时的西方人的地理命名太缺乏想象力了,以至于一个印度的地名翻来覆去地用,还将东南亚中南半岛上的一些地方叫做"印度支那"。地名可以任意命名,但却苦了美洲土地上的原住民,哥伦布把他们称作是 Indian,即印度人,翻成中文应该是印第安人。看来他的确是要将错就错,忽悠到底。可是等到谜底揭穿,货真价实的印度人并非美洲的这些人的时候,美洲的土著被称作 Indian 已经改不掉了。结果 Indian 既指印度人,也指印第安人,不加说明,是无法从名词上对这些雅利安人的后代和 1 万多年前穿过白令海峡到达美洲的人们的后代相区别。

2.2.4.4 教皇子午线:难道世界就这样被分掉了

西班牙的虔诚换来了回报。西班牙人出身的教皇亚历山大六世(其实他就是一个西班牙人)于哥伦布航海发现"新大陆"的次年就裁定,以佛得角以西 100 海里的子午线为境界。以东,葡萄牙权利优先;以西,西班牙权利优先。这条线就被称为教皇子午线(Inter Caetera)。教皇就这样随随便便地将全世界的海洋和未发现的土地瓜分给西班牙和葡萄牙两个国家当然是非常没趣。就连葡萄牙也对这个裁定非常不满,认为葡萄牙吃了大亏。幸好西班牙还比较通情达理,有这位作为西班牙卧底的教皇在,完全可以和平解决,用不着动不动就诉诸战争。经两国国王直接谈判,将境界线从教皇子午线再向西移动 270 海里。1794 年,两国在西班牙的托尔德西利亚斯签订了《托尔德西利亚斯条约》,确认了这条线。教皇承认了这部条约,根据条约无效的原理,1793 年亚历山大六世的裁定自动废除。

西班牙依靠这部条约获得了西进美洲大陆的优先权,也死心不往东去寻找新领土和金银财宝。但是,西边绝不是可以完全放心的。1500 年,葡萄牙探险家佩德罗·卡布拉尔稍微越过该线往南,结果到达现在的巴西,最后这块地方给予了葡萄牙。谁知道这是一片巨大的内陆平原和低高原,还有一条宏大无比的亚马逊河。葡萄牙人后来从这块陆地继续往西,形成了巨大殖民地巴西。根据这个划界看,葡萄牙人已经远远违反了规定。

这部条约也考虑在亚洲适用,但是严格测定经度在当时也困难,而且在亚洲该怎么适用也还是存在问题的,于是双方又再度引起争论。葡萄牙当然据此获得了非洲和亚洲建立殖民地的垄断权,包括现在印度尼西亚东部的摩鹿加群岛,即香料群岛。葡萄牙的这些行为终于引起西班牙的反应,西班牙派出为西班牙政府服务的葡萄牙人麦哲伦。他越过南美洲最南端火地岛,进入南美大陆西边一片世界最大的海洋。由于正好风平浪静,这片海洋被他命名为太平洋。

麦哲伦来到了菲律宾,为西班牙挣得一块亚洲殖民地后,介入当地土著之间的斗争,不幸被打死。剩下的船员完成他的遗志向西回到西班牙,完成了首次环球伟业。他的船员也到了摩鹿加群岛,终于和葡萄牙实现了历史性交会,一个来自西方,一个来自东方,两个伟大的航海民族国家就此进行谈判,于 1529 年达成《萨拉戈萨条约》,修订势力范围界线,确定了西葡两国在东边的太平洋的分界线在摩鹿加群岛之东297.5海里所通过的子午线。这个位置就是东经144度30分的位置，穿过新几内亚岛中央。于是西班牙退出摩鹿加群岛，葡萄牙为此赔偿西班牙35万金达克特（Ducat）。但线西的菲律宾则继续被西班牙统治，不过也要西班牙承认葡萄牙对澳门的殖民地。西班牙还获得澳大利亚权益的优先权，但是也没有禁止葡萄牙，结果双方都没有往澳大利亚发展，最后落到英国人手中。英国后来将此作为犯人流放地，谁知道犯人们的后代却把这里建成一个世外桃源。虽然西葡两国后来的行为都有很多违反当初《托尔德西利亚斯条约》分界线的情况，但看来双方都比较务实，并不太拘泥于这条线。出了矛盾也没有发生军事冲突，通过谈判双方都有妥协，使问题得到了顺利解决。这样，西班牙从新大陆获得了白银和黄金，而葡萄牙则从亚洲获得香料、陶瓷和茶叶，构筑了西葡两国辉煌的海上霸权。这就是《托尔德西利亚斯条约》和教皇仲裁制度带来的直接结果吧。

2.2.4.5 对教皇权力的挑战：教权与皇权

但是法国、英国、荷兰等国对于《托尔德西利亚斯条约》规定的领土优先权中为何没有它们的份而耿耿于怀。为了打破充分体现了教皇厚爱西葡两国的该仲裁决定，要不就对西葡船队实施海盗行为，要不就对教皇的仲裁裁决无视。法国国王弗朗索瓦一世为此感到非常郁闷，发出了"难道这就是亚当的意志吗"的天问。1982年英国和阿根廷的福克兰群岛（阿根廷叫马尔维纳斯群岛）争端的时候，阿根廷拿出的对该群岛领有的根据就是《托尔德西利亚斯条约》，主张阿根廷继承了西班牙领土，当然对该群岛拥有领土主权。可惜在福克兰群岛战争（马尔维纳斯群岛战争）中阿根廷军队不争气，结果惨败。

其实对于教皇为什么有这么高的权威，在西欧经常也受到怀疑。教权除了披着宗教的神圣外衣外，也是帝国理念的体现，实现了"罗马帝国第二次征服世界"。但世俗国家也不甘寂寞，如前所述，如查理曼获得的皇帝称号，以及后来一直延续不断的神圣罗马帝国皇帝。这些皇位都是经过教皇加冕的，乍一看好像是教权至高无上，但是这种世俗皇帝有军事实力为基础，也不时上演与教皇争高低的大戏。

1152年的腓特烈一世登上了神圣罗马帝国皇位，他的外号叫"红胡子"（意大利语译音"Barbarossa"，即"巴巴罗莎"），意思是让意大利人的血染红他的胡子，也有说法说他的胡子颜色真的是金色带红。1153年他和教皇达成协议，取得教皇支持，并于1155年接受教皇加冕。但从1157年起就意大利政策问题和教皇长期对立，展开了教权与皇权的斗争。他对意大利进行了5次军事入侵，对意大利进行蹂躏。直到1183年，腓特烈一世才和教皇和好。他在神圣罗马帝国内也弱化教皇的权力，强化皇权，企图将神圣罗马帝国和皇帝变成名副其实的帝国和皇帝。他组织第三次十字军东征，任总司令，但在1189年小亚细亚东南部一条小河游泳时被淹死，意外结束了他的武勇传奇。

14世纪到15世纪初,教会出现了变异。开始是教皇克雷芒五世于1305年将教廷从罗马迁移到法国南部的亚维农。这里成为天主教中心,但教廷却一直受到法国国王控制。王权而非皇权竟然事实上凌驾于教权之上的状态一直持续到1377年,教皇格列高利十一世将教廷从亚维农迁回罗马。第二年格列高利十一世去世,罗马教廷最高决策机构枢机团选出意大利人乌尔班六世继任。但后来13名法国籍枢机大主教却另选出法国人克雷芒七世为教皇,结果后者在亚维农另成立独立于罗马的教廷,造成了教会和教廷都出现了大分裂。欧洲大国都卷入这场分裂,英国和神圣罗马帝国支持罗马教廷,而法国支持亚维农教廷,严重破坏了教皇和教权的权威。直到1418年在德国康斯坦茨召开大公会议(即主教大会)才最终选出双方都接受的教皇,但是,这时离导致罗马天主教彻底分裂的宗教改革只有一个世纪了。

2.3 中国古代与国际法律秩序

2.3.1 春秋战国与国际法律秩序

2.3.1.1 "两国交兵不斩来使"的国际法解读

两军在作战期间,如果要派代表到对方阵营去传达信息,这些代表就是来使。但是很多来使是有去无回,因为在打红了眼的情况下,很可能把仇恨发泄在来使身上。这也是人类本性使然,谈不上善恶之分。但是当人类走向文明化之路后,"两国交兵不斩来使"成为一种具有文明性的战争法规则,并由此演化成为国际法的外交关系法的原点。

"两国交兵不斩来使"在中国有着悠久的历史,可以追溯到春秋时代。春秋时代中原列国并立,关系错综复杂,时时需要向他国派遣使节处理国与国之间的各种事务。但是这些使节的身份和生命安全是否能够得到保障,则是一个问题。如果两个国家关系不好,或者处于战争状态,派遣的使节则往往面临生命危险。但是,杀死使节则有可能构成宣战的理由。公元前596年,楚国派申屈出使齐国,楚庄王授意不要经过宋国。宋国执政者听说后认为这是侮辱宋国,就设伏杀死申屈。这样,楚庄王便出动大军包围宋国,长达9个月。宋国向晋国求援,晋国派遣使节解扬赴宋,途经郑国被擒后送往楚国。楚庄王企图让解扬向宋军喊话劝降,但解扬却喊话要宋军坚守,然后要求楚庄王处死自己。但是楚庄王不听申屈之父的劝阻,释放解扬回晋。这就开创了"两国交兵不斩来使"的先例。后来在南北朝时期也发生过类似著名的一例。公元450年南朝刘宋北伐北魏,先胜后败,彭城(今徐州)被围。北魏派李孝伯为使节进彭城劝降,在残酷的战争环境下双方代表极尽礼节,传为佳话。

但是中国历史上这样的传统也并非时时都得到遵守。特别是近代以来与西方国家打交道,中国方面屡屡出错,其中就有虐待甚至杀死外交使节的事情发生,如前述的义和团事件,围攻外交使团,以至于国土被侵略,还背上违反国际法的恶名。

但是中国古代派遣的使节几乎都是临时使节。在春秋战国时代,还有将其他国家的王子、王孙或其他有名人士派出去作为人质的制度。这些人质可能长期生活在所在国,其人身自由受到一定限制,并非作为常驻使节。从法律上讲,这样的人质制度更类似于国家间抵押制度。所以,早在春秋战国时期就出现的"两国交兵不斩来使"和派遣使节制度并没有发展成为近现代的国际法使节制度。后者来源于中世纪后期的西欧。

2.3.1.2 "挟天子以令诸侯"的国际法解读

春秋战国是中国历史上最为分裂、诸国林立的时代,这完全不符合中华文明圈的"普天之下莫非王土"的大一统理念。春秋时代有数百个分封国,通过各种兼并战争到战国时代只剩下20余个,其中的7个强国构成了战国七雄并立的局面。

春秋战国时期在中国历史上属于周朝。公元前770年以前是西周时代,以后就是东周时代,其中公元前476年以前为春秋时代,以后为战国时代。周朝在国家观念上与商王朝的部落联盟式的国家结构不同。周以王族姬姓治理天下,对姬姓族人实行分封制,而最高首领就是周天子。虽然有了普天之下莫非王土的观念,但周并不是一个帝国。各个分封国享有相当的自主权。但是周天子享有最高权力,必要的时候是可以直接干涉或命令诸侯一起处理分封国内部事务的。因此,西周的内部国家结构上只有周天子才有主权,分封国原则上是没有独立的主权的。这时真正的国际关系只存在于周与周边国家或部落之间,即东夷、北狄、西戎、南蛮。这就是最早的华夷国际秩序。周地处最文明富饶的中原,是这个华夷秩序的中心。而周边的四夷属于不入流的蛮族,游猎畜牧之辈,却居住于化外之地,缺乏文明的熏陶,但北狄和西戎拥有比较强大的骑兵,时常威胁到周的政权。

到了东周时期,周天子实力减弱,权威下降,诸侯国地位和自主权提高,其国家结构已经发生了变化。这样的状态下诸侯的实力决定了其发言权的大小,甚至诸侯国的生存前景。为了争夺土地,一些较大的诸侯国就开始了兼并战争,很多弱小诸侯国被兼并灭亡,诸侯国的数量逐渐减少。比较强大的诸侯国则越来越大,越来越强,以至于发生了诸侯强国之间的冲突和战争。这样,战争就从兼并战争发展成为争霸战争。战争的胜利者往往成为霸权国家。霸权国家赢得了战争,就召开各诸侯国会议,迫使大家承认其首领地位,成为"霸主"。春秋时代先后出现过齐桓公、宋襄公、晋文公、秦穆公、楚庄王,历史上称为"春秋五霸"。南方的吴和越也参加过争霸战争。争霸过程中比较著名的有晋楚争霸和吴越争霸。

尽管春秋时代是一个充满战争的争霸时代,但其国际关系也遵循一定的游戏规则。这些规则可以说就是东周时代不成文的国际法律规范。除了前述关于使节制度的出现和"两国交战不斩来使"的惯例的形成外,更重要的是周天子与诸侯国相互之间,以及诸侯国之间的关系准则。名义上周天子的地位还在,但是直接管辖的土地和人口、兵力都很有限,其实力已和一些强势诸侯差不多了。这时诸侯也渐渐不再听周天子的命令,而周天子反而经常依赖强大的诸侯。由于周天子失去了超国家权威,各个诸侯国实际上就开始拥有了主权,自己决定自己的事务,排除周天子的干涉。但是,无论诸侯多么强大,甚至成为霸权国家,取得了霸主的地位,它也不能取代周天子的地位。它行使霸主的权力也只能假借周天子的名义进行,即"挟天子以令诸侯"。

因此,春秋时代的基本国家形态是不完全主权国家,诸侯国具有部分主权,但是其地位是不平等的。周天子是名义上的中华文明的最高统治者,具有最高的地位,但其直接领地和实力仅同于诸侯国。而霸主诸侯国拥有最强大的实力和发言权,但在国家地位上也要借用周天子的名义发号施令,并不拥有完全的独立自主的主权。即使是霸权国家,也不谋求弑君夺取天子地位。其他诸侯国则在名义上和实力上都只是具有被动从属性,更不能说拥有主权了。其中还有很多弱小的诸侯则在大国游戏的夹缝中艰难生存。

春秋时代国与国之间的争霸战争频繁发生,但毕竟西周时代周公定下的规则礼仪尚存,抑制了战争的规模和残酷性。无论什么战争都不能发展到将天子取而代之的地步,只能"挟天子以令诸侯"。在这样的礼仪面前,发动战争要有大义名分,宣战媾和都要遵循一定的规则。比如,楚庄王在取得大胜后下令停止追击残兵,说不必追人致死,打赢打服就可以了。

2.3.1.3 合纵连横的国际法解读

战国时代从公元前475年田常杀齐简公夺权开始(也有从公元前403年韩赵魏三家分晋算起),到公元前221年秦始皇统一中国为止,大约200年上下。这一时代名义上还有周天子,但是权威已经丧失殆尽,连名义上也得不到任何尊重。到了战国时代末期,周天子所在的周国也索性被秦所灭而不复存在。也就是说,以周天子所象征的超国家权威无论从名义上还是实体上都不再存在了。这是中国历史上少见的最高权威不复存在的时代。这时的中华文明圈实际上为七个强大的诸侯国所支配,即战国七雄。七雄之外还一度存在着从春秋时代遗留下的若干弱小诸侯国,主要分布在中原一带。也就是说,中国出现了类似于西欧中世纪后期相似的国际关系格局。最高权威的缺失导致了强大诸侯的独立自主,名副其实地拥有了国家主权。

战国时代顾名思义充满了战争。由于没有了超国家的最高权威,西周周礼的礼仪也在战争中荡然无存。战争的频度和规模已经远远超过春秋时代。据统计,从公元前475年到公元前221年中,一共发生了战争230次,其中很多都是数万人到数十万人的规模,个别甚至达到上百万人。战争牺牲的人数也巨大惊人,秦赵长平之战仅赵国军队被活埋的就达40万人之多。各国为了充实实力实行了变法改革,将国家和人民变为战争机器,尤其以秦国为甚。战争法则从以往的职业军人有限战争发展成为无限的全民之战。

战争之余外交活动也频繁展开,即战国时代的合纵连横。战国时代特别是后期,西方的秦国和东方的齐国最为强大。秦国作为中国七雄中后起的强盛国家,不断对东方邻国采取进攻姿态,对七雄的势力均衡体系构成最大的威胁。苏秦从公元前334年开始游说秦以东六国,宣传合纵主张,即东方六国从北到南纵向联合抗秦。第二年,六国诸侯接受了苏秦的建议,订立了联盟,苏秦也挂了六国相印,这就是著名的"苏秦合纵"。从现代国际法的角度看,"苏秦合纵"就是战国七雄构成的势力均衡体系被秦国打破的一种反应,是一种企图回归原有的势力均衡的努力。公元前318年,楚、赵、魏、韩、燕五国组成一支联军,攻打秦国的函谷关,合纵的效果开始显现。

秦国相国张仪提出了连横的策略,即从拆散东方六国最强大的齐楚联盟着手,利用东方六国相互之间矛盾重重、互不信任,说服六国分别与秦国建立密切的双边关系。结果张仪的外交活动取得了成功,这就是著名的"张仪连横"。连横的方略作为秦国既定的外交政策得以贯彻,在秦国国力具备、时机成熟的时候最后出击,对东方六国各个击破,终于灭掉了六国,统一了中国,从此中国进入帝国时代。

"张仪连横"的成功决定了,即使在主权国家最为发达的时代,中国也不可能产生类似于西欧中世纪后期那种国际法制度。战国七雄构成的势力均衡体系只是中国历史上大一统最高权威不在的短暂时期。西周时周天子的"普天之下莫非王土"的理念实际上还深埋在战国七雄诸侯国君心灵深处。由于七国争雄没有形成完整成熟的国际法规则来规制它们之间的行为模式,无节制的残酷战争使得所有国家都面临生死存亡的危机,都只能够尽量扩大自己的实力,消灭其他国家,统一中国,才是最好的生存之道。除了秦国以外,其他六国心有余而力不足,只能被动居于守势。由于各自心怀鬼胎,根本无法理性地去建立一套处理和调整国与国之间关系的行为准则。而秦国则有问鼎中原统一中华之雄心,其结果是依靠强大的军事实力,统一中国,实现了"普天之下莫非王土"的理想。中国出现国际法的萌芽、最有可能演变成欧洲式的国际法的机会就这样被彻底扼杀掉了。

2.3.2 "普天之下莫非王土"

2.3.2.1 华夷秩序：中华民族是上天的"选民"

"普天之下莫非王土"是古今中外历史上众多帝王毕生所追求的目标，通过各种火并后在很多文明地区都变为现实。英国历史学家阿诺德·汤因比（Arnold Joseph Toynbee，1899—1975）在他的巨著《历史研究》（A Study of History）中从文明发展史指出了世界帝国时代的出现和存在，即公元前5世纪到公元5世纪，罗马、波斯、印度、中国等古代文明圈中心相继出现了统一各自文明圈世界的世界帝国。"普天之下莫非王土"的理念从此深入各个帝王内心。尽管后来也出现过帝国分裂和战乱时代，但即使是在这样的时代，从帝国时代开始植根于各个文明的帝国理念始终是大多数君主统治者的目标。从前述的欧洲的帝国和皇帝称号的发展轨迹就可以得到证明。这对于中国历史中的国际关系史来说更是这样。

相对于世界其他几个古老文明，中国"世界帝国"秦汉帝国的实现并不是很早。但是中国的帝国理念却早在西周就形成。《诗经·小雅·谷风之什·北山》中就出现了这样的词句："溥天之下，莫非王土；率土之滨，莫非王臣"。到了《孟子》中成为"普天之下，莫非王土"（《孟子》·卷九·万章上·第四章）。这就是西周王朝的分封制的真实表述。重农的西周与重商的前朝商王朝不同，已经脱离了部落联盟的局限，以农为本，特别重视土地的归属。西周将所有国土实行全国治理，通过对王族姬姓的分封，建立大量的分封国作为西周王朝和周天子的安全屏障，并赋予分封国在承认周天子超国家权威前提下的自治权，构成了西周周王朝下的国家体系。但是这种理想的国家体系也只存在不长的时间。而且西周统治者也并没有要立志建立完全无视分封国自治权的帝国意识和理念。西周没有实效的"普天之下莫非王土"的理念并没有得到彻底贯彻，相反在春秋战国时代土崩瓦解，最后终于在公元前221年由秦始皇统一中国才变为现实，但已经和周天子无关，而是周天子当时都不太知道的秦国的国君。从此以后，"天下统一"变成为中华文明和中华民族的一种图腾，贯穿中国整个封建时代。由于中国封建时代的国家结构是以皇权为核心，因此"普天之下莫非王土"的理念就体现为中华帝国和中国皇帝在中华文明圈的至高无上的地位。作为国际关系的体现则就是华夷秩序和朝贡体系。

华夷秩序是建立在中国汉族文化政治优越基础之上的国际秩序。其内核就是，以汉族聚居区域为世界中央（这个世界是当时中国所能认识范围的世界），它被称为华夏，具有文化上、政治上的当然优越地位。而华夏之外的民族被称为"化外之民"或"蛮夷"。因此，中华帝国无论其皇朝、皇族和名称怎样变换，都是世界的中心，在国家体系中都是处于最高地位。中国王朝是"天朝"、"上国"，而其他民族和国家不过是围绕着中国的边缘性存在,不但文化上、政治上居于劣势,而且国家地位也低于中国王朝和皇帝。它们虽然有自治权,但是在与中国的关系上并不具有对等的关系,而只是朝贡国或属国的关系。这些国家的首领只能称为"王",不能称帝。国家也只能是"王国",不能称"帝国"。帝国只有一个,那就是雄踞中原的中华帝国。西方历史中的以色列人的宗教观念上有着"上帝选民"的理念,以论证以色列民族在神的眷顾和自身血统上具有优越性,不过这并没有体现在国家体系现实之中。以色列人可以认为自己的民族很优越、宗教很优越,但是从来没有认为自己的犹太国家比其他国家优越,特别是面对强大无比的罗马帝国的时候更是如此,对罗马保持了必要的谦恭。如果以色列人连这个现实都没有清醒地认识到的话,那它早就被罗马灭国了。根据罗马的既定方针,那些反抗和不服罗马政府或统治的国家或民族,要不就是灭国灭族(如迦太基),要不就灭国后整个民族成为奴隶(如巴尔干半岛若干民族)。当时的以色列人在保持宗教上的自尊和优越感的同时冷静地处理国家关系,摆正了自己的国家在罗马帝国的位置,才保住了没有被灭族或整个民族变为奴隶。而中国的华夷秩序不仅具备中华民族优越性的选民理念,而且还将其贯彻到中华世界国际体系的构建中。因此中国的民族主义不仅历史悠久,源远流长,而且还在长达两千年的历史中融入中华世界的国际体系中,来决定中国和周边各国的国家地位等级秩序。

华夷秩序在国际关系的现实化就是册封和朝贡制度,由此形成了中华世界的朝贡国际体系。册封制度最早出现在西汉时代。西周的分封制度虽然也是一种册封制度,但这是对内的册封,并没有对周边的所谓蛮夷国家实行册封。当然这些分封国到了春秋时期取得自治权,战国时期取得独立权,西周的内政册封变成了战国时期的国际关系了。不过由于战国时代不存在超国家的权威和统治者,所以并没有形成外交意义上的华夷秩序的国际体系。

2.3.2.2 册封与朝贡:朝贡体系的国际法律秩序

根据华夷秩序的理念,西汉开始了对周边国家的册封。最早是对于地处岭南之地的南越国。该国建国于公元前203年,早于刘邦在公元前202年建立西汉。公元前196年,刘邦派遣陆贾到南越国,说服南越王赵佗接受刘邦的南越王印绶,臣服汉朝,形成了外交意义上的册封体制下的国际关系。以后南越国和汉朝互派使节,开始了两国之间的外交交往。在南越国享有自主权的同时,南越国向汉朝纳贡称臣,明确了两国间的不平等的上下关系。但是后来南越国趁汉朝混乱之际也有僭称南越国皇帝的时候。这些越制之举最后激怒了汉朝,在公元前111年终于被汉武帝所灭。基本在同一时期,卫氏朝鲜也和汉朝之间建立了相似的册封朝贡关系。后来还有高句丽、匈奴等也都取得了册封王的地位。其实在汉朝内部也存在封国现象。汉朝皇帝刘邦分封刘姓皇族为王,赐予封国,有别于王朝直接统治的郡县。也曾经分封韩信、彭越、英布等异姓王。但终因后者的反叛而灭国。最后形成了对于异姓功臣只能封侯的制度。而封侯的封地并没有国家的名称和地位。不过，汉朝的封国毕竟还是属于只有自治权没有外交权的内部封国，并没有构成国际关系。不过从封国的名称和等级来看，它和汉朝周边国家的册封国具有同样的地位。即封国与册封国都是王国建制，其首领只能成为王，不能称帝。这一制度也被后来各朝代所沿袭。

两汉之间的王莽想改变西汉华夷秩序的习惯规则，进一步矮化周边国家，将匈奴和高句丽的封王的地位降格为侯。这导致了他们的反叛，最后不得不撤销，平息后恢复原状。这说明册封制度已经形成了当时的国际关系中的国际惯例，作为国际法律秩序是得到以中国为中心的东亚世界普遍认同的。

册封制度到了五胡十六国和南北朝时期变为成熟。尽管中国已经分裂，出现了众多并存的皇朝，但是每一个皇帝都心存"普天之下莫非王土"的坚定信念，都梦想着有朝一日统一中华，成为至高无上的唯一皇帝。因此他们只是把这种分裂的局面当作是一种暂时的、过渡的状态。中华一统的图腾并没有因残酷的分裂现实而有丝毫减损。所以，无论当时中国多么分裂，无论有些皇帝多么无力无奈，甚至很多时候并非汉族而是匈奴人、鲜卑人、羯人、氐人、羌人做皇帝，在皇帝的礼仪上都不会有半点马虎，都会大言不惭地对他们所认为的蛮夷国家进行册封，接受朝贡。

随着强大的唐朝的衰退，北方游牧民族政权相继进入中原，中国的华夷秩序受到极大的挑战，册封朝贡体制出现混乱和崩溃的迹象。直到明朝和清朝时代，册封朝贡制度才又一次复兴，发展到一个新的高度。最后在与西方国际法体系的冲突中，册封朝贡体制全面失败，终于退出了历史舞台。

曾经向中国中原王朝朝过贡的主要有以下现在中国境内存在过的政权：
中国东北有卫氏朝鲜、乌桓、鲜卑、肃慎、扶余国、高句丽、渤海国。
新疆有楼兰、大宛、高昌、月氏、于阗、龟兹、疏勒、焉耆、回鹘、突骑施。
青藏高原有吐蕃（公元641—670）、吐谷浑、羌。
云贵高原有南越国、夜郎、南诏、大理。
曾经向中国中原王朝朝过贡的现在中国境外存在过的政权：
蒙古地区有匈奴（公元前33—11）、南匈奴（公元48—304）、柔然、突厥、薛延陀。
日本有倭国、室町幕府。
琉球有北山王国、中山王国、南山王国、琉球国（第一尚氏王朝、第二尚氏王朝）。
越南有欧雒国、万春国、大越、大瞿越、大虞（吴朝、丁朝、前黎朝、李朝、陈朝、胡朝、后黎朝、莫朝)、大南(阮朝)、林邑(唐代以前)、占城(宋代以后)。

朝鲜半岛有百济、新罗、后高句丽、后百济、高丽、朝鲜王朝。

文莱有渤泥、文莱。

柬埔寨有扶南、真腊。

马来西亚与印度尼西亚有狼牙侑、满剌加、末罗瑜、三佛齐、旧港、满者伯夷。

菲律宾有吕宋、苏禄王国、古麻剌朗。

泰国有暹罗。

还有老挝、不丹、锡金、尼泊尔、喀拉库木、尉犁、乌孙、波斯、贵霜、博罗尔。

华夷秩序也在某种程度上形成了东亚、东南亚地区的国际争端解决机制。中国中原政权不仅陶醉享受于册封朝贡等名义上的至高无上权威带来的快感之中，而且还经常实际担当周边各国的保护者和最高国际仲裁者的角色。当然，周边的藩属国之间发生争端，很多情况下是用军事武力解决的。但如果有和平愿望，中国皇帝就成为调解者、仲裁者。在明朝时代，东南亚藩属国满剌加与安南的争端、占城与真腊的争端、苏门答腊与满剌加的争端都向明朝皇帝提出过控告，视大明帝国为它们之间关系的最高仲裁者。明朝皇帝也以它们的仲裁者自居，"因安南使返，敕责其王"，"敕占城罢兵修好"。还有些情况是藩属国发生内部权力斗争，也时有请中国皇帝为最高裁决者的情况。

华夷秩序实际上是以中国在东亚、东南亚世界形成的霸权为基础下的国际关系的和平秩序。这被西方学者称为中国霸权下的和平(Pax Sinica)。

2.3.2.3 华夷秩序中的朝鲜和"小中华"思想

高句丽被前燕征服接受册封，而前燕被后燕灭亡后，高句丽转而向后燕纳贡。而朝鲜半岛上的百济则向南方的东晋朝贡，接受册封。南北朝时期朝鲜三国都从南朝接受册封。而高句丽同时还接受了北魏的册封，并入朝朝贡。为了与此对抗，百济也向北魏朝贡。这样，中国南北两个王朝的册封朝贡竟然成为周边国家竞争对象，被利用作为外交政策的工具。这充分说明了册封朝贡体系已经成为东亚地区国际关系的基础，构成为东亚的国际法律秩序和国际习惯法。

册封朝贡体制在隋唐时代迎来了其全盛时期。公元581年，高句丽、百济接受了隋的册封。新罗则晚到公元594年才接受册封。高句丽在南朝陈还没有灭亡之前对陈朝贡，虽然接受了隋的册封，但却没有纳贡。隋文帝闻此大怒，发兵远征高句丽。远征军历经苦战未能取胜，但是后来高句丽谢罪，隋文帝也就赦免了高句丽的不敬之罪。然而后来高句丽仍然不纳贡，还于公元607年与突厥人勾结与隋对抗。这时的隋朝皇帝隋炀帝于是发起号称200万大军远征高句丽，三次远征都宣告失败，其劳民伤财也成为隋朝灭亡的一个原因。

到了唐代，朝鲜三国于624年接受了唐的册封，但是高句丽发生政变，唐太宗发起了对高句丽的战争以恢复华夷秩序,但也以失败告终。隋唐大军在一般都是内战内行,但对外与朝鲜作战是变成外战外行。而这时唐与新罗结盟,并助新罗于公元660年灭掉了百济,进而于公元668年灭掉高句丽。日本则接受百济遗民的请求出兵朝鲜半岛,与唐朝新罗联军在白江口举行会战,唐朝新罗联军获胜。唐朝于是将高句丽和百济故土划入唐朝郡县直接统治。由此引发了新罗的反抗,于公元670—676年发生了唐罗战争。战争期间新罗与唐朝之间仍然保持了册封朝贡关系。战争进行中新罗还派出使者向唐朝进贡和谢罪(中朝记载有别),唐朝承认了新罗对大同江以南朝鲜半岛的支配权,新罗也进一步巩固了与唐朝等中国王朝的朝贡关系。这一关系后来继续稳固发展了数百年。

朝鲜在高丽时代对入侵的蒙古进行了长达数十年的抵抗,最后失败,成为蒙古的藩属国。这时蒙古已经建立了元朝,忽必烈称帝,因此朝鲜实际上还是和中国皇帝保持着册封朝贡关系。中国进入明朝以后,对东亚国家特别是朝鲜的册封体制非常完善。朝鲜进入相对稳定的李氏朝鲜时代,作为中国的藩属国,和明朝以及清朝之间都具有明确的册封朝贡关系。朝鲜王始终遵守着作为中国皇帝藩属王的地位和规则,并无越制事态出现。

朝鲜在和中国之间的册封朝贡关系中一方面甘居藩属国;另一方面又心有不甘,出现了"小中华"思想。这是一种从华夷秩序派生出来的一种国家意识。其内容就是在认可中国天子具有最高地位,不敢僭越中国天子的前提下,自称小中华(意为中华第二)。朝鲜王朝《成宗实录》称:"吾东方自箕子以来,教化大行,男有烈士之风,女有贞正之俗,史称小中华。"在中国被北方少数民族征服和统治以后,朝鲜的知识分子也一度认为这些中国统治者没有正统性继承中华文明,作为中华文明最优等生的朝鲜理当为正统中华文明的继承者,去完成"中华"的使命。比如,随着明朝的灭亡,清入主中原,朝鲜王朝仍然在非正式场合适用明崇祯年号,称清帝为虏王。只是过了上百年朝鲜才从内心愿意对清称臣。这样的小中华思想在认可中国及其皇帝的最高权威的同时,实际上是想借中国文化及其权威将自己提高到第二的地位,降低其他中国藩属国地位到蛮夷地步。在中国的华夷秩序中,朝鲜地处中国东缘,也只被认作为东夷。从朝贡和册封的级别处理上,古代中国对倭王授予了金印,对琉球王国授予了银印,而对朝鲜什么都没有授予,显然是将朝鲜置于低于日本、琉球的地位。但这并不影响朝鲜自认为属于朝贡国中排名第一。这样的朝鲜和日本的暗斗也给两个国家及其民族的关系带来了不好的影响。

作为离日本最近的邻国,朝鲜当然是日本势力扩张的第一个目标。而朝鲜也是中国的藩属国,这就导致朝鲜成为中国和日本势力角逐的场所。前述的白江口之战和19世纪末的甲午之战就是中国和日本围绕着朝鲜的利益发生的冲突。甲午战争爆发的原因是朝鲜王室的亲日势力和传统势力发生矛盾,而后者作为中国的藩属国向清政府求援,清政府为了履行宗主国保护藩属国的义务而派兵入朝,与已经进入朝鲜的日本势力发生军事冲突。从国际法来分析,虽然国际法主张国家主权原则和国家平等,但当时也是殖民地时代,也认可藩属国和宗主国的关系,因此中国在朝鲜的宗主国的权益得到国际法的保障,出兵也合法。日本与朝鲜并无宗主国与藩属国的关系,所以日本出兵是不合法的。但是,这时的中日双方都没有被西方国家认同为"文明各国",因而没有西方国家为甲午战争的国际法的合法性问题进行过分析。结果没有国家调停中日争端,最后说话的只能是实力。战争的结果是中国战败,签订了《马关条约》。其中第一条就是关于朝鲜的规定:中国确认朝鲜国为独立自主国家,朝鲜对中国的朝贡、奉献、典礼永远废止,这就终止了延续近两千年的中朝朝贡关系。1896年,朝鲜不再采用中国的年号和历法,开始使用朝鲜王国自己的年号——建阳,朝鲜名义上、法律上成为独立国家。1897年,朝鲜正式脱离清朝的册封体制,并将国体从朝鲜王国升格为大韩帝国,君主改成皇帝,与中国皇帝和日本天皇平起平坐,形成了东亚三国同时称帝的局面。这个时代皇帝的地位已经不再稀罕,如欧洲就有了德、奥、俄、英四个皇帝。连非洲也有埃塞俄比亚帝国。所以弱小的朝鲜称帝在当时的国际法上也没有什么困难。

不过,因为朝鲜的独立本质上是日本赢得了战争而实现的,实际上朝鲜进入了日本的势力范围,因此这种独立并不是完整的。大韩帝国的建立固然可以满足朝鲜自认为成为"中华"的梦,但是日本的势力不容小视。结果这个帝国只存在了短短的12年,于1910年8月29日《日韩合并条约》被合并到日本。

2.3.2.4 天皇制的古往今来:日本君主是国王还是天皇

日本的"倭五王"(赞、珍、济、兴、武五国国王)则在公元413—478年期间9次遣使南朝纳贡,其王的名称也按照中国的习惯称呼。但是倭王到了公元7世纪开始称为天皇,并于公元651年《大宝律令》中加以法制化。而在此之前的公元603年使臣小野妹子被派遣到隋都长安,向隋炀帝递交圣德太子起草的国书,其中有"日出处天子至书日没处天子无恙"的句子,竟然将日本与中国最高统治者置于同等地位,表达了日本独立国的地位。这导致隋炀帝大怒,派遣裴世清赴倭国宣谕,见到推古天皇,递交的国书第一句就是"皇帝问倭王",按照天子赐诸侯的书写格式,显然强烈意识到皇权的最高性的理念。由此看来,中国始终贯彻了"普天之下莫非王土",而日本是第一个在政治上、外交上公然对抗华夷秩序的东亚国家,自认与中华帝国平起平坐。从神话传说得来的天皇称号也一直在日本保留下来至今,被认为是现存历史最悠久的皇帝帝位。不过在文化上,日本始终认可华夷秩序,因而在历史上不断派遣遣隋使、遣唐使,虚心学习和引进中华文明和文化。日本内心对华夷秩序的认可还表现在其"小中华"思想。日本也引进了华夷秩序的概念来处理倭王势力未及的所谓蛮夷地区,比如北方的虾夷。在中国遭遇北方游牧民族打击,汉族政权垮台的场合,日本也像朝鲜那样批判中国不再是华夏。而日本自身也有神国思想,实际上是华夷观念的日本翻版。在日本一些政府内部文书中甚至还把唐国(中国)称为夷狄,朝鲜为近藩,中国为远藩。

但是日本正式在法律上成为帝国则是在"明治维新"后的《大日本帝国宪法》才开始。在此之前,日本的帝制其实并不明显,"普天之下莫非王土"的理念在日本天皇和皇族中并没有得到贯彻。这是因为日本只有在公元12世纪之前的古代天皇制时代才具有与中国的皇权观念接近的天皇至高无上的理念。1185年,源赖朝获得日本的实际统治权,并于1192年获得征夷大将军的称号,名实皆为日本最高统治者,开创了镰仓幕府时代。以后又相继出现室町幕府、江户幕府时代,日本实际上都是由军事强人幕府将军(即征夷大将军)统治。这些统治者名义上叫将军,对外则被称为日本国王。但是从国家礼仪上在将军之上还存在有天皇,这就构成了日本独特的国家结构和对外关系。可以说,日本的天皇是世界上最早的不直接问国政的虚君。

这一问题在日本天皇出现分立的日本南北朝时期终于显现出来,并牵涉到中国明朝皇帝的册封制度。日本南北朝战争本来只是日本的内政,而且日本自从公元7世纪初的"国书事件"后已经不愿认可中国皇帝的册封权,不甘于臣属于中国王朝的不平等地位。然而到了中国明朝建立后,日本开始寻求和中国皇帝建立某种册封关系。明太祖朱元璋登基后,鉴于东南沿海饱受以北九州为基地的倭寇侵扰,向日本南北朝时期南朝征西大将军(管辖日本九州一带)怀良亲王发出国书,要求日方镇压倭寇海上势力。怀良开始时拒绝了,但是后来接受了明太祖的"日本国王怀良"的册封,企图利用明朝的权威和势力在九州构筑日本南朝的势力。日本北朝方面为了打开与明朝的国家间交往,也不得不以"日本国王"怀良的名义进行。为了从这个尴尬的局面中脱身,室町幕府将军足利义满不得不接受了明建文帝关于"日本国王"的册封。明朝的皇帝实在是搞不懂日本国内的政治,甚至都不知道日本还有名义上高于幕府将军的天皇存在。对于最后掌握日本实际统治权的室町幕府将军足利义满,明朝政府也只是看作是"与怀良争夺日本国王王位的人",开始并不愿意与其建立外交关系。为了进一步获得中国王朝的认可,室町幕府开始派出遣明使出使明朝。1401年,室町幕府已退位的将军足利义满以"日本国王臣源义满"名义派出了遣明使向明朝递交国书,第二年明朝将大统历赠与足利义满,并被永乐帝封为"日本国王"。由此可见明朝政府对于日本的国情仍然不知就里,根本就不明白到底应该和日本的什么人打交道,建立什么样的官方外交关系。

不管怎么说,尽管日本有天皇制和天皇存在,但在长达数百年间的幕府将军时代,天皇制和天皇并不为外界认知和承认。其他国家实际上只和掌握日本统治实权的将军打交道。由于将军在名分上并不具有天皇的权威和尊严,因此在中国皇帝看来也只是华夷秩序中的一员,故仍然册封将军或其他被认为是实际统治着日本的人以"日本国王"的封号。所以,日本尽管曾有脱逸华夷秩序的倾向和举动,但是并不为中国皇帝所承认。在中国皇帝眼中,仍然只是把日本当作王国来看待,并不想给予其平起平坐的皇帝地位和待遇。中国皇帝仍然可以沉浸于"普天之下莫非王土"的自我陶醉中,不亦乐乎。

到底应该怎样认识日本的天皇呢?日本天皇为什么在皇帝前面要加上一个"天"呢?日本天皇制之前的统治者已经从中国皇帝那里获得了"倭王"的封号。当这些统治者认为自己的权力更大时,想自己的地位更高时,就自然考虑到采用中国的皇帝的称号。而皇字前面加上"天"构成天皇,很大可能也是从中国得到的启发。在日本有几种观点解释天皇称号的由来。一个是说天皇的"天"意指北极星,也就是由道教中的天皇大帝、扶桑大帝东皇父的称呼而来。还有一说是唐高宗自己不称皇帝,而是称道教中的天皇。所谓日本土生的名称则是在5世纪对外称"可畏天王"、"贵国天王"等天王中引申而来。日本毕竟是一个孤独的岛国。即使想与中国皇帝平起平坐,也没有奢望要将自己周边国家(其实只有朝鲜半岛)置于自己国家地位之下。

的确,在日本敢于挑战中国的华夷秩序自称"日出处天子"的时代,日本的天皇拥有绝对皇权,在这个岛国上是名副其实的"普天之下莫非王土"。而且,地处边远的岛国,也不怕激怒中国王朝派遣大军前来讨伐。1945年美军占领日本前,日本就没有被任何外来军队占领过。但在12世纪以后的幕府将军的相当长期的时代,天皇也只具有名义上、礼仪上和神道教上的意义,已经和现实的国家统治机能没有什么关系了。这时的天皇只是一个名号,没有任何实际利益。地处京都的天皇居所也不是要防范夺权的要地,几乎没有防御力量,也没有强固的防御工事和体系。倒是日本的将军所在地都有极其坚固的城防,如德川将军所在的江户城以及德川将军赴京都时居住的京都二条城。而天皇皇位争夺也有发生,如日本的南北朝时期,但是争夺也只是在皇族内部进行。大部分时候皇位的承继则是风平浪静,难以看到其他国家皇位争夺的血雨腥风,步步惊心的场面。欧洲的帝位在讲究血统血脉的同时也有着很多惊心动魄的斗争、内战,甚至屡次爆发蔓延至全欧洲的王位继承战争。而在中国,对第一个帝政王朝秦朝的反叛就提出了"王侯将相宁有种乎"的口号,皇族皇室的血统血脉虽然重要,但绝不是决定性的重要因素。因此中国经常发生异姓的改朝换代,像刘邦、朱元璋那样的出身卑微之士也能搞定帝位,而这样的事态绝不可能出现在日本。因此,日本所谓"万世一系"的天皇谱系没有经过改朝换代,就一直延续到现在,成为当今世界号称最古老的王室,而且在世界上其他帝制君主制都已消亡的今天,日本的天皇属于帝制,是最高等级的君主皇室。在日本,其他非皇室成员的人,无论拥有多大的权势,都没有也不敢奢望谋取皇位,取天皇而代之。天皇的这种超然地位使其成为世界历史上可能最为安全的帝位。虽然也有暗杀等阴谋发生,但是和世界上其他的帝位比起来安全系数无疑是最高的。

日本天皇在对外称呼方面,英语的称呼其实就是"Emperor"(皇帝)。在历史学上则用其读音"Tenno"(汉字"天皇"的日语读音)。不过对于幕府时代实际统治日本的征夷大将军,西方国家也用"Emperor"(皇帝)来称呼。这时西方人一般是把天皇当作欧洲的教皇那样看待,只有宗教上的最高权威,并无世俗的权威。江户时代的德川幕府已经和西方国家打交道,开始接触西方的国际法体系。这时西方国家也把将军当作日本的皇帝,而天皇只是作为日本神道教最高教主兼京都地方领主。真正把天皇翻译成"Emperor"还是"明治维新"以后了。不过这时的天皇已经和西方国家的皇帝没有什么两样了。

日本的天皇的称呼长期以来在朝鲜并没有得到认可。朝鲜历代王朝都是作为中国的册封国存在,对华夷秩序非常认同,自然不会认可日本的天皇地位的。在那里,朝鲜通常仍然称呼日本天皇为"倭国国王"、"日本国王"。

2.3.2.5 越南竟曾认为和中国之间是南北朝关系

越南从汉武帝灭南越国时起就一并归属中国王朝支配,长达千年之久,直到唐末。这一时期由于是归属中国北方政权,因此在越南历史上被称为北属期。期间有一些短暂的政权或地方政权脱离中国政权的控制,如东汉时代的征氏姐妹在公元42—43年建立了短暂的征朝。从中国方面看这属于叛逆,而从越南方面看这是最早反抗中国中原王朝的统治,被尊为"民族英雄二征"。在唐灭亡后五代十国时期越南一带先归属南汉国,公元939年越南北方出现了越南人王朝吴朝。创建者吴建本来是南汉国在越南的节度使(军政长官),对内自称王,后来的吴朝统治者自称南晋王。然而在与南汉交往时仍然用节度使名义进行,只是一种欺瞒行为,并无破坏华夷秩序的事实。吴朝之后的丁朝则公开宣布独立于中国王朝。但是具体实施政策时也都要向中国政权报告并取得认可。最初是向南汉报告,后来南汉被宋合并后就向宋派遣使节,而中国方面认可其节度使地位。自公元975年开始,宋封丁朝君主为交趾郡王。郡王在中国属于高于公爵低于亲王的爵位,但已经脱离了节度使这样的官僚系列,在某种程度上也算是封国,纳入中国的朝贡体系。值得注意的是,丁朝对内和对南方各部或各国自称皇帝。对宋则称王,尊宋为皇帝。这种做法实际上创立了一个样板,为后来的前黎朝所遵循。

1009年,越南出现了长达200余年的稳定政权李朝,也是遵循了对宋称王,对内和对南方政权称大越国皇帝的模式。但与宋(特别是北宋)之间的矛盾很深,以至于发生过战争。1174年,南宋册封李朝君主为安南国王,成为中国册封朝贡体系中保有最高独立性的属国。李朝是越南第一个长期相对独立政权,但在文化上全面中国化,遵从儒学,实行科举制度,自认小中华。李朝甚至将中国王朝称为北朝,自己称为南朝。李朝大将李常杰的诗《南国山河》就有"南国山河南帝居"的诗句。

随后的陈朝也是一个近200年的长期政权,建都升龙(现河内)。在南宋存续期间保持了李朝的册封朝贡体制惯例。但在靠近越南的云南已经落入蒙古军队手中。1257年蒙古派遣使者向越南君主发来臣从命令。越南不服,并将使者扣押不归,引发蒙古对越南第一次战争,战后越南才向蒙古宫廷派遣使节。元朝成立后,越南君主正式与元朝政权建立朝贡关系,但被课以新的条件,包括国王自身来朝、送出王子作为人质、提交户口簿、提供兵力、缴纳赋税、接受元派来的常驻官员。其实这些条件也与元对中亚诸国的条件相同,元作为一个富足的政权也是想其在臣服后以馈赠的方式更多地返还越南。但是越南感到负担了远远超过以往中华政权的贡品,甚至要求国王入朝等条件相当苛刻,于是又举反旗,相继引来元军第二次、第三次进攻。虽在1288年白藤江一战中对元军取得优势,但战后交还元军战俘,向元朝派遣臣从使节。忽必烈还计划第四次进攻,但越南积极向元朝纳贡,并认真维持册封朝贡关系,才最后作罢。陈朝对元蒙的多次反抗,其内在因素在于不愿承认元蒙这个非汉族政权的正统性。陈朝自认为是正宗的中华帝国宋所册封的安南王国,比起元蒙政权来更加中华,更加正统,甚至在元蒙的使节来宣读敕诏时国王也拒绝跪拜。对于陈朝这种反抗态度,元蒙也不直接册封陈朝君主为安南国王,而是将该国王称号册封给在第二次蒙军进攻中投降的降将。

后来的黎朝除了期间短暂的中断,1428—1789年,长达三个半世纪之久。它仍然沿用了以往的模式,对中国皇帝称王,明确其藩属国地位,接收其册封和纳贡。但对内和对南方仍称帝。越南的"小中华"思想在这一时代发挥到极致,对东南亚国家以中国、中夏自居。比如,1470年黎圣宗亲征占领南越的占城,诏曰"自古夷狄为患中国"。1479年征讨哀牢(老挝),诏曰"朕丕绳祖武,光御洪图,莅中夏,抚外夷"。这种自称"朕",发文诏书,自立年号,强要东南亚国家纳贡等做法,都是其"小中华"思想的集中体现。而满族建立清王朝后,越南还一度不认可非汉族的中国政权的正统性。1802年建立的阮朝也认为是自己继承了中华文明,有在东南亚传播中华文明的责任。它也仿照清的做法,在东南亚实行改土归流,以夏变夷,向柬埔寨、老挝甚至缅甸提出朝贡要求。一直到1885年越南被法国侵占为止,越南对北方一直认可自己是清朝的藩属国,越南的国号也是清嘉庆帝所定。

越南虽然是独立性最强的"小中华"政权,后来却落入到法国印度支那殖民地的境地。阮氏政权以法国保护国的名义继续存在。到了1945年3月9日第二次世界大战临近结束时,阮朝君主保大宣布称帝,建立所谓"越南帝国",终于做起中华式的皇帝梦。但这个帝制政权只存在了5个多月,在胡志明的越盟崛起背景下不得不于同年8月30日宣布退位。

2.3.2.6 宋辽金的国际关系:"檀渊之盟"等的国际法解读

中国对东、南、西(丝绸之路和西域)三方都成功建立了比较稳固的册封朝贡关系。但对北方而言,这种关系并不稳固。中国北方生活的少数民族以游牧民族为主,被称为"胡人"。他们在大漠之北游牧或打猎,内蒙古一带的被称为东胡,蒙古和丝绸之路西域的被称为西胡。在中国中原政权强大,甚至派兵征讨北方游牧民族获胜的场合,北方游牧民族政权臣服中国中原政权。但当中原政权势力弱势的场合,情况就变得复杂起来。有可能是建立某种平等的国家关系,类似于西欧中世纪后期。也有可能是中原政权和北方少数民族政权关系颠倒,甚至后者入主中原,成为中国正统皇权的代表。这个情况有两种。

第一种是魏晋南北朝和五代十国时代的情况。北方民族本来居住塞外。在建立政权之前,他们开始从塞外向中国内地迁徙,以半和平渗透的方式最后取得了政权。这就是美籍德裔魏复古和美籍华人冯家升提出的"渗透王朝"(Dynasty of Infiltration)。渗透王朝除了皇帝不是汉人,其余的都与汉人王朝没有两样,包括皇帝在内的胡人都已经全面汉化。虽然这时中国也是诸国林立,但是都秉承了中国传统的"普天之下莫非王土"的理念,立志于消灭其他政权,统一中华。也许有些政权并无此志,也只是过过皇帝瘾,但也妄想着有朝一日风云突变,自己成为中国唯一最高统治者。因此,这种渗透王朝出现后的国与国之间从立国理念上就不可能长期共处下去,形成长期稳定的国际关系,当然也不能形成国际关系的规则和国际法律秩序。

第二种是征服王朝(Dynasty of Conquest,也是魏复古等提出的概念)。虽然也是胡人政权,但专指蒙古人或通古斯民族建立的辽、西夏、金、元、清五朝。他们征服了汉民族中原全部或部分地区,建立了中华帝国系统的王朝。同时也保持了少数的本民族文化。虽然汉化是不可避免的,但是他们进行有选择的汉化,实行二元统治制度。以本族制度管理本族,以汉族制度管理汉族。辽朝的北面官管理契丹族,南面官管理汉族。金朝的猛安、谋克管理女真族,州县管理汉族。元朝以蒙古本身制度管理蒙古族,以汉法治理汉地。

最早兴起的征服王朝辽为契丹族所建,最早臣服于唐朝,即唐朝的松漠都督府。首领耶律阿保机于公元916年登基称帝建立了大契丹国,公元947年改为大辽。中原已是五代十国时代,辽太宗南征中原,灭后晋,并使中原臣服,逆转了北方民族和中原的关系。宋朝建立之后,奉行文治,军力减弱。围绕着燕云十六州问题与辽之间军事对立,互有攻守。1004年,辽20万大军南下,宋真宗接受寇准主张,御驾亲征到潭州,战事出现胶着状态,但宋军居于劣势,于是进行了和谈。辽方面要求割地,宋愿以送辽岁币求得和平。真宗对使辽的曹利用说岁币可以到100万两,但寇准说如果超过30万两就要斩杀曹利用。最后谈判的结果是每年宋给辽

20万匹绢、10万两白银。宋真宗称辽圣宗的母亲为叔母,即两国君主(都自称皇帝)结以叔伯兄弟关系。这意味着双方都放弃了中国传统的华夷秩序和朝贡关系。岁币之事也不算是纳贡,因为已经在和平条约"檀渊之盟"中写明两国君主的兄弟关系,即平等关系。这彻底颠覆了以册封朝贡关系为核心的"普天之下莫非王土"的理念,开始建立国与国平等关系的实践,并且有国际条约的明文保障。"檀渊之盟"造就了宋金之间超过百年和平关系。虽然是宋方面用财富换和平,但两国在处理国与国之间关系中终于相互承认对方主权,确认了两个皇帝同存的可能性,并且信守国际条约的效力,在中国和周边国家历史上实属罕见。

"檀渊之盟"的条约履行情况是,1042年,因为宋与西夏的战争处于劣势,于是辽向宋提出了割让领土的要求。最后双方在每年增加10万匹绢和10万两白银上妥协,完成了对条约的修改,并此后继续维持该条约效力78年。

根据"檀渊之盟",宋获得和平的外部环境,不用在军费上花太多的钱,经济和科学技术得到极大的发展,构筑了北宋的繁荣时代,不再坚持"普天之下莫非王土"的理念成为当时世界上最富足、最发达的国家。但是和平环境下放松战备,文治过剩,武功荒废,导致军队越来越羸弱。辽方面则通过宋的岁币经济也得到很大发展,成为北亚最富足的国家,文化方面进一步汉化,契丹民族的尚武精神也日渐衰退。宋给予辽的岁币,以及给予辽境内难以生产的绢等,改变了辽的生活习惯,反而对宋的绢、陶瓷、茶叶的需求大增,极大促进了宋对辽的出口。在和平贸易的环境下,远远超过宋赠与辽岁币的贸易顺差以白银的方式又还原于宋,又进一步强化了宋的经济力和增加了税收。这是典型的双赢关系,两国关系呈现出良性循环状态。宋在给辽岁币的同时确认了双方的兄弟对等关系,并非称臣纳贡,从现代的国际关系和国际法来看,应该接近于政府间的国际援助(ODA)。富国对穷国的官方援助,并通过援助受惠于民间公司,现在也屡见不鲜。不过"檀渊之盟"毕竟是在武力威胁下签订的,这一点并不符合现代国际法的准则。

能够维持116年平等关系的国际条约在中国华夷秩序下已属难能可贵。如果没有来自外来的更为强大的强权,这样的双赢局面也许可以长期维持下去。宋可以搞定境内南方各部落和藩属国的关系,对南维持册封朝贡国际关系。

1038年,党项族的李元昊在西北建立西夏朝称帝,与宋之间发生多次战争,对宋取得局部优势。1044年,宋与西夏签订《庆历和议》,规定了宋为君,西夏为臣的不平等国家关系,但宋每年赠送西夏银5万两、绢13万匹、茶2万斤。后又稍有增额,但总体上两国之间关系出现了相对平稳的状态。西夏也对辽有过短暂的称臣。但总体而言,西夏的皇帝称号是被宋辽所承认的,在军事上维持着事实上的对等关系。西夏无力使西域诸国成为其臣服国。

辽通过"檀渊之盟"取得了与中国中原皇帝同等的皇帝地位,自然在北方地盘里也要贯彻"普天之下莫非王土"的理念,但是远远没有宋这个正统的中华王朝来得成功。除了一度使西夏称臣之外,辽还力图让高丽断绝与宋的册封朝贡关系,让其对自己称臣,并发动战争东征高丽。但东征也不成功,最终没能让高丽纳入以自己为中心的册封朝贡体系中。不过辽在西域方面推行册封朝贡体系比较成功,但也不彻底。这也为以后辽灭国后族人远遁西域之地,为北辽复国留下伏笔。不过这足以使得这时的西域、西亚、东欧都将辽当做中国,以至于这一带的语言中至今称中国为"契丹"(比如俄语的中国 KИTAИ 就是从契丹的发音而来,中亚、土耳其等突厥语系语言中的中国的发音也是如此)。这时的辽早已经深度汉化,更何况其治下民众的主体已经是黄河以北的汉民,将辽误当做中国,其实并不有辱中华。

打破这一理想的和平互利的宋辽国际关系的时候到来了。宋已经通过牢固的册封朝贡体制彻底搞定了南方各国。问题出在辽一方。随着辽日益汉化和富足化,辽境内的草原上又出现了更为彪悍的部落女真完颜部。1114年完颜部首领完颜阿骨打举兵反辽,次年称帝,建立金朝,从北边对辽作战屡次获胜。辽就处于宋、金夹击的危险境地之中。

面对金咄咄逼人的对辽攻势,宋觉得一雪"檀渊之盟"耻辱的机会到了,决定单方面废除与辽之间的和平条约,改为与金结盟。由于宋金之间陆路中间隔有辽地,1120年,宋派遣使节马政经海路赴辽东与金结盟,缔结条约,称为"海上"之盟。这意味着"檀渊之盟"的废除失效,东亚国际关系发生重大变化。"海上之盟"约定双方增强海上贸易等往来,并结盟。但是,该盟约与其说是经济合作的国际条约,但不如说是军事性质的国际条约,并非意在建立稳定的国际秩序。

由于有了该条约,宋决定北伐征辽。但宋统帅童贯指挥下的宋军连梁山山贼都打不过,用来打辽更不行。他的大军虚张声势行,但战斗力太弱,在燕京进攻战中受挫。于是,宋向金提出请求攻打燕京,帮助搞定辽。完颜阿骨打分兵三路攻陷燕京。燕京属于汉地,按照"海上之盟"的条约,本应交还宋治理,但金的群臣认为宋的草包兵在攻陷燕京时并未起作用,拒绝交还燕京给宋。不过完颜阿骨打坚持条约的约定,对燕京烧杀抢掠后交给宋一座废墟燕京,向宋提出铜钱100万贯、兵粮20万石的军费补偿(超出实际支出数倍,与后来清末列强勒索的战争赔款情况相似)。这为"海上之盟"的履行留下了尾巴。1125年,辽天祚帝被金兵俘虏,辽灭。宋金同盟虽在继续,但是金认为宋接受金的叛乱者,在辽燕京被攻陷后继续与辽缔结秘密条约与金为敌,不断违反"海上之盟",拒付岁币,于是1126年进攻宋,席卷华北,越过黄河,包围宋都汴京。世界级著名画家皇帝宋徽宗颁布罪己诏退位,宋钦宗即位,和金议和后金兵撤退。和约中包含割地赔款等内容。但金仍然盘踞华北,与宋都隔河对峙。建立平等国际关系的"海上之盟"的条约终于失效,取而代之的是不平等条约。金以宋并没有按和约约定支付赔款,于是又进攻汴京。历经 40 天的攻防，1126 年 11 月开封陷落，史称"靖康之变"。宋钦宗、徽宗父子二帝以及皇族、官员、贵族、嫔妃宫女数万人都被俘虏前往金故地满洲。只有康王赵构逃亡江南，在临安就位称帝，建立南宋王朝。从此开始了长达百余年的宋金对立格局。

金开始并没有立即奉行"普天之下莫非王土"理念，而是扶植汉人傀儡皇帝，但法律上与金朝并立。先是让宋前大臣张邦昌称帝，建楚，后又让宋原来的济南知府刘豫称帝，国号齐。刘豫做皇帝到 1137 年被金所废。

1138 年，南宋秦桧主导了对金和约，主要条款是废齐，其领土归南宋。南宋皇帝对金称臣。宋每年作为岁币给金银 25 万两、绢 20 万匹。齐随即被废，其领土于 1139 年被返还南宋。其实这些年间宋金间战事不断，岳飞抗金也发生在这一时期。岳飞抗金也包括与刘豫的齐之间的战争。该和约虽然也有岁币规定，但性质已发生变化，因为有宋对金称臣的规定。虽然南宋得到齐故土的实惠，但名义上金获得天下最高权威。该和约并没有得到很好地遵守，战事又爆发。南宋方面主和派秦桧对主战派岳飞占据上风，于 1141 年和金签订了《绍兴和议》。该和议规定了以淮河为界宋金南北分治，南宋放弃根据前约应该取得的齐的国土，是实际上的割地条款。岁币规定为银 25 万两，绢比起前约增加 5 万匹，成为 25 万匹。以往岁币从 1142 年起每年春季送到泗州缴纳。宋奉表称臣于金，金册宋主为皇帝。金主生日或元旦，宋须派使节赴金称贺。

《绍兴和议》的国际法意义如下：第一，明确了两国间的国籍法原则，即秦桧提倡的"南自南、北自北"。《绍兴和议》规定，南宋境内的汉人归南宋，在金境内的汉人归金。从此北方汉人不但在名义上完全成为金国籍人，而且不能南逃，否则将被遣返。也就是说一旦双方交战，北方汉人将成为汉人政权南宋的敌国子民。第二，南宋实际上成为金的纳贡国，但是仍然具有皇帝称号，并非完全沦落到金的藩属国的地位。而且南宋作为中华文化的正统地位并非受到挑战。南宋作为面向南方的各个"蛮夷"政权的"华夏"的正统地位并没有受到金的否定，仍然可以面向南方维持册封朝贡关系。也就是说，中国传统的"普天之下莫非王土"中的皇帝有了两个层次。金的皇帝高于南宋的皇帝。

该和议本无期限，但 1161 年金海陵王违反和议对南宋开战，终因内乱被杀。新君金世宗决定对宋议和，最后与宋孝宗之间以双方君主的名义订立《乾道和议》，取代了《绍兴和议》，将金宋的君臣关系改变为金为叔，宋为侄的关系。岁贡改为岁币，银和绢各减额 5 万。君臣关系改为叔侄关系虽有上下之分，但毕竟是亲属关系，而且岁币减额也体现了双方让步和妥协，因而带来了 45 年的和平。1206 年，南宋开始北伐失败，《乾道和议》被新和议所取代，岁币银绢各增额 10 万，并支付金战争赔款 300 万两。金以后的发展如同辽后期的翻版，最终因蒙古族成吉思汗的兴起被蒙和宋的联盟所败,于1234年灭亡。

以后的征服王朝元和清都没有出现宋辽金的国际关系格局。它们都怀有"普天之下莫非王土"之志,击败他国,一统中华天下,维护本朝皇帝的唯一性,并依靠武力与周边各国建立册封朝贡的国际体系,实际上和汉族的中原政权的模式如出一辙。

2.4 其他东方国际法律秩序

2.4.1 蒙古帝国系列

2.4.1.1 "蒙古治下的世界和平"

从13世纪成吉思汗西进征服开始,在强大的蒙古治理下从东欧到亚洲的广大土地上实际上是处于"蒙古治下的世界和平"这一国际法律秩序之下。这是一个到当时为止的世界最大帝国。它的面积是3 300万平方公里,统治了世界上当时25%的人口(超过1亿人)。只有在19世纪的达3 700万平方公里的大英帝国的极盛时期才在版图上超过了这个蒙古帝国。

蒙古帝国是以君临蒙古高原的蒙古大汗为中心,由分封各地的成吉思汗王族子孙统治的各个汗国构成的国家联合体。这样的国家体系仍然采用古代通常的帝国的国家结构,即有一个地位最高的中央国家,其他周边国家作为分封国组成帝国的外围。中国周天子的"普天之下莫非王土"的理念仍然作为古代帝国的自然法贯穿始终,并形成了国与国之间交往具有等级性的国际法律秩序。随着蒙古对中国的南宋的征服,建立了中国王朝元朝,蒙古第5代大汗忽必烈也成了中国元代皇帝。他的前几代大汗除了按照蒙古大汗的习惯称呼之外,忽必烈还将他们追封元朝中国皇帝。成吉思汗成为元太祖,忽必烈自己成为元世祖。这个中心国家称为大元大蒙古国,大汗也是中国皇帝,成为这个国家系统的顶点。

蒙古发动过三次大规模的西征,先后灭掉了40余个国家,其中包括保加利亚、基辅罗斯等,击败了波兰王国、神圣罗马帝国、匈牙利王国等欧洲国家。在东亚和中亚,则灭掉了除了日本以外的几乎所有国家。在两河流域,灭掉了焕发出灿烂的阿拉伯文明的阿拉伯帝国阿拔斯王朝,让这块孕育了最古老文明的土地成为废墟沙漠。

由于国家版图实在太大,帝国各个部分逐渐具有了独立志向。结果在作为核心的大元大蒙古国的西方广大土地上形成了四大汗国，即今俄罗斯一带的金帐汗国、中亚的窝阔台汗国和察合台汗国、以波斯阿富汗为中心的伊尔汗国。这些汗国在当地都是独霸一方的大国，但是至少在13世纪中还认可大元蒙古国为更高的帝国，而自己是其下属的汗国。随着蒙古残酷血腥的征战结束，欧亚大陆终于在蒙古治下实现了难得的和平。在无数人的白骨之上建立起来的这个伟大的时代，陆路和海路上各种各样的人们可以自由往来。蒙古撤销了当初各国国境林立的关税，国际贸易空前发达。蒙古的征服一直波及东南亚的爪哇，海上和平的实现促进了以泉州港为海运中心的对日本、东南亚、印度、埃及的海路的开通，形成了海上贸易网络。这个网络覆盖面超过了后来的郑和出航印度洋，因为郑和并非以贸易通商为主要目的，而蒙元的海上网络是贸易网络。马可·波罗归国之路就是选择海路，与陆路的来路形成对照，极大丰富了他的游历。

蒙古的征服是以屠城而闻名，事实上造成了很多地区的衰退和巨大的人口损失。但是对于那些因害怕而不战即降的城市或国家，蒙古还是大体上保持以前的统治。只要向蒙古表示臣服和纳贡，蒙古一般只派出监察官员，仍然保持其自治。还有些部落和国家则是蒙古的同盟国，则在其称臣纳贡的条件下保持了其完整的统治。所以，蒙古帝国下存在丰富的国家间关系。

2.4.1.2　大元大蒙古的国际法律秩序

14世纪中期，大元大蒙古国已见衰退，蒙古的四大汗国中的窝阔台汗国只存在了84年于1309年已经灭亡，因而三大汗国已经成为法律上和事实上的独立国家。不过它们相互之间还具有一定的连带感，至少可以基本做到相互之间的和平。除了蒙古国家之间的国际法律秩序外，还有若干蒙古帝国支配下或者认可蒙古帝国为宗主国的国家。它们之间以及和蒙古帝国之间也构成了蒙古帝国治下的国际法律秩序的一部分。这些国家有瓦拉、天山维吾尔王国、突厥塞尔柱王朝、大亚美尼亚王国、格鲁吉亚王国、奇里乞亚亚美尼亚王国、14世纪前半期支配着波斯的印朱王朝、库尔德王朝、诺夫哥罗德公国、莫斯科公国、高丽、缅甸蒲干王朝、印尼爪哇岛的满者伯夷（实际上的独立王国，只承认朝贡关系和宗主权）、占城（实际上的独立王国，只承认朝贡关系和宗主权）、大理国等。在东亚，这些朝贡国等实际上是把元蒙看做是传统的中国王朝而向其称臣纳贡。归根到底这还是中国的朝贡关系的国际法律秩序的延续。在明取代元以后，这样的朝贡关系又被明取代。但是在欧洲和高加索一带，金帐汗国和伊尔汗国已经作为当地的蒙古帝国成为这里很多国家的宗主国，与欧洲文明联系很紧密的这一带国家之间保持着源于中国的朝贡关系，应该说是具有一定历史意义的。

2.4.1.3　帖木儿帝国

察合台汗国在1346年分为东西两部分。东察合台汗国在今中国的新疆，而西察合台统治中亚地区。1370年,帖木儿(Timur,1336—1405)在中亚建立了帖木儿帝国。帖木儿是突厥贵族,实际上是语言上突厥化的蒙古人。这里在宗教上早已伊斯兰教化。帖木儿是察合台的将军的后代,从小尚武,1361年就成为部落头领,逐步发展其自己的势力,并最后杀死了西察合台汗侯赛因,宣称自己是察合台汗国的继承人,开创了帖木儿帝国。虽然他的血缘并非成吉思汗黄金家族。为了获得其帝位的正统性和合法性,1370年他迎娶了西察合台汗国的公主。这位公主是成吉思汗七世的后代,就是他刚刚杀掉的西察合台汗侯赛因的王后。这位寡妇由于其高贵的出身免遭毒手,反而有机会委身于强悍的帖木儿这位新主继续享受荣华富贵,并使其新夫君可以自称为"成吉思汗家族的女婿"。这样,帖木儿建立的帝国就成为了蒙古的后续帝国。这也说明蒙古系列帝国的皇统的确不同于中国。中国是绝对没有从女系获得皇统正当性的可能性的。就连武则天都没能够破除这一禁忌。但是,帖木儿自身并没有真正宣称自己是大汗(即蒙古系皇帝)。他只是沿袭了来自阿拉伯帝国埃米尔的称号。不过这里的埃米尔并非是指君主,而是指将军。他是作为成吉思汗家族女婿而成为最强大的埃米尔进行帝国统治的。可见,女系皇统在蒙古帝国系列中还是有一定障碍的。

虽然血统并非成吉思汗正宗,但帖木儿身上重新苏醒了当年蒙古征战的勇猛性和虐杀性。自他建国以后就一直征战不停,一直到1405年死去才结束了其征服活动,造就了以中亚为中心,延伸到小亚细亚、印度德里的庞大帝国。但是1 700万人的生命在这些征战中化为烟云。世界著名古城大马士革也在帖木儿的征战中被焚毁。他对中亚名城撒马尔罕、印度德里苏丹国首都德里都进行过屠城,其手法完全承袭了成吉思汗。是否是因为他不正宗的血统使得他做得要比成吉思汗更为成吉思汗,才能求得心理上消除自卑,目前尚不得知。在他的东边面对一个兴起的强大的中国明朝。明朝要求帖木儿仿照元例向明皇帝称臣纳贡。帖木儿不知明朝国力虚实,于是在1388年遣使进宫,打探明朝国情,而官方文件暂且称臣。1396年,帖木儿扣押明朝的使节。但是这时的明朝已经对于"两国交兵不斩来使"的国际法律秩序观念很单薄,没有起到刺激明朝开战的作用。他还扣押了西边的另一个大国奥斯曼土耳其的使臣,并开始远征土耳其,准备征服土耳其后再进攻明朝。攻打奥斯曼土耳其很艰苦,但获得大胜。不过帖木儿没有让土耳其灭国,而是分封土耳其,将工匠带到撒马尔罕。奥斯曼土耳其还一度对帖木儿帝国称臣纳贡。他的最终目标是打败中国,准备动员百万大军。作为一个虔诚的穆斯林,他进攻中国的名义是"毁坏实行偶像崇拜的庙宇,在原址上建设清真寺"。不过在1405年东征途中突发疾病急死,这场中国与帖木儿的世纪大战最后没有发生。他死后进入的黑石头棺材上刻着"我从这个墓中出来之日,就是发生最大灾难之时"的咒语。1941年6月19日,奉行无神论的社会主义国家苏联进行考古发掘打开了这个石棺,证实了帖木儿是跛脚的传说。但是开棺后仅仅3天,德国进攻苏联,给了苏联红军毁灭性打击,一场人类历史上少见的杀戮开始了(苏德战争有大约3 000万军民遇害)。苏联被打蒙了,有些人开始怀疑是否是帖木儿的咒语引发了这场大灾难,于是苏联当局抱有某种敬畏的心情赶紧将这个棺盖用铅焊接密封起来,从此以后克制住旺盛的考古好奇心,再也不敢开启,直到现在的乌兹别克共和国时代仍然如此。帖木儿之咒在俄罗斯和东欧一些地方流传着。

帖木儿死去后,后来的统治者渐渐放弃了重温成吉思汗旧梦,开始和其他一些帝国或大国之间建立了正常的国与国之间的关系。它与东方的明朝之间也建立了长期的友好通商和互派使节的关系。永乐十一年(1413年)恢复了遣使明朝朝贡关系。同年永乐帝也派遣中官李达、吏部验封司员外郎陈子鲁等9人出使帖木儿汗国,行报施之礼,重开外交关系。

到15世纪后半期,帖木儿帝国陷入内外交困。围绕汗位的争夺,突厥人的一支土库曼人建立的黑羊王朝、白羊王朝的互斗以及与帖木儿帝国的争斗等大大削弱了帖木儿帝国的统治。最后被突厥人的一支乌兹别克部落所灭,建立了乌兹别克汗国。帖木儿的五世孙巴布尔逃亡后在喀布尔企图复辟,失败后进入印度,发现先前来此的德里苏丹国的军队的武士精神已经被印度的气候和土壤以及懒散消磨干净。这些中亚游牧世界残酷厮杀中磨炼出来的军队虽然在阿富汗和中亚是手下败将,却在北印度已经无敌手。

2.4.1.4 莫卧儿帝国

巴布尔于1526年建立了莫卧儿王朝。这是印度最后一个王朝,也是蒙古帝国和帖木儿帝国的最后延续。莫卧儿王朝一直把帖木儿当做其始祖,称之为"埃米尔帖木儿大汗"。真正将这个王朝推向帝国规模的是第三代君主阿克巴。他被认为是莫卧儿帝国的真正奠基人和最伟大的皇帝。他将原有的中亚部落为基础的军队改造成印度化的军队,吸收印度教徒参军,南征北讨,大大扩大了帝国统治版图。对内则废除了对非穆斯林的人头税,得到印度人的拥护。他在阿克拉用红砂页岩建设了皇宫——阿克拉城堡。第五代皇帝沙·贾汗的时代莫卧儿帝国还处于强盛的时期,但1631年他36岁的首席妃子泰姬死去,使他遭受了精神上感情上的重大打击。泰姬17岁嫁给沙·贾汗,夫妻感情非常好,就连续不断地生孩子报答皇夫,一共为他生下14个子女,长大成人的有公主2人和皇子4人,其中包括后来将父亲沙·贾汗囚禁至死的新皇帝奥朗则布。这样超支体力的怀孕、生育毁了自己的身体,使自己在生第14个孩子时难产死去。如果泰姬熬过这一关,不知道她还要为皇帝生出多少皇子和公主。为了怀念这位为帝国奋不顾身繁衍后代的模范妃子,沙·贾汗于第二年开始为泰姬建造陵墓。他动用了全印度的国力,用了1 000头以上的大象运输建筑材料。大理石来自拉贾斯坦,翡翠来自中国,贾斯珀(碧玉)

来自旁遮普,绿松石来自西藏,青金石来自阿富汗,蓝宝石来自斯里兰卡,红玉来自阿拉伯,一共用了28种宝石和宝玉被镶嵌进去。他集中了波斯、阿拉伯甚至欧洲的2万名能工巧匠,一共花费了22年岁月才建成陵墓。泰姬陵主基调是白色的。所面对的朱木那河对面则预留了沙·贾汗自身的陵墓,完全同样的规模和材质,主基调是黑色的。中间横跨朱木那河的是一座大理石大桥。还没有等到建成他自己的黑色陵墓和桥梁,庞大国家的巨大财力已经告罄。由于担心重税和劳役引起反乱,给自己继位后留下一个贫穷的帝国,沙·贾汗的儿子奥朗则布毅然发动政变,结束这一爱情大戏,囚禁父皇于4公里以外的阿克拉城堡,故意让他终身待在可以远望泰姬陵的房间里8年,让他在怀念和痛苦中反省到死。最后,新皇帝还是让父皇葬在了泰姬的旁边,让这一对苦命鸳鸯死后可以永远在一起。泰姬这样奋不顾身生孩子改变了印度的历史,甚至影响到现在。如果没有她那种特别的报恩方式,皇帝还不会建造如此伟大的建筑留给后世。现在泰姬陵是世界七大奇迹之一,成为世界最著名的旅游景点之一。外国人参观这里要付出比印度人多数十倍的门票票价,如果泰姬天上有灵,应该如何看此事?但我们无论如何都要感谢这位印度皇妃。

18世纪初,莫卧儿帝国出现衰退的后期,这位中断了泰姬陵后续工程的88岁高龄的皇帝奥朗则布去世,帝国开始分裂。特别是一些行省以及帝国周边的一些小国开始脱离帝国,与欧洲前来的殖民当局签署军事保护条约,结成同盟,这就是印度的土邦。有很多土邦本来就一直存在于印度古代社会,就像中国南方少数民族有很多山寨寨主一样。在印度,这样的土邦一共有600余个,比较大的有海德拉巴土邦、克什米尔土邦等。这样一来,印度次大陆的国家间关系就成为三角关系:莫卧儿王朝、土邦、英国等国殖民当局。莫卧儿帝国保留名义上的宗主权,而土邦表面上服从帝国皇帝,但和后来的英国殖民当局之间保留着一定的关系。土邦君主的名称在印度教徒中叫做大王或王,在穆斯林中叫做那瓦布(地方长官),而海德拉巴土邦君主叫做尼萨姆(统治者)。英国政府都叫他们为Prince。

土邦与英国签订有军事保护条约,英国殖民当局具有外交、国防权,土邦则行使自治权。英国殖民当局向土邦派遣政治顾问,对其内政进行干涉。因此,土邦还不是真正的国际法主体。土邦领土内不适用英国议会的制定法,由土邦君主实行自己的习惯法。

2.4.2 阿拉伯帝国系列

2.4.2.1 阿拉伯帝国的兴起

公元7世纪伊斯兰教在阿拉伯半岛创建和兴起,就以燎原之势席卷中东、中亚和北非大片土地。当时的伊斯兰教实行政教合一的制度,这样,伊斯兰教的发展的同时,也形成了一个横跨欧亚的大帝国。这个帝国以阿拉伯人为主体,因此叫做阿拉伯帝国。以公元8世纪中期为界,阿拉伯帝国经历了以大马士革为中心的倭马亚王朝和以巴格达为中心的阿拔斯王朝两个时代。而伊斯兰势力越过直布罗陀海峡进入到伊比利亚半岛后,又形成了西班牙哈里发王国,而与阿拔斯王朝独立。

在阿拉伯帝国中,君主为哈里发(Khalifa),原意为代理人,即在先知穆罕默德去世后,作为先知的代理人,以伊斯兰国家的最高权威者的称号领导伊斯兰共同体。到了第四代哈里发阿里之后,哈里发成为世袭君主。公元10世纪阿拔斯王朝的时候,哈里发将统治权委托给埃米尔(Amir),原意为司令官、总督,其中大埃米尔便取代哈里发掌握了国家的实际权力。但是到了土耳其人的塞尔柱王朝时代,君主则称为苏丹,于是埃米尔的称号又回到地方总督将军级别了。现代的科威特、卡塔尔、阿拉伯联合酋长国的君主仍然称为埃米尔。

2.4.2.2 阿拔斯革命

倭马亚王朝经过东西征战后,于公元711年征服了伊比利亚半岛的日耳曼人国家西哥特王国,形成了一个从伊比利亚半岛经过北非、中东、中亚一直到印度洋的巨大版图的帝国。公元750年,穆罕默德的叔父阿巴斯的后代发动"阿拔斯革命",推翻了倭马亚王朝,开始了阿拔斯王朝。原倭马亚王朝的王族们最后逃到了伊比利亚半岛,成为西班牙哈里发。倭马亚王朝与阿拔斯王朝的一个区别就是,西班牙哈里发是一个伊比利亚半岛的政权,而阿拉伯民族的王朝同时还是一个世界帝国。倭马亚王朝是一个以阿拉伯民族为中心的征服王朝,其基本特征在于阿拉伯人和非阿拉伯人在税制上有差别。阿拉伯人穆斯林不交人头税,拥有土地也不缴土地税。而阿巴斯王朝则取消了穆斯林中的阿拉伯人和非阿拉伯人的这个区别,一视同仁都要缴纳这两种税。这意味着取消了民族歧视,建立了一个更具有普世性的帝国。

阿拔斯王朝的首都是巴格达,当时是一个世界性的国际贸易中心。不光是海路来自印度的货物要经巴格达中转到地中海东岸,而且陆路的丝绸之路也南进通过巴格达。这里有着多样化的文化和民族融合,原有的阿拉伯部落制度渐渐不受重视,原本具有比较高的文明的波斯人受到重视。阿拉伯民间故事集《一千零一夜》中国王、航海、通商等描写也多多少少表现了阿巴斯王朝的国际化,特别是波斯人的影响越来越大。波斯人在倭马亚王朝时代只是被征服的臣民。他们虽然信仰了伊斯兰教,但受到税制、官吏任用等方面的不公正待遇,因而其内心的民族主义不满在积蓄。在公元750年改朝换代的"阿拔斯革命"中,波斯人积极参与,起到了很大的作用,于是在阿拔斯王朝中的处境大大改善。阿拔斯王朝中的宰相一职基本上是由波斯人独占,王室的禁卫队等也基本上是波斯人组成。文化方面也开始波斯化,宫廷开始仿照波斯前朝萨珊王朝的官制、官名和服装。阿拔斯王朝的君主们也开始迎娶以波斯人为主的其他民族的嫔妃了。这样,阿拔斯王朝成为了阿拉伯人和波斯人的联合政权。在税制上,通过废除阿拉伯人的免税待遇而实现了阿拉伯人和波斯人的平等,但对于非穆斯林则征收什一税,即逢十抽一的宗教税。这促使了非穆斯林改信伊斯兰教以获得税收的优惠,更使得伊斯兰教在帝国内获得广泛传播。即使在阿拉伯帝国没有统治到的地区,由于在阿拔斯王朝下实行的伊斯兰教下的穆斯林平等的普世价值和理念,没有种族、种姓、身份地位等的差别,因而也得到了很广泛的传播,为后来很多地方的穆斯林政权的成立打下了宗教基础。比如,印度从13世纪开始出现的统治北印度超过3个世纪的德里苏丹国政权,以及后来取代阿拉伯人主导伊斯兰世界的奥斯曼土耳其人的政权。这终于使伊斯兰教脱离了阿拉伯民族的狭隘性,成为一种世界性宗教,并构筑起某种或某些国际法律秩序来。

2.4.2.3 奴隶王朝与马木留克王朝

在阿拔斯王朝推行的伊斯兰教下民族、身份平等原则还具体体现在一些奴隶出身的人也能够取得政权,构成某种国际秩序的一部分。前述的德里苏丹国政权的四个王朝中的第一个王朝就是由马木留克(Mamluk)建立起来的奴隶王朝(Slave Dynasty)。马木留克是从公元9世纪到16世纪初伊斯兰教世界各地的白人奴隶身份出身的军人。伊斯兰世界所指的白人主要是指撒哈拉沙漠以北的北非中东地区的非阿拉伯人。很多因债务、战争等不幸沦为奴隶,或者通过奴隶买卖成为奴隶(伊斯兰世界的奴隶贸易比欧洲、非洲、北美的三角奴隶贸易历史要久远得多)。由于他们之中很多善于骑马,从小受到军事训练,成为优秀的骑兵战士。这时他们的身份已经不算是奴隶,而是与自由民相差无几的解放奴隶了。由于他们拥有很强的战斗力,所以一些马木留克军阀便拥兵自重,建立政权,自成独立王国。其中最有名的有印度的德里苏丹国和13~16世纪统治埃及、叙利亚的马木留克王朝。埃及的马木留克王朝虽然后来在奥斯曼土耳其的打击下灭亡了,成为了奥斯曼帝国埃及行省。但奥斯曼帝国苏丹仍然采用马木留克作为其卫兵,其将军们(这时叫做埃米尔,但已经没有君主的含义了)被苏丹任命为各地地方官等,后来仍然作为地方军阀保持着影响力,1798年拿破仑远征埃及就是以推翻马木留克暴政的名义进行的。当然,埃及的马木留克兵在近代化的拿破仑军队面前不堪一击。他们逃往埃及南部继续进行游击战,最后被法军彻底讨伐。不过在埃及的法国占领军后来也被奥斯曼帝国军队和英国军队联合打败,撤出埃及。但这时的马木留克再也不作为独立的政治军事力量出现在中东国际舞台上了。而印度的奴隶王朝中,在早已被炎热的天气和宗教冥想弄得十分羸弱的印度人面前,马木留克实际上是作为强悍的征服者出现的,绝非是来印度前卑微的奴隶身份。马木留克的伊斯兰教信仰在实行种姓制的印度获得了低种姓或贱民阶层的热烈追捧,就是因为其中包含的真主面前人人平等的普世价值理念。这才是德里苏丹国为什么作为异族外来政权能够长期统治北印度的原因所在。即使是四个德里苏丹国王朝相继灭亡后,接着而来的仍然是来自北方的异族外来政权——莫卧儿帝国。它来自中亚伊斯兰教下的蒙古人后裔建立的帖木儿帝国。仍然是伊斯兰教政权统治了这块印度教和印度教徒占绝对优势的次大陆,其原因还是在于伊斯兰教的平等价值观。不过,伊斯兰教和印度教在印度次大陆的并存和较量也是后来这里宗教冲突的重要原因,以至于印度从英国殖民统治独立出来后不得不分裂为印度共和国和巴基斯坦两个国家。

2.4.3 印度帝国和王朝系列

2.4.3.1 印度的地理环境与和平的志向

哥伦布发现新大陆的一个错误的命名,导致印度这一名称被滥用而乱七八糟。而地理上的印度是指喜马拉雅山脉和兴都库什山脉以南直到印度洋这一块相对与世隔绝的400万平方公里的土地。除了喜马拉雅山麓的凉爽气候外,这是一块炎热的大地。印度河和恒河流域丰富的水量和广大的平原有助于产生古老的文明和孕育伟大的思想及宗教,也形成了这里的人们独特的民族性,决定了它的爱好和平和不断被征服的历史。

早在4000多年前,这里出现了印度河城市文明,显然存在过众多的城邦。公元前12世纪左右,雅利安人的一支穿过了开伯尔山口来到了印度次大陆。这个山口在今天的阿富汗喀布尔到巴基斯坦的白沙瓦之间,亚洲一号公路从中通过,是世界上最有名的侵略之路。印度历史上遭受的无数次侵略,除了近代以来的葡萄牙、法国和英国的侵略时来自海上,基本上都是来自这个山口。因崇高的宗教信仰而变得高尚淡定的印度人从来就没有忧患意识,并不像中国那样去营造雄伟的万里长城来阻挡北方民族的入侵。如果他们想的话,只要派出重兵把守这个海拔只有1050米的山口,是能够阻挡侵略的。他们可以无休止地建筑王宫、陵墓和石窟,就是没有打算花费一点点精力去搞一搞北方和西北方的国防建设,铸造长城或军事工事。可他们相信神,相信有信仰的人和民族的力量,相信印度伟大的信仰和文明会同化这些侵略者,因而不在乎这些入侵。这些雅利安人的入侵,结合了印度土著达罗毗荼人的文明和血液,形成了古代的吠陀文化。这才是在宗教、语言、思想、哲学等方面一直发展延续到今天的印度文明的源头。由于这是一个征服形成的文明,印度的早期宗教婆罗门教用种姓制度将征服形成的族群差别加以神圣化。用轮回的思想让人们更加追求来世的幸福,淡化现世的生存竞争压力,使得印度社会有了自己独特的和谐观。这块土地的统治者缺乏政治、军事野心,基本上不对外扩张。即使是内部发生战争,与欧亚大陆其他地域的战争比起来,其规模和残酷性都相差一个数量级。因而每当一个人数很少的新的侵略民族穿过开伯尔山口来到这里后,都会发现自己在中亚草原上历经百战的军队在印度早已是所向披靡,于是一个新的征服王朝开始了其新的一个轮回。如果世界上所有民族都像印度古代那样,康德的世界永久和平论将在他之前老早就已经变为现实了。

2.4.3.2 帝国时代的到来:孔雀王朝及其后来

首先记于史书的是公元前6世纪波斯的大流士一世的对印度的征服,然后是公元前4世纪初的马其顿王亚历山大的征服。他的征服没有渡过印度河,在印度的史书上并无记载,但给印度留下了希腊式雕塑的传统和种子,使得印度的宗教设施和宫殿开始用石头进行建筑,出现了石雕像。公元前325年,亚历山大军队撤走了后在旁遮普留下了总督和军队,而出身于孔雀家族的月护王旃陀罗笈多起义赶走了马其顿人,建立新王朝,即孔雀王朝,定都华氏城。这是印度第一个统一的大王朝,时间比秦始皇统一中国早将近一个世纪。他的儿子进一步控制了印度河平原、恒河平原、孟加拉湾周围、德干高原。到了公元前3世纪中叶阿育王时代,几乎统一了全印度和阿富汗,成为一个以佛教维护国教的空前强盛的大帝国。这可能是印度原生的王朝向北征服了阿富汗的唯一例子。孔雀王朝在阿育王之后迅速衰退,据说是因为信奉佛教的阿育王厌倦了战争的血腥,并影响到后来的孔雀王朝的继承人们,这也留下了后世亚洲各地的佛教君主不好战的传统。其实印度的婆罗门教,以及后来以新婆罗门教的名义复兴的印度教,在处理对外关系上都保持着不好战的传统。印度的宗教与国家的结合,注定了印度历史上主要是被外来民族或国家入侵,以及自身也难以形成统一强大的王朝和国家,这与印度的辉煌的文明形成鲜明的对比。

兴起于中亚和阿富汗的贵霜帝国于公元前1世纪南下印度,统治了恒河上中游地区和印度河领域。这个帝国于东汉发生过战争被东汉打败,退回葱岭(天山)之南。由于统治着多民族国家,含有普度众生的普世思想的大乘佛教得到传播,并通过与东汉的接壤接触传到了中国,在中国和东亚各国开花。这是东方两大古代文明之一印度文明对另一个文明东亚文明的重大影响。而反过来的影响则很少,不过印度的位置决定了一直受到波斯以及地中海文明的影响。贵霜帝国地处中亚各绿洲的国家实行类似于中国的称臣纳贡的制度,容忍其作为低一级国家身份的存在,形成某种古代帝国统治下的不平等的国际法律秩序。而对印度四分五裂的各国则采用征服手段,杀死君主,再命令一个人担任副王代理帝国进行统治。

2.4.3.3 帝国时代的复兴:笈多王朝及其后来

在经历了若干来自北方的入侵和内乱后,公元320—550年的印度是历史上最繁荣的笈多王朝时代。它开始于印度北部小国君主室利笈多，征服了附近小国自称大王。他的孙子旃陀罗笈多一世通过联姻继承了华氏城，势力大增，公元320年称帝，建立了笈多王朝，势力达到了恒河流域中游。第二代君主海护王的长期在位使他能够大规模扩张，征服了恒河上游和下游三角洲、印度河流域、德干高原东部，势力延伸海外印度人侨居的马来半岛和爪哇、苏门答腊。第三代君主超日王将笈多王朝推向极盛。这时的笈多王朝已经与若干小国之间建立了不平等的主从国家关系，以及实行建立同盟等外交政策。到了公元5世纪，帝国人口超过3 000万人，但渐渐遭受来自北方的侵略。在嚈哒人（被西方人称为白匈奴）的打击下，笈多王朝进入末期。后来地方长官自我称王，印度又进入到小国林立的分裂常态。这时法显和尚来到印度，发现佛教已经衰退，印度教兴起。种姓制度在印度已经呈现出强大的历史惯性。

来自北方的侵略像走马灯似地在印度不断重复上演。曲女城的戒日王在公元7世纪初短暂统一了印度北方，建立了人口超过2 000万人的戒日王朝。玄奘到印度所记载下来的就是这一时期的印度。帝国内仍然存在30多个封建藩国，实行某种意义上的分封制的国际法律秩序。随着戒日王的去世，帝国土崩瓦解。后来的波罗王朝时代持续时间较长，活动的中心舞台是印度东北部，也有过短暂的统一，但后期主要抵抗穆斯林势力从西北方的入侵和蚕食。经过一系列交锋，最后北印度被穆斯林的德里苏丹国各王朝统治。

3
王国宫闱和帝国霸权：国际法的传统时代

3.1 国际法最早是欧洲区域法律规则

3.1.1 为什么国际法产生在欧洲

3.1.1.1 国际法形成的条件

从第一章我们已经知道国际法是调整国与国之间关系的法律规范。它虽然不是万能的，但却是国际社会必不可少的。如果没有国际法，在战争年代将会抛去法律的外衣而变得无理性和残酷化，在和平年代也会因为缺乏国家之间交往的法律准则而使各国利益受损，发生战争的概率也会大大加大。因此，国际法是我们人类的一大创造，是通过人类理性与和平愿望回馈给人类的一大礼物。那么，为什么会形成如此这般的国际法呢？为什么调整国际关系、规定国际秩序的法律规则是以尊重国家主权为基础，将国际社会的构成单位放到国家层面，而不是去建立一个世界帝国统一全世界，或者将国际社会的构成单位放到民族、部落或个人层面呢？这就要讨论国际法形成的条件。

我们人类文明从来都是多元的。世界上不同地域有着不同的原创文明，由此形成了各个文化圈的文明国家以及国家群。这些各自文明圈的国家以及国家群都可以构成自己的国际社会，也有自己的国际社会秩序的规则，包括法律规则。但是，世界各地各个文明圈的国际社会秩序的规则最后基本上都没有发展成世界的国际法规则。要发展成为世界的国际法规则，必须要具备一定的条件。这些条件具有很多偶然因素,也存在着内在的必然性。从国际法的基本要素——国家主权及其主权原则来看,这样的国际法形成的条件主要有以下几点:

第一,要有若干国家存在,构成国家群。只有存在国家群,才有可能产生国与国之间的关系,才有必要形成调整这种关系的法律规则。古代罗马帝国统一了当时的地中海世界,也就消灭了国家群,因此罗马法就没有国际法的内容,这种现象在很多古代中世纪的大帝国中都存在过。此外,当文明还没有进化到出现国家群,只有个别国家,或者还处于部落阶段,也不具备产生国际法的这个条件。比如西班牙人到来之前的美洲,大部分地域还处于部落阶段。即使出现了阿兹台克帝国、印加帝国等,也因为该文明范围内只有为数很少的国家,从而不能达到形成国际法所必要的国家群规模。

第二,国家和国家之间要形成势力均衡关系,不能是一些国家太强而另一些国家太弱。当然,国家是有大小之分,强国与弱国的并存是任何一个国家群都不可避免的现象,具有必然性。所以,这里的国家和国家之间形成势力均衡关系就特别重要。这一国家群中一定要有若干数量的大国或强国,这些强国可以互相结盟,最好形成能够互相牵制的平衡关系,构成一个相对稳定的国际体系。不能像大帝国或霸权国家那样,一个或一些国家轻易将另一个或一些国家吞并掉。而且这样的势力均衡关系还要能够维持相当长的时间,使得这样的国与国之间的合作和交往能够持久,各种国际法规则有时间和空间得以形成。在古代中世纪的各大文明中,只有欧洲中世纪后期才形成了这样的几个大国为中心构成的国家之间的势力均衡关系。这样的势力均衡关系就可以构成一个稳定的国际体系。这些大国都有一定实力和地位,而且相互长期并存,没有任何一个国家具有统一欧洲的实力,也没有任何国家为此目标发起挑战。一般而言,构成大国稳定国际体系的国家数量要适当。

第三,要有一定理论、思想、文化和宗教基础。如果一个文明圈奉行的是大一统的理念,如同中华文明圈那样,"普天之下莫非王土",是不可能形成尊重国家主权的国际法的文明基础的。又如,伊斯兰世界在中世纪奉行政教合一的制度,大马士革、巴格达、伊斯坦布尔等在不同的时期分别成为这种政教合一的帝国统治中心,也是不可能形成以众多平等国家之间法律规则的。欧洲国家大体上具有同一的基督教传统。在15世纪法国就出现了让·博丹(Jean Bodin, 1530—1596)的主权学说,提出国家是拥有最高主权的合法政府的观点。再加上西欧国家经过罗马法复兴等法律准备,具有用法律规则来调整国家与国家之间关系的文化基础。

3.1.1.2 脱离帝国理念:主权论的提出

贯彻欧洲中世纪历史的是古代罗马帝国的幽灵,即帝国理念。它主要体现为中世纪教权的最高权威,有时也表现为神圣罗马帝国那样的不完整皇权。欧洲中世纪在这样的帝国理念下得以维系某种国际法律秩序,也体现了某种世界和平的理想。这固然也是后世国际法所要追求的某种理想,但却并不一定现实。古代那个罗马帝国已经一去不复返了,分裂才是欧洲的现实。国际法的种子正是在这种分裂的现实中生根、发芽和成长起来,实现了对帝国理念的彻底颠覆,建立了我们今天国际社会的国际法秩序。

中世纪后期意大利北部那些城市国家最早脱离了这种帝国理念,在教权和皇权之外开始探索平等主体之间国际交往的规则。从 11 世纪开始,这里相继开始了欧洲近代社会的三大复兴:罗马法复兴、商业复兴和文艺复兴。威尼斯、热那亚、比萨、阿马尔菲等港口成为东地中海和西欧内陆之间贸易的中转站,并因此积累了大量财富。除此之外,依靠手工业等的发展,意大利北部还出现若干城市国家,如佛罗伦萨、米兰等。这些国家或城市不再像过去那样依靠土地和领主,开始自己决定自己的事务,忙于自己的政务和商务,处理相互之间交往的外交实务,形成了超越帝国理念或教会的国与国之间交往的一些规则,其中很多规则都直接演化成为当今国际法的一部分。它们不是理念上的,而是实务中的实际制度规则。在这时的北意大利,一个国家要生存下去,依靠武力、经济、宗教信仰是远远不够的,还得依靠外交技巧。这一带的外交高度发达。

有言道"威尼斯共和国就是大使的学校兼实验室"。威尼斯作为一个自中世纪早期就一直存在的城市共和国。在西欧完全处于封闭黑暗的时代,它就通过航海与拜占庭帝国等东方国家打交道,并作为东方货物到西欧的航运业者和中转贸易商。在这个千年城市共和国的档案里,有着浩大的有组织保存下来的国际条约文本、外交文书以及各种记录和通信,从中可以看出条约的登记制度,外交代表的任命制度、对外交代表发出的政府训令,以及其他很多外交制度与规则。根据 1268 年的法律,威尼斯的大使们的妻子不能泄露大使工作内容。大使被派往海外,妻子是不能同行的。为了防止大使在海外被毒死,还必须自带厨师前往赴任。《康索拉多海法》成为后世国际海商法的基础,在意大利北部各港口城市都得到承认。威尼斯采用的关于使节的接受仪式形成了当时的国际惯例,也影响到后来的外交规则。外交使节开始驻在数个月,后来变为数年,成为了常驻使节。其住所成为外交代表官邸,发展到后来的使馆,紧接着就形成了外交特权与豁免的国际法惯例。这样互派使节,设立使馆,到 15 世纪中期已经成为北意大利的国际惯例。其中最早的例子是 1455 年米兰在热那亚设立的常设使馆。这些外交惯例制度的出现,都是通过战争或利益的交锋而形成的,其基础是这些国家都是独立的拥有自己领土的国家。

在这样的环境中出生和生存,明确指出君主或国家间的利益冲突以及国家生存术的是佛罗伦萨共和国的马基雅维利(Niccolo Machiavelli,1469—1527)。他的《君主论》在他几部名著中最短,但影响最大。在这里已经不再空谈那些空洞而抽象的概念,以及正义论,而是直接从人性的性恶论开始分析,这是多年不断思索和逆境的考验中得到的所有体验的结晶。对国家而言,什么道德、伦理完全不是问题,因为国家自身就是目的。为了国家的生存和利益这个目的,是可以选择任何手段的。这实际上就是国家主权的一种最早的表达。君主具有扩张的欲望也被马基雅维利认为是正常的,而且还要受到赞扬。而那些没有这种征服欲的君主的后果都是屈辱的。在君主及国家的竞争条件下,国力是一定的。如果一个君主帮助别的君主增强了实力,就意味自己减少的实力。君主必须要靠实力征服获得权力,这样就能容易地维持权力。如果篡夺了国家权力,为了自身的安全有必要采取残酷的行为,而且还要尽快。对部下也不能放心,与其说爱,不如让其恐惧更有效。为什么呢?因为人类就像猫一样是不知恩、立场游移不定、容易怀疑一切的利己生物。但是君主应该尊重臣下的财产和妻子的名誉。君主应该同时具备狮子的威猛和狐狸的狡猾。君主除了少数特定的场合,不遵守诺言是理所当然的。马基雅维利的这些论断非常不中听,但是却很符合当时意大利北部的国际政治和国家之间关系的现实。而且正是这种国际政治和国际关系才发展成为了我们现今以国家主权为基础的民族国家所构成的国际政治和国际关系。既然国家实际是这个样子,那就最好抛弃以往的正义、理想、帝国等高调,什么教皇呀皇帝呀都一边待着去,君主只对自己负责。西欧在马基雅维利之后崛起的几个强大的民族国家,如法国、英国等,无不是按照这样的模式来运作的。

　　法国的博丹在此基础上发展起来的主权学说,为当时正在往专制君主制和近代国家发展的法国国王量身定做了整套理论。他认为主权就是对市民或臣民的不受法律拘束的无限权力。主权是绝对的、无限的、永久的和不可分割的。君主政体的主权集中于国王一身。国家的支配者虽然也要有神权的支持,但是上帝的法、自然法和国与国之间的法都必须服从于君主的法。这就解决了教会、教皇和国王之间的关系这样一个多年争论不休的问题。对国家的最高权力的制约,与其说是法律上的或政治上的,倒不如说是道德上的。博丹的这一学说迅速在梦想着建立绝对君主制的国家中流传开来。"朕即国家"这样的话在中国来说并不稀罕,因为中国从来就有"普天之下莫非王土"的观念,国家可以说是皇帝的私有物。但是在欧洲,即便是古代罗马帝国皇帝,也不能说这个话。但这话在法国出现了,其实现已经是将近一个世纪后。这位"朕即国家"的国王就是太阳王路易十四了。这也说明"朕即国家"的观念出现在法国并非偶然。博丹用这种用主权论所体现出来的极端现实主义与帝国理念所代表的理想主义发生了冲突,预示着一种新的国际关系及其法律规则的即将到来。

3.1.1.3　人民主权论和自然法对主权论的补充

　　马基雅维利和博丹的学说从彻底的现实主义出发,得出了国家(君主)有主权,而主权是不受约束的结论。这固然为打破帝国理念,否定教皇对世俗政治权力的干预,认识国家的本质,建立近代专制君主制国家提供了理论基础,也符合当时国与国之间关系的实际。但是如果这样的学说彻底得到实践,成为国与国之间关系的普遍准则,那就没有约束国家行为的任何力量了。这样一来,国与国之间的关系便成为了无政府无秩序的弱肉强食的关系,唯一通行的是丛林法则,最后靠实力证明一切。国与国之间必然会发生火并,火并的最终结果将是废墟中的最后胜利者,难道这不是产生世界帝国的另外一种模式吗?更何况,如果把他们的学说推向极端,其结果只能有高于一切的国内法(即君主的法),而没有任何国际法的位置。即使是这个君主的法,君主权力不受约束,他也可以任意不遵守和任意改变。

德国自然法学和社会契约论的先驱者约翰内斯·阿尔图修斯(Johannes Althusius,1557—1638)认为,主权如果给予国家成员提供精神和肉体上的安全福利的话,当然是最高的,而且是最普遍的权力。这是有条件地肯定了博丹的主权绝对性。但是主权要受到上帝的法、自然法以及作为主权渊源的与人们的契约的制约,既不是绝对的,也不是最高的。当主权者违反了社会契约,成为暴君,人民是可以放逐他的。这就是暴君放逐论。这样,人民主权说对主权理论进行了补充,而且主权也不能违背自然法的。稍后的英国自然法哲学家托马斯·霍布斯在1651年出版的《利维坦》一书中虽然也强调了主权的绝对性,特别表现在君主即使违反社会契约,人民也无法将君主推翻。也就是说,他不承认人民主权论,但他也是自然法学家,认为自然法才是最高的,这也和博丹的主权论有根本的区别。

3.1.1.4 格劳秀斯

其实国际法的不少具体规则在中世纪就存在。弗朗西斯科·维托利亚(Francisco de Victoria,1492—1546)、巴尔塔扎·阿亚拉(Balthazar Ayala,1548—1584)就将各种各样的国际法规则一一整理出来,是现实中已经存在的国际法实在法的先驱式人物。西班牙教士弗朗西斯科·苏亚利兹(Francisco Suarez,1548—1617)则在自然法(即理性)中去寻找这样的法律体系的基础何在。真提利(1552—1608)则试图要将规范国与国之间关系的原则确定下来。他们则想从伦理、神学、理性的角度去确定这些原则。这些都为国际法学理论基础的确立作出了贡献。前两人去研究实际上存在的国际惯例,试图将这些惯例成文化,形成书面的国际法规则。后两人是从合理化和理性角度上去寻找国际法的原则。当时并无国际法概念,也无国际法部门。那个时候还没有意识到这些规则体现的是一种新的法律原则,它们应该与既存的法律部门相区别,构成独立的法律部门,即国际法部门。于是他们都从罗马法中试图找到对应。结果国际惯例学派将这些法律规则去对应罗马法的万民法,即这个新的法律体系相当于万民法。理性原则学派则将这些法律原则对应到罗马法中的自然法(Jus naturae)中。现在缺乏的就是把这两个学说结合在一起的人物。

其实国际法作为一个新的法律部门存在的理由是主权原则。前述的博丹的主权绝对论和阿尔图修斯的暴君放逐论在对主权的性质作出不同的解释和理解。主权才是国际法的核心要素,但是主权也是有限制的。同样,也需要有人把这两者的解释结合在一起。

这个人就是格劳秀斯(Hugo Grotius,1583—1645)。他的天才在于,当需要在主权的绝对性和相对性之间,以及国际法的实在法与自然法之间找到结合点时,他适时地出现了,并且用他敏锐的眼光考察当时三十年战争的进展及其国际关系的演进,最后终于在1625年出版了奠定国际法和国际法学基础的巨著《战争与和平法》(De ure Belli ac Pacis)。他提出万民法(国际法)就是自然法,它以习惯法的形式作为现实中的实在法拘束着整个国际社会。这就解释了国际法中的现实的实在法和自然法的关系,实际上是国际法的两个方面。国际法是两者的有机结合。国际社会的特征是每个国家都有主权。因此万民法就是主权国家之间的法。主权国家之间时常处于战争与和平状态。特别是在战争中,必须要服从一定的战争规则,那就是万民法中的战争法。格劳秀斯的国际法学说是建立在自然法学说的基础之上,第一次明确了主权国家之间必须要有一套法律规则来调整相互关系,这套法律体系虽然是用万民法来表述,但是和古代罗马的万民法不同的法律体系。这样,国际法就成为不同于既存法律体系中任何一部分的独立部门法。因此,格劳秀斯被称为"国际法之父"。国际法(International Law)并不是当初的名字。最早采用"国际法"来表述这一法律规则的则是英国学者杰里米·边沁(Jeremy Bentham,1748—1832)。

在格劳秀斯建立的国际法基础之上,偏重于实在的国际习惯加上理性是国际法的渊源的观点在宾克尔司福克、沃尔夫、瓦特尔、威顿那里得到传承和发展。而偏重于自然法和理性的有普芬道夫、托马修斯、拉萨福特等自然法学派。塞尔顿、兹弗、边沁、马尔丹等则从国际法规范着手研究,国际习惯和惯例是国家的权利义务中最高规则。这是实在法学派。不管哪个学派,主权都是国际法的中心概念,势力均衡成为国际社会中最重要的模式。马基雅维利的学说也得到一定验证。

3.1.2 威斯特伐利亚体系的建立

3.1.2.1 帝国理念已成明日黄花

无论欧洲中世纪教权和皇权多么强大,在17世纪的时候都不可避免地衰退了。1517年10月31日,维腾堡大学神学教授马丁·路德(Martin Luther,1483—1546)在维腾堡教堂大门上贴了大字报(这里的神学辩论惯例是将观点公开贴在教堂大门上)《九十五条论纲》,全名是《关于赎罪卷的意义及效果的见解》,揭露教廷和教会的腐败黑暗,主张实行宗教改革。这在罗马天主教世界引起了巨大的震动,一发不可收拾。宗教改革之火席卷德国、英国、法国、瑞士、荷兰、苏格兰等地。最后,众多的教会脱离罗马天主教而独立,有的甚至是整个国家的教会集体脱离。这些脱离的教会组织或者教徒们根据各自的宗教改革思想和流派组成了新的教会组织。它们并无统一的中心和组织机构,统称新教(Protestantism,原意是抗议)。这是基督教世界即东正教和天主教大分裂后的又一次大分裂。这一分裂使得罗马天主教教会失去了半壁江山,形成了基督教世界的东正教、天主教和新教三大势力三足鼎立的格局。教皇再也不是欧洲统一理念的代表,他只是三大势力之一而已。罗马帝国理念在教会的附体到此结束。

再来看皇权。神圣罗马帝国虽然一度和教皇争夺主导权还硬了一阵子,但是到了 16 世纪哈布斯堡王朝时期仍然连德意志本土都搞不定,更不用说去实现伟大的帝国理念,建立统一欧洲的帝国了。帝国的原始设计就是依靠教会提供权威和支援,但皇帝与教皇争权夺利,撕破了脸皮,皇帝已难以获得教皇的支持。帝国无王位继承法,皇帝实行选举产生,有权参加选举的诸侯邦叫做选侯国,其君主称作选帝侯,正规的有 7 名选帝侯。1308 年时有科隆大主教、美因茨大主教、特里尔大主教,莱茵-普法尔茨伯爵、萨克森公爵、勃兰登堡藩侯、波西米亚国王。选侯国的地位高于一般诸侯君主国,是欧洲中世纪国家存在着等级序列的集中表现。这样,神圣罗马帝国并非是一个统一强大的帝国,而是一个由各成员邦结成的一个松散联邦性质的国家联合体,实际上是一个松散的邦联组织。神圣罗马帝国有时候就连旁边的法国的实力都不及,更别说背负神圣使命倾全国之力去统一欧洲了。最接近统一还是某一个时期哈布斯堡王朝,通过婚姻和继承,西班牙、荷兰与德意志和哈布斯堡家族拥有的神圣罗马帝国之外的其他国家都在哈布斯堡王朝名下。但即使这时也有英国、法国等强国存在。这样看来,统一欧洲,再建罗马帝国的目标根本就不可实现。

这样,无论教会还是皇帝,都无法实现和体现帝国理念。而其他没有获得皇帝称号的国家,既没有统一的实力,也没有统一的名分。欧洲终于不再存在超国家权威。这是出现主权国家间法律规则的千载难逢的时机,该是数个强权国家登上历史舞台,相互角逐,各显身手的时候了。

3.1.2.2　三十年战争与《威斯特伐利亚条约》

这个舞台就是三十年战争。这是一场神圣罗马帝国的内战演变成卷入全欧洲大国的国际战争。1618 年,以波西米亚新教徒对天主教势力的反抗为起点,神圣罗马帝国的疆域为主要战场,三十年战争爆发了。这场战争被称为是最后的宗教战争和最初的国际战争。皇帝和教皇的权威不再,什么上帝、正义、公平等冠冕堂皇的名义都只是空话口号,各国实际上全都是根据自己的国家利益自主决定参加这场混战。特别是那些神圣罗马帝国之外的列强,更是不会放过这个在神圣罗马帝国领土上而不是在自己国家领土上,以宗教战争的名义尽情杀戮的机会。因为这样既可以进一步削弱教皇和皇帝的势力和权威,还可以通过蹂躏德意志领土和人民扩大自己的势力范围。参战的反正都是雇佣军,只要给钱就行。杀戮和蹂躏的是他国领土和人民,这样的好事是欧洲好多心怀阴暗肮脏和卑鄙的君主们梦寐以求的机会。事实上,三十年战争带给德意志的是一片焦土。德意志各邦人口被消灭了大约60%,西里西亚被消灭了1/4人口,其中男性将近一半死亡。波美拉尼亚甚至有65%的人口被消灭。战争大大推迟了德意志民族统一建立民族国家的进程,使得长期以来德国未能参加欧洲的列强争霸,更错过了西班牙、葡萄牙、英国、法国、荷兰等强国的海外殖民活动,以至于德国于1870年才实现统一,以一个深宫怨妇的面目出现在欧洲,对欧洲现实不满,喋喋不休,寻求欧洲和海外生存空间,焕发了德意志人巨大潜力的统一的推迟到来,使得这些潜力没有能够得到正确的发挥,结果就转化而形成了巨大的侵略能力,引发了第一次世界大战还不够,又引发了第二次世界大战,成为世界的战争策源地。

自从1630年北方强国瑞典参战以后,哈布斯堡、波旁、温莎等欧洲几大王族及其所拥有的各个大国都被卷入这场战争。这场战争并非30年间不间断进行,而是分为几个阶段时打时停,其基本格局是新教阵营和天主教阵营的对立,但背后是借宗教之名行民族斗争之实。特别是战争后期开始演变成欧洲列强之间的权力斗争的国际战争。战争将神圣罗马帝国摧残得百孔千疮,也使得欧洲列强筋疲力尽。其结果是没有胜者,外来参加者也没有得到多少实际好处。最后终于在1648年在威斯特伐利亚(现在德国的下莱茵-威斯特法伦州的敏斯特市)缔结了《威斯特伐利亚条约》(Peace of Westphalia)。这一和约的缔结被认为是近代国际法的起源。在此之前的1642年就开始召开了和会,后来一直断断续续了6年才达成和约。考虑到这个和约具有使国际法得以诞生这样的划时代意义,持续这么久的和谈也是有所值的。

《威斯特伐利亚条约》是欧洲列强之间进行大战后,把通过武力进行审判的结果大量地写进公法(即后来的国际公法)中的第一批大规模和平条约。它们一共有三部条约。其一是1648年1月30日由西班牙和荷兰之间在敏斯特缔结的条约。这是一部双边条约。其二是10月24日由神圣罗马帝国、法国以及德意志诸邦之间缔结的条约,这是一部多边条约。其三是同日在奥斯拿堡由神圣罗马帝国与瑞典之间缔结的条约。以上条约除了大量的关于战争及其领土处理的条文以外,确立了在神圣罗马帝国范围内并存的300来个邦国(包括选侯国、王国、大公国、公国、侯国、伯国、帝国自由都市)都具有主权和外交权。而神圣罗马帝国皇帝关于帝国法律的制定、宣战、媾和、结盟等事项必须通过帝国议会的批准,限制了以往高高在上的超国家皇帝权力。通过这样的规定,实际上就是否定了中世纪以来欧洲存在的超国家权力,确认了国家的主权。根据主权的内涵,国家拥有主权,就意味着主权国家之间的相互平等。这样,在自己拥有主权的同时,也要认可其他国家的主权,以与他国共同存在为前提的国与国之间的关系终于建立。有这些法律规则构成的国际秩序——威斯特伐利亚体系也形成了。《威斯特伐利亚条约》还确定了罗马天主教与新教之间实行宽容的原则。

对于三十年战争的处理,承认了瑞士和荷兰的独立。勃兰登堡边境侯也开始登上欧洲的舞台,走向了通向未来普鲁士王国的道路。由于条约确立了德意志诸邦的主权国家地位,实际上就架空了神圣罗马帝国,使其以后渐渐空洞化,失去了一般历史上所见到的那种具有威严的帝国应该具有的特征。法国的势力得到扩张,在欧洲的王族中,哈布斯堡家族受到法国波旁家族的打压,并使法国在欧洲大陆成为最有影响的国家。

3.1.2.3 威斯特伐利亚体系

威斯特伐利亚体系是以国际法规则为纽带形成的第一个主权国家国际体系。这一体系排除了神圣罗马帝国及其皇帝的超然权力以及教皇对世俗社会和国家的支配权,将国际体系的构成单位细化到国家。不管这个国家叫做什么,其君主在以往的国家等级序列中级别如何,根据《威斯特伐利亚条约》都被赋予了主权,那么它们就成为这一国际体系和国际秩序中的独立自主的主角。它们的主权都包括领土主权,并对领土范围内行使属地管辖权。正因为它们都拥有主权,而主权都是平等的,所以一个国家就不能干涉另一个国家的内政。这就确立了近代国际法的基本原则——国家主权原则、主权平等原则以及不干涉内政原则。这样的把国家主权作为国与国关系规则的核心的国际法秩序从此就持续下去,从欧洲扩展到了全世界,将国际法这一欧洲地域性的国家间法律规则演变成为全球性的国家间法律规则。

威斯特伐利亚体系为什么能够形成,直接原因是三十年战争的结果。《威斯特伐利亚条约》也是为了结束三十年战争而缔结的。威斯特伐利亚体系下,神圣罗马帝国、法国、西班牙、英国、瑞典、俄罗斯、普鲁士(勃兰登堡)等若干大国构成了欧洲的势力均衡关系,使这一国际体系能够相当稳定地维持下去。这对于国际法形成后能够巩固和定型具有重大意义。

3.1.3 势力均衡

3.1.3.1 势力均衡的原理

威斯特伐利亚体系实际上就是国际关系的势力均衡。势力均衡也叫做权力平衡、均势,作为一种现象可以存在于政治争斗、市场竞争、社会关系、国际关系中。

这里的势力均衡则是国际关系和国际法上的意义。

势力均衡在国际政治关系中，只要有国家追求权力和势力而进行竞争，就不同程度存在着。如果只有一个强权，那就是帝国了。帝国能够维持霸权，那就构成"普天之下莫非王土"的大势。具有压倒优势的唯一霸权国家拥有压倒性的政治力和经济力，而其他国家也甘受这样的状态，因为可以从这样的霸权下获得自己的利益。这就是美国学者、普林斯顿大学教授罗伯特·吉尔平（Robert Gilpin，1930——　）归纳的霸权安定论（Hegemonic Stability Theory）。历史上很多帝国都出现过这样的情况。如果有两个强权，那就是超级大国的互角状态。其安定状态不如一个强权，因为会出现火并。但是第二次世界大战后的冷战时期，在存在美苏两个超级大国的情况下实现了和平，其主要原因是因为互相持有可以毁灭对方的核武器，因此是让全世界人民坐在火山口上的恐怖和平。如果出现三个强国，那就构成了实力均衡的最起码的基本格局。即使是相邻的三个国家，也会形成同样的格局。这说明势力均衡符合国家行动的本质，是国家通过本能行动产生的一种国与国关系的状态，不过它存在的前提一定是有数个有能力同时并存的国家主体。它们都有主权，可以自己决定自己的外交事务。决定其相互关系的规则是国际法。

在三国互角状态下，甲国如果增大了势力，就会导致其他两国势力的减少。如果甲国征服了乙国，或者占领了乙国的部分领土，甲国的势力不但削弱了乙国，而且获得乙国部分势力后的势力就会大大超过丙国的势力，因而就可以将其意志强加于丙国。如果丙国的主权者具有足够的智慧，就会帮助乙国去抵御甲国对乙国的进攻或威压，以便防止出现对自己不利的局面。这并不是基于对乙国的同情，而是通过自己计算利害关系后，可以得出如果甲国势力过大，就会威胁或减少丙国的势力。这样一来，乙国和丙国就具有了联合起来对抗甲国的共同国家利益。同理，丙国势力增大，甲国和乙国都会感到压力，自然会促使两国联合或接近起来，对抗丙国。在这里，传统友谊呀、崇高理想，在这样的现实利害关系面前都会变得苍白无力。正如19世纪的英国首相本杰明·迪斯雷利说过的名言，"没有永恒的敌人，也没有永恒的朋友，只有永恒的利益"。毕竟一个国家的首要使命是确保生存和安全。这样的目的和动机导致的国家本能的行为模式，就会形成一种三国安定体系。如果三个国家的势力没有变化，自然就是安定平衡状态。但是如果一个国家增加势力，这种平衡就会被打破，其他两个国家自然就会接近或联合起来抵消那个国家的优势，使其重新回归安定平衡状态。三国的模式在超过三国的国际体系中也可适用。有些场合下会演变成两大国家联盟集团，再加上孤立高傲而强大的第三国起着平衡者或砝码的作用。当一个国家集团或联盟势力过于强大时，这个第三国就会接近或支持另一个国家集团或联盟，是势力格局回到原来的平衡。

这就像亚当·斯密和大卫·李嘉图阐述的市场自由竞争机制一样，当供应过剩，价格就会回落，生产商就会转行，或者减少生产，供应吃紧，又回归到正常价格，生产商又会变得有利可图。也就是说市场经济虽然看来是无政府主义似的无序状态，一群唯利是图的商人们采取各种正当或不正当的手段进行竞争，但是市场存在着一只"看不见的手"，可以自发、自动地将供求关系、价格、生产等回归到正常状态。这就解开了人们的心结，一切看来是最坏的自私个体组合起来却得出最好的结果。每一个人都是自私的，但是市场机制和自由竞争却让经济、贸易自动地处于调整中的最佳状态，从而给全社会全人类带来福祉，超过了管制经济、限制自由产生的利益总体，所以边沁的功利主义哲学得到实证。

所以，当一定数量的国家在一定的区域空间拥有独立的主权，根据自己利益自私行动时，势力均衡的原理就会发生作用。可以自发防止某个国家增大其势力，成为超级大国或霸权国家，从而形成稳定的国际体系。看起来因为主权原则赋予了国家自由行动的可能性，列国林立可能形成了国际社会的无政府状态，但是只要有了势力均衡体系，就会长久维持安定，保持和平。

势力均衡与国际法是相辅相成的。国际法及其主权原则是近现代势力均衡体系能够成立的前提条件，而势力均衡体系本身又为国际法的展开和发展提供的成分的空间和舞台。

3.1.3.2 势力均衡的展开：中国的例子

势力均衡的原理在实证中也得到证实。比如中国的三国时代、北宋时代的宋辽西夏关系、战国时代。但是为什么中国最终还是落入到天下一统的中国传统的俗套里去了呢？是因为中国的三国、宋朝的势力均衡体系是在"普天之下莫非王土"理念下，多少都抱有消灭所有对手、统一中华世界的理想。就连最为弱小的蜀国都要倾其国力，不自量力，屡屡发动北伐，就是不甘势力均衡体系的历史悲剧。不过，在这样的中华帝国理念下，即使蜀国不发动北伐，偏安一隅，吴国和魏国也要将其灭掉。三国时代运用势力均衡最为得心应手的就是夷陵之战之后的吴蜀联盟。从蜀国立场看，吴国是导致蜀国成为国家图腾的"桃园三结义"的刘备、关羽、张飞死亡的直接或间接的罪魁祸首。但贤明的蜀国丞相诸葛亮还是坚持吴蜀联盟，联合抗曹，就是因为曹操最为强大，足以威胁吴蜀两国的生存。至于战国时期，合纵之策便是典型的势力均衡的运用。合纵被连横所胜，就预示着势力均衡体系的崩溃，强秦统一中国，独霸中华世界便成为历史之必然。

1972年尼克松访华也是势力均衡原理的最好典范。中国和美国在朝鲜战争中直接对抗，从意识形态上是绝对的敌国，而且还有台湾问题。但是面对苏联强大的核武器威胁，在核竞赛中居于下风的美国决定将其外交政策来一个一百八十度大转弯，联合中国共同抗苏。这也正好符合中国的利益，因为中国和苏联1969年在珍宝岛发生军事冲突，苏联在中苏边界陈兵百万，并准备对中国实行核打击。美国甚至没有事先将尼克松访华通告美国最忠实的盟国日本,引起了日本强烈的不满和空前的失落。这更加证明了利益高于主义、势力均衡原理高于国家的理念。如果我们从国家的本质本能来理解的话,就能够解释这一切。

3.1.3.3 势力均衡的失败例:宋的战略失策

北宋的大多数时候能够较好地处理与辽和西夏的外交关系,虽然军事上并不占优,通过岁币等方式获得对辽的和平以及对西夏的和平。各方对条约也基本上能够信守,宋也可以放下中华正统王朝的面子,务实处理好相互关系。但是在辽地出现金这一新兴势力后,宋的务实政策发生改变。这时西夏偏安西北,对中原王朝已无太大威胁。当金兴起到可以与辽对抗的程度,实际上已经形成了新的三国关系,这时势力均衡原理就会发生作用。如果金势力再增大,甚至威胁到辽的生存的时候,军事实力本来就不强的经济大国宋能够采取的正确的外交政策,就是支援辽抵御金,抵消金增加的势力,恢复稳定的势力均衡状态。否则的话。辽亡,三国关系变成两国关系,必然会发生火并。

但是宋太纠结光复燕云十六州的情结,内心深藏的"普天之下莫非王土"的理念终于在辽面临灭亡的时机到来时燃烧起来,结果忘记了远交近攻、唇亡齿寒的智慧,不去援助辽抗金,反而与金订立海上之盟,背约灭辽。其结果是攻击辽都燕京不成,反而被金灭辽得势后进一步威胁宋,短短数年时间导致北宋王朝的灭亡。

当南宋经过与金的各种交战磨合后形成稳定关系后,金国的腹地又兴起了蒙古。结果又重新复制了宋辽金的历史。宋仍然错误地采取了与蒙古结盟灭金的政策,而不去联金去抑制新兴势力蒙古的崛起,最后金被灭亡后,南宋终于在蒙古的连续打击下灭亡。"普天之下莫非王土"的理念严重干扰了宋选择正确的外交政策,以至于不能理智地采取势力均衡的政策建立稳定的三国关系,结果蒙古灭金后势力获得空前扩大,成为宋根本无法遏制的、能够超越中华文明圈、远征全世界的历史上最可怕的征服者。

3.2 威斯特伐利亚体制的展开:欧洲宫闱与国际关系及国际法

3.2.1 西班牙王位继承战争的国际法解读

3.2.1.1 萨利克之咒:王位继承战争为何在欧洲频繁发生

为争夺王位而发动战争,古今中外都不罕见,但是欧洲的王位继承战争发生得特别多,而且很具有特色。特别是在威斯特伐利亚体制建立后,18世纪共发生了4次著名的王位继承战争,即1701—1714年的西班牙王位继承战争、1733—1738年的波兰王位继承战争、1740—1748年的奥地利王位继承战争、1778—1779年的巴伐利亚王位继承战争。这些王位继承战争中大多数都有更多的国家参与,形成大规模的国际战争,演出了一场场势力均衡的大戏。为什么这一时期的欧洲发生了这么多的王位继承战争呢?这和欧洲的王位继承制度以及欧洲的国际法关于领土继承制度有很大的关系。

国际法中国家领土是非常重要的制度。根据国家的构成,国家领土是国家的四要素中最重要的。1933年《蒙得维多国家权利义务公约》阐明的主权国家的要素有确定的领土、永久定居的居民、有效的政府、与他国交往的能力。领土是一个国家行使领土主权的载体,由领陆、领海、领空和底土构成。也就是说,国家领土除了四周有边界外,领空上面是有天界,领土下面是有底的。领土上居住的居民也是国家的要素之一。如果是共和制、民主制,领土的主权,包括领土的处分权以及国家的前途命运由他们来决定。但是在君主制国家,领土原则上属于君主。当然近现代社会出现了君主立宪制,也直接或间接体现了人民主权。但是在欧洲中世纪以及近代很多君主国家中,并非主权在民,而是主权在君。这也就是在马基雅维利的《君主论》中所指的君主实际上也是指的国家。博丹的思想也是这样的。

由于国土甚至国家本身都是君主的所有物,是他的私有财产,所以在君主结婚时,领土或国家可以作为嫁妆陪嫁出去,也包括领土上的人民、房屋、耕地、牲畜、城市、工厂、港口。如果都是像中国历史那样一般只认可男系君主,事情还好办一些。但是要命的是,欧洲大多数国家没有采用《萨利克法典》的继承制度,根据《圣经·民数计》关于"一个人的时候应该由女儿继承"的记述,承认女性的君主继承权,导致很多女君主存在。在君主换代发生继承时,领土或国家就成为争夺的对象。一般的王位继承序列中,还是男系优先。当没有男系继承人的时候,女系王族就有了继承权。如果出现了女性直系继承人和男性旁系继承人同时存在的情况,到底是女性继承人优先还是男性继承人优先,就比较模糊了。特别是欧洲各王室之间都有着非常复杂的婚姻血缘关系(在普天之下莫非王土的中国,王子和公主的童话只能导致近亲结婚),再加上国家利益、权力斗争、势力均衡等各种因素,当一个王位空缺时往往就会有多个国家的王室主张自己的王位继承权。为了获得王位,互不相让就会不惜诉诸战争,甚至卷入欧洲许多大国的参与,发展演变成为国际战争。这样,王位继承战争便成为欧洲中世纪和近代的一大特色。

但是欧洲18世纪最大的两场王位继承战争西班牙王位继承战争和奥地利王位继承战争却都是与《萨利克法典》的继承制度有关。其实《萨利克法典》并非是一部完美成熟的法典。它只不过是日耳曼蛮族的一支——法兰克人的萨利克人的公元 5 世纪的部落习惯法汇编。它颁布于墨洛温王朝创始人克洛维统治后期,大约在公元 507—511 年之间。后来又几经修改和系统化,成为查理曼帝国法律的基础。这样,《萨利克法典》就带上了某种神圣色彩和帝国挂靠上了。它主要是刑事法和程序法规定,也有一些民事法规,其中有一章说女性后裔不得继承土地。但是到 6 世纪下半叶,法兰克王国国王希尔伯利克曾经颁布过一道修改敕令,规定死者如无子嗣,土地由女儿继承,不再交还公社。但是不知道为何这条修改被忽视,于是造成了女性不能继承土地(乃至国土)的历史性错误。

《萨利克法典》的幽灵一直影响了很多世纪,成为欧洲后世大量王位继承战争的导火索。它引起了英法百年战争,也使欧洲一些国家不得不在女性继承王位时进行必要的调整。比如,英国女王伊丽莎白二世作为英国领地海峡群岛君主的场合,其头衔就不能是女公爵(Duchess),而是公爵(Duke of Normandy)。为了避免出现麻烦,1384 年波兰女王继承王位时宣布自己是国王,而非女王。

3.2.1.2 西班牙王位继承战争

1700 年,西班牙国王卡洛斯二世去世,哈布斯堡王朝绝嗣,法国的波旁王族安茹公爵腓力与神圣罗马帝国哈布斯堡皇族的查理大公都有继承西班牙王位的可能性。法国这时正是不可一世的太阳王路易十四在位期间。在此之前,特别擅长营建皇宫的他早因建成了欧洲皇宫的典范凡尔赛宫而扬名全欧洲乃至中国(大清圆明园西洋楼的样本)。但他并不满足于修建王宫得来的最高荣誉,而有着更大的抱负。他却实行穷兵黩武政策,发动或参加了数次战争,即荷兰王位继承战争、侵略荷兰战争、大同盟战争等。无奈这时的太阳王已是英雄暮年,武功远不如当年,在结束大同盟战争的《路斯维克条约》(Treaty of Ryswick)中除了获得海外一些不毛之地外,在欧洲几乎一无所获,甚至还有损失,与战败的结果没有什么两样。他之所以要在这部条约中作出让步妥协,是因为他盯住了欧洲大国西班牙的王位。如果西班牙王位收入囊中,打败哈布斯堡王朝并不是梦,他的欧洲称霸的梦想就会实现,他会逼迫罗马教皇为他加冕成为"法兰西人的罗马帝国皇帝",或者"查理曼大帝第二"之类的。欧洲的主权国家的国际关系和国际法也许会在历史中被永远埋葬,只等后人的考古发现了。因为世界上其他地方根本就不可能出现长期稳定的主权国家群体和以主权为基础的国际法规则体系。

西班牙公主玛利亚·特蕾莎(Maria Teresa de Austria, 1638—1683,法国名玛丽·特蕾丝,与后面要说的奥地利皇后玛利亚·特蕾莎并不是一个人。后者名字是 Maria Theresa de Austria, 1717—1780)以放弃王位继承权的条件远嫁法国路易十四,1683 年去世,其子王太子路易大公(Louis de France, 1661—1711)如果争得西班牙王位继承权,而有朝一日又即位法国王位,岂不成了法国西班牙同君联合王国了吗?欧洲大陆几乎最强大的两个国家成为联合王国,自然会遭到众多反对。为了让继承更为顺当,路易十四隆重推出法国王储的二儿子,他的孙子安茹公爵腓力去争取继承西班牙王位。哈布斯堡家族当然不愿意让西班牙王位旁落到波旁家族,本来准备推出神圣罗马帝国皇帝利奥波德一世(Leopold I, 1640—1705)。但这简直就是赤裸裸的西班牙与奥地利同君合并。为了让继承西班牙王位更为顺当,哈布斯堡家族推出了利奥波德一世的小儿子查理大公。

同君联合(personal union)是复合国家的一种结合形式。现在的国际法中也称作"君合国",是两个或两个以上的国家同意由一个君主进行统治,从而实现国家联合。现代的同君联合实质上是邦联性质,即成员邦有自己的宪法和权力机关,拥有外交权,在国际关系中具有主权国家的地位。比如,现在的英国女王伊丽莎白二世也是加拿大、澳大利亚、新西兰、牙买加等15个国家的国家元首,而它们都是独立的主权国家。在法律上伊丽莎白二世是通过女王的总督在这些国家代替她行使女王的国家元首职权。但是总督只是名义上由女王任命,实质上女王是根据这些国家的总理提名任命的。根据宪法性惯例,女王是不可能拒绝这样的提名的。但是在17~18世纪的观念中,同君联合到底是主权国家的联合体,还是两个成员邦已经结合成为一个国家,并不是非常清楚的概念。即使现在,英国女王也是马恩岛领主和诺曼底方面海峡群岛公爵,并且也是英国其他海外属地的元首,这就是以前意义上的同君联合了。更何况现在英国本土也是联合王国,而苏格兰如果投票分离,也在法律上可以分离出去成为独立的苏格兰王国。所以,在17~18世纪,如果法国和西班牙、奥地利的哈布斯堡和西班牙哈布斯堡家族实现了同君联合,都有可能成为真正的一个超级大国,或者欧洲的霸权国家。这正是双方都极其担心的,并竭力要避免对方出现同君联合的事态。

但是问题是卡洛斯二世去世时留下遗嘱,王位由安茹公爵继承。路易十四多年策划运筹终于有了结果。安茹公爵兴高采烈地赴西班牙就任国王,称腓力五世(Felipe V de Borbon, 1683—1746)。路易十四立即向西属尼德兰(西属比利时)派驻军队,并将西班牙的贸易特权转让给法国的贸易公司,支持海外反英国现任国王(威廉三世,同时也是荷兰大公,与英国实现同君联合)的势力等,打出一系列组合拳。于是,威廉三世回到荷兰,与奥地利一起对法国和西班牙宣战,开始了西班牙王位继承战争(The War of Spanish Succession)。

法国西班牙阵营有巴伐利亚、科隆以及其他若干德意志邦国、萨伏伊。神圣罗马帝国方有英国、荷兰、勃兰登堡、葡萄牙以及若干德意志邦国和大部分意大利城邦。卷入如此之多的国家,比起三十年战争有过之而无不及,而且战场范围远远超过了三十年战争。从战争开始到1706年,是法国一方劣势,反法同盟一方在这一年甚至将查理大公送入西班牙王国国都马德里。可是后来的几年混战中双方都没有获得决定性胜利,一直到1714年都只剩下了消耗战,再无决定胜负的宏大会战。

3.2.1.3 《乌德勒支条约》及其体现的势力均衡原理

在战争尾声的 1713 年,英国、荷兰、勃兰登堡、萨伏伊、葡萄牙签订了《乌德勒支条约》(Treaty of Utrecht)。这一条约承认了腓力五世为西班牙国王,条件是法国王位与西班牙王位永远不能由同一个人继承,防止出现法西两国同君联合。西班牙的欧洲属地被瓜分,其中萨伏伊获得西西里和部分米兰公国领土,神圣罗马帝国皇帝查理六世获得西属尼德兰、那不勒斯王国、撒丁尼亚和米兰公国剩余部分。西班牙割让直布罗陀和梅诺卡岛给英国,并给予英国奴隶专营权,让英国可以从事奴隶贸易。以后战争还断断续续进行,继续签订了几个和约后才最后结束了这场劳民伤财的王位继承战争。路易十四终于等到最终结果才咽下最后一口气,不过这时他已经 77 岁了,在位时间也长达 72 年 3 个月 18 天,打破了欧洲记录,也在世界历代在位最长君主排名中名列第七位。他的王太子路易大公等不及登基成为路易十五(欧洲君主的排序是按照名字同名排下去,与父子关系没有关系),于 1711 年因病先他父亲而去。路易十四的王太孙勃艮第公爵路易(Louis, duc de Bourgogne, 1682—1712)也等不及登基成为路易十五,于 1712 年仅 29 岁英年早逝,先他祖父而去,最后荣幸登基成为路易十五(1710—1774)的已经是路易十四的曾孙了。连续四代国王或王位继承人名字都是路易重名,可见法国比当今中国人姓名的重名危机要严重得多,也说明富于浪漫情怀的法国人在给人取名上实在太缺乏想象力了。据说后来一直排名到了路易十九,不过实现了登基的只到路易十八为止,法国成为帝制,然后永远走向和共和,使得路易到底可以排名到多少这一世界历史性悬案终于最后得到破解。但是拿破仑那边的继承人及其后代较多也是沿袭"路易"名字,拿破仑三世也叫路易,后来又以路易的名字传承下去。

法国早在威斯特伐利亚体系形成之前就和英国探讨过势力均衡的原理。16 世纪初弗朗索瓦一世与英国国王亨利八世的顾问阐述过势力均衡问题。只不过这时还没有明确表述势力均衡的概念。势力均衡的概念在外交声明和国际法律文件中得以明确是在路易十四时代。1701—1713 年的西班牙王位继承战争中,大陆各国和君主都非常虔诚地论证王族血统的正当性、合法性,参战原因除了掺杂有商业、领土、权势、同盟等要素外,更主要的还是对王室血统的狂热执著。而英国(以及商人当道的同君联合的荷兰联合省)却"众人皆醉我独醒",完整准确理解了《威斯特伐利亚和约》和国际法的本质,认清了信仰、血统、传统友谊,都不过是空中楼阁,虚无缥缈。只有英国的国家利益,才是英国要在这场战争中追求的目标。因此,英国采取了在欧洲大陆确立势力均衡的外交政策,其成果最后被体现在了《乌德勒支条约》中。

英国在该条约中是唯一实际上的胜利者。英国以承认腓力五世的西班牙王位为条件,获得了西班牙一本万利的奴隶贸易权,开始从事从非洲掠取黑奴到西印度群岛卖给种植园的不光彩营生,成为资本主义和产业革命的原始资本积累之一。英国获得了地中海出口直布罗陀海峡的战略要地直布罗陀以及马略卡群岛的梅诺卡岛,构成了地中海要塞链,成为拿破仑战争中海上战胜拿破仑、实行大陆封锁成功的关键要素。英国从法国手中获得了阿卡迪亚(Acadia)、纽芬兰和哈德逊湾,使英国开始经营巨大的加拿大殖民地。其实英国当然不希望神圣罗马帝国一方胜利,因为这样一来就会在欧洲大陆产生超级大国。法国和西班牙有条件(即不合并同君)的结盟是有利于防范大陆出现超级君主的。法国和西班牙不合并的条件也正是英国所希望的。即当时欧洲大陆最强大的三个国家注定只能相互独立共处,其他小国更不可能有非分之想了。这样,欧洲便形成了英国所期望的势力均衡。更何况先王威廉三世(1702年英王王位已为安妮继承)与荷兰联合省是同君联合。荷兰联合省与南部哈布斯堡王朝领地接壤,增强了哈布斯堡王朝势力,就是对荷兰联合省的直接威胁。虽然战争中英国站在反法同盟一边,但是经过仔细算计利害得失,最后在承认波旁系的西班牙王位为条件获得了最大的实利。英国得此好处以后,从此便在势力均衡的康庄大道上阔步前进,一发不可收拾,成了全球玩弄势力均衡游戏的高手。

而法国却并不是势力均衡的信奉者。路易十四在他的几个能臣和勇将科贝尔、卢沃阿、沃庞等的辅佐下,拥有欧洲最强大的国力和军队,一直寻找机会要在欧洲称霸,取代神圣罗马帝国,实现自己的帝国梦想。染指西班牙王位也正是为实现这个野心的一环。但是英国不愿意看到这样的结果。英国不是根据某种理念,而是基于现实的利益判断作出了最有利于英国国家利益的政策选择,即阻止法国在欧洲建立霸权,构筑欧洲大陆的势力均衡,最后达到了目的,体现在《乌德勒支条约》中。

这场战争中英国王家陆军最高司令官(Generalissimo of all Her Land Forces)约翰·丘吉尔(John Churchill,1650—1722)屡战屡胜,立下了赫赫战功,被授予第一代马尔博罗公爵(1st Duke of Marlborough)。在1710年,主张通过和平推行势力均衡使英国获得实利的托利党赢得了选举,主张取得战场彻底胜利的辉格党交出了政权。如何才能收住在战场上打红了眼的神勇的马尔博罗公爵呢?新政权不敢直接召回,而是从调查公爵是否贪污军费着手。1711年12月29日,公爵的最高司令官一职被解除。英国、荷兰单独与法国、西班牙的和谈随即开始。面临托利党的弹劾,马尔博罗公爵只得亡命天涯,来到荷兰联合省和欧洲各地游历,到处受到英雄般的欢迎,好不得意。正是依靠公爵军事指挥才能和身先士卒的献身精神,英军才能取得巨大的军事胜利,才换来了英国在1713年《乌德勒支条约》中强势的交涉力并得到了巨大的实利,而如今公爵本人却只能流落在欧洲某个地方默默遥望,世道炎凉,好生感叹。直到1714年辉格党重新夺回江山,马尔博罗公爵才重新回国。战争已经结束,他被英王乔治一世授予位高无权的虚职大将军和兵站部总监,颐养天年。英国巩固了海上优势,走向海洋殖民帝国之路。这位公爵的后代特别有名,一位就是第二次世界大战中那位温斯顿·丘吉尔首相,他在第二次世界大战中代表丘吉尔家族又一次拯救了英国。还有一位就是那位貌若天仙的戴安娜·斯宾塞公主(王妃),她那惊天动地的婚变和去世动摇了英伦三岛和王室。

对神圣罗马帝国来说,战争的结果是腓力五世王位得到承认,参战目的并未达到。但是衰亡中的帝国却通过战争得到加强,甚至可以说挽救了帝国。勃兰登堡以一个边境诸侯地位参战,有力地支持了帝国的军事行动,从利奥波德一世那里获得了王宫的地位,成为普鲁士王国,开始走向欧洲强国之路。

法国虽然达到了波旁家族获得西班牙王位的目的,但《乌德勒支条约》规定了禁止法国和西班牙合并,而且法国在战争中损失很大,使得路易十四称霸全欧洲的梦想化为泡影。面对竞争对手英国在战争中获得巨大的利益,英国开始在英法关系中扭转百年战争失利后的劣势,势头开始压过法国。

荷兰达到了防止西属尼德兰落入法国之手的目的,但是损耗巨大,海洋运输业、贸易和海军都遭到很大的打击,国力衰退,从欧洲列强之列中滑落。荷兰的海上马车夫的地位也于不久将让位于英国的海上霸权,靠商业航海发家的民族还是不敌靠产业打下基础的海运大国。

3.2.1.4 《乌德勒支条约》的国际法意义

《乌德勒支条约》是威斯特伐利亚体制建立以后所经受的一次重大考验,检验了国际法这一新的法律体系是否能够有效发挥作用。神圣罗马帝国皇帝也好,法国国王也好,都有建立欧洲霸权的野心。这种野心在西班牙王位出现空缺的时候终于有了表现的机会。当时欧洲大陆最强大的就是神圣罗马帝国、法国和西班牙。谁夺得了西班牙,在欧洲大陆的争霸中就形成二对一的绝对优势,剩下来的一切都自不待言了。一旦欧洲出现了超国家性的权威和超级霸权,国家主权将不再会得到保障。这就意味着威斯特伐利亚体制得以建立和存在下去的客观条件就不复存在,国际法也就会随之夭折,不再会成长为后来的参天大树。其实这样的没有国家主权、国家之间有等级高低之分的状态,在整个世界史上也是一般常态。欧洲回归到常态,也没有什么不自然的。

西班牙王位继承战争虽然是在英奥和法西两大阵营中展开,似乎势均力敌,不分高下。但是在其他国家要不在天真地为王统的荣光和尊严而战,要不自己心怀鬼胎想独霸欧洲时,唯独英国自身保持了冷静。经过仔细算计,英国终于大彻大悟,以法国和西班牙不合并为条件缔结了《乌德勒支条约》,使路易十四和利奥波德一世各自的欧洲称霸梦不可能实现。欧洲大陆继续保持三个大国互相独立、相互制衡的势力均衡状态。而英国得到海外利益,可以从欧洲大陆的烦心事中抽身专注殖民事业,同时保持着对欧洲大陆事务干涉的"自由之手"。因此,是英国的外交政策拯救了威斯特伐利亚体制,从而也就拯救了新生的国际法。国际法获得了更大的发展空间和时间,规则逐渐增多和完善化。

3.2.2 奥地利王位继承战争

3.2.2.1 18世纪男女同权的一次较量

利奥波德一世的儿子,神圣罗马帝国皇帝卡尔六世(Karl Ⅵ,1685—1740)一直为没有留下儿子而烦恼,到1740年撒手归天时留下了最大的遗憾,又给欧洲带来了一场王位继承的大战争。但幸运的是,他留下的长女玛利亚·特蕾莎是一个聪明美丽绝顶而又意志坚强的女性。谁说女人不如男人?不过比男人强许多倍的女人也是女人,不会变成男人。这是法律和生物学问题,而非男女是否平等是否同权的社会学问题。正因为特蕾莎是女人这一事实,就带来了王位继承的重大法律问题。这就是奥地利王位继承战争的爆发原因。奥地利乃至欧洲都还要为是男人还是女人这样简单的问题打仗,死去更多的男人,甚至女人。

1713年,卡尔六世颁布了《国本诏书》,试图妥善解决王位继承问题。诏书改变了《萨利克法典》的土地(国土)传子不传女的惯例,规定女性可以继承哈布斯堡家族的家族领地(奥地利公国等)。而对于哈布斯堡王朝保有的神圣罗马帝国皇位,本来就应该是哈布斯堡家族世袭,但是如果没有男性继承人,可以由7位选帝侯选举产生。这就意味着皇帝的地位将从哈布斯堡家族旁落。这是卡尔六世的让步,换取各国认可哈布斯堡家族女性可以继承哈布斯堡家族的领地,不会因为无子而丢失。作为保证,法国、普鲁士等国都在这份诏书上签字画押。卡尔六世这时才28岁,还没有子女。但是他好像有预知未来的特异功能,已经知道了自己今生今世只有女儿,没有儿子。果然,后来的事态发展正是如此。这样,《国本诏书》就成为超前性立法的楷模了。

到了1724年,卡尔39岁,女儿一再出生,已经达到三个。儿子仍然不见踪影。欧洲由于都是基督教国家,实行一夫一妻制,不准纳妃,所以君主选择配偶必须慎之又慎。一般都是先结婚后恋爱。如果恋爱不成功,君主还可以另外找喜爱的女人。不过这种女人在把血统的高贵性看得高于一切的欧洲是不能转正成为王后正室。她能够取悦君王也是为了国家,因此她的所有花费都应该由宫廷公费支出,并且在君主去世后仍然可以享受丰厚的年金,一生生活无忧。她也可以以君主的情妇的名义出席社交活动。不过她的名称叫情妇太难听,听起来好像与小市民偷情没有什么区别。也不能叫夫人,那样的话就乱了欧洲王家血统和规矩。英语

"Royal Mistress"是专门用来表示她们身份的,日本将其翻译为"公妾",似乎更为妥当。最有名的"公妾"就是路易十五身旁那位权势无边的美女蓬巴杜侯爵夫人(Madame de Pompadour,1721—1764)。已婚的她23岁时被路易十五看上,第二年就横刀夺爱,让她的老公靠边站,她就成为路易十五的"公妾"。但是,"公妾"所生子女都是非婚生子女,不能参与君主王位继承的,所以解决不了王位继承问题。如果欧洲没有基督教,胆子更大些,断然实行中国皇帝的三宫六院制度,就不会发生这些无谓的王位继承战争了。由此可见,中国的帝王嫔妃制度也具有一定的和平功能。

欧洲的王室婚姻基本都是政治联姻,只能从贵族女儿或外国君主的公主中选择。还要从这些候选人中考察她妈她外婆以及三姑八姨是否能生育和是否多产,只能从遗传方面来推测该女子是否能够为王国产下王位继承人。人长得是否漂亮,是否知书达理、温柔多情,绝对不是重要的。像特蕾莎那样的德才兼备的王家女才真正是千载难逢,也算是给了卡尔皇帝一个小小的安慰。不过出于政治的需要,奥地利将军普林茨·奥伊根建议将特蕾莎嫁给普鲁士皇太子腓特烈(1740年起即位普鲁士国王,成为腓特烈二世,Friedrich Ⅱ,1712—1786),但因宗教原因未能实现(腓特烈是新教徒,而特蕾莎是天主教徒)。其实早熟多情的特蕾莎早在5岁时就一见钟情,暗恋上英俊的表哥弗兰茨一世,洛林公爵(Franz Ⅰ,1708—1765)。据当时的英国大使所记载,特蕾莎整天都在兴奋地谈论着这位表哥。这位帅哥也很中皇帝的意,龙颜大悦,于是在1736年赐婚,招为驸马(虽然欧洲不称驸马)。自由恋爱结婚,这在当时的欧洲王族中几乎是中大彩一样的奇迹,多年后仍然传为美谈,为欧洲王室的公主们羡慕得要死。

卡尔五世55岁去世,法国国王路易十五认为趁火打劫的好机会到来了,成为挑唆神圣罗马帝国诸邦反乱的主谋。他完全辜负了他最尊重的曾祖父路易十四临终前教导他少挑起战争的话,那时他才5岁。他真正听得清楚又记得清楚的是身边睡着的女人的枕边风。西班牙和德意志的普鲁士、巴伐利亚都成为与奥地利对抗的一方。这一方反对特蕾莎的夫君弗兰茨一世继任神圣罗马帝国皇位。德意志诸邦于1742年推出了巴伐利亚选帝侯查理七世作为神圣罗马帝国皇帝,不过好景不长,他只当了3年皇帝,椅子还没坐热,就在内外交困中去世。他的儿子也无心恋战,放弃了继承权,结果地位被特蕾莎巧妙地交给了弗兰茨一世。英国和荷兰珍视上次西班牙王位继承战争中鲜血结成的传统友谊,支持奥地利。

3.2.2.2 战争及《第二亚琛和约》

战争几乎都在神圣罗马帝国领域内展开。主战场是在西里西亚,因而可以分解为第一次西里西亚战争和第二次西里西亚战争。

第一次西里西亚战争从1740年开战,普鲁士军在莫尔维茨会战中取得初战胜利。随后法国、巴伐利亚、萨克森、西班牙都参加进攻奥地利。1742年奥军进攻巴伐利亚,迫使其退出战争。进而进逼波西米亚。普军在查图西茨会战中使得奥军被迫撤退。同年奥地利和普鲁士签订《柏林和约》割让西里西亚和格拉茨公国给普鲁士。普鲁士得到好处后退出战争。

这时,英国、汉诺威、黑森、荷兰联合省参加进攻反奥同盟,声援奥地利。奥军还离间反奥同盟的萨克森,与其结盟,壮大声势。

1744年,第二次西里西亚战争爆发,起因是普鲁士重新参战,大军直逼维也纳。奥军奋力抵抗,击退普军。不过奥军追击普军到西里西亚时遭到突袭,被迫撤退。1745年奥军又被普军击败。最后奥地利萨克森联盟与普鲁士签订《德累斯顿和约》,以割让西里西亚全境为代价,换取普鲁士承认特蕾莎为奥地利大公,弗兰茨为神圣罗马帝国皇帝,退出战争。后来俄罗斯也参与进来,与奥地利结盟,反击法军。这导致法国与英奥议和,于1746年签订了《亚琛和约》,结束了战争。1748年又签订了《第二亚琛和约》。

《第二亚琛和约》是法国和西班牙为一方,英国、荷兰、萨丁王国、奥地利为另一方所签订的条约。该条约正式承认神圣罗马帝国皇帝回到哈布斯堡家族手中,由弗兰茨一世继承。但条件是:特蕾莎必须将其拥有的意大利三个公国的公爵位置让给西班牙波旁家族的菲利普,使其成为帕尔马公爵,承认已经成为英国国王的汉诺威选帝侯在神圣罗马帝国境内的领土,承认普鲁士对西里西亚的领有。法国放弃在印度的殖民地,马德拉斯(现在的印度金奈)归英国,形成了英国对法国在印度殖民地竞争中的绝对优势。

奥地利王位继承战争是继西班牙王位继承战争结束后,仅过了25年就爆发的第二场王位继承战争。这两场战争都将欧洲几乎所有的大国拖入,都企图对国际关系来一次大的洗牌。这说明前一场战争英国成功操作而形成的欧洲势力均衡并不稳定,让国际法规则得以发展的外部环境并不良好。奥地利王位继承战争中,奥地利是处于防守方,已无称霸欧洲的野心。倒是法国才是主谋,企图搅乱欧洲,浑水摸鱼,但是已经不像上次王位继承战争那样胸怀建立欧洲霸业的雄心。最后法国的目的并没有达到,神圣罗马帝国皇帝重新回到哈布斯堡家族手中。法国还丢失了在印度的殖民地。法国的盟国西班牙虽然参战,也无力破除《乌德勒支条约》的限制,和法国合并的想法早已化为过眼烟云。普鲁士是唯一的大赢家。腓特烈二世的军事才能使普鲁士军队打了好几个大胜仗,并且获得了西里西亚。腓特烈二世也被称为了"腓特烈大帝"。这里的"大帝"并非指真正的皇帝,而是指武功高强的君主。

3.2.2.3 无冕女帝特蕾莎

由于出身洛林家族的弗兰茨属于过继到哈布斯堡家族,而王家姓名属于男系,这在欧洲无论是否按照《萨利克法典》的王家都是如此,所以严格地说,神圣罗马帝国的哈布斯堡王朝从此已经变为哈布斯堡-洛林王朝。至于特蕾莎本人还是谦虚地按照《国本诏书》,只继承了奥地利女大公的名号。特蕾莎能够就任奥地利大公,是对德意志诸邦关于王位继承的规则(可以说就是当时的国际法规则)的一次具有历史意义的改变。这至少表明在除了神圣罗马帝国皇帝以外的王位上,女性获得了与男性同等的继承权。千年萨利克之咒经过欧洲无数次王位继承战争,产生无数冤魂后,终于画上了休止符。她还是1740—1780年的匈牙利女王,1743—1780年的波西米亚女王。她的夫君从1745年成为神圣罗马帝国皇帝后,她成了皇后。但是夫君弗兰茨一世实行无为而治,国政实际上都掌握在特蕾莎手中。特蕾莎也在长期的施政和外交中发挥出巨大的才能,将国家从战争、灭国的危机中拯救过来,重新回到欧洲列强的位置,并且变得更为强盛。本来弗兰茨就是入赘为帝,在哈布斯堡家不得不吃软饭,放弃了洛林的领地和继承权,只和特蕾莎共同名义拥有意大利托斯卡纳公国的领地,还是作为特蕾莎的嫁妆。弗兰茨一世只拥有不伴随实际领地的皇帝头衔。而特蕾莎拥有哈布斯堡家族领地奥地利女大公(奥地利后来也升格为奥地利王国)、匈牙利女王、波西米亚女王三大头衔,都是带有实际领土并具有实际统治权的王位。三个不小的王国面积、人口、经济等构成的实力已是神圣罗马帝国诸邦中最强最大,这才是皇帝落在哈布斯堡家族的实体所在。哈布斯堡家族的族长仍然是特蕾莎,而非弗兰茨一世。哈布斯堡王朝已变得阴盛阳衰。

这样,弗兰茨一世虽是皇帝,但世间(包括后世很多的文艺作品)往往把特蕾莎称为特蕾莎女皇,把弗兰茨误认为是"皇夫"(empress regnant,用于称呼女皇的丈夫,而"王夫"是 King consort)。由于中国历史上除了武则天外没有过女皇,而武则天也是在唐高宗去世后才就任女皇,所以中国没有这样的实例,也就没有适当的词来表达这一身份。现在英国伊丽莎白二世的丈夫菲利普亲王就是"王夫"。其实特蕾莎一天也没有当过女皇,只具有皇后的称号。维也纳南郊外的那座象征着特蕾莎"女皇"时代辉煌的美泉宫的黄色主基调,被称为"特蕾莎黄",其实并非她喜欢的颜色,而是因为弗兰茨一世要求采用金黄色,而真正在这个帝国当家的特蕾莎考虑到经济困难,才决定采用比较廉价的黄色,反而因她的名字更加有名。在1765年弗兰茨一世去世后,儿子继任帝位,称约瑟夫二世。由于约瑟夫以年轻人的热情积极推进社会改革,特蕾莎便以皇太后的名义摄政,演出了欧洲版的"垂帘听政"的大戏,一直到她去世,使得奥地利推迟了10年受到自由主义的影响。

特蕾莎及其子女的婚嫁也影响到了国际关系。当年和特蕾莎论过婚嫁的腓特烈大帝曾也对特蕾莎着迷,曾放下王太子身段,微服暗访维也纳,打探过关于特蕾莎的方方面面,对这个美女非常中意。但这段姻缘不成,造成了腓特烈大帝对奥地利的某种莫名其妙的怨恨。这是否就是普鲁士和奥地利结怨的缘由(包括后面的七年战争),一直为人所议论。腓特烈大帝喜欢高调诋毁特蕾莎,但和自己的王后的婚姻很不和睦,被人们理解成是因为他自从见到特蕾莎后不再对其他女性持有好感了。而特蕾莎则对腓特烈大帝有着刻骨的恨,是因为国家利益,还是受情感驱使,不得而知。

特蕾莎的女儿们几乎都成为欧洲王室的王后,而最有名的是其最宠爱的小女儿玛丽·安托瓦奈特(Marie Antoinette, 1755—1793)。她远嫁法国,成为路易十六的王后。天生丽质的美貌和特蕾莎宫廷培养出来的高贵的风度立即倾倒了法国人民,但后来她的奢华生活和对母国奥地利的偏护也引起民众广泛的非议。法国大革命爆发后,懦弱的路易十六不知所措,从母亲那里继承下的坚毅和果断使得王后更有主见,也更为顽固。特别是她有着强大的娘家哈布斯堡王朝为后盾,必要的时候可以让奥地利直接或者主导欧洲各王室干涉法国,因而劝说和主导了路易十六于1791年6月出逃法国。在这场劝说中玛丽·安托瓦奈特狂热的崇拜者兼旧情人、瑞典人汉斯·阿克塞尔·冯·菲尔森(Hans Axel von Fersen, 1755—1810,后官至瑞典元帅)伯爵起着关键作用,并制定了详细的计划,装扮成国王随从,到巴黎北部采风探道。路易十六知道他们两人曾是情人的事实,但法国王家的骑士风度也不亚于浪漫的一般法国人。国王也了解伯爵与其说是爱法国,倒不如说他更想急不可待地救他自己的情妇。但路易十六也认可伯爵其实对法兰西王室也是有忠心的,因而就顺从了他的安排。最终还是害怕这两人又闹出点什么事来,而拒绝伯爵与他们同行。没有伯爵随行的结果是,国王夫妇失去了最可靠、最有用而及时的情报,结果好不容易来到国境附近,却被发觉,并被抓回巴黎,囚禁于卢浮宫西侧的杜伊勒里宫。伯爵仍然想法潜入杜伊勒里宫,劝说国王和王后逃亡,结果遭到国王坚决拒绝。而国王的逃亡被认为是对国家的背叛,人民放弃了对国王最后的期待,法国革命后建立立宪君主制的可能性完全消失。1793年1月21日,路易十六被送上断头台。10月15日,王后被判处死刑,留下的遗言写着"对犯罪者而言死刑是可耻的,但以冤罪被送上断头台并不可耻",但这张条子被当时的法国大革命最高领导人罗伯斯比尔(Augustin Bon Joseph de Robespierre, 1763—1796)锁进了抽屉,革命后才被发现。第二天,她勇敢走上断头台时不慎踩到执行人的脚,向他道歉到"对不起,不是故意的,还好没弄脏你的鞋",留下最后的话后香消玉殒。

3.2.3 七年战争

3.2.3.1 开战原因

女帝特蕾莎与大帝腓特烈之间的恩恩怨怨不到10年后又引发了另一场大战——七年战争(Seven Years' War, 1756—1763)。因上次战争奥地利失去了西里西亚。夺还西里西亚，一直是特蕾莎的夙愿。这就是说，与普鲁士的一战不可避免。为此，奥地利开始了一场号称"外交革命"（Diplomatic Revolution）的风波。奥地利的哈布斯堡家族17世纪以来与法国波旁家族一直是冤家对头，每次战争都是对立的宿敌，特别是上次奥地利王位继承战就是法国一手煽动起来的，招招致命，不将少妇特蕾莎置于死地绝不善罢甘休，差点害得哈布斯堡王朝退出欧洲大国角逐。法奥矛盾的本质还是在于争夺欧洲的霸权，只是因为英国采取势力均衡政策，双方都不能得逞。现在女皇特蕾莎面对那个曾想追求自己的，只有那丁点儿领土和人口，反而处处出尽风头、占尽上风、令人生厌的大帝，左想右想都不顺畅。女帝觉得不从大帝手中拿回西里西亚，此生此世就咽不下这口气。于是她抛弃世仇前嫌，一百八十度转变外交政策，毅然与法国结盟，于1756年与法国签署《凡尔赛条约》，以便准备对普鲁士的复仇。而法国国王路易十五正好与蓬巴杜夫人打得火热。夫人酷爱艺术，资助伏尔泰、狄德罗，自己还主演和导演了62部歌剧、戏剧和芭蕾舞剧。她对瓷器的鉴赏使得世界最有名瓷器之一的法国塞夫勒瓷器的经典红色干脆就叫做蓬巴杜玫瑰红。她的发型直到现在还风靡在各国高档发廊，不但深受妇女喜爱，还有了男版。她的才华和美貌使得自幼缺乏母爱的路易十五对她言听计从，满足她的一切要求。而这次夫人却想玩战争游戏。见到特蕾莎女皇要收拾那个浑小子腓特烈，蓬巴杜夫人也忍不住摩拳擦掌，也想趁机去踹上一脚。她鼓动路易十五向普鲁士开战，仿佛已经看到她和特蕾莎两个女人面前狂妄的腓特烈大帝屈膝求饶那激动人心的一幕。

当时欧洲大陆法国和神圣罗马帝国共拥有8 000万人，而小小普鲁士是一个仅仅只有400万人的不大不小的国家。普鲁士似乎败局已定。但是这位大帝突发怪招，那就是和英国结盟，靠上这个势力均衡的大玩家，也许可以出奇制胜，起死回生，还能再和奥地利那个令人烦恼的女帝斗斗气。奥地利也对于前两次王位继承战争中与英国结盟进行反思，觉得英国一直是以自己的国家利益至上，经常态度游移不定，继续维持英奥同盟可能得不偿失，开始疏远英国。这导致普鲁士得以钻空子，其联英抗奥的政策能够得以实施。而德意志诸邦的态度也开始疏远奥地利。除了英国和汉诺威是同君联合之外，奥地利与法国结盟也招致很多德意志诸侯的反感。

汉诺威成了英国和普鲁士结盟的关键。在奥地利王位继承战争中，由于英奥结盟，敌对的普鲁士随时可能攻击西边邻近的汉诺威。为了保证汉诺威的安全，1755年英国与俄罗斯签署了《圣彼得堡条约》，规定普鲁士攻击汉诺威时，俄罗斯从背面攻击普鲁士。为了解除英国的这个心结，1756年1月普鲁士和英国在签署了《威斯特敏斯特条约》，保证不攻击汉诺威。这就为英普同盟打下了基础。再加上荷兰，构成了七年战争的一方。而俄罗斯由于和普鲁士存在敌对关系，这时站在了法奥同盟一边,构成了另一方。这样,开展双方又形成了某种旗鼓相当的势力均衡关系。

3.2.3.2　战争经过

1756年8月29日,普鲁士首先开战,攻击萨克森与奥地利的联军,取得首战胜利,让萨克森投降,但后来在布拉格攻击中受挫。在西线,1757年法国打败汉诺威,缔结停战协定,普鲁士陷入困境。但普鲁士军队依靠先进的战术和士气纪律等,仍然分别击败了法军和奥军。而英国在欧洲大陆则依靠汉诺威和黑森代理英国作战,以支援普鲁士,自己则在海外与法国周旋,乘机捞取法国的海外领地。起初英国在加拿大的安大略湖畔丢失要塞,而地中海的米诺卡岛也被法军占领。后来英国大皮特内阁政府成立,开始向法国海外领地发起攻击。通过拉各斯海战(不是现在尼日利亚的拉各斯,而是葡萄牙南部城市拉各斯的近海海上)和法国布列塔尼南边的基普龙海战中取得胜利,获得制海权,使得法国与北美殖民地的联系中断,从而获得了北美洲的军事优势。有钱的英国政府还对普鲁士提供了大量的财政援助,以解普鲁士燃眉之急。而1757年,俄罗斯开始进攻普鲁士,第二年逼近柏林。经过一系列攻防转换,在1759年的库勒斯道夫会战中,普军被俄奥联军打败,48 000人的军队只剩下3 000名。而大帝本人也受伤,普鲁士处在法俄奥及其盟国包围之中,柏林处于无防备状态,危在旦夕。但这时俄奥之间出现裂痕,奥军未履行原先两军间攻击柏林的合约,俄军便以此为由撤回俄罗斯过冬。大帝捡得一命,被称为"第一次勃兰登堡的奇迹"。

3.2.3.3　第二次勃兰登堡的奇迹

其实俄罗斯从势力均衡考虑,并不想让普鲁士王国失败,让奥地利做大成为欧洲的霸权国家。到了1762年1月,俄罗斯新沙皇彼得三世(Пётр Ⅲ,1728—1762)继位。他出生于德意志的荷尔斯泰因,是个正宗的德国人。1742年,14岁的他被其婶婶、俄罗斯叶丽萨维塔女皇指定为俄罗斯皇位继承人,移居到俄罗斯,改名彼得,改宗教为新教。俄罗斯并非缺乏能做沙皇的人才,但由于沙皇得讲王家血统。女皇无子嗣,只好找来血统最亲近的侄子来继承大统。但这一从海外引进人才政策,而且还是外国人,给俄罗斯带来她完全想象不出来的惊天动地的结果。这个作为引进人才的德国人把俄罗斯搅动得天翻地覆,改变了俄罗斯的历史。

彼得1745年与堂妹叶卡捷琳娜结婚。彼得身在曹营心在汉,虽然他身在俄国,却怀念德国故土,与俄国的一切格格不入,对于这个他所认为的蛮荒之国的一切都看不惯,甚至连俄语也不想认真学。妻子叶卡捷琳娜也是女皇从德国引进来的人才。她虽然也是正宗的德国人,但性格和彼得正好相反,俄语流利(学俄语学到发高烧昏倒的程度,甚至感动了叶丽萨维塔女皇和俄国民众),生活习惯早已融入俄罗斯,作为圣彼得堡社交之花大受俄罗斯贵族欢迎,人气度急剧上升。

在彼得三世1761年1月登基的时候,普鲁士已陷绝境。但他不顾大臣们的反对,4月突然决定与普鲁士缔结条约,无条件归还了全部占领的普鲁士领土(主要是东普鲁士),也不寻求战争赔偿。这些土地都是俄罗斯官兵通过死战,用献血换来的,他却要拱手送还敌人。6月进而与普鲁士结成军事同盟,将军队的规则和制服也全部改成普鲁士风格。这在与普鲁士血战多年的俄罗斯沙皇军中引起轩然大波,因为他们竟然被这个彼得三世强行要求穿上一直是敌军,而且已是手下败将的普鲁士军队的军服。劳民伤财不用说,军人们感情上不能接受更是致命性的。这样仅凭沙皇一人意志,一意孤行的政策大转变遭到大臣、军队、贵族的一致反对,后果已经变得非常严重,而智商不高的沙皇全然没有察觉,也不可能察觉。他还沉浸在改军服成功的兴奋之中,看着那些不知所措的俄罗斯将军们和元帅们,算盘着下一步该采取什么行动让俄国更加普鲁士化、德国化。6月26日,在皇后叶卡捷琳娜支持下,近卫军发动政变,逮捕沙皇,中断了他的狂想。7月6日,据说未经叶卡捷琳娜许可,沙皇被近卫军擅自处死。对外宣布是因痔疮发作死去。难道18世纪医疗技术如此不发达,连痔疮也会死人?

但这并不影响丧失丈夫成为寡妇的叶卡捷琳娜的情绪,接受推举欣然成为女皇(即叶卡捷琳娜二世,Екатерина Ⅱ,1729—1796)。她本不是绝世美女,但拥有一颗聪明的脑瓜和坚强的意志。她拥有无敌的知性和教养,却是个天生的音痴,始终搞不定音乐。她学得流利的法语,让以结结巴巴说点法语以显示有教养的俄罗斯贵族们不得不在心理上臣服。法语在当时的欧洲是社交和外交语言,也是贵族身份和教养的标志,其地位和受到狂热追捧的程度远远超过了当今的托福、雅思。她能够潇洒驭马,英姿飒爽,还不断地苦苦历练自己,终于被叶丽萨维塔女皇相中,成为皇太子妃的不二人选,使她走向了谋害亲夫篡夺皇位(至少世间是这么认为)的不归路。其实这对于她本人以及俄罗斯的前途和命运来说兴许并非坏事。她本人则从此可以公开或半公开拥有若干情夫。这些情夫不仅是帅哥,而且个个是能臣良将,拥有治国或打仗的绝技,否则绝无可能上她的床。被她称为"我的丈夫"的宠臣,作为情夫在位时间最长的波将金(Григорий Александрович Потёмкин,1739—1791)为她治国治世立下了汗马功劳,官至陆军首席大将、克里米亚总督,还为了取悦她制造太平盛世,人民都在女皇陛下统治下过着幸福生活的假象,在自己的领地上造了一个模范村庄。由于外景很多用的都是假景,因而被世上称为"波将金村",在俄罗斯,甚至后来在欧洲都有名。他的这种作假手段和绝技到了20世纪后期才传到了中国,被中国人后来者赶超,有过之而无不及,让这位波将金在天之灵才终于觉得羞愧。

在女皇长达34年多的治世中,她对俄罗斯的社会进行了改造,企图使其更加进步、更加西欧化。她实行开明专制,与法国启蒙思想家、文学巨匠伏尔泰、狄德罗等有密切交往和心灵沟通，大力支持发展俄罗斯皇家科学院。在对外政策方面，三次对波兰进行瓜分，竟然让自己的一个波兰人情夫就任波兰国王。她两次发动对土耳其的战争。虽然南进君士坦丁堡重建拜占庭新罗马帝国的梦想未能实现，但这一切行动足以使俄罗斯成为欧洲最强大的国家之一，故她被尊称为"叶卡捷琳娜大帝"，与彼得大帝齐名。当然这一切伟业与她成功地超越女人脆弱的情感困扰，成功驾驭她的那些情夫们并得到其帮助是分不开的。

为什么沙皇彼得三世会出其不意作出这样的决定呢？原来他生在德国，热爱德意志，从小就无比崇拜普鲁士，是腓特烈大帝的超级粉丝。他具有性格缺陷，被认为"具有孩子气并缺乏男性机能"，直到成年后还整天沉迷于军队、打仗、玩偶。他与常人一样的智力只限于学习音乐和接受音乐的能力，在这个领域他可以完胜他那位要了他命的妻子、悍妇叶卡捷琳娜。所以当他34岁继位沙皇后，其精神状态还是处在对腓特烈大帝的狂热崇拜之中。他的智商决定了，他根本就认识不到陪伴他睡在身边的发妻自己就能成为一个与腓特烈大帝不相上下的"大帝"，也完全有资格成为他的超级偶像。因此在他那永恒不变的偶像腓特烈大帝陷入绝境的时候，这位痴迷的粉丝比腓特烈大帝本人和他的普鲁士臣民还要急，竟不惜动用自己拥有的全部沙皇权限和资源去拯救普鲁士的大帝于水深火热之中，因而作出了这样的近乎儿戏的重大国政决策转换，导致自己命丧黄泉。虽然他当上沙皇才半年，皇位椅子还没坐热，但这种为偶像至死的忠贞和倾囊付出，甚至不惜把自己命都搭上的精神足以惊天地泣鬼神，让当今那些假惺惺故作姿态、成天哭哭啼啼忸怩作态的追星族们惭愧得无地自容。他的幼稚轻率的行动却真的将腓特烈大帝从苦海中救了出来，改变了历史，成就了并继续着腓特烈大帝的神奇。腓特烈大帝再能神机妙算，也不可能计算出他的救星竟然是俄罗斯那个神经质而孩子气的弱智沙皇。这一事件被称为是"第二次勃兰登堡的奇迹"。

这个奇迹其实只有短短的几个月。因为叶卡捷琳娜夺取政权后，俄罗斯又会回归理智的轨道。但对于腓特烈大帝来说，俄罗斯退出战争一会儿已经足够了。因为通过和那位叫做特蕾莎的冤家女皇多年的交手，大帝深知奥地利单独是绝对打不赢普鲁士的。普鲁士终于利用这短暂的机会起死回生，连续取得胜利，为停战取得了较好的筹码。1763年，英法缔结了《巴黎条约》，普鲁士、奥地利和萨克森缔结了《胡伯图茨堡条约》(Treaty of Hubertusburg)，七年战争结束。

这些条约确定了普鲁士对西里西亚的所有权。北美、西印度群岛和印度的殖民地进行了再分配。法国从印度几乎全部撤退，只保留了两三个港口，并丧失了除了两三个小岛以外的北美几乎全部殖民地。这些地方都被割让给了英国，使得英国在印度和北美殖民地的争夺中取得全面优势。但英国战争负债太多，向包括北美殖民地在内的殖民地增税，引发了北美殖民地人民的不满，成为引发除加拿大外的北美13个殖民地独立的原因。法国在后来的美国独立战争中支持美国独立派,并使其获得最后的胜利,从英国分离出去,终于出了这口恶气,报了一箭之仇。而1783—1784年的若干国际条约认可了美国的独立,成为国际社会的一员。这是作为被欧洲列强认可进入国际法小圈子的第一个非欧洲国家。这个时候谁也没有想到,正是这个非欧洲国家最后能够继承曾闹翻脸的英国的世界霸主地位,成为左右国际法发展潮流的世界霸权国家,开创所谓"美国治下的世界和平"。

腓特烈大帝在1772年与叶卡捷琳娜二世达成默契,对于国势渐弱又不能控制秩序的波兰的一部分进行瓜分。奥地利也来趁火打劫。这样,以波兰的牺牲换取了俄国和奥地利的势力平衡,即防止俄罗斯以抵抗奥斯曼帝国为名挺近巴尔干,而奥地利不得不加以对抗,从而爆发俄罗斯和奥地利战争的危险。以后奥地利还想进一步对波兰提出领土要求,普鲁士感到平衡被破坏,也加以反对。1792年,波兰国家被废除,普鲁士和俄罗斯开始了对波兰的新的一轮瓜分。到了1795年,普鲁士、俄罗斯和奥地利已经将波兰原有领土瓜分完毕。这个曾经的欧洲列强最后被灭国,并从此开始了几度复国几度灭国的悲惨境地,不禁让人感叹国际法的现实是残酷的。然而,势力均衡重新建立,国际法的国际环境得到维持。不过,这个时候,从法国已经听到了震惊欧洲,以至于让国际法面临生死考验的隆隆炮声了。

3.2.3.4 对七年战争的国际法解读

前两次王位继承战争都要面对建立欧洲霸权的野心,以至于国际法的主权国家关系的基础有可能被彻底颠覆。西班牙王位继承战争则因为英国采取了势力均衡政策,才阻止了这样的事态出现。而奥地利王位继承战争,法国搅乱欧洲的势力均衡,某种程度上也是想浑水摸鱼,有机会的时候也许能够获取欧洲霸权。但在战争进行过程中这样的机会始终没有出现。所以战争还是基本上按照国际法的主权原则进行。但是王位继承制度作为当时的国际法规则在这里发生了重大改变。而七年战争已彻底消除了因王位继承发生战争的可能性,国际法史前时代遗留下来的血统战争及其规则已经退出历史舞台。我们看到不仅是平时,就是在战时,国际法及其主权原则都在起主导作用。玩弄势力均衡游戏的已经不仅仅是英国了。普鲁士、奥地利、法国、汉诺威等都已经主动地运用势力均衡原则来左右自己的行为,主权原则得到更多的体现。当然,战场局势瞬息万变。普鲁士如果战败,这样的势力均衡局面将会被打破,欧洲将会出现什么格局则不得而知。但是势力均衡将会是欧洲各列强确定的政策和方针。而之所以这场战争中也完全遵循势力均衡的规律行事,并能够维持下去,是因为势力均衡以及国际法主权原则已经彻底打破了帝国理念,无论在平时法还是战时法中都已经常态化了。国际法得以存在和发展的外部环境更为健全。只不过,这样的局面竟然是一个具有儿童心理特征的偏执狂彼得三世的一时冲动的行为所导致,也是一个富有戏剧性的情节和结局,也将国际法的发展历史变得更为富有悬念和有趣。

七年战争的最大赢家当然是腓特烈大帝。他不但活下来了,而且活得更好。普鲁士作为欧洲势力均衡一个不可缺少的要素被证明了。虽然普鲁士的起死回生带有很多偶然因素,但这样的小概率事件出现一次已经是中大奖了,如果连续两次中大奖,难道还能说是偶然吗。谁也不能否认腓特烈大帝具备有无比坚强的意志和军事天才。他领导的只是一个欧洲崭露头角的不大的国家,但他本人却具有领导大国之器,以至于他成为后来驰骋欧洲的雄才大略的拿破仑唯一佩服过的英雄。如果能够听到腓特烈大帝在战斗前对他的军官们发表的演讲,就可以看出拿破仑那些激动人心的演说风格简直就是腓特烈大帝的正宗传承:

先生们,你们不会不知道,正当我们忙于阻击法军和神圣罗马帝国的军队时,这里却陡降不幸。施魏尼茨陷落了;伯弗恩公爵败北了;布雷斯劳失守了,我们的粮草弹药全完了;西里西亚也大部分沦陷了。说真的,如果不是因为无限信任你们和你们的素质,而你们作为祖国的勇士和儿子,多次显示过这种素质,我目前的尴尬处境将使我难以应付。

你们之中几乎没有人不是战功显赫。你们为祖国和为我所做的一切,我都了如指掌,并将永志不忘。因此,我对这次战役也十分相信。祖国有权期待你们拿出勇气,你们不会缺乏勇气。决战时刻已经来临。如果让奥军继续盘踞西里西亚,我便一事无成。我要晓告诸位:查理亲王的兵力虽两倍于我,但我要冲破战争艺术的束缚,哪里发现敌军,就在哪里进攻。问题不在于敌军的数量,或是他们占据了有利位置。我们依靠勇气,依靠缜密的计划就能成功。我必须铤而走险,否则,一切都会付之东流。我们必须打败敌军,否则,就让我们在敌军炮火下为国捐躯。我就是这样看待这一战役的,我就要这样行动了。把我的决心传达给全体官兵吧。让他们准备接受即将到来的考验吧。告诉他们,我要求他们不折不扣地执行命令。至于你们,我想到你们是普鲁士人,难道我会认为你们会辜负这一称号吗?如果诸位之中有人怕与我分担这一切风险,他可以今晚就退伍,而不会受到任何斥责!

我知道,你们谁也不会背弃我。那我就仰仗诸位的帮助,并相信必然会赢得胜利了。在此次战役中,一旦下令出击,如果骑兵不全力以赴冲向敌阵,我就在战斗结束后叫他立即下马,叫他充任留守部队;如果步兵在战斗中表现出一丝一毫的犹豫、胆怯或拿不住军刀,我就割去他的军服上的花饰!好啦,先生们,晚安!过不了多久,我们要么已经打败敌人,要么就永远见不着了。

而更能体现腓特烈大帝的幽默和机智隐藏在他那波茨坦宫的尖塔上。支撑起普鲁士王冠的三个柱子被雕刻成三个华贵的女人。第一位是法国国王路易十五的爱妾蓬巴杜夫人。她那无以伦比的床头枕边风工夫左右着这个时代的法国政局，让她的那位无比惧怕小老婆的懦弱国王在这场战争中毫无斩获。第二位是住在奥地利维也纳那位唯一让他心烦和被他心烦的特蕾莎女皇。他们两人的恩恩怨怨让后世的人们无比感慨，为何上帝不让这天设一对的最佳姻缘组合变为现实？不过如果这段奇缘如果得以实现，普鲁士和奥地利将组合成为欧洲大陆最大的强权，国际法所依据的势力均衡或许将不复存在，兴许给这两个国家乃至欧洲带来的是更多的灾难呢。可见纯情少女特蕾莎不理睬这个歧视妇女的浑小子腓特烈大帝，执著地追求自己的爱情幸福，得到了风度翩翩的如意郎君，是永远不会有错的。第三位就是俄罗斯叶卡捷琳娜二世女沙皇。腓特烈大帝是怎么看待那位为了救他，而在这位不惜谋害亲夫的女皇那里丢掉性命的超级粉丝，可怜的沙皇彼得三世，我们无从考证。不过这一举动也充分暴露了腓特烈大帝那根深蒂固的男尊女卑的阴暗心理。没有被女人深深伤害过，是不会出现如此强烈地讥讽和歧视女人，并以此作为资本加以炫耀的情绪宣泄的。这是为心理学分析科学所证明的心理障碍问题。这三位想左右欧洲国际关系的最杰出女性恨不得把腓特烈从欧洲，不，是从世界上彻底抹消掉。但是她们的一切努力却反而让腓特烈大帝的普鲁士国家和王朝更加强大了。过于情绪化导致很多女性会将事情搞得正好和她们的意愿相反。有一点是肯定的，作为欧洲国际法的存在基础的势力均衡原理终于依据现实的国家实力的对比而构筑，而非是主要依据婚姻和血缘等具有中世纪遗风的东西了，是该让脂粉退出国际法舞台的时候了。

在18世纪的最后这些年头，我们看到国际法已经从欧洲开始走向美洲。新兴国家美国加入了欧洲的国际法体系中来。在1648年威斯特伐利亚体制成立时的那些大国中，只有英国、法国和奥地利保留着大国的地位。西班牙虽然在包括西印度群岛在内的南北美洲仍然拥有广大的殖民地，但在欧洲的国际法舞台上已经沦为二等国家。荷兰和葡萄牙也保持着海外殖民地，但是已经脱离了欧洲大国角逐的游戏。法国想在欧洲大陆建立霸权的企图也失败了。普鲁士作为一个欧洲边缘的边境诸侯国，在历代励精图治的君主们的带领下，迅速成长为欧洲列强中堂堂的一员。俄罗斯从彼得大帝开始走向了强国之路，不仅无穷尽地向亚洲乃至越过白令海峡向美洲扩张领土，而且不断在文化和文明方面西欧化，在叶卡捷琳娜二世治下已经深度介入欧洲的国际法体系，成为欧洲势力均衡中的一大列强。俄罗斯的势力扩大在波罗的海挤压瑞典，在黑海挤压奥斯曼帝国，使得后两者已经不能在欧洲事务中发挥大国的作用。波兰的被瓜分使俄罗斯、普鲁士和奥地利成为边境相连的国家。意大利和德意志仍然还是四分五裂，诸侯林立，成为周围大国游戏中的一个一个的棋子，任人摆布。海外的殖民地争夺也告一段落。这时我们看到的是一个似乎高度完美而稳定的势力均衡体系，又有国际法规则作为处理国与国之间关系的准则,是否欧洲的长期和平时代已经来临了呢？但是,这不过只是革命前的宁静。势力均衡和国际法即将面临空前的洗礼。就连这个时代最敏锐的历史学家吉本也没有感觉到革命风暴即将到来,反而极力去赞美这一时代的似乎会永续下去的稳定和和平。他认为,今天的欧洲由 12 个强大的王国和 3 个共和国以及其他大量的独立小国组成。暴政的弊病在这样的国际环境下受到抑制,各国得到了秩序和稳定。各君主国也能在一定程度上吸收自由民权和立宪君主的思想。和平时代通过竞争加快了知识和产业的进步,而战争时期也可以看到各国军队已经被训练成为不那么残酷和有节制。只要不发生大的变化,我们可以推测不可能回到原来的原始野蛮状态了。因此我们可以得出结论,世界正在扩大着人类的财富、幸福、知识和美德。可是后来的发展表明,吉本错了。

3.3 拿破仑战争与国际法

3.3.1 法国大革命与国家主权

3.3.1.1 法国大革命的爆发及其对欧洲的冲击

200 年来,关于法国大革命的书籍和研究文献不胜枚举,本书没有必要重复这些内容和过程,而主要是阐述革命引发的国际关系、战争等对主权及国际法的冲击,以及关于革命到底对于国际法发展史具有什么样的意义。

如果说 18 世纪欧洲的国际关系和国际法充满宫闱阴谋和脂粉气息,那么法国大革命和后来的拿破仑战争时代就是最宏大的男人们的英雄般的格斗和较量的舞台。其对国际法秩序的颠覆是如此彻底,以至于只有将拿破仑这个国际法的噩梦制造者流放到遥远的南大西洋圣赫勒拿孤岛的时候,国际法才能得到重生。

法国国王路易十六(Louis XVI, 1754—1793)虽然是一个亡国之君,但绝非不思进取,不想改革的庸碌之辈。本来他就没有过当国王的非分之想,只想作为一个王族过上安稳舒适的贵族生活,去刻苦钻研他所钟爱的发明和制造锁具的手艺。这样的话,他也许会度过一个幸福的人生,作为锁匠在制锁界名扬四海,流芳百世。不幸的是,他的父亲、长兄和次兄相继离世,才将他这个已经有着超一流的制锁工匠手艺的三王子送上了号称欧洲最强大国家的王座,以至于祖父路易十五临终前看着这位即将继任国王而不知所措的孙子哀叹到:"我至今连什么治国之术都没有教过他呀!"1774 年继承下来的法国,已经被这位祖父路易十五发动的若干战争搞得财政危机重重。他立志于改革,先后启用重农主义学派经济学家雅克·杜尔哥男爵和银行家雅克·内克尔担任财政总监,企图重整财政。他虽然继承的是专制君主王位,但是从小生活在启蒙思想家辈出的法国,也深受启蒙思想的影响,废除了制造了不少冤假错案的刑事拷问制度。对外政策上站在了当时世界最新潮的前线,积极支援美国独立战争,是新兴走向独立的美国的最大盟友,受到美国那些伟大的建国国父们衷心地崇敬和爱戴。但是当法国大革命发生后法国面临英国等国全面围剿的时候,美国首任总统华盛顿放弃了这一千载难逢的对法国报恩的机会,阻止了美国舆论煽动的对英宣战、支援法国的动向。这是基于美国国家利益的考虑,但却使得美国欠下了法国一个天大的人情债,以后再无机会偿还。美国人到底是不是真的想认真偿还也不得而知。不过,天真烂漫的法国人并不计较,在美国独立100周年之际,将那座自由女神像作为国礼赠送给美国。美国也兴高采烈地将它耸立在进纽约港的海岛上,成为美国的象征。这段让法美友谊成为世界史上的千古佳话,也是路易十六留下的宝贵的政治外交遗产。

  路易十六召开三级会议,屡次提案立志于社会变革,但无奈都被保守派贵族逐一反对而导致流产,结果无法推行社会改革。如果这些贵族们早知道他们中绝大多数及其亲族将在即将到来的革命的大风暴中被抄家灭族时,恐怕就不会这么顽固地抵制改革了。但是,在这个自己就快要灭亡的王国,这些养尊处优的贵族们有谁又会具有如此远见和卓识,愿意放弃哪怕丁点既得利益呢?这和比这早于200多年前中国的大明末代王朝崇祯时代又有什么区别呢?

  一般人将法国大革命的原因归结于阶级斗争,这也没有什么不对。但是阶级压迫和阶级反抗在欧洲很多国家都有过。国王的专制、贵族的顽固保守、民众的受苦其实在欧洲除了英国、荷兰等少数国家外并不罕见。有些国家比法国更为严重,却并没有发生什么革命。更何况法国是一个欧洲自然条件得天独厚的国家,法国思想家和历史学家托克维尔(Alexis de Tocqueville, 1805—1859)在名著《旧制度与大革命》(1856)中也说过法国虽然政府债务累累,但个人和社会财富蓬勃增长,革命恰恰在那些人民对中世纪的黑暗感受最轻的地方,在开始改革的时候发生。因为三级会议陷入僵局,贵族拒绝让步,国王束手无策,1789年7月14日,巴黎民众攻占巴士底狱,法国大革命爆发了。革命并非给法国带来了改天换地的理想世界,反而开始了长达20余年的充满动荡和战争的时代。这个冲击波还波及全欧洲,甚至关系到国际法的未来发展命运。可见,那些伟大的法国启蒙思想家们设想并盼望来的大革命,并不一定会带来一个理想的结果。

3.3.1.2 第一次反法同盟时期的法国保卫战

  七年战争使得欧洲的势力均衡得以建立。国家主权和国际法经受住了考验,开始发挥出调整欧洲国际关系的作用。大国间的对立通过1772年普鲁士、奥地利、俄罗斯三国瓜分波兰得以解消。1775年爆发的北美殖民地反对英国的独立战争中,1780年在叶卡捷琳娜二世倡导下成立了第一次武装中立同盟,得到了瑞典、丹麦、普鲁士、葡萄牙的响应。而法国、西班牙、荷兰则与英国宣战,起到了孤立英国的作用,但战火都没有直接燃烧到欧洲大陆。在排除了英国的情况下,欧洲大陆的势力均衡仍然没有被打破。

面对法国爆发的大革命,欧洲各国的君主更为关注欧洲著名的波旁王室的命运。因为这与欧洲各国的君主制的安危息息相关。与法国王室关系密切,坚信君权神授的瑞典国王古斯塔夫三世最早表明了支持法国王室,反对革命的立场,与法国流亡贵族结合,于1791年呼吁欧洲各国结成反革命十字军。之所以叫具有宗教色彩的"十字军",是因为法国大革命镇压教会势力,杀害主教等,引起了教会和基督教国家的恐慌。结果,只有叶卡捷琳娜二世的俄罗斯响应。次年,古斯塔夫三世遭暗杀,这次反法同盟未能最后形成。

眼见法国大革命发展,危及到法国王室的命运,可怜的法国王后玛丽·安托瓦奈特的哥哥,神圣罗马帝国皇帝利奥波德二世与普鲁士国王腓特烈二世于1791年8月27日发表了《皮尔尼茨宣言》,警告法国革命者不要进一步侵犯路易十六的权力,并暗示必要时将干涉法国革命。尽管皇帝并不想开战,但法国革命时期这时掌握权力的吉伦特派政府认为这是战争威胁。1792年4月20日,法国国民议会宣布对奥地利宣战,开始向奥属尼德兰进攻,号召当地人民起义反对奥地利。接着,普鲁士向法国宣战。面对普奥的战争开始,法国国民议会发表了《祖国在危难中》的宣言,全国各地的革命者纷纷组成志愿军集结巴黎,其中包括来自马赛的唱着《马赛曲》前来助战的那支志愿军队伍。不知到底是他们的歌唱得好,还是这首歌曲的曲子或歌词写得好,流传开后成为法国的国歌。这首诞生于法国大革命战火中的《马赛曲》,歌词中充满了革命的激情,但也充斥着鲜血、杀敌等歌词,以至于现在法国有人认为这首国歌少儿不宜,出现了要求修改国歌歌词的动向。法国国民政府和集结到巴黎的志愿军们充满着革命热情,都认为国王的不合作是一种背叛行为。为什么战争开始时法国居于劣势,其根子在国王。他们要求严惩国王。意气高扬的法国志愿军9月20日与普鲁士的首战告胜,紧接着又胜奥地利军,进而占领全部奥属尼德兰。朝普鲁士方向的进攻也到了法兰克福。1793年1月,国民议会成立了国防委员会(后来的公安委员会)。

1793年1月21日国王路易十六被处死,使欧洲的君主制各国感到法国大革命已经不是法国的内政,其革命思想向欧洲各国的蔓延,势必形成对君主制的否定,影响到欧洲各君主自身的安危。奥地利为首,西班牙、荷兰、那不勒斯王国、撒丁王国和英国结成了第一次反法同盟。已经完成资产阶级革命、正在形成市民社会的英国本来是同情法国的市民革命的。法国市民觉醒奋起革命,英法的治国理念将会接近。欧洲这样两个大国的治国理念、社会制度以及国民意识如果同调，英国就再也不是欧洲的异类，就像找到了精神上志同道合的革命伴侣。但是出于势力均衡的传统国际法考虑，老奸巨猾的英国更加现实地意识到，法国进攻并占领西属尼德兰（比利时），进而可能进攻荷兰，成为欧洲大陆的一个远远超过欧洲其他国家的强权国家。这是英国必须首先面对的。因此法国革命军的进一步胜利将构成英国安全保障最大的威胁，于是和奥地利一起成为第一次反法同盟的中心国家，站到了反革命一边。

法国革命中的激进派别吉伦特派掀起的革命热情爆发出的战争冲击力将欧洲几大列强组成的强大的反法同盟冲击得七零八落。反法同盟开始衰退，战场上居于劣势。1793年5月31日到6月2日，巴黎又发生暴动，罗伯斯比尔为首的更为激进的雅各宾派掌握的政权，停止了宪法，由公安委员会掌握一切权力，实行恐怖政治，将吉伦特派的那些伟大的革命首领们一一送上断头台。英国也于5月31日宣布实行海上封锁令。西班牙、奥地利、撒丁王国军队开始进入法国。8月23日，法国国民议会发布国家总动员令，实行征兵制度，对各阶级的法国国民平等征兵达120万人。这对当时通行的雇佣兵为主力的欧洲各君主国说来是难以想象的巨大兵力。以拥有欧洲最大人口资源的法国国民作为基本兵源，构成了人数众多的国民军，并且因为革命的洗脑变得不怕死了。仅靠这些不为名、不为利的亡命之徒实行人海战术，就足以撕破那些反法联盟的任何军队的防线。法国在1793年下半年取得一系列胜利，终于把列强的干涉势力赶出法国，还于1794年进一步把战线推进到法国境外，将外国干涉的法国内战演变成了境外战争，即欧洲范围内的法国革命对欧洲反革命的战争。

雅各宾派的激进革命政策激发出法国民众巨大的革命热情投身于革命战争，使得法国彻底摆脱困境，赢来了大好的国际环境。但是断头台和断头机带来的恐怖使得这场世界上最早的"文化大革命"只能持续一年有余。雅各宾的稳健派代表人物丹东（Georges Jacques Danton，1759—1794）要求采取更宽容的政策，结束恐怖政治，对外战争适可而止，恢复法国国土。如果丹东的政策被革命政府采纳，也许法国就不会在革命热情的冲动下走向对外征服的道路，在保证法国革命政权安定的前提下，欧洲仍然可以在国际法和势力均衡的原则下共处，国际法及其法律秩序也不会受到挑战。当时只是准将的25岁的年轻军官拿破仑纵然身怀无敌的军事天才，也将没有用武之地，世界历史或将被改写。

丹东被19世纪法国历史学家儒勒·米什莱（Jules Michelet，1798—1874）评价为充满人性和理性的革命家，但是罗伯斯比尔担心被丹东取得主导权，并且政见的分歧也难以调和，便以与王党勾结的莫须有的罪名被送上了断头台。丹东在审判中的雄辩理所当然会得到无罪的结论，但却以妨碍法庭辩论的理由根本不让他把话说完,结果不出所料被判以死刑。1794年4月5日,在被送往革命广场(即现在巴黎的中心协和广场)断头台的路上途径罗伯斯比尔家时他高叫到"罗伯斯比尔,下一个就该轮到你了",慷慨赴死。年仅34岁,留下的最后的话是"以后让民众好好看看我的这颗头颅,并不多见哟"。丹东具有极大的个人魅力,在法国民众中也有很大的影响力,而且和罗伯斯比尔之间除了是革命同志外,也具有极好的朋友私人关系。决定丹东之死的罗伯斯比尔在逮捕丹东之际脸色铁青,内心充满矛盾和痛苦。3个多月后的7月28日,罗伯斯比尔以及其他21名被推翻雅各宾专政的热月政变者们宣布不受法律保护的革命同志也被送上这座断头台。其实罗伯斯比尔比他的亲密战友丹东还要年轻,死时年仅31岁,还是个血气方刚的热血青年。如果他不被他的理想和狂信冲昏头脑,他的前程不知有多么光明。

断头台以及断头机是为了更方便执行斩首刑而于1792年4月25日由国民议会决议设置。本来在法国只有贵族判死刑才能适用斩首刑,而平民只配享受绞首刑的待遇。斩首刑的执行难度很大,是因为刽子手很难一斧斩首,给予受刑者很大的痛苦。好在贵族执行死刑不多,所以只有很少的高技能的刽子手享受高薪待遇,日子过得也很滋润。但革命爆发后有大量贵族因为被宣判为反革命,要被执行死刑。再则革命的平等理念也要求废除贵族和平民的差别待遇,包括死刑执行方式。一旦被判死刑,尽管斩首刑痛苦而残酷,但它是一种更高贵的待遇。而绞首刑虽然痛苦较少,但却标志着待遇较低,不平等。贵族由于多年的贵族意识当然不愿意降低身份而被绞死。平民(其中还有很多就是资产阶级)追求平等,被判处死刑时候也应该享受与贵族相同的斩首刑待遇。这样一来,刽子手成为一个紧俏的职业,吸引了很多有志青年以及混饭吃之辈投身前来。其中有不少并未在技术上精益求精的南郭先生滥竽充数,使不论贵族还是平民,为了享受到斩首刑的待遇,不得不在人生的最后时刻承受这些没有经过充分接受职业培训的刽子手在行刑时的痛苦。不过当时的人们都是有信仰、有理想的,无论革命派还是反革命派,面对死刑都认为是自己是无比崇高的、死有所值的,因此当头砍不下来死也死不了时,只有靠坚强的意志和信念支撑着。

幸好,大革命的博爱理念使得国民议会终于通过了人道行刑的决议,产生了这台断头机。设计者将设计图拿给被监禁的路易十六征求意见,路易十六提议将原设计的新月形刀改为斜三角形刀,以便使得那些人比较胖而粗的脖子更容易被斩断。其实这正是路易十六的体型。作为超一流工匠路易十六当然对刀斧的力学原理非常在行。最后设计者觉得路易十六的建议非常中肯可行,于是按照路易十六的建议进行了改良。恐怕无论路易十六,还是设计者、国民议会的议员们,当时绝没有想到还要让路易十六上断头台接受这台断头机一刎。不过他的建议的确为他和他的王后妻子行刑过程减轻了痛苦,并且也在其最后的时刻享受了与其子民同等的待遇,身体力行地体现了法国大革命的平等的理念。1793年6月13日,雅各宾党当权后仅仅十几天,就发布政令在法国83个县每县设置一台,断头机生产变为量产。1870年法国司法大臣命令撤掉断头台,将断头机直接安在地上,但遭到媒体和巴黎市民的强烈抗议,宣布"我们拒绝像猪一样趴在地上死去",将这台断头机毁坏,后来又不得不重新设计制造了两台新式的,还是装在了木制的断头台之上,满足了人民的要求。

热月政变结束了雅各宾派的恐怖统治,法国政局趋于安定,从1795年11月2日到1799年11月10日成为督政府时代。轰轰烈烈的大革命的激动人心的年代过去了,但革命激发出来的激情没有在法国革命引起的激烈内斗中损耗,而是直接剑指国外。这时法国并没有因为国内政局的安定而放弃利用法军打下来的巨大军事优势。这股力量立即开始向欧洲冲击,挑战那个由欧洲王室们经过多年王位继承战争等确定下来的国际法秩序。

3.3.1.3 法国的卫星国的建立及其对国际法的挑战

面对被革命狂热冲动起来的富有牺牲精神的人数众多的法国革命军,反法同盟的君主军队及其雇佣兵惊慌失措,抵挡不住法军的攻势。征兵制下的国民军参战完全打破了欧洲几个世纪王朝战争的游戏规则,甚至战争法规则。法国革命打破的等级观念,解放了人的才能,法军涌现出一系列年轻而优秀的军事将领。他们的军事思想解放,战略战术极其新颖。由他们来领导这些不怕死的可以实行人海战术的法国国民军对欧洲各君主国的腐朽的雇佣军,很快取得军事优势,将战争推进到了国外。

法国首先在北方战线取得了重大胜利,吞并了奥属尼德兰(比利时),进而在1795年占领荷兰,成立了巴达维亚共和国(Batavian Republic,1795—1806)。后来荷属东印度的首府就叫巴塔维亚(即现在的印度尼西亚首都雅加达)。这是荷兰民主共和派势力流亡法国后,在法国大革命中与法国革命派结成同盟,以法国革命军的力量归国掌握了权力而成立的亲法国政权。这是法国在海外成立的第一个卫星国。巴塔维亚共和国是法国的傀儡政权,严格地说与法国之间并无平等的国际法关系,并且在外交政策上必须和法国采取同样立场。该共和国后来为拿破仑成立的荷兰王国所取代。而该荷兰王国的国王正是拿破仑的五弟路易·波拿巴(Louis Buonaparte,1778—1846,荷兰语为Lodewijk Napoleon,国王名号为路德维希一世,即Lodewijk Ⅰ)。他与后来的法兰地第二帝国皇帝路易·波拿巴不是一个人。后者是这位拿破仑五弟的儿子,即拿破仑的侄子,但父子俩的名字又落入了波旁王朝那些众多路易国王的姓名怪圈。法国人对路易的名字的嗜好成为法国一道亮丽的风景线,就如同中国人对拥有最多同名同姓的"刘波"、"张勇"、"王伟"等姓名的偏好一样。拿破仑将他的弟弟封为荷兰国王,正说明了荷兰作为法国的卫星国的地位。这也是对七年战争后确立起来的欧洲国际法秩序和国与国之间关系的重大挑战。而且作为法国承认巴塔维亚共和国立国的条件是，将布拉班特（Brabant）和马斯特里赫特（Gemeemte Maastricht，即后来的 1992 年《欧洲联盟条约》签署地，因而《欧洲联盟条约》也被称为《马斯特里赫特条约》）割让给法国。法国进而与普鲁士签订了《巴塞尔和约》，使普鲁士承认了法国对莱茵兰的合并。那位神奇的腓特烈大帝也在汹涌澎湃的法军面前无计可施，再也未见他的"第三次勃兰登堡的奇迹"发生，赶快和法国妥协，退出了战争。1795 年，法国对西班牙的进攻也见成效，于 7 月 22 日与西班牙签署《第二次巴塞尔和约》，以承认法国革命政府为条件，法军撤出西班牙占领地，但是西班牙同意割让西印度群岛多米尼加的圣多明各。

搞定了荷兰、普鲁士、西班牙后，法军开始收拾第一次反法同盟的始作俑者奥地利。督政府目标在于远征奥都维也纳，分兵三路，分别从莱茵兰和意大利方面向蒂罗尔（现奥地利西南的蒂罗尔州，当时是德意志诸侯国）会师，然后攻占维也纳。莱茵兰方面出发的两路大军中，有一路大军进展顺利，到达蒂罗尔国境，但另一路失败，前一路大军失去了护援。两路大军不得不退却到莱茵兰。而意大利方面军由拿破仑领导。他被督政府实力人物巴拉斯（Paul Barras，1755—1829，后来拿破仑夫人约瑟芬的前情人）提拔为司令官。这是拿破仑自土伦之战后第二次破格提拔，终于给这位军事天才以施展才华的机会。在这场被称为第一次意大利战争中，拿破仑只用一个月便征服了撒丁王国，然后在意大利与奥地利军的对峙中取得一系列胜利，在没有其他两路大军策应的情况下独自率军从蒂罗尔向维也纳进发，一路势不可挡。就连打破莱茵兰方面法军的奥军统帅卡尔大公也无法阻止拿破仑的进军，奥地利不得不请求停战。1797 年 4 月 18 日，拿破仑和奥地利签署了《洛本和约》，奥地利保留威尼斯共和国的宗主权，而承认丧失了奥属尼德兰和伦巴第。该条约的事项最后被当年 10 月 17 日的《坎波福尔米奥和约》所承认。

《坎波福尔米奥和约》规定奥地利向法国割让包括奥属尼德兰以及北意大利多个属地的领土，两国瓜分威尼斯共和国，意味着这个千年共和国以及另外一个著名城市共和国热那亚共和国因此而画上休止符。这部和约标志着第一次反法同盟的瓦解，法国获得全胜，拿破仑以一己力量迫使奥地利退出战争。坚持着欧洲大陆的势力均衡，维护既存国际法秩序的英国已经孤掌难鸣。拿破仑因此在法国获得极大的声望。即使在欧洲，受君主制专制压制下的各国民众也开始对拿破仑寄予某种解放的期待。其实，这对于拿破仑来说，只是一个序幕。这部条约已经不同于该世纪前几次战争的合约那样具有稳定性和确定国际关系与国际法义务的性质。在拿破仑眼中，它只不过是一部休战协定而已。对欧洲的国际法秩序带来的冲击会接踵而来。其实这些条约从国际法的条约法而言是有缺陷的。拿破仑是前线军事指挥官,没有督政府明确授权是没有缔约权的。缔结的条约如果没有督政府的批准,也是没有效力的。但是拿破仑根本就无视这些规则,因为他已经掌握可以打破欧洲大陆任何军队的最强大的一支军事力量,而且意大利战争获得的大量战利品源源不断送到巴黎,既解决了督政府财政上的燃眉之急,也获得法国民众极大的拥护。借150年后斯大林对毛泽东说过的一句话,胜利者是不受谴责的。他已经成为法国的超级偶像,而这个偶像是带有牙齿的。督政府虽然一直怀疑拿破仑有野心,但是也只能任由拿破仑去折腾,独断行使外交缔约权。

拿破仑以这个不受督政府管束的缔约权和军事权在意大利为所欲为,竟然建立了一系列卫星国。他可以随意立国,随意废国。今天宣布某某为某国国君,明天又废除某某的国君。他只是一个前线军职指挥官,却简直就是"国王制造者"(king's maker)。拿破仑也十分爱好于此,并陶醉和享受于立国君和废国君带来的快感之中。他建立的这些卫星国主要有:利古里亚共和国(1797—1805,1814),是在灭掉热那亚共和国的基础上建立的法国傀儡政权;爱尔巴共和国(Republic of Alba,1796—1801);奇斯帕达纳共和国(Republic Cispadana,1796—1797,在波河南边);奇萨尔皮尼共和国(Republic of Cisalpina,1797—1802,1802年更名为意大利共和国,1805年改为意大利王国)。此外还有若干个共和国,总数大约有十来个。为什么这时都是共和国,是因为法国这时也是共和国,拿破仑还只是在外出征的军事将领,并没有帝国野心。但是他的这些实践足以说明,他根本无视国际法的规则,也没有国家主权独立和平等的意识。他实际上在意大利建立了一种傀儡国群体,而法国和傀儡国之间只存在主从关系,并无国际法上的平等主权国家关系。拿破仑可以建立某个共和国,一朝心血来潮也可以随意撤销某个共和国。这些卫星国的君主们或领导者们都在他的淫威下战战兢兢,过一天算一天。

第一次意大利战争的胜利使得拿破仑自信满满。面对唯一的大敌英国,被各种胜利和荣誉冲昏头脑的他连大英帝国的海军也不放在眼里,打算切断英国与印度的联系,远征处于奥斯曼帝国统治下的埃及王国。1798年5月18日,拿破仑率军5万从给他带来过好运的福地土伦军港出发,以求出征大吉。途中顺便占领马耳他,7月2日在埃及登陆,仅用不到20天就战胜了埃及军队,举行了开罗的入城仪式,重现了当年恺撒和埃及艳后勾勾搭搭进入亚历山大城的那一幕。但是在8月1日的尼罗河河口海战中拿破仑的舰队大败于纳尔逊(Horatio Nelson,1758—1805)指挥下的英国舰队。拿破仑终于遭遇到他第一次大的挫折。英军获得地中海的制海权。但英军并没有登陆与拿破仑决战。擅长海战的英军和擅长陆战的法军本来就不是一路货色。两者从此避开了直接对决,开始了海上霸权和陆上霸权的远距离较量。在埃及的法军在英军的制海权下处于孤立状态,拿破仑被困在埃及,每天看着雄伟的金字塔,心里却不是滋味。

此战的失利使英国得以组织第二次反法同盟。那不勒斯王国、奥地利、俄罗斯、土耳其与英国结盟,组成了第二次对法国的包围圈。在没有拿破仑情况下,法军首先打垮了那不勒斯王国军队,占领了那不勒斯,于1799年成立了帕尔特诺皮亚共和国(Republic of Partenopea)。但是此后法军不但在意大利,而且在莱茵兰等地也相继失利。法国又一次陷入危机。这场危机也意味着法国的那些卫星国的命运也变得不可捉摸了。

3.3.2 拿破仑战争及其对国际法的破坏

3.3.2.1 拿破仑夺权和称帝

看着卫星国一个个被灭掉,法军一蹶不振,拿破仑在埃及也坐不住了。整支埃及远征军面对英军制海权是不可能撤回法国的,于是拿破仑决定留下大军,自己轻装小艇出海,躲过英国军舰的封锁,冒险返回法国。1799年10月9日,拿破仑在法国南部登陆。法国著名革命思想家、督政府督政官西哀士(Emmanuel-Joseph Sieyes,1749—1836,他的《什么是第三等级》一书成为大革命的宣言)与拿破仑联手,于1799年11月9~10日发动雾月政变,组成了西哀士、拿破仑、杜科三人临时执政组成的执政府,将拿破仑推向政治权力中心舞台。若是政变失败了,拿破仑将会以从埃及前线临阵脱逃的罪行和叛国罪被判处死刑。西哀士起草了1799年宪法,强调执政府实行宪政,但拿破仑的声望和对军队的绝对掌控能力使一纸宪法和其他两位书生已经不能阻止拿破仑掌握国家权力了。

拿破仑·波拿巴(Napoleon Bonaparte,1769—1821)出生在非法国本土的科西嘉岛。祖先是意大利托斯卡纳某个贵族,成为热那亚共和国雇佣军头领被派往当时的热那亚属下的科西嘉岛上。后波拿巴家族在此定居下来。在科西嘉反对热那亚统治的科西嘉独立运动中,他的父亲成为独立运动领导人的副官,但其心已经转向效忠于法兰西。科西嘉独立运动成功后,接着便归属法国。论功行赏,拿破仑的父亲获得了与法国贵族同等的权利,但没有受封贵族封号。这是因为科西嘉本来就没有贵族制度,于是拿破仑父亲请求科西嘉总督支援拿破仑以及长兄约瑟夫到法国本土接受教育,即走后门进学校。拿破仑通过这个后门在法国进入军校学习炮兵。毕业成绩在58人中名列第42名,但是别人花了4年时间学习,而拿破仑走后门跳级只用了11个月,成绩是否渗水不得而知,但取得这样的名次应该是非常优秀的了。从他后来的战绩来看,应该是真的,而那些拿第一名的才是真正的水货。这也说明走后门不一定都是废物,不问青红皂白堵死开后门的路,就是堵死了拿破仑这样的天才出现的可能性。毕业后拿破仑被派到部队,革命时开始仕途一般,曾在马赛暂住于富商克拉里家,因为拿破仑长兄就是该富商的乘龙快婿。拿破仑看上了富商的小女儿、他嫂子的妹妹德茜蕾·克拉里(Desirree Clary, 1777—1860,后来的瑞典王国王后兼挪威王国王后),相爱订婚。如果这段姻缘能成,那就是亲上加亲。拿破仑归队后成为上尉,最后在1793年土伦一战成名,年方二十四,被破格提拔为准将,进入了革命年代青年将领直升机式提拔的快车道。

很快,三十而立的拿破仑成为执政府三人执政中的第一执政。他抛开了宪法,获得了独裁的权力。法国人民放心地把国家的前途和命运都押在这位为国家立下汗马功劳的年轻人身上。面对第二次反法同盟的围攻,为扭转战争的不利局面,他立即重新开始向意大利出击。他采取了古代迦太基翻越阿尔卑斯山远征罗马的战术和通道,1800年夏天出其不意进攻北意大利,取得大胜。12月,莱茵兰方面的法军也对奥地利军取得大胜,奥地利不得不签订《吕内维尔和约》(Peace of Luneville)。该和约承认法国在意大利建立的那些卫星国,并承认法国对莱茵兰的合并。这一和约当然是对国际法原则的公然否定,并迫使奥地利也公开承认了这些违反国际法基本原则的结果。条约也标志着第二次反法联盟的瓦解,从此又只有倔强的英国一家在坚持对法作战了。本来正在向市民社会过渡的英国最接近法国大革命的理念。如果是意识形态和阶级立场至上的话,理应和法国站在同一条战线上去反对欧洲那些顽固保守的封建残余。但为了恢复欧洲势力均衡和国际法秩序,英国不得不作这样的苦涩的选择。而如今已经没有了欧洲其他强国的策应,英国也感到独力难撑,于1802年3月和法国签订《亚眠条约》,相互划分了势力范围,为欧洲带来了1年多短暂的和平。次年,英国和法国又开战,这就是拿破仑战争的开始。但开始时战争规模并不大,短暂的和平环境使得拿破仑有时间和精力来首先解决内政问题。

这就是制定民法典。拿破仑取得独裁权力后,就于1800年8月12日任命了4名起草委员,一章一章起草,然后交由护民院(立法院)审议通过,成为一部一部的单行法规加以实施。到了1804年3月21日,他将一共36个单行法规汇总成为一部完整的法典,其中每部单行法规构成一章,全部36章,共3篇(现为5篇),长达2281条的巨大法典,成为立法史上的一座丰碑。这部法典以罗马法《国法大全》(Corpus Iuris Civilis,也叫《罗马法大全》)的《法学阶梯》(Institutiones)为基础,将法国各地的习惯法和封建法加以统一,确定了契约自由或契约自治、保护所有权、法律面前人人平等原则,巩固了法国大革命中农民从贵族手中取得的土地所有权,解决了经过革命的法国民众最担心的切身利益问题,换来了法国人民对拿破仑的内政、外交和军事政策的死心塌地的拥护。此外,国家世俗性原则、宗教自由、经济活动自由等近代价值观都体现在了这部法典之中。

拿破仑自始至终参与了法典的起草,并就起草委员的意见提出自己的方案,往往切中要害,一锤定音,使得这部法典能够如此迅速出台。拿破仑并没有法学教育和职业训练的经历,出于他对法律问题的敏感、关心以及对法国大革命要实现的理念的理解,才使他有能力促使这一旷世之作的问世。拿破仑晚年被流放到圣赫勒拿岛时无不感慨地回忆道:"我的光荣不是在于打过四十次胜仗,因为滑铁卢的一次失败可使这一切完全被人忘记。但不会被人忘记、而且永垂不朽的,却是我的民法典"。

该部法典最早命名为《法国人的民法典》(Code Cibil de Francais)。当时就适用于比利时、德国的莱茵河左岸、荷兰,具有一定国际性,似乎让人们看到了古代罗马万民法的影子。1807年9月3日,改名为《拿破仑法典》(Code Napoleon),强调了皇帝个人色彩,似乎受到古代《罗马法大全》也叫做《查士丁尼法典》的启示。而同一时代普鲁士那位腓特烈大帝在《拿破仑法典》出台之前也制定了一部民法典,条文数量过万,规模远比拿破仑的宏大,但大帝的人格谦虚低调,并没有将其命名为"腓特烈法典",而是叫《普鲁士普通法典》(General Law of the Land of the Prussian States,也叫《普鲁士邦法》)。不过这部普鲁士邦法论质量水平远不及《拿破仑法典》。看来既能搞法律又具有盖世武功不是什么人都能玩转的。只有拿破仑和查士丁尼才能名垂青史。后来拿破仑被流放后又改回原名。而1852年拿破仑三世时又重新叫回《拿破仑法典》。直到现在,官方正式名称是《法国民法典》,但一般通称《拿破仑法典》,则是法国人乃至全世界的共识。《拿破仑法典》是拿破仑贡献给人类的宝贵遗产。

拿破仑作为人类历史上最伟大立法家的更大伟业还在于,他的立法计划并不只是这一部法典。他的革命和理想主义指引着他,还要将所有的法律成文化、体系化,而且用最简明扼要的语言写出来,以便让法国民众只要能够识字,就可以从运用这些法典的条文来维护自己的权利。这项浩大的立法工程一直持续到1810年,包括民法典,一共制定了5部法典。其他4部分别是刑法典、商法典、民事诉讼法典和刑事诉讼法典。它们统称"拿破仑诸法典"(Codes Napoleoniens),或"拿破仑五法典"(Cinq Codes Napoleoniens)。如果加上大革命开始后法国历代政权都不可缺少的宪法,就构成"六法"。这就是大陆法系国家法律的"六法体系"的由来。拿破仑将他的呕心沥血之作《拿破仑法典》随着他的征服的铁蹄带向了欧洲各国。即使他的征服最终失败,这些被征服过的国家仍然认为这部法典是最优秀的,稍加修改本国化,就变成了自己的民法典(免得像中国这样,民法典已经起草了半个世纪却还遥遥无期,不见踪影)。还有很多国家自发地效法《拿破仑法典》制定了自己的民法典,更是一条多快好省的捷径。这些沿用《拿破仑法典》系列的诸国构成一个法系(legal family),即大陆法系,或民法法系,或罗马法法系,或成文法法系,与英美法系相对应。不过,后来德国也有了一个标杆式的民法典《德国民法典》,大陆法系便有了法国和德国两大谱系。其实,拿破仑只要拿出他的法律才能的一小部分用于国际法的构建上,也可以取得同样了不起的业绩。因为他有军事实力做后盾,可以通过自己的武力来构建一个国际法律秩序和法律框架。集法律与武力于一身的人自拿破仑以后再也没有在这个世界上出现过。如果拿破仑真的想编纂国际法,兴许国际法的法典化编纂会比后来联合国国际法委员会的工作来要早一个半世纪。可惜,他骨子里就没有国际法的地位。而且后来的发展表明,他鄙视国际法,实际上就是国际法的摧毁者。在建立国际秩序和处理国与国关系上,他并不相信法律,而只是过信他的军事力量。这一点,他是现实主义的。

虽然法兰西的知识分子们一直对拿破仑的独裁倾向心存芥蒂,耿耿于怀,但淳朴的法国民众已经不知道如何感谢拿破仑制定法典的功绩。本来1802年8月2日已经修改宪法,将拿破仑从第一执政改为终身执政。制定了民法典而意气风发的拿破仑,除了黄袍加身外,在共和制下已无法给他更高的头衔了。在拿破仑颁布了民法典的1804年,改国家政体为帝制,劝进拿破仑称帝的呼声日益高涨。如果只是变成法兰西第二王国,给他法兰西国王拿破仑的名号,是不足以表达对拿破仑的崇敬之情的。伟大的拿破仑难道和那个被送上断头台的倒霉蛋路易十六是一个档次的吗?只有奉上世界最高的君主地位,即皇帝,才配得上拿破仑的功劳。经过议会表决和全民投票公决,这年年底法国实行帝制,而拿破仑成为世袭的法兰西帝国皇帝,即拿破仑一世。

即便他功高盖世,也可以像美国国父华盛顿那样高风亮节,谦虚地拒绝就任美利坚王国国王的劝进。但是在欧洲普遍实行君主制的环境下,自己血脉里没有任何王家血统的拿破仑的内心还是存在着一丝自卑,终究未能免俗。他取得了帝位,一下子获得高于欧洲大多数君主的地位,取得和奥地利皇帝和俄罗斯沙皇平起平坐的身份。他专门请来罗马教皇庇护七世(Papa Pius Ⅶ,1742—1823)来为他加冕造势,但在教皇要给他戴上皇冠的时候,不知什么原因拿破仑从教皇手中夺过皇冠自己给自己戴上,令各国嘉宾愕然,更令教皇本人费解。大概是拿破仑自己突然觉得皇权还是应该高于教权吧。这是他霸气和藏在心中的帝国理念的表现。在他眼中,教皇算什么,也许就连奥地利皇帝、俄国沙皇终有一天都会被他踩到脚下。他心目中就没有和其他国家按照国际法平起平坐的观念。他的名言就是:"在我的字典中,没有'不可能'这样的字眼。"

在法国国内,除了皇亲国戚外,其他很多人论功行赏,加封各级贵族称号。一个革命理想主义者现在开始走向他的反面,革命前的贵族制又以另外一种形式得以复活。这是欧洲难得一见的易姓革命。而教皇庇护七世也不轻易服软。在拿破仑接管教皇国国土的时候他毅然宣布革除强大的拿破仑的教籍。而不信邪的拿破仑干脆就将这个为他加冕的庇护七世囚禁在北意大利的萨沃纳。直到拿破仑退位,这位教皇才恢复自由,能够接受教徒们的欢呼。但教皇在拿破仑落难后在罗马为拿破仑家人提供庇护,谁叫他的名号是"庇护七世"呢。在拿破仑临终时教皇还专门向圣赫勒拿岛派遣神父,为拿破仑祈祷,尽显教皇的慈爱一面,也是令人动容的。

3.3.2.2 拿破仑战争的发展

1803年5月,英国撕毁《亚眠和约》,对法国宣战。这是法国大革命战争与拿破仑战争的分界线。因为自此以后,法国所有的战争都是在拿破仑的名义下进行,直到他被流放。拿破仑为了让英国屈服,1805年年初在英吉利海峡法国一方的布洛涅集结了18万大军。为了对抗,英国于4月11日成立了第三次反法同盟。普鲁士保持中立,参加同盟的有奥地利、俄罗斯、那不勒斯王国、瑞典。拿破仑为了分散英国海军的战斗力,计划攻击西印度群岛,另外还要攻击爱尔兰。但是西印度群岛攻击失败。法国和西班牙联合舰队回国途中于7月22日在西班牙西北加利西亚外海遭遇英国舰队,爆发了菲尼斯特拉角海战。法国舰队遭到很大损失,使得法国登陆英国的计划不可能实施。但指挥战斗的英舰队司令卡尔达却被军事法院起诉,认为他指挥失误没有全歼法西联合舰队。受挫后停留在西班牙比斯开湾的法西联合舰队又于同年10月21日在西班牙西北比斯开湾的特拉法加角外海与英国舰队开战。这是那个时代最大海战。英国舰队27艘战舰、4艘巡洋舰和其他2艘军舰,在纳尔逊指挥下对阵具有优势的法西联合舰队的33艘战舰加上其他8艘军舰。

纳尔逊早在1798年尼罗河河口之战中已经击败过拿破仑的舰队,将拿破仑及其远征军困在埃及,摧毁了拿破仑的东方野心。他虽然失去过一只眼一只手,但独眼独臂者并非都是海盗。他天生严重晕船,但命运偏偏让他成为海军,最后成为舰队司令。这场海战不但使英国获得了地中海制海权。纳尔逊也因此战被英王授予男爵,成为英国贵族爵爷。1801年在对丹麦海军(法国一方)的哥本哈根海战中,纳尔逊作为海军中将副司令无视司令下达的中止战斗的旗语,其理由据说竟是用他失明的右眼看望远镜,无视命令而继续战斗获得险胜。因此战的战功纳尔逊被提升为子爵,实现了当英国贵族的愿望。在英军中因作战英勇被授予贵族称号就是得到了最高荣誉了。

特拉法加角海战中,法西联合舰队以优势的军舰横列严阵以待,纳尔逊采取两列纵队突击分断作战。当时的海战技术难以直接炮击击沉敌舰,很多都只能船舷接近后进行近战。法西联合舰队司令皮埃尔·维尔奴伯爵(Pierre Villeneuve,1763—1806)早已察觉纳尔逊只能采取这样的战术,预先配置狙击手直接射击英军将领。法西联合舰队数量占优,但指挥混乱,士气和训练不足,舰载炮3分钟发射1发炮弹。而英国海军素质占优,指挥得当,舰载炮发射速度快一倍。混战的结果,联合舰队被击沉1艘,被拿捕18艘,战死4 000人,被俘7 000人,其被俘者中包括联合舰队统帅维尔奴伯爵。他后来被释放回法国,实在想不通自己的优势舰队为何会打成这样的结果。1年后他郁闷自杀而死。英军舰船完好无损,战死400人,其中却偏偏有纳尔逊。纳尔逊无视副官的劝告穿着豪华的司令官制服,佩戴四枚耀眼的勋章,成为维尔奴配置的狙击手绝好的目标。他对副官说:"我的这些勋章都是我的功勋的标志,到死我都要戴上它们"。结果竟一语成真。他留下的话是:"感谢上帝,我的任务完成了"。海战英军获得全胜,不但彻底摧毁了拿破仑征服世界之梦,而且为英国迎来了海上霸权。早在尼罗河河口海战前,他就说过,明天要不葬于威斯特敏斯特,要不成为贵族(英国没有战死后追认为贵族的制度)。在早先还是海军上尉的时候他也说过,要是自己成为舰队司令,要不击沉所有的敌舰,要不自己的军舰全部被击沉。这样破釜沉舟的决战气势,他的名声使得法国海军从尼罗河河口海战开始就患上了"纳尔逊综合症"。纳尔逊离世后,"纳尔逊综合症"还在法国以及其他国家海军中延续了一个世纪之久,以至于有人评价19世纪英国的海上霸权:这个世纪英国没有海军,只有伟大的纳尔逊的在天之灵。为了将他的遗体送回国,棺材中灌满了拉姆酒,因而在有的酒吧将拉姆酒称为"纳尔逊的血"。第二年,英国在伦敦圣保罗教堂为他举行了国葬。这是英国第一次为不是君主的功臣举行的国葬。在伦敦的特拉法加广场中央,建立了纳尔逊纪念柱。

为了让这位拯救大英帝国的战神能够有良好的心情投入对拿破仑的战斗,谁又知道有人却在默默地付出和承受着巨大的牺牲,为了大英帝国的永远的荣光而甘心戴上了一顶伟大而崇高的绿帽。英国人在享受一个世纪的和平的时候,不但要记住纳尔逊的名字,还应该记住他,感谢他。这位伟大的献身者就是英国外交官,驻那不勒斯王国的英国大使威廉·哈密尔顿爵士(William Douglas Hamilton,1730—1803)。在他的长期驻在地那不勒斯郊外,耸立着那座曾经演绎过多少惊天动地历史画卷的著名而伟大的维苏威火山。这位大使就利用其工作方便做私活,大部分时间不务正业,对维苏威火山爆发及其与地震的关系,以及庞培遗址考古等进行了卓越的研究,1770年获得英国皇家学会科普里奖(其分量相当于现在的诺贝尔奖)。其收集的出土文物于1772年卖给了大英博物馆,成为著名的馆藏,镇馆之宝之一。

1791年,60岁的大使和年仅26岁的艾玛(Emma,1765—1815)结婚。这位自幼多情的超级美女早年就是伦敦社交界的风流名媛,并与一个年轻英俊风流倜傥的贵族相恋同居。可是负心的贵族爱美人,更爱钱财,立志要和一位门当户对的富婆结婚。为了摆脱艾玛的死缠烂打,这位负心的贵族于1786年将艾玛带到西西里王国的首都那不勒斯,让其进入这里的社交圈。奔放的艾玛立即调整了心态,在这座充满阳光和激情的滨海城市复制了伦敦的社交成功。她俘获的不是那些轻浮的公子帅哥,而是当时的公使、年迈的哈密尔顿的心。艾玛先是作为他的情人,后来转正结婚,成为正式的公使夫人。后来妇随夫荣,在丈夫升为大使时,艾玛也升为大使夫人,获得了那不勒斯社交界高贵的身份。艾玛在这座洋溢着古典浪漫气息的城市,以其尊贵身份,加上自己的美貌和才能,在舞蹈、演艺、时装等方面大放异彩,使得这座浪漫的海滨城市乃至全意大利那些攀附风雅的贵族们、艺术家们、作家们纷纷成为她的粉丝,甚至包括游历来此的德国大文豪歌德、爱美人的英雄纳尔逊也不能例外。

纳尔逊是在1793年作为土伦军港围攻战(拿破仑就是在此战一战成名,这是两位英雄作为冤家对头的第一次对阵)中作为特使到那不勒斯王国求援,见到了当时的公使夫人、惊艳的艾玛。5年后的尼罗河河口海战胜利后,纳尔逊已成为英国乃至欧洲家喻户晓的英雄,但是他到了那不勒斯与艾玛重新见面时已经是独眼独臂,而且牙齿也几乎掉完,咳嗽不断。富有爱国情怀的多情女子艾玛见此心痛不已,给予纳尔逊异常的关照,两人相恋了。人们对他们的出轨非常宽容,包括这位无私的爱国志士兼伟大的博物学家、考古学家、火山地震学者、外交家哈密尔顿爵士。他也许认为纳尔逊是英国最重要的人才,此时此刻最不应该做的事情就是为了维护丈夫的尊严去决斗。为了大英帝国,爵士保持沉默,以自己的牺牲去成全英雄和美人的好事,默默给予红杏出墙的妻子以财政上的支持,让民族英雄纳尔逊也能得到慰藉。1801年,艾玛和纳尔逊公然同居,为纳尔逊生下了女儿(不知为何后来这位女儿始终不愿承认是纳尔逊之女),而且是在哈密尔顿爵士为她租的房子里。同年秋天,纳尔逊才在温布尔顿郊外买了一座摇摇欲坠的旧房,并接来了艾玛的母亲同住。纳尔逊与哈密尔顿之间也保持着非常融洽的绅士关系。而光彩照人而有着传奇经历的艾玛无论走到哪里都成为闪光的亮点和舆论的焦点。她把吝啬的纳尔逊为她买的这所破房子装修好。成为一座具有独特艺术魅力的温馨小屋。这座房子的装修风格、艾玛本人的时装、她的宴会菜单都成为伦敦新兴的媒体八卦的焦点。

1803年,哈密尔顿去世,纳尔逊也丢下艾玛奔赴战场,成为不归之魂。失去丈夫和情人的艾玛也失去了自我,陷入赌博、浪费和债务的黑洞,进了债权者监狱,后来逃亡到纳尔逊奋战一生的敌国法国去,贫困之中沉湎于酒精,1815年在英吉利海峡对岸的加来因肝病去世。纳尔逊、艾玛和哈密尔顿之间这段惊天地泣鬼神的三角恋也成为后世文学、电影经久不衰的题材。意大利的某种点心以及葡萄酒的由来据说也是出自艾玛。英国和英联邦的人后世都感谢纳尔逊,纳尔逊成为很多人热门的名字,包括那位为理想而坐牢半生的诺贝尔和平奖获得者、南非的曼德拉总统的名字。国际法能够得到生存和发展,也在一定程度上归功于这位纳尔逊打破了拿破仑的野心,同时还应该顺便感谢一下艾玛,为她那波澜的人生而感叹。

当然,由于纳尔逊用生命换来的特拉法加角海战胜利的制海权实在太具有震撼效果,拿破仑只能把他的攻击力转移到了欧洲大陆。他彻底放弃了征服英国的计划,这是个不得不让他尊敬的国度。拿破仑将集结在英吉利海峡的大军撤回,挥师奥地利前线。对奥战争是他当上皇帝后第一次御驾亲征,1805年10月17日就在巴伐利亚的乌尔姆一战中破奥军,进而于11月14日占领弃城奥都维也纳。奥皇弗兰茨一世(即神圣罗马帝国皇帝弗兰茨二世)与前来支援的俄国沙皇亚历山大一世(Александр Ⅰ,1777—1825)率领的俄军在摩拉维亚(今属捷克)的奥斯特里茨村集结,以优势兵力准备与拿破仑军队决战。12月2日正是拿破仑加冕皇帝1周年,奥斯特里茨战役打响了。法军73 000人对阵俄奥联军85 000人,三个皇帝史无前例地聚集在一个战场上死斗,史称"三帝会战"(法语:Bataille des Trois Empereurs,其实奥皇弗兰茨并不在场)。这一仗轰轰烈烈,双方都付出极大的代价,最后以法军的胜利而告终。俄军东撤,奥地利与法国于12月26日签署了《普雷斯堡和约》,宣告第三次反法同盟的终结。第二天,拿破仑在下榻的那座象征着特蕾莎辉煌盛世的维也纳美泉宫批准了和约。和约除了确认了法国的战争结果,对一些国家的版图进行了调整外,奥地利皇帝还必须承认拿破仑组织德意志诸邦成立的莱茵邦联。这样,神圣罗马帝国及其皇帝的称号已被彻底架空而变得毫无意义。1年后,保留着神圣罗马帝国皇帝称号的弗兰茨放弃了神圣罗马帝国皇帝地位,专心当他的奥地利帝国皇帝,宣告了这个近千年的帝国寿终正寝。奥地利还要向法国支付4 000万法郎的战争赔款。

3.3.2.3 拿破仑帝国的国际法律秩序

为什么叫做拿破仑帝国的"国际法律秩序",是因为拿破仑根本上就没有打算按照威斯特伐利亚体制来建立一个国际法秩序。他的眼中没有国际法。他未曾受国际法的任何约束。他漠视除了他以外的任何权威,无论这个权威是来自教皇,还是来自国际法。他对他的战无不胜的军队充满自信,认为只要有这支军队在手,欧洲大陆的大国、强国迟早都会败在他的手下。什么欧洲的地图无非就是他的拼图板,可以按照他的意愿任意拼接组合,然后将重新组合的国家重新分封。因此,我们只能从更广的意义上来理解和描述拿破仑帝国所构成的国与国之间的关系和法律秩序。国际法律秩序而非国际法秩序才是最好的表述。

拿破仑虽然在特拉法加角海战中失利,但在欧洲大陆节节胜利,短短3个月攻陷维也纳,在奥斯特里茨打败俄奥联军,迫使奥地利帝国讲和。这一仗为法国在欧洲大陆带来了10年的霸权。第三次反法同盟因奥地利的讲和而解消,但英国、俄罗斯、瑞典仍然在同盟内。拿破仑于1806年7月成立莱茵同盟(Confederation of the Rhine,1806—1813,即莱茵邦联),将法国的霸权延伸到德意志的核心地带。拿破仑已经为法国实现了那位野心勃勃的路易十四未竟的事业。名义上邦联的总统是美因茨大主教卡尔·冯·达尔伯格(Karl Theodor Anton Maria von Dalberg,

1744—1817），但是邦联是在拿破仑军事力量背景下成立的，推举拿破仑为保护人，其成员成为拿破仑的被保护国。莱茵同盟最大的时候包括德意志4个王国、13个公国、17个侯国（即君主的诸侯等级为侯爵）、3个自由都市（根据《威斯特伐利亚和约》的原则，德意志诸邦的自由都市都拥有国家主权，相当于城邦独立国家。自由城市是由神圣罗马帝国皇帝授予的），表面看已经是欧洲一大势力，但是从国际法上看并无自主的外交权，必须从属于宗主国法国的外交政策。而国防权也受到限制，只拥有6万军队，而法国可以自由在邦联的领土上驻军和调遣军队。连莱茵同盟的国内法也全部使用《拿破仑法典》，实际上立法权也不完整。莱茵同盟的建立和运作实际上反映了拿破仑的国际法律秩序的观念。

　　拿破仑并无系统的国际法的理论。他的国际法律秩序全凭他的军事实力建立起来的自信，实际上是一种帝国理念。他仰仗他的军事天才，无视一切既存的权威，打破欧洲君主制的王家血统传统，直接登上帝位，就连罗马教皇的戴冠也可以置之一边，最后甚至囚禁教皇，全然是一种傲视天下的霸者气概。这与中国皇帝的"普天之下莫非王土"理念何其相似。他个子不高，只有1.68米，时常穿着那条并不潇洒的紧身裤，在欧洲绝非伟岸男子，但并不妨碍他成为欧洲，乃至世界的巨人。他作为法国大革命的产物，以"自由、平等、博爱"的革命理想的推广者、实现者、解放者自居，自认为其军事行动就是要将欧洲人民从封建枷锁中解放出来，为他的扩张和侵略提供了最有力根据，也为他观念中的国际法律秩序提供了合理和合法的理由。在这个法律秩序中，只要推广法国革命理念的目的正确，一切程序的正义都是不必要的。因而国际法的国家主权原则、国家平等、不干涉内政等理念，在拿破仑的目的正当性的理论面前显得苍白无力，一切都是可以无视的。乍一看来，这一切似乎就是从古到今的霸权和帝国的翻版，但是这是建立在近代启蒙思想基础之上的霸权行动，一旦成功，就会把从威斯特伐利亚体制以来经历过无数次战争和流血稳定下来的国际法及其法律秩序从根本上加以颠覆。如果让这样的观念统治了世界，也就没有了后来的主权国家和国际法的未来了。世界似乎面临一个向帝国时代轮回的宿命，因为在欧洲大陆，奥斯特里茨战役的胜利已经使得所有国家闻风丧胆，无力再和拿破仑的铁军相对抗。

　　追根溯源，拿破仑的国际法律秩序最早是脱胎于法国大革命后对外反攻中建立的卫星国的实践，即荷兰的巴塔维亚共和国。后来拿破仑在意大利战争中屡次运用这种模式建立了大量的傀儡共和国，对意大利各邦的政治和国际关系进行重组，以法国的国家利益和他的个人权力为最高标准，甚至连罗马教皇国也不放过。这样的一系列傀儡共和国随着拿破仑的帝制的建立而变质，成为拿破仑家族的私有物，被拿破仑随心所欲地封赏给拿破仑皇族，什么共和、民主、民意的外衣都可以统统被抛到天涯海角以外。

长兄约瑟夫·波拿巴先被封为那不勒斯国王,后被封为西班牙国王。西班牙是大国,属于欧洲列强,竟然也拿来作封赏对象,足见拿破仑对国际法和国家主权的漠视。他的大姐埃莉诺·波拿巴也被封为托斯卡纳总督和法国公主。五弟路易·波拿巴则受封为荷兰国王。这也是欧洲的重要国家,曾参与欧洲多次争霸。卡洛琳·波拿巴的丈夫,即那位打仗不太在行的法国元帅缪拉(Joachim Mural,1767—1815)由于其作为拿破仑妹夫的身份,就被封为取代两西西里王国的那不勒斯王国国王。这也算是拿破仑帝国的异姓王吧。弟弟热罗姆·波拿巴被封为威斯特伐利亚国王。这是德国的心脏,最富饶的地区。

而拿破仑仍然还没有完全脱俗。由于发妻约瑟芬与他的结婚为他拖来了前夫的一儿一女,但毕竟没有王家血统,其帝位的继承权也不可能得到认可。约瑟芬比拿破仑大6岁,与拿破仑结婚后再也没有生育。虽然拿破仑的情妇们也为他留下若干子嗣,如果在中国也应该都是尊贵的皇子,但在欧洲他们的身份卑微,是不能继承帝位的。于是拿破仑便从欧洲最悠久的皇家血统中寻求正统的继承人的血脉。先是向俄罗斯试探,没有成功。后来转向奥地利获得成功。当时的欧洲只有这两个家族具有皇帝级别。就连英国也只是国王级别。1809年,拿破仑抛弃发妻,但让其保留皇后的称号,赐予爱丽舍宫(现法国总统府)。1810年,拿破仑与奥地利公主路易莎结婚。路易莎生下了儿子拿破仑二世佛朗索瓦·波拿巴(1811—1832)。他虽然是法兰西第一帝国的皇位继承人,但是一直没有机会继任就去世了。不过当他还是婴孩的时候,已经被封为罗马王。而约瑟芬的儿子欧仁也被封为意大利王国副国王,这对于有前夫并带着子女再婚的妇女来说绝对是一个好消息和好的先例。

这样,拿破仑实际上建立了一个类似于中国西周时代的那种国家体系和国际法律秩序。拿破仑好似周天子,他的亲族则类似于周天子对姬姓王族的分封国君,把持着对法国安全事关重大的几个国家:西班牙、荷兰、意大利、那不勒斯王国、威斯特伐利亚王国、罗马王国等。此外,还有一些则作为傀儡国家而继续存在,但必须按照拿破仑和宗主国法国的意志进行重组,即莱茵同盟。而奥地利这个帝国则必须在臣服于法国的条件下继续存在下去,但是必须遵守屈辱的和平条约。而且通过与路易莎的联姻,使得两个皇室可以永久和亲。

3.3.2.4 第四次反法同盟

面对拿破仑成立的莱茵同盟,普鲁士感觉到自己在德意志中已经被边缘化,充满了何时也可能要被拿破仑强迫入伙的危机感。为了遏止拿破仑霸权在德意志的扩张,1806年7月,普鲁士与俄罗斯结盟,实际上加入了本来没有解散的英国、俄罗斯和瑞典的反法同盟。这样,到10月6日,第四次反法同盟正式形成,除了上述4国外,还加上了普鲁士南边的萨克森王国5国。

9月26日，普鲁士向法国提出要求法军从德意志撤退的最后通牒。但这时拿破仑已率大军离开巴黎前来惩罚普鲁士。10月9日，有了英国、俄罗斯作为后盾，普鲁士向法国宣战，集中15万大军进攻图林根。而法国则以20万大军迎战，第二天就让普鲁士军先锋路易·菲尔德南多亲王战死沙场。4天后的10月14日，普鲁士军在耶拿战役中以两倍的军力优势迎战，却被法军击败。法军乘胜追击，于10月25日攻克柏林。两天后拿破仑柏林入城，此时自开战以来仅19天。普鲁士军队和拿破仑军队的交手竟然这么不堪一击。拿破仑来到腓特烈大帝的墓前感叹道，"如果他还活着的话，我今天也就不会在这里了"。这也足见拿破仑也有崇拜偶像，竟然也被腓特烈大帝的神勇所折服。腓特烈大帝那不争气的儿子、普鲁士国王腓特烈·威廉三世仓皇逃往东普鲁士，以柯尼斯堡（现俄罗斯的加里宁格勒）为临时首都。这是普鲁士乃至后来的德意志帝国的龙兴之地。俄罗斯派遣10万援军前来东普鲁士助战。拿破仑追击到波兰，而饱受普鲁士、俄罗斯、奥地利三个强国欺凌，乃至被瓜分的波兰人民把拿破仑当做祖国的解放者狂热欢迎。此战后拿破仑成立了华沙大公国，终于让波兰复国。这一事件打下了法国波兰的百年友谊的基础，一直持续到第二次世界大战结束。法国向普鲁士的最后巢穴东普鲁士发起进攻。战争从1807年1月的严寒一直持续到5月27日，才让普鲁士守军投降。而俄军则在2月已经撤出了战场。后来一度卷土重来后又撤回俄罗斯。俄罗斯这样漂浮来漂浮去的战法，使得拿破仑非常迷茫，无法客观判断这个国家的实力，几年后终于犯下了大错：攻打俄罗斯。最后，法军在6月16日终于攻下了柯尼斯堡，与普鲁士、俄罗斯缔结了《提尔西特条约》（Treaties of Tilsit）。

7月7日，法俄在东普鲁士与俄罗斯边界的尼曼河上的竹筏举行了《提尔西特条约》签字仪式。面对河对岸那广袤而深奥莫测的俄罗斯大地，拿破仑放下了他的身段，以平等的地位和俄罗斯沙皇亚历山大一世会面，并在条约上签字。为什么在竹筏上，是因为这里既不属于法国，也不属于俄罗斯，体现了法皇和俄国沙皇的地位平等。其实拿破仑根本不知道，对面那位比他小十来岁的年轻的沙皇内心也是一个崇尚法国革命的平等、自由、博爱理念的开明君主。但是从奥斯特里茨到现在的尼曼河的竹筏，为权臣所包围的年轻的自由主义沙皇也不得不采取现实主义路线。拿破仑更不知道的是，正是对面的这一位年轻人才是那支真正让翱翔欧洲天空之鹰拿破仑折翅的利箭。

亚历山大一世从7岁起就接受祖母叶卡捷琳娜二世指派的家庭教师的严格教育。11年间担当他家庭教师的却是瑞士人雅各宾主义者拉尔普。拉尔普是卢梭的信徒、共和主义者。如果拉尔普的教育计划实施完了的话，亚历山大一世也许会是俄国沙皇制、农奴制的终结者。可是亚历山大18岁结婚后拉尔普的教育即告中断，所以他对于法国革命所发生的一切和拿破仑的所作所为的理解也只是一知半解。受拉尔普影响,起初亚历山大也对拿破仑抱有崇敬之情。但后来访问法国回到俄罗斯的拉尔普对拿破仑作出了完全否定的看法,使亚历山大终于下决心与拿破仑死斗。担任其礼节、健康、法律教育的是军人尼古拉·萨尔图科夫上校。他对亚历山大实行了俄罗斯传统的沙皇专制原则的教育。这是他日后能够圆滑处理俄罗斯内部关系,将俄罗斯军事力量积极运用到干涉欧洲的政策上来的基础。他能够善用并高度信赖库图佐夫,就是例证。第三次反法同盟缔结时,亚历山大一世宣告拿破仑是"欧洲的压迫者,世界和平的妨碍者"。他派遣特使诺沃西利科夫到英国,对威廉·皮特首相(小皮特)力陈反法同盟的重要性,即对拿破仑的胜利不但将法国从专制中解放出来,而且还给欧洲带来和平,是一种神圣的权利。这也被认为是后拿破仑时代的神圣同盟的萌芽。由此可见,亚历山大一世追求的不是一个俄罗斯帝国的霸权,而是势力均衡,要求恢复 18 世纪国家主权平等的国际法秩序。这一点与拿破仑具有本质上的不同。

不过现在又一次面对这一位看似战无不胜的拿破仑,亚历山大不得不更为现实。根据《提尔西特条约》的合意,俄罗斯脱离反法同盟,与英国断交,向英国宣战,参加拿破仑组织的对英国的大陆封锁体系(Continental System, Continental Blockade)。拿破仑则容许俄罗斯获得芬兰。俄罗斯得到法国默许后与瑞典开战并取胜,与 1809 年 9 月和瑞典签订了《弗雷德里克斯哈姆和约》(Treaty of Fredrikshamn)。俄罗斯如愿以偿取得芬兰。而该和约规定的与瑞典的国界就是现在的芬兰和瑞典的国界。瑞典统治这里已经 600 年了。但彼得大帝迁都到离芬兰近在咫尺的圣彼得堡,就意味着俄罗斯要获得安全,就必须要获得芬兰。俄罗斯的这种安全意识和心态使得它的国土越来越大,19 世纪已经成为其连续国土横跨欧亚美三大洲的庞大版图国家。其继承国家,现今的俄罗斯虽然在分裂为 15 个国家的基础上建立起来的,那超过 1 700 万平方公里的面积仍然是世界其他任何国家难望其项背的。俄罗斯和瑞典的这一战使自三十年战争后跻身于欧洲列强的瑞典从此再也不能建立"大波罗的海帝国",在欧洲事务中迅速边缘化。亚历山大一世后来还于 1808 年 10 月 12 日在德意志的埃尔福特与拿破仑会谈,再次确认同盟。但就波兰问题两国之间出现裂痕。拿破仑准备向沙皇家族求婚也遇到俄罗斯内部势力的阻碍。两国关系的破灭似乎不可避免,双方都在暗地准备,以防生变。两个皇帝以往还彼此有一些尊敬,从此成为不共戴天的死敌。

3.3.2.5 拿破仑国际体制的崩溃和国际法的新生

法国和俄罗斯翻脸的直接原因是大陆封锁令。该封锁令 1806 年 11 月 21 日在柏林发布,也被称为《柏林敕令》。这是拿破仑为了封锁处于产业革命中的英国而发布的禁止与英国贸易的法令。这一封锁令不但针对法国和法国人,还针对从属于法国的欧洲各国和一些北欧国家。由于法国的霸权,这些国家的主权不仅在外交权、国防权方面受限制,而且连经济贸易权力也受到了限制。很多大陆国家与英国有着传统的贸易关系,也因这一封锁令不得不中止,招致经济困境。法国因此获得很多商机,大多数盟国却很难受惠。法国为了执行大陆封锁令,赤裸裸地干涉他国内政。法国在要求俄罗斯加入大陆封锁后,还得寸进尺要求俄罗斯向瑞典施压,迫使瑞典屈服。葡萄牙不愿意加入大陆封锁,于是拿破仑派兵越过比利牛斯山脉,想经过西班牙教训葡萄牙。结果这引起西班牙的反抗,陷入伊比利亚半岛战争的泥沼。英葡联军和拿破仑军队在伊比利亚半岛开战,还要受到具有敌意的西班牙爱国游击队的袭击骚扰,以至于拿破仑没有获得胜利。而西班牙方面则因这场战争而被牵制,引起拉丁美洲殖民地防御的空虚,引发了拉美独立运动,丢失了大部分海外殖民地。但这却导致在欧洲之外出现了一个吸收了近代欧洲国际法理念和秩序的非欧洲国家群的出现。从国际法的发展史来看,还是应该予以充分评价的。

  英国也并非没有受到伤害。法国虽然没有制海权,但是很多法国海盗抢劫英国商船,导致英国不但不能同大陆贸易,而且连海外贸易都受到威胁,造成了英国的不景气。国内发生暴动,1811年国王乔治三世患了痴呆症,首相帕西威尔也被暗杀,英国笼罩在一片阴云之中,犹如常年笼罩在伦敦街头那连绵不断的阴雨天。为了反制法国的大陆封锁令,英国针锋相对颁布了海上封锁令。这又是损人不利己的不得已举动,还附带损害了美国的利益,导致1812年美英战争爆发。美国并非为了报答法国的恩与英国开战,声援拿破仑,而是为了赤裸裸的现实利益而开战。双方争夺的并非英美两国领土,而是处在双方之间的印第安人的土地。印第安部落也被双方分别收买成为英美各自的代理人。战争爆发的原因是英国为了执行海上封锁令,而对美国商船实施登临检查。美国人认为此举侵犯了美国的主权。这个争端对于后来的国际法海洋法的公海登临制度和战时中立制度都有影响。但是美英两国毕竟是真枪实弹的战争,最后于1814年在南尼德兰(现比利时)根特签署了《根特条约》,划定了美英间东北部边界。美国想占领加拿大的企图落空,但却两次击败英国,战绩超过拿破仑(其实在北美的并非英军主力),开始萌生了大国意识。英美战争是美国本土到珍珠港袭击为止受到的最后的攻击,不过1941年夏威夷还不是美国的州。战争导致美国不能进口英国商品,促使了美国经济的自主发展,美国东北成为后来世界首屈一指的工业区。从经济独立的意义上看,这场战争也被称为是美国第二次独立战争。战争中还诞生了美国国歌《星条旗永不落》。

  俄罗斯眼见大陆封锁令漏洞百出,拿破仑疲于奔命,于是决定以身试法(即拿破仑的所谓国际法),与英国再开贸易。已经具有帝国末期症状法国以及拿破仑本人绝不容忍俄罗斯的这一行为,并没有评估俄罗斯广大国土在当时战争中所体现的巨大国力,开始具体筹划远征俄罗斯。与英国海上封锁令相比,大陆封锁令引起的矛盾更大。大陆国家越来越觉得成为法国的属国,连经济自主都不能达成,对拿破仑霸权的不满日益加深。英国正处于产业革命,而法国还没有发生,英法两国的经济力差距开始拉开,法国已经绝非欧洲最发达、最富饶、最令人向往的国家了。荷兰、汉萨同盟城市、俄罗斯、普鲁士、意大利、西班牙以及南德意志等地国民经济具有多样性,很多经济成分都不得不依赖英国经济和贸易。法国要彻底贯彻大陆封锁令,就必须更加严密控制大陆所有国家。其结果就不得不走向侵略和扩张的道路,从以往的对卫星国间接控制转变为直接占领控制。而这正是拿破仑的欧洲帝国梦想破灭的直接要因。拥有制海权的英国的存在,使得法国的这场梦永远不能实现。但是英国没有强大的陆军,大陆国家都得屈从拿破仑的淫威,所以光靠英国,是解决不了拿破仑问题的。而俄罗斯主动破坏大陆封锁令,给拿破仑入侵俄罗斯提供了最大的口实,才成为解决拿破仑问题的出口。不过,不知道那位有为的亚历山大一世对于这一举措要付出的巨大代价是否正确地作出了评估和心理准备。

1812年6月24日,拿破仑率领69.15万人的大陆军越过了尼曼河,侵入俄罗斯领土。和曹操的赤壁大战一样,也号称百万大军,以振军威,造成对俄军的心理优势。俄军好像的确被吓坏了,避免直接迎击,而是一边撤退一边采取焦土战术,自虐式地将所放弃的城镇村庄逐一烧掉。这种撤退政策岂止是扰民,而是让老百姓无家可归,可能被饿死冻死,因而在俄罗斯内部饱受批评,亚历山大一世不得不解除米哈伊尔·德托利元帅的俄军总司令职务,任命了奥斯特里茨战役中拿破仑的手下败将库图佐夫上将(Кутузов,1745—1813)接替。而库图佐夫仍然没有扭转撤退的态势,不敢决战,放弃帝国故都莫斯科,使得拿破仑于开战后不到三个月进入俄罗斯帝国的心脏地带和宗教中心。他待在这里心情非常舒畅,有充分的耐心和时间等待着在圣彼得堡可能被吓破了胆的亚历山大一世亲自前来谈判投降事宜。拿破仑也许会对于向他投降的沙皇表现出一丝的宽大慈悲,谁叫亚历山大一世也是行政级别与他平级的沙皇呢?

但是这时莫斯科城里莫名其妙地发生大火,连烧了5天,全城都被烧毁了。拿破仑三次提出和议,但都没有得到俄方的回应,反而遭到俄军的反击。10月19日,困惑不已的拿破仑觉得事情有些蹊跷,再也不淡定,下令从莫斯科撤退。这时却遭到库图佐夫军队和哥萨克骑兵的围追堵截,以及俄罗斯那可怕的严冬的打击。俄罗斯的严冬甚至让一个多世纪后的希特勒也重蹈覆辙。涣散了军心,毁灭了意志,松弛了军纪,曾经战无不胜的拿破仑那铁一般的军队这时的撤退已经变成了溃逃。11月28日法军撤退到了白俄罗斯的别列津纳河畔,库图佐夫判断决战的时机到了,发起总攻。这导致没有过河的法军部队几乎被全歼,成为不能回归故里的冤魂。法军已降到不足3万人。12月5日,拿破仑将战事交给妹夫缪拉元帅后回国。而缪拉元帅更靠不住,也以要回去守卫他自己受封的那不勒斯王国为理由,又将军队交给拿破仑干儿子波阿讷后脱逃。这位干儿子既无拿破仑之才，也无拿破仑之勇气，面对士气低落的法军士兵束手无策。12月14日，法军被全部驱逐出俄境内。出发时的69万大军只有22 000人生还。俄军的伤亡者与法军大致相当，但是焦土政策造成平民病饿损失更大。这场战争法国和俄罗斯双方都有上百万人死去。法军30万，波兰军7万，意大利军5万，德意志军8万，俄军不下于45万。但是这对于拿破仑的欧洲称霸野心是决定性打击，其具有与特拉法加角海战同等的意义。

但拿破仑回到法国后继续参与德国的霸权争夺。1813年10月16～19日在萨克森王国的莱比锡进行了会战，又派出了20万大军。与其对阵的是普鲁士、俄罗斯、奥地利、瑞典的36万大军。拿破仑再也没有显出神通，在双方都付出巨大的代价后拿破仑的德意志支配宣告终止。而反法联军的总司令则是当年拿破仑的元帅贝尔纳多特（Jean-Baptiste Bernadotte，1763—1844）。他现在已摇身一变，成为了瑞典的王太子，5年以后就任瑞典国王，即卡尔十四世，并同时继位挪威国王，即卡尔二世。他和拿破仑是战友，也是情敌。拿破仑在马赛富商家里发生的那场轰轰烈烈的初恋德茜蕾·克拉里既是拿破仑大嫂的小妹妹，后来也成为贝尔纳多特的夫人，是拿破仑遇到了约瑟芬后自私地抛弃了她，辜负了她，没有通知订有婚约的她便和约瑟芬结婚。但据说拿破仑始终暗恋着德茜蕾，被人们称为是"拿破仑永恒的恋人"。拿破仑的背叛让这位18岁的纯真少女痛苦不堪，幸好在两年后邂逅陆军将军贝尔纳多特，并成为将军夫人，开始了她那幸福的后半人生。善良的她更没有想到，她的情人和丈夫竟然在这场欧洲级别的大规模会战中率领两军直接对垒，进行死斗。欧洲乃至全世界没有任何人因为这场大战比她更牵动着自己的心。无论哪一边获胜，她的感情都要受到伤害。

贝尔纳多特曾是雅各宾派，对法国革命仍然抱着理想主义，憎恶拿破仑的独裁动向。出于对德茜蕾的内疚感，拿破仑再残酷，也不想清洗这位不同政见者贝尔纳多特。如果这样，不知那位楚楚可人的德茜蕾女士会多么伤心。在贝尔纳多特并没有多大的军功的情况下，拿破仑反而还将其提拔为元帅，并进爵封其为蓬泰科尔沃大公（意大利罗马西北的公国）。在1806年耶拿会战中贝尔纳多特元帅犯了很大的错误，被提交军事法院之际也被拿破仑扣下来才保住了他，也许也是出于拿破仑埋藏在内心深处的内疚感。由此可见，这位鏖战沙场的英雄拿破仑也还是有着豪侠之心的。我们从这些事情可以看出，骑士精神让欧洲的帝王们更有教养和风度，内心远远没有一些中国帝王和宫廷那样阴暗和肮脏。

不过在德茜蕾看来，眼见夺走初恋的约瑟芬成为法国皇后，而姐姐也成为那不勒斯王后、西班牙王后，自己才是个大公夫人，而自己的丈夫在拿破仑属下如履薄冰，尽管夫君也多少得到前恋人的关照，但心里却很不好受的。

但 1809 年改变命运的机遇到来了。这一年瑞典发生政变,国王古斯塔夫四世被废,其叔父卡尔十三世就位。而卡尔十三世已是老人,王太子卡尔·奥古斯都于 1810 年的急病去世。本来是准备让故太子的哥哥作为王位继承人,但是向拿破仑报告的瑞典使者梅奈尔男爵向驻巴黎瑞典总领事提出是否提出让贝尔纳多特元帅作为王位继承人候补者。其实男爵曾经做过贝尔纳多特元帅的俘虏,受到元帅的款待而感恩戴德。这位元帅其实本来就是宽厚的人,对其他瑞典战俘都很宽大优待,在瑞典国民中有一定人气。于是总领事报告给瑞典本国以后,作为一个提案在瑞典议会获得通过,即如果贝尔纳多特改信新教,将被欢迎作为瑞典王位继承人。老国王卡尔十三世也留下一句"这小子也不是什么坏家伙"的感叹,认可了这一决议。贝尔纳多特本人也顺势说他也早就想改信向往已久的新教,实则是借机离开让他整天提心吊胆的拿破仑。此事也就敲定了。

拿破仑一则是想在北方有一个靠得住的盟国;二则是可以对德茜蕾赎罪,于是认可了自己的元帅成为别的国家的王位继承人。但贝尔纳多特元帅则对拿破仑声明:"既然自己是瑞典的王太子,将来会继任瑞典国王,如果两国间发生战争,当然要为瑞典而战"。其实拿破仑手下还有波兰人元帅约泽夫·波尼亚托夫斯基(Jozef Antoni Poniatowski, 1763—1813)也对拿破仑说过同样的话。不过波尼亚托夫斯基始终是拿破仑的忠臣良将,而贝尔纳多特则在 1810 年成为瑞典摄政王后,完全不顾王后德茜蕾的感受,渐渐转为反拿破仑的立场。1812 年与宿敌俄罗斯和解,缔结同盟反对法国,完全辜负了拿破仑的期待。他给拿破仑发去亲笔信说:"政治世界里不存在什么友谊和憎恶。这里只存在命运之神降给我的对祖国的义务"。

由于他曾作为拿破仑的元帅,熟知拿破仑战法,于是在莱比锡会战中受反法同盟国一致推举为统帅,并为打败拿破仑立下最大的功劳,接受了反法同盟各国最高勋章。虽然他的行为带来了欧洲和平,但对于法国而言无疑是背叛。拿破仑投降后,贝尔纳多特受亚历山大一世和一贯反拿破仑的法国著名文学家、评论家、女权主义者杰曼·德斯戴尔夫人的推荐为法兰西国王候选人,但在法国国内太不具人气,几乎没有得到相应,最后让路易十六的弟弟路易十八捷足先登,波旁王朝终于复辟。贝尔纳多特始终没有学会瑞典语,但是在摄政时代就合并挪威成功,使得瑞典与挪威成为同君联合。这样他即位时的国王称号又多了一个。他在拿破仑失势后也执行稳健政策,对法国也很宽容,将自己与拿破仑的恩怨置于脑后,从不说拿破仑的风凉话,逐渐取得法国人民的谅解。到了 20 世纪后期,巴黎凯旋门上终于刻上了贝尔纳多特元帅的名字,认可了他作为法国人对法国也立下过的战功。

3.3.2.6　拿破仑的谢幕

莱比锡之战后,战线很快转移到了法国国内。这时的法国已经是四面楚歌,陷入欧洲列强的包围之中。东边有俄罗斯军、奥地利军、普鲁士军、瑞典军。它们挟莱比锡大会战胜利之威杀进法国。南边是搞定西班牙的英国军,越过了比利牛斯山脉进入法国。1813年12月2日,反法联军进入阿姆斯特丹,法国的傀儡国荷兰灭亡。1813年12月21日,联军越过莱茵河。1814年1月19日,联军已经挺进到法国腹地勃艮第。拿破仑在2月10~14日启用新兵4万采取运动战打败了10万联军的进攻,最后一次展现了他的军事天才。但这已是昙花一现,于事无补。法国大革命和拿破仑战争法国一共动员了250万人参加战争,其中200万人死亡。以至于在战争的尾声的时候这个欧洲人力资源最丰富的国家已经无兵可调,只有动员更年轻的新兵上战场了。经过拿破仑战争的折腾,到第一次世界大战爆发为止,欧洲再也不敢从事如此消耗的战争了。这也是拿破仑战争后欧洲百年和平的心理要因。3月9日,英国主导下同盟各国提案以恢复1791年国境为条件停战,但为拿破仑拒绝。以后拿破仑再也没有打过胜仗。3月30日,联军发动巴黎总攻,马尔蒙率军投降。31日,联军举行巴黎入城仪式。以夏尔·莫里斯·德塔列朗-佩里戈尔(Charles Maurice de Talleyrand-Perigord,1754—1838)为中心的临时政府决议拿破仑退位。4月11日,据说是拿破仑的初恋德茜蕾亲自到枫丹白露劝说拿破仑接受了退位,4月16日订立了《枫丹白露条约》。

　　拿破仑退位,流放到意大利本土和科西嘉岛之间的约200平方公里的爱尔巴岛。他仍然可以在全岛范围内享受皇帝称号,耀武扬威,讲尽排场。法国政府每年给200万法郎年金,足以保障他的王公般的生活所需。皇后玛丽·路易莎与儿子拿破仑二世授予帕尔马侯国统治者地位。对于一个将全欧洲都带入战争的人来说,这样的败战处理还是比较宽厚的。4月20日,拿破仑动身前往爱尔巴岛。5月4日,拿破仑成为一个小岛的小领主。反法同盟各国不认可贝尔纳多特就任法国国王。法国上院决议迎回流亡海外的路易十六的弟弟回国就任法国国王,即路易十八(Louis XⅧ,1755—1824)。波旁王朝终于复辟。

　　中间缺位路易十七。路易十七的名号为王党分子所认可。即位期间从路易十六被送上断头台的1793年1月21日到1795年6月8日,但实际上没有做过一天国王。他6岁就和父母一起被囚禁在巴黎圣殿塔里,父亲亲自教他拉丁语、法国文学、历史、地理。只有在这样的环境下,国王对自己儿子的慈爱和关怀才有机会得到体现。姐姐伊丽莎白公主则教他数学。国王被处死那天,母亲玛丽·安托瓦奈特向这个8岁小儿子下跪,高呼"国王驾崩,国王万岁!",他竟然以优雅的仪态下谕母后"平身"。他如果能够成为法国国王,他那些悲惨的经历和逆境下锻炼出来的坚强的意志和精神也可能给法国带来好运。海外流亡的王党贵族们宣布他就任法国国王,但他本人浑然不知。在罗伯斯比尔独裁的恐怖统治期间,监狱的待遇越来越差,路易十七身体垮了。1793年7月3日,让他离开监狱,指派由粗鲁而完全没有任何教养的鞋匠西蒙监护和监督,实际上受到严酷的虐待。衣服甚至通年没有换洗过。罗伯斯比尔被处死后,鞋匠西蒙也因虐待路易十七被送上断头台。路易十七的待遇总算渐渐好起来。但是被长年折磨后身体已经极度虚弱,几个医生的努力也回天无力,1795年3月31日年仅10岁的路易十七终于结束了他那苦命的一生,离开人世。不过,所有与路易十七的有关人员后来的命运都很悲惨。但王党很多人仍然不相信路易十七已亡,于是出现了许多伪路易十七,号称死的只是路易十七的替身,而他本人已经成功逃出法国。现在仍然没有发现确切的路易十七遗体,成为法国史上一大悬案。直到2004年用最现代的DNA技术将被认为是路易十七遗体一部分的心脏与保存的玛丽·安托瓦奈特的头发进行遗传基因比较分析,才终于确认了这的确是路易十七的心脏,他被最后确定死于1795年。

拿破仑被第六次反法同盟战败后被迫退位。亚历山大一世在英国支持下主导了对法国的战后处理。也许亚历山大一世对拿破仑有些惺惺相惜的感觉,没有对拿破仑斩尽杀绝,只是将他流放爱尔巴岛。亚历山大一世主导了波旁王朝复辟成为法国合法政府,由路易十六之兄路易十八即位法兰西王国国王。1814年5月30日,王国政府与列强签署了《巴黎条约》,欧洲似乎恢复了正常的外交关系。该条约对法国作出了宽大优待处理,以便加强复辟后波旁王朝的声誉。关于法国的疆域,规定为恢复到1792年1月1日之前。这比革命爆发前要多一些。列强承认波旁王朝为法兰西王国正统。以此交换,法国承认荷兰、德意志各邦国、意大利各邦国以及瑞士独立。这实际上宣告了法国卫星国脱离法国,使拿破仑建立起来的帝国-傀儡卫星国的国际关系和法律秩序彻底崩溃。英国交还某些法国的殖民地,但是继续拥有毛里求斯和马耳他等海外据点。法国不需向列强支付任何赔偿。

拿破仑被流放到爱尔巴岛,但他仍然可以保留皇帝称号,他的卫队等仍然忠心耿耿,相信皇帝是法国的真龙天子。拿破仑的皇帝的做派和仪式仍然保留着。他胸中燃烧着的宏大野心还没有被浇灭。在岛上的"穆里尼小宫殿"呆了299天后,1815年2月26日,他乘上小船,花了3天时间躲过英国海军的监视,在法国戛纳登陆,与小股忠于他的人(忠于拿破仑及其家族的人后来被称为波拿巴分子)汇合,宣布向巴黎进军,夺取政权。面对这一自不量力的行动,路易十八也很重视,急忙派遣大军讨伐。拿破仑遇到长坂坡张飞同样的处境,一人率领小股部队对垒众多而强大的王国讨伐大军。拿破仑的部下都已经开始胆怯。思量着如何在毁灭性打击下保存自己的性命。怎么办呢?只见拿破仑一人独自走出军阵,向前对讨伐军高喊:"各位,你们的皇帝在此,要打就请向我开火吧!"结果枪炮声大作。拿破仑一方的军队的官兵发现自己并没死,反而被欢呼声包围着。原来国王的讨伐军广大官兵经拿破仑这一喊,已经起义归属拿破仑,那枪炮声是庆祝胜利的礼炮礼花声,在长坂坡之后一千多年后演出了比张飞还要神奇的一幕。路易十八见此光景觉得大势已去,抵抗拿破仑的进军是无用功,于是赶紧逃出法国,去向外国求援去了。

仅仅 20 天,拿破仑重新进入巴黎,重新恢复了皇帝和帝制,开始了"百日王朝"。而 6 天前,他已被出席维也纳会议的列强代表宣布为不受法律保护者。

他修改了《拿破仑宪法》,成立《帝国宪法补充法》,宣布实行自由帝制,企图获得自由主义者的合作。而欧洲各国君主对拿破仑复辟极为恐慌,结成第七次反法同盟,也是最后一次。拿破仑主动出击,亲率 12 万大军到了比利时,首先向盟军发起攻击,6 月 16 日击败普鲁士军,但没有彻底击垮。拿破仑分兵 33 000 人追击普鲁士军,自己率领余下的军力于 6 月 18 日在布鲁塞尔东南 13 公里郊外的滑铁卢镇附近的狮子丘迎击英国惠林顿公爵(Duke of Wellington,1769—1852)率领的英荷联军,滑铁卢大战爆发了。公爵虽然和拿破仑同年生,但却是拿破仑的克星。法国大革命爆发后,他主要是在印度执行军务。1804 年拿破仑称帝后强烈要求回国,以便参加即将发生的和拿破仑的战争。多次作战屡建战功,1808 年,伊比利亚半岛的半岛战争爆发后,为了支援西班牙和葡萄牙民众反抗拿破仑,惠灵顿中将率领 9000 英军从伊比利亚半岛西北登陆,打下了葡京里斯本后归国。1809 年 4 月,他以驻葡萄牙英军司令的身份又到了半岛,7 月就率领英国和西班牙联军打败法军,被授予惠灵顿子爵,成为英国贵族。这一仗引起了拿破仑对惠灵顿的关注。随着他在西班牙的战功越来越多,1812 年被授予伯爵,10 月进而被授予侯爵。他在西班牙的胜利,对四面楚歌的拿破仑法国构成了法国包围圈的西南方向部分。拿破仑被迫退位后,惠灵顿 6 月凯旋回国,受到民众狂热欢迎,被授予公爵。这是非王族所能得到的最高爵位,而且这是他才 45 岁。拿破仑退位后,他脱掉戎装,就任英国驻法公使,并在维也纳会议上代理英国全权代表。但拿破仑逃出爱尔巴岛后,他重新披上战袍,走向战场,终于有机会与拿破仑直接对垒,一决胜负。这是两位英雄最后的决战,胜者只有一个。命运的天平会偏向哪一方呢?

这一天的决战双方都有取胜的可能性。惠灵顿的英荷联军也都出现过致命漏洞,如果是早年拿破仑那种抓住战机果断出击的战法是一定会一击制胜的。但这时法军的元帅、将军已老,全无当年的锐气和机敏,一再错失战机。到了下午,普鲁士第四军团终于前来增援,法军渐渐不支。这支普鲁士援军正是拿破仑分兵追击的那支部队,不但没有追到,偏偏在最不应该的时候和最不应该的地点出现了。命运的天平最后没有偏向拿破仑。晚上 7 点半,拿破仑最后投入号称无敌的 3 000 皇家卫队,但被击溃。这样,法军一方心理开始崩溃了。晚上 9 点,战斗结束,惠灵顿与普鲁士布吕歇尔元帅来到了拿破仑的指挥所会面。英国荷兰联军损失 27 000 人,普鲁士军损失 7 000 人。而战败一方的法军损失 40 000 人。拿破仑派去追击普鲁士军的 33 000 人遵守命令,没有灵活地自作主张前来援助滑铁卢战场,也是法军败北重要原因。他们已经忘记了,皇帝所在大军战败了,就意味着满盘皆输,即使你追击普军再成功也都是浮云,都是泡沫,更何况他们并没有追上普军。这些无影无踪的普军原来出现在滑铁卢战场上。拿破仑从战场上撤出，还想重建军队。但是6月20日他丢下了他的军队回到巴黎。这被当时的普军第3军参谋克劳塞维茨(Carl von Clausewitz，1780—1830)认为是犯下天大的军事错误。他想解散议会，获得独裁权，意图东山再起。但是议会非难拿破仑犯下了叛国罪，要求拿破仑退位。百日王朝悲剧般的结束了。这个世纪结束时中国也有一个百日的事件。戊戌变法持续了百日也同样是悲剧性结果。但是这样的百日之咒最后终于被富兰克林·罗斯福破解。他在1933年上台后开始了"百日新政"，通过并颁布了大量的新政法案，获得了极大的成功。

惠灵顿的捷报21日才传到伦敦。其实那坦·迈尔·罗斯柴尔德(Nathan Mayer Rothschild，1777—1836)通过他的耳目暗线早已获悉这一消息，然后有意识操作债券市场，最后赚得了巨额的财富，成为罗斯柴尔德家族积累的原资，创造了罗斯柴尔德金融帝国。为了纪念滑铁卢一战的胜利，伦敦1848年建成的火车站命名为滑铁卢站，战前的泰晤士河大桥也改名叫做滑铁卢桥。1994年英法海峡隧道贯通，而连接英法的高速火车欧洲之星的终点站就是滑铁卢站，触动了法国人的神经，要求改名。最后名字没改，高速铁道终点站被移到了2007年新修的圣潘克拉斯站，堵在法国人心中的这块石头才被暂时移开。

惠灵顿公爵和布吕歇尔元帅继续向巴黎进军。走投无路的拿破仑在6月24日宣布第二次退位。他企图逃亡美国，但英国海军封锁了法国海港。最后7月15日，拿破仑在英国战列舰贝勒罗丰号(Bellerophon)向海军上尉梅特兰投降。他的投降书说，我请求英国王太子殿下法律保护，我寄身于帝国中最强大最高贵的贵国。拿破仑余党还有零星抵抗，到9月13日平息。11月20日，第七次反法同盟国与法国签订《巴黎条约》，路易十八恢复王位。拿破仑要求被流放到英国普利茅斯。但由于他这次被认为是祸乱欧洲的元凶，最后根据惠灵顿公爵的提案，在三个英国将军的陪同下，他被流放到南大西洋与世隔绝的圣赫勒拿岛。在岛上，心底高傲的拿破仑受到岛上总督哈德逊·劳的怠慢，既不叫他皇帝，也不叫他元帅，而只是叫他"拿破仑将军"，在精神上故意刺激他，羞辱他。1821年5月5日，一代雄杰拿破仑在岛上去世。1840年，拿破仑遗骸被送回法国，安葬在巴黎荣军院。拿破仑墓前十块浮雕刻着他的丰功伟绩，包括那些著名的大战和他制定的《拿破仑法典》。这一年，法兰西第二王国国王路易·菲利普决定承认拿破仑为法国王朝世系的一员。

拿破仑失败了，但是他留下巨大影响。他的民法典为法国和大量欧洲国家所继承，甚至传到了美国的路易斯安那州和英国的苏格兰、加拿大的魁北克。他的军事成就也被与他作战的克劳塞维茨总结到进他的那部与《孙子兵法》齐名的不朽名著《战争论》中。而拿破仑也是《孙子兵法》的爱读者，很多战法是受到孙子的启发。

在他的大军所到之处，交通规则一律改为右侧通行，也推广开了法国大革命的自由、平等、博爱的理念。拿破仑建立的众多的卫星国虽然在国际法上看是傀儡国家，是对国际法秩序的破坏和嘲弄，但在如此短的时间内，封建领主制度和农奴制度被打破，制定宪法，建立议会，确立法国式的行政和司法制度，移植法国民法，这一切的社会进步都是在拿破仑的卫星国傀儡政府下完成的。被法国占领地区很多后来都发生产业革命，成为工业化发达区域，与拿破仑政府带来的思想、政治、经济解放时分不开的。拿破仑通过唤起法国民族主义，也启发了欧洲很多国家的近代民族主义的觉醒。虽然欧洲的君主们又开始统治欧洲，但是已经不可能再回到以往的欧洲社会了。

拿破仑是恶魔，还是英雄，贝多芬(Ludwig van Beethoven，1770—1827)的《英雄交响曲》(Sinfonia Eroica, 1804, 第 55 号作品)就有回答。他先是把拿破仑当做人民的英雄寄予期待，他的长达 50 分钟的第三交响曲准备命名为《波拿巴交响曲》。如果实现，这将是交响曲史上第一部以人名命名交响曲。但当 1804 年拿破仑称帝，贝多芬极其失望，转为愤怒地说"他还是未能脱俗"，涂掉了《波拿巴交响曲》的名称和封面上给拿破仑的致辞，改名为《英雄交响曲》，已经不限于专指拿破仑了。但是他在曲中还是对拿破仑抱有很大的尊敬，因为拿破仑的确也是打破贝多芬痛恨的欧洲旧体制的英雄。后来拿破仑的侵略征服色彩更为浓厚，贝多芬转为歌颂惠灵顿，于 1813 年创作出了交响曲《惠灵顿的胜利》(没有排进贝多芬 9 部交响曲的序列)。高傲的贝多芬并非媚俗之辈。他和歌德一起散步时遇到奥地利皇后和大公，当歌德优雅地向皇后和大公行宫廷礼时，贝多芬仍然旁若无人，不肯低下他那雄狮般高傲的头，去行一个哪怕是点点头的礼。如果真的命运安排贝多芬和拿破仑相遇，那会是一个什么样的场景呢？这恐怕还得从他那不朽的《命运交响曲》中去体会了。写出这部史诗般的交响乐的贝多芬此时耳朵已聋，但他那内心深藏着的只有他自己能够体会到的命运的撞击的声音远远胜过了有声世界。我们只能说，在音乐界，伟大的贝多芬就是拿破仑。

不必为拿破仑的失败感叹唏嘘。就国际法的历史和发展来看，作为国际法和国际法秩序破坏者的拿破仑的失败，便是意味着国际法的重生。其实即使拿破仑征服欧洲的时候，国际法也没有退出历史舞台。拿破仑虽然有着与中国"普天之下莫非王土"相同的帝国理念，但他的才能和军事实力还不能让他的理想得以实现。他在欧洲、在基督教世界里取得的成就还没有达到中国皇帝的高度。他的陆军最为强大，而特拉法加角海战使他不可能征服英国，就有了一个可以和他对垒到底的政权。他最后也是向英国投降的。东方那个巨大无比的俄罗斯帝国不但和他享有同样的帝位称号，而且始终漂浮不定让他无法征服。好不容易派出号称百万的大军远征俄国也失败，成为拿破仑战争的最大转折点。只要有了打不下来和打不服的英俄两国存在,就注定了法国的统一欧洲帝国梦终究不能实现,国际法及其法律秩序就有存在的土壤。因为只要有英、俄、法三国并立存在,就构成了势力均衡的国际关系基本构造,就有国际法发展的空间。再则奥地利帝国、普鲁士王国、瑞典王国虽然一时也对法国表示臣服,但是从国家的地位看,拿破仑始终还是让他们保留着一个完整主权国家的一切形式和要素。因此欧洲的国际社会仍然健在。拿破仑建立起来的那种类似于中国西周那种分封天下的天子-诸侯国的国际关系及其法律秩序的模式,实际上实现的只有西班牙、莱茵同盟、华沙大公国、意大利诸国。直接合并到法国的则是荷兰、比利时、威尼斯、罗马、热那亚等国。

4 势力均衡大国博弈:国际法的经典时代

4.1 国际法的全球化

4.1.1 19世纪的反差:欧洲与非欧洲

4.1.1.1 欧洲以外的国际法的不平等

19世纪,中国人并不美好的回忆:鸦片战争、太平天国之乱、捻军之乱、英法联军焚毁圆明园、中法战争、甲午战争,最后的一年以义和团之耻结束这一世纪。人们能还可以很容易联想到不平等条约、租界、领事裁判权、关税自主权的丧失、单方面的最惠国待遇等。这些丧权辱国的悲剧有不少就是发生在中国与欧洲列强之间。我们看到了中国从一个普天之下莫非王土的唯我独尊的"中央帝国"逐步沦为半殖民地的过程。中国和东亚原有的蛮夷秩序和朝贡体系在西方列强的坚船利炮面前土崩瓦解。中国与列强之间的关系也变成了国际法关系。不过这个关系并没有真正体现国际法本来应有的国家间的平等关系,而是体现着西方国家和中国地位优劣悬殊的不平等关系。其实,中国所发生的这一切在亚洲的其他地区也在同样地发生。日本、暹罗(现泰国),甚至曾经参与到欧洲国际法秩序中的奥斯曼土耳其帝国的领地(如埃及等)等都上演着被迫签署不平等条约、领事裁判权等一幕又一幕的屈辱。国家主权被严重侵害,不过还在一定程度上被保留着。

如果把眼光放到更广的地域,还可以看到从哥伦布到达美洲开始,欧洲列强实际上开始了一个殖民主义的时代。不仅面对所谓的未开化地区,而且对于像印度这样的文明古国都实行完全剥夺其主权的做法。这样的殖民活动虽然早就开始，但在19世纪之前主要在美洲才得以彻底进行。不过在18世纪末和19世纪初，北美的美国和南美的西班牙殖民地的大部分先后取得了独立，加入了欧洲的国际法秩序。然而对于非洲和亚洲的很多地域来说，19世纪才是一个被彻底殖民的时代。殖民过程所伴随着的血腥、非人道，以及对原有的文明社会和体系的破坏。国际法秩序也因此推广到了这些地域，但遗憾的是，体现的并非国际法的主权原则。原住民及其文明和国家在这一国际法秩序中都没有得到任何尊重。所谓国际法秩序只不过是欧洲宗主国之间的国际法关系。这样的关系随着殖民主义的推广而通行于全球。全世界终于成为国际法的一统天下。国际法成为真正的调整一切国家与国家之间关系的普遍性法律规则，构成普世价值的一部分了。

4.1.1.2 欧洲：19世纪的人和20世纪的人谁更爱好和平

如果说1840年英国为了将罪恶的鸦片卖到中国而引发了鸦片战争，但这时的英国却正处于维多利亚时代的黄金时期。这时的整个欧洲都处于一个空前的和平时代。维也纳体制打造的欧洲势力均衡维持了欧洲国家间的和平。尽管1848年的革命席卷欧洲大陆各国，但这只是国内社会的革命，并没有波及国际关系，没有发生外国干涉和侵略战争。整个欧洲的国际关系仍然维系着空前的和平状态。18世纪那种席卷欧洲的王位继承战争等再也没有到来。从1815年拿破仑战争的结束，到1914年第一次世界大战的爆发，正好一个百年周期。在这个周期中，欧洲发生的像样的战争只有1870年的普法战争和几次俄土战争。后者是历史上多次俄土战争的延续，而且土耳其是否是欧洲体制内的因素还不确定。所以，普法战争才是唯一的欧洲国家间的战争。这场战争虽然是欧洲大陆两个强大国家之间战争，但是战争很快就分出了胜负，并没有形成久拖不决、伤亡很大的消耗战，也没有把欧洲其他国家拖入战争。因此，普法战争的发生并不能否认19世纪欧洲和平大势。倒是19世纪末列强之间发生过几次战争，不过战场不在欧洲大陆，而是在海外。那就是在南非发生的布尔战争，在菲律宾和波多黎各发生的美西战争，以及在中国满洲以及对马海峡发生的日俄战争。日本在甲午战争中打败中国后，已经跻身于列强。而它在日俄战争中获胜，其列强的地位也得到欧美公认。这几场战争规模也比较大，但是没有任何一场战争扩散到将其他强国拖入战争的地步。而且从后来的历史演变看，这几场战争无非就是帝国主义时代战争的前奏曲而已，并发生在19世纪最后几年或20世纪最初几年，并不能否定19世纪是和平世纪的结论。相比之下，在人类科学技术和社会文明取得了巨大进步的情况下进入到了20世纪，等待着人们的不是世界和平、国家理性和人类理智，而是空前残酷，规模空前巨大的世界大战，而且不是一次，而是两次。

19世纪的人难道比20世纪的人更加爱好和平吗？从19世纪欧洲的殖民主

义者的殖民行为的血腥性和殖民战争的残酷性来看,我们并不能得出这样的结论。所谓爱好和平,是指他们相互之间在战争问题上更为理智了。不过我们还要注意到,这个理智是发自内心的,在对以往战争的反省基础上的升华呢? 还是因为某种外在因素而不得不寻求和平呢? 答案显然是后者而非前者。我们根本就不能证明19世纪的人比20世纪的人善良和爱好和平。相反,和平运动、人道主义运动乃至人权观念,20世纪前半期都比19世纪要发达和流行得多。

其实在欧美,19世纪作为一个美好时代不仅仅体现在战争与和平上。在19世纪,国家之间的贸易是自由的,国家对贸易的干预和限制被降低到最低程度,以至于被认为是自由贸易的黄金时代。国家之间人民的往来一般是不需要签证的。各国之间的货币兑换也比较自由。虽然交通并不方便,但是国家之间的交往几乎没有障碍。就连国家的内部也有"夜警国家"之说,即管得最少的政府就是最好的政府。国家的职能仅在于在夜晚维持治安而已。国际上是无战争的长期和平状态,也带来了国内的祥和心态。当然,马克思在伦敦大英图书馆里写作《资本论》,以无产阶级阶级立场看也许得出了不同的结论,但他也从来没有否认19世纪的巨大进步。

4.1.1.3 波兰尼对19世纪和平的解释

匈牙利犹太人卡尔·波兰尼(Karl Polanyi, 1886—1964)于1944年出版了他的名著《大转型》(The Great Transformation)。这时已经是第二次世界大战的尾声,使他可以通过20世纪前半期所发生的一切作为参照来审视19世纪的历史。他认为,20世纪上半叶的两次世界大战与19世纪西方文明中的百年和平形成鲜明的对比。19世纪出现了西方文明编年史上没有先例的现象,即1815—1914年之间的百年和平。是什么因素造就了19世纪的百年和平呢? 又是什么因素在20世纪一开始就摧毁了西方世界看来要永续下去的和平呢? 当时其他的学者和理论家们都忙于从制度基础的种种潜在因素中去寻找答案。而目睹过犹太人在第二次世界大战中遭到种族灭绝惨祸的身为犹太人的波兰尼则没有陷入种族怨恨而不可自拔,而是坚持用冷峻的眼光分析战争和和平的原因,坚信和平与战争有着某种必然的历史联系。他认为,百年和平并不是因为19世纪不存在冲突的原因,而是因为19世纪西方文明中出现了一种对和平的热切的兴趣:是贸易在这个世纪里史无前例地与和平连接在一起。

波兰尼认为,19世纪的西方文明奠基于四种制度之上:其一,确保破坏性战争免于发生的势力均衡体系;其二,象征着世界经济被组织起来结为一体的国际金本位制;其三,创造了空前财富的自我调节的市场;其四,自由主义国家。它们各司其职,但其源泉和母体是其三"自我调节的市场",正是它的出现才有19世纪西方文明。而其他制度都是这个创造的附属品。这个自我调节市场即波兰尼所说的大转换,是最具有革命意义的创造。

关于势力均衡体系,在不同政治实体之间通过抑强扶弱,自发地找到平衡的体系在西方历史上不只存在过一次。但是历史上的势力均衡体系只有依靠不断地在政治实体之间爆发局部战争才能自我维持。而拿破仑战争之后的势力均衡体系有一个崭新的特点,就是它在整整 100 年的时间里维持了欧洲的大体和平。为什么呢? 正是因为国际金融(即国际金本位制)为代表的国际经济组织起来结为一体与这种势力均衡体系结合在造就了西方百年和平。国际金融在全球范围内经营金融业务,一方面追求一种和平利益,使和平成为国际战争体系追求的首要目标;另一方面又在组织和资源上都有能力协调各国之间的关系,把矛盾消除在萌芽状态,使势力均衡体系有能力去保持和平。因此,表面上属于政治和军事范畴的势力均衡体系,在 19 世纪要发挥作用则要依赖于潜在其中的国际经济体系。一旦势力均衡中形成的世界经济崩溃,它就不能确保和平。自 1900 年以后的世界经济体系的解体,是 1914 年政治紧张和战争爆发的战争原因。当时人们认识不到这一点,因此第一次世界大战后国际政治格局的安排,即凡尔赛和约体制,虽然想要维持和平,但真正有可能维持和平的势力均衡体系已经被由战胜国组成的集团对战败国的压迫所取代了,而且并没有形成强有力的超主权的国际机构。由于政治上没有形成有效的国际体系,人们不得不去片面追求作为第二道防线的经济上的国际体系,其代表就是国际金本位制。这种制度成为第一次世界大战后各种政治力量的信条。但由于第一次世界大战及战后条约已经将国际经济体系彻底毁灭了,所以,创建和维持国际金本位制的过程,也就是在世界范围内不断增加经济张力的过程。由于国际金本位制的创建和维持积聚了巨大的张力,因此它的崩溃也释放出巨大的力量,促使西方世界在 20 世纪 30 年代发生从制度到理念的根本性变化。一方面,势力均衡体系是建立在金本位基础上的上层建筑,而且,部分地通过金本位制来运转;另一方面,金本位制仅仅是想把国内市场体系扩大到国际领域的一种尝试。所以,最终引发灾变的根本源头在于经济自由主义建立在自我调节市场体系的乌托邦式努力。

对波兰尼的解释也有不同的看法,但是其对势力均衡体系的解释还是有道理的。因为它回答了为什么同是势力均衡,19 世纪的势力均衡和 19 世纪以前的势力均衡及其效果有所不同,20 世纪前期的势力均衡也和 19 世纪的势力均衡及其效果也有所不同。我们可以从他的解释中找到欧洲和平的根本原因,同时也可以在此分析体现了这个带来空前的百年和平的势力均衡体系的法律构造——国际法和国际法秩序。在这里,国家主权原则得到了最充分的体现。国与国之间的关系实现了平等和不干涉内政。欧洲不再存在超国家的帝国理念和实现欧洲霸权的企图。从这一切表面之外,我们看到一幅工业革命带来经济社会空前繁荣的画面。

欧洲各国之间的贸易交往顺利实行。欧洲国家之间的矛盾和冲突都化为海外殖民地争夺,并在其中顺利得到释放和消化。因为到19世纪末之前,世界的殖民地还没有瓜分完毕。只要有充分足够的冒险和开拓精神,仅凭着欧洲工业革命带来的武器、制度、科技、文明的优势,就能在亚洲、非洲开拓殖民地上所向披靡。就连在欧洲经常作为列强盘中餐被争夺来争夺去的可怜小国比利时,也趁机在非洲的心脏,拥有巨大热带雨林、矿藏和巨大河流刚果河(现在叫扎伊尔河)拿下了一片几乎达到比利时本土100倍的巨大的土地——比属刚果。

4.1.2 殖民主义与国际法

4.1.2.1 早期的殖民主义

殖民主义就是一个比较强大的国家在自己的境外建立移民殖民地或者行政附庸机构,延伸其主权,将该地原住民置于自己的直接统治之下或者迁徙到其他地区的国家政策,其中最核心的要素就是在境外建立殖民地。

殖民地是指本国人移居国外但受本国政府管辖的领土。移居到国外的行为自古以来就有,但移居后的人和移居地仍然受到本国政府一定管辖却在古代中世纪并不多见。这样的话就会使古代中世纪国与国之间关系发生某些变化,产生一定的国际法律秩序及其法律规则。到了近代,国际法产生之后,这样的关系则受国际法的调整。

"殖民"(colony)的词干"col"来自拉丁语"colere",是"耕作"的意思,但古代的殖民活动很多并不从事耕作农业,而是建立城市。它不是将母体城市扩大到周围,而是在完全不同的地方建立新的城市国家,即城邦。这些殖民城市与母体城市之间继续保持着密切联系,但是有很多情况是殖民城市已经是作为独立国家来运作,即变成了城邦。

古埃及早在第一王朝就开始在迦南的南部殖民。因为到海外殖民,需要船舶和造船技术,结果古埃及早在公元前3000年就有了长达23米的船舶。而古代腓尼基人则是地中海地区著名的商业航海民族。腓尼基在公元前15世纪在今黎巴嫩沿海一带形成城市国家,公元前12世纪开始从事海上贸易来到北非、伊比利亚半岛地中海沿岸、亚平宁半岛以及西西里岛和撒丁岛建立殖民地。其中在今突尼斯首都突尼斯附近建立了迦太基城邦。这是最为强大的腓尼基殖民城邦。在腓尼基本身遭到亚述、新巴比伦、波斯帝国等打击而衰退后,它的殖民地迦太基反而成为西地中海主要的商业航海城邦了,并且国力强大富足,建立了西地中海的海上霸权。为了从事商业交易和航海,迦太基也在西地中海沿岸建立了很多殖民城市。但是迦太基的船舶都是用祖先土地黎巴嫩产的杉树制造,丢不下对故土思念的情结。腓尼基人是古代世界难得的商业航海民族,从公元前12世纪开始主宰地中海世界达数个世纪之久。迦太基被后期的罗马人称为布匿。罗马为了和它争夺西地中海的海上霸权,和它进行了声势浩大的三次布匿战争,最终在公元前2世纪灭亡了迦太基。迦太基整个民族从此也从历史中消失,到底是被灭族还是被整个民族变卖为奴,尚不得知。在此之前,迦太基和地中海另外一个殖民民族希腊,特别是雅典的殖民活动存在着一定的竞争关系。特别是在意大利南部和西西里岛的沿海部,两个殖民国家的殖民城市犬牙交错。考虑到迦太基和雅典之间并无关于战争的记载,所以两者之间要和平相处,就必须存在一定的城邦之间的交往规则,可以说存在一定的国际法律秩序。

罗马的扩张打乱了这样的和平国际秩序。虽然罗马在公元前1世纪之前还处于共和国时代,但这个依靠军事和法律成长起来的国家,即使政体是共和制,其对外政策也是向海外扩张,即实行的是帝国主义政策。希腊和迦太基的各个城邦在罗马共和国时代后期相继被罗马吞并,最后在罗马成为帝国的时候自然成为帝国的一部分。地中海地区的古代殖民活动前后持续了大约1 000年之久。这可能和地中海的地理条件有关系。因为这是一个大而封闭的海洋。虽然也有大风大浪,但是由于不参加大洋的海流循环,因此不会出现台风、飓风等毁灭性的航海灾难。而且地中海大小合适,虽然是世界上最大的陆间海,但面积只有2 512 000平方公里(不包括黑海)。南北最宽只有1 800公里,东西最长也只有4 000公里,再加上有着巴尔干半岛和亚平宁半岛以及众多的岛屿,以至于用比较简单的船舶在当时的航海技术下,不用借助罗盘或指南针,就可以在不长的时间内到达目的港,所以在帝国的夹缝中城邦制度和殖民的国际法律秩序能够长期存在。

4.1.2.2 十字军国家及其马耳他骑士团国的国际法承认问题

到了中世纪,以地中海为中心的殖民主义进入低潮。十字军东征是基督教国家为了从伊斯兰教手中夺取圣地耶路撒冷的发动的多次战争。从1096年第一次东征开始,到1291年第九次东征结束,一共持续了两个世纪之久,动员总人数超过200万人。十字军东征在东地中海沿岸的叙利亚、黎巴嫩和巴勒斯坦地区以及若干岛屿上建立了若干个"十字军国家"(Crusader States)。第一次十字军东征建立的利凡多(Levant,法语"太阳升起之地",指小亚细亚、埃及、两河流域之间的近东地区,相当于今叙利亚、黎巴嫩、以色列和巴勒斯坦、约旦地区)四国,包括一个王国(耶路撒冷王国)、一个公国和两个伯国。第三次十字军东征在塞浦路斯建立了塞浦路斯王国。第四次十字军东征干脆将同是基督教国家的东罗马帝国给征服了,将其分成了四个国家。后来东罗马拜占庭帝国复国了,但是十字军后裔们仍然盘踞在雅典和伯罗奔尼撒半岛一直到15世纪,最后才被奥斯曼帝国征服。

成立于耶路撒冷王国的圣约翰骑士团从耶路撒冷王国陷落逃亡后,统治了罗德岛以及其他几个岛屿上,改名罗德岛骑士团,从事海盗活动,袭击穆斯林的商船和军舰,最后于1522年被奥斯曼帝国镇压后逃亡马耳他岛,改名为马耳他骑士团国。现在马耳他的首都瓦莱塔的名称就是来自当时的马耳他骑士团大教长让·德·瓦莱塔(Jean Parisot de Vatette,1494?—1568)。这个骑士团到马耳他及其之前的行为实际上是属于举国殖民的行为。在其盘踞罗德岛期间,罗德岛及其所征服的其他一些岛屿也都是作为商业性殖民地而存在。现在,这个发源于12世纪巴勒斯坦,已经存在了上千年的"国家"马耳他骑士团国仍然延脉不断。虽然被拿破仑以及后来的英国夺取了其马耳他的领土,但是仍然号称是"国家",并且被94个国家(欧洲38国、非洲35国、美洲29国、亚洲和大洋洲18国)作为主权实体(sovereign entity)承认,并且建立有外交关系。马耳他骑士团国和这些国家都互派使节。不过,那些承认马耳他骑士团国的国家一般都有驻罗马教廷梵蒂冈的大使兼任驻马耳他骑士团国大使。但是没有得到美国、日本、中国等大国的承认。马耳他骑士团国还是联合国观察员。现在马耳他骑士团国驻在地是在意大利罗马的康多迪街68号一栋大楼内。这栋建筑面积1.2万平方米的大楼里只有几十个官员和人民,被意大利政府认可享有治外法权,即不受意大利国内法管辖,而适用马耳他骑士团国的法律。在这座大楼内,马耳他骑士团国设立了全套政府机构,包括国家元首大教长(The Prince and Grand Master)、事务大臣、外务大臣、医务大臣、财务大臣、国务委员会、大议会、政务会议、审计部、传播部、作为立法机关的法务办公室、作为司法机关的司法委员会和独立法院。要想做到政府部长级别的官员,到这座楼里来是最快的捷径。马耳他骑士团与罗马教廷的梵蒂冈虽然都号称宗教国家,但是与后者相比没有一座自己的城堡,也就是说不存在自己的领土,不能满足国际法上的国家四要素中的领土要件。所以在国际法上很多学者对其是否具有国家的地位是持否定态度的。

  十字军国家中命运最好的还是条顿骑士团国(Deutschordensstaat,1224—1525)。它是由德国不莱梅和吕贝克商人出资组成的德意志人的圣母玛利亚医院修道会,后来成为条顿骑士团。从巴勒斯坦退出后,1210年被匈牙利国王招到匈牙利,授予一部分边境土地为骑士团领地,担任边境防卫,对付异教徒的入侵。1224年,脱离匈牙利而独立,建立条顿骑士团国。教皇要求它作为教皇直辖领地,但被条顿骑士团拒绝,离开了这里,被招到波罗的海南岸担任对异教徒的防卫。1226年,大教长扎尔萨与神圣罗马帝国皇帝腓特烈二世交涉,获得了金印敕令,被认可为"克里马兰和普鲁士的领地主权者"的法律地位。从此开始了对于当时还是异教徒的普鲁士人的征服,终于获得了自己确实的领土。经过长期的征服、同化和经营,终于成为一个实行选举君主制的宗教共和国,即条顿骑士团国,其国内的重要城市柯尼斯堡等发展成为著名的波罗的海贸易城市。条顿骑士团国后来成为东普鲁士的前身。1525年宗教改革后世俗化,成为普鲁士公国的领土。东普鲁士后来和勃兰登堡边境侯国合并,成为普鲁士王国,竟然成为德意志帝国的母体。

4.1.2.3 威尼斯城市共和国及其殖民地

威尼斯于公元7世纪末建国,到1797年被拿破仑灭亡历经千年以上,是世界上存在和延续历史最长的共和国,曾被称为"最高贵的国家"、"亚得里亚海的女王"。它虽然在意大利东北有一部分陆地领土,最大时甚至达到数万平方公里,但实际上是一个依靠海上贸易立国的海洋国家。这个国家虽然以东正教为国教,但是实行宗教自由和法治原则。国家元首的儿子犯法也与平民一样受到同样的处罚,早于法国大革命实现了法律面前人人平等。

威尼斯人当初为了躲避日耳曼人的侵略举家来到这片沼泽地,经过艰苦的劳动排干了海水,填海形成一片似岛非岛的土地,作为他们的家园。一共建立了150条运河和177座岛屿,运河上架了超过400座桥梁。其中运河最宽之处达到400米。海上城市威尼斯的出现本身就堪称人类战胜自然的奇迹。威尼斯从此靠海为生,把他们的勤奋和聪明才智转向航海和贸易,依靠海洋兴旺发达起来。公元810年,在东罗马帝国和法兰克王国的条约中,威尼斯属于东罗马帝国,但是获得了与法兰克王国的贸易权,从此开始了它作为贸易城市发达之路。

公元10世纪后半期,威尼斯与阿拉伯国家之间订立了贸易条约。海军逐渐加强,强化了对亚得里亚海的制海权,受到伊斯兰海上势力威胁较小,因而可以与伊斯兰国家开展贸易关系。11世纪初,受东罗马帝国邀请担任亚得里亚海海上防卫,其条件是获得东罗马帝国国内的贸易特权。但在1204年,威尼斯作为第四次十字军的一部分派出了最强大的海军舰队,不是去征服巴勒斯坦的圣地,而是直接占领了东罗马帝国首都君士坦丁堡,并获得了克里特岛等海外领土。这样,威尼斯不但成为东地中海最强大的海军强国,而且还开始了在东地中海的殖民国家的历史。威尼斯商人和船舶遍及东地中海乃至黑海沿岸。这些海域被称为"意大利商人的海"。1271年,威尼斯商人马可·波罗(Marco Polo,1254—1324)从黑海北岸经中亚到达元大都(今天的北京),不仅重温了丝绸之路,而且还是历史上第一次西欧与中国的直接接触。他在中国待了24年,回国后在威尼斯与热那亚战争中成为热那亚的俘虏,在监狱中口述了他的《马可·波罗游记》,给当时欧洲的地理学以冲击性影响,也激励了哥伦布的冒险意志。正是因为马可·波罗的这部游记,才使得西欧国家以及教皇等重新认识世界,除了向往的圣地耶路撒冷曾经被认为是基督教世界的中心之外,还存在一个横跨欧亚大陆的蒙古帝国。这都有利于改正西欧人的世界观。所以当东罗马帝国被奥斯曼土耳其灭亡,东西方直接贸易断绝了之后,西欧人并没有惊慌失措,感到世界的末日来临,而是积极从西和从南去寻求通往东方的新航路。

4.1.2.4　东印度公司与国际法：是公司，还是国家

西班牙和葡萄牙开创了 15—16 世纪近代殖民地帝国的历史。伴随着新航路的开辟，西班牙和葡萄牙的殖民主义得以推行。葡萄牙最早于 1415 年越过直布罗陀海峡，占领了北非的休达。然后又沿着非洲海岸南下，占领了佛得角群岛。1498 年葡萄牙人绕过好望角进入印度。为了确保与印度的贸易不受莫卧儿帝国、阿曼、印度洋沿岸国家干扰，葡萄牙人在 1510 年在印度果阿建立了第一处印度殖民地。在前往印度的航路上葡萄牙人也建造了不少要塞。西班牙人也同时向美洲扩张，建立了美洲殖民地。

17—18 世纪中叶则是英国、法国和荷兰的海外殖民的全盛时期。由于地中海的贸易地位下降，新航路的发现，英吉利海峡成为新的海外殖民的发源地。这三个国家为了推行殖民政策，都以印度命名，建立了东印度公司。

英国击败西班牙无敌舰队后，为了向北美殖民，建立了哈德逊湾公司和新英格兰殖民地。1600 年，英国商人建立了东印度公司（East India Company）。这是一个股份公司，由英国女王伊丽莎白一世颁发王室特许状，赋予其在印度的贸易垄断权 21 年（后来每次延长 20 年，实际上无期限）。其实它并非是一个公司，而是三个公司的总称：伦敦东印度公司（旧公司）、英格兰东印度公司（新公司）、联合东印度公司。1601 年 3 月，由 4 艘船组成的第一支船队出航东南亚。215 个出资者筹集了 68 373 英镑资金，最后大赚获得成功。17 世纪中叶，印度的孟买成为一个活动据点。18 世纪初，加尔各答成为主要据点。1717 年，英国东印度公司在莫卧儿第九代皇帝那里获得了孟加拉出口关税免税特权。这样，孟加拉及其加尔各答成为东印度公司的重心。

起初，英国东印度公司只有贸易目的，并无领土目的。但是，随着莫卧儿王朝的衰退，各地形成了印度土邦等地方王朝。在印度的贸易还面临着法国东印度公司的激烈竞争。特别是法国东印度公司在与土邦结盟时卷入了印度内政，以至于英国东印度公司也得介入印度次大陆的政治。欧洲的奥地利王位继承战争爆发，印度的各个东印度公司之间也发生了军事冲突。开始是法国东印度公司占上风，但法国政府只愿意承认自己的东印度公司为商业公司，召回总裁。这样一来，英国的东印度公司占了上风。1757 年，英国东印度公司军队获得胜利，改变了其性质，成为孟加拉的实际统治者，对法国和荷兰具有优势地位了。

要成为实际统治着，就必须要有征税机能和行政机能。为了维持这一切机能还必须要维持一支常备军。一个公司要统治 2 000 万人（超过欧洲绝大多数国家人口），是必须要有这样的一些国家和政府机能的。特别是要针对印度北部和南部的一些敌对的土邦，还必须从税收中支付庞大的军费。结果，英国东印度公司实际上成为了一个政府。1773 年，英国设立了印度总督。根据英国东印度公司董事会

的决议,由原东印度公司职员沃伦·黑斯廷斯任首任总督,将东印度公司纳入政府管理下,并被赋予了东印度公司行政职能。1783年,设立了由一名内阁成员担任首长的监督局。黑斯廷斯提出,我们的印度统治方针是尽可能遵循古印度以来的印度习惯和制度的同时,将我们的法律适用于印度人的生活、社会、国家的各种具体问题中。

这样,英国就实行了独自的遵循印度习惯的制度改革。第一是法制建设。由黑斯廷斯在1776年建立了印度法典编纂委员会,对各种惯例进行调查和翻译,终于弄清楚了在印度的印度教徒和穆斯林的区别,成为英国东方学研究的开始。第二是税收制度的改革。到第三代总督时将征税人员从印度人全部换成英国人,实行高薪高年金待遇以及可升职的前景,但是禁止他们从事私人贸易。以会计制度的复杂性为理由排除了会计方面印度人升职高级职员的可能性。第三是由东印度公司创办常备军军队,1789年陆军达到10万人,拿破仑战争期间拥有155 000人的步兵和骑兵。但要防止军人的叛乱。这样,在短短20多年内,东印度公司从一个商业公司转变成为兼有征税、警察职能的行政机关性质的公司。

东印度公司本身犹如一个独立王国,开始了自身的扩张。1799年,公司进行了与由很多印度土邦结成的马拉塔同盟的战争,使迈索尔王国屈服。1803年,公司军队占领德里。1817年,属于马拉塔同盟的古吉拉特和马哈拉斯特拉成为东印度公司的领域,即孟买背后的广大腹地和印度商业和纺织业最发达的地区成为公司的直接管辖区域。公司还获得外交权,不必经过英国政府,直接与若干土邦君主之间签署军事保护条约,并通过这种方式不断扩大公司的控制范围。借法国大革命给法国带来的混乱时期无法兼顾海外领地,英国东印度公司开始向东南亚和缅甸发展。1795年,法国革命军占领荷兰,英国便向马来半岛前进,最后于1826年英国东印度公司建成了以马六甲、槟榔屿、新加坡为中心的马六甲海峡殖民地。印度西北方向则朝着旁遮普发展。旁遮普一带是农业非常发达的地区。锡克教在这里非常流行,1764年形成了一个锡克教政教合一的锡克王国,从莫卧儿王朝独立,成立国民会议,发行货币。东印度公司拥有强大的西式军队,发动了第一次锡克战争,1846年签订《拉合尔条约》,将克什米尔从锡克王国领土中割让给英国。英国的官员进驻锡克王国。1848年,锡克王国又发生反英叛乱,东印度公司又进行第二次锡克战争,次年灭掉锡克王国,其领土成为英国领土,并被分成若干土邦或东印度公司直接殖民地。一个公司拥有灭掉几十万平方公里的不小的王国的实力,也可以说是千古奇观了。

18世纪70年代,东印度公司面临经营困难,英国政府提供了支援。为此,1773年英国国会通过了《茶叶法令》,给予东印度公司在与美洲贸易时享有更大的自主权,包括东印度公司垄断北美茶叶贸易。这一事件发酵后演变成为美国独立战争。英国国内正在进行产业革命,因而对于东印度公司垄断对中国贸易的非难之声日益高涨。亚当·斯密在其《国富论》中也对东印度公司的垄断地位进行了无情的鞭笞,并得到知识分子和政治家们的支持。通过对东印度公司垄断特许延期更新的审批权,英国政府逐渐开放对中国和印度贸易的垄断。1793 年,对印度贸易的一部分自由化。1813 年,对印度的贸易彻底自由化。1833 年,对中国的贸易也自由化。这样,东印度公司作为一个垄断的商业公司的职能宣告结束,专心地以一个公司的身份去从事统治印度的政治职能。

　　1857 年印度发生民族大起义(Indian Rebellion of Nationality)。这也被称为是印度第一次独立战争。这场起义是从士兵的哗变开始的。由于东印度公司具有政府和军事的职能,而这时在孟买、马德拉斯和加尔各答三个殖民地都有自己的军队。军队中很多士兵和下层军官都是印度雇佣兵,但不能担任军队高级军官。雇佣军人数达 20 万,已经超过英国正规军。发生暴动的雇佣兵团驻守德里东北 72 公里的密拉特,由印度教高级种姓和穆斯林上层出身的人组成,因而非常固执于宗教传统和禁忌。当时装备了英国生产的新式步枪、射程远、命中度高、杀伤力大,它是一场枪械革命。但是战斗中需要装填弹药是需要用嘴咬开包装弹丸的油纸。正是这一细节决定了一个古老的帝国的命运。当时流传着一个传言,说油纸使用了牛油和猪油。牛是印度教徒的神圣,猪则在伊斯兰教中被视为秽物。如果这个传言是真的,那么这些雇佣兵在战斗或训练中就违反了宗教禁忌。雇佣兵们以违反宗教禁忌,将被迫强制改信基督教为由,拒领弹药,这在军纪严明的东印度公司军队中会遭到严惩。东印度公司声明没有使用牛油和猪油,并发布通知可以不使用嘴,只用手撕开油纸就行了,不会因此违反条例受处罚。但他们根本就没有意识到这只是一个借口而已,实际上是印度人对英国的殖民统治的不满的总爆发。于是暴动已经在密拉特发生,暴动者打出莫卧儿皇帝的旗号,第二天就到达德里,得到了驻扎在德里的印度人雇佣军的内应,占领了德里这座莫卧儿王朝的首都,宣布恢复皇帝的权力。旧王公贵族、地主、农民、市民等反英势力,以及部分民族、宗教和阶级,都加入到这一运动之中,德里成为暴动的中心,暴动蔓延到各地。

　　英国方面对此高度重视应对,一方面实行怀柔政策,另一方面加紧镇压。特别是重用尼泊尔的骁勇善战的廓尔喀雇佣兵,派遣 14 000 人到德里镇压暴动。廓尔喀雇佣兵虽然也信印度教,但是种姓制不强烈,食物禁忌较少,对于油纸事件不太在乎。他们和前来镇压的英军一样都配有这种新式步枪。这对于暴动一方拒绝使用新式武器相比构成了对暴动一方的绝对军事优势(据说枪击速度快 10 倍,而且射程远 10 倍)。再加上暴动的雇佣兵缺乏高级军官指挥人才,很快在军事上陷入劣势。4 个月后,英军方面向德里发起总攻。莫卧儿帝国末代皇帝走出红堡向英军投降。东印度公司军队也采取恐怖战术,将俘虏绑在大炮炮口,用木制炮弹将其身体击碎,对暴动军造成了恐惧心理。再加上印度人历史上相对而言并不善战。不过,德里南边一个小小的土邦詹西的王妃仍然率领印度人雇佣兵和民众继续坚持起义。她遵从印度习俗很小就嫁给詹西土邦君主,生有一个儿子,但儿子夭折。国王也陷于重病不可能再生育。王妃准备收养一个养子继承王位,但印度总督达豪西认为养子没有王位继承权,无继承人的土邦将要被合并到东印度公司。结果该土邦被东印度公司接管。但是王妃拒不交出王城,坚持了3年直到这次起义。她出于对英国殖民者的仇恨和具有卓越的军事指挥能力成为起义者的一个标志,被称为詹西女王,给英军以很大的打击。1858年6月,詹西女王战死。这位集美貌、英勇和智慧于一身的印度女性后来一直被印度人视为民族英雄,在印度独立后到处都有她的塑像,被称为印度的圣女贞德。

这场由一张包子弹的油纸引发的大暴动改变了印度的历史。莫卧儿帝国和皇帝被废,不可一世的国际法怪胎东印度公司也寿终正寝。1858年8月2日,英国下院通过了《印度统治改善法》,宣告东印度公司对这次暴动负有全部责任并遭解散,莫卧儿皇帝被流放,印度东印度公司的辖地全部归属英国直接统治。

从国际法看,英国东印度公司得不到任何国际法理论的支持。因为它在任何方面都不符合国家主权原则。它只不过英国政府授予贸易垄断特权的公司而已,却早在成立后13年就建立起自己的舰队。这个时候英国还很弱小,不可能派遣远洋舰队来维护东印度公司在亚洲的利益,因而东印度公司建立舰队的行为属于一种私人武装。英国海军当初有很多就是收编海盗而来,所以海军是国家的还是私人的在英国当时并不重要。具有独立海军的东印度公司在1687年将海军总部设在了孟买,其任务是保护贸易,对印度洋进行调查,讨伐印度和东南亚海盗,参与海战等。后来这支海军逐渐发展壮大,在印度洋、中国的东海和南海等地执行海上巡逻和维持治安,介入印度土邦国王之间的争端解决。19世纪30年代,舰队从木船转变为蒸汽铁造船,作为最强大的英国海军力量的重要组成部分,占领亚丁,远征新西兰。1840年的第一次鸦片战争和1858年第二次鸦片战争都是这支东印度公司的舰队和中国开战的。也就是说,大清帝国的军队是败于一个公司的舰队,而非大英帝国的军队。不过,随着东印度公司的解散,舰队也划归英国政府。因此1860年英法联军进攻中国的舰队已经不是东印度公司舰队了。这个公司建有的巨大的陆军和骑兵也构成一个很大的系统,包括英国人正规军、印度人雇佣军等。拥有军队和行政权的东印度公司俨然成为一个事实上的政府,并代理英国行使殖民地宗主国的主权。它可以凌驾在印度各土邦国之上,与其缔结条约,发动对其的战争,废立其君主。甚至莫卧儿帝国皇帝也处在公司的掌控之中。公司具有战争权和外交权等国际法上的国家专属权力。由于英国对印度实行间接统治,只有一纸授权来体现英国国王(女王)的主权,其具体国家权力均由其行使。本来英国的印度殖民地是有东印度公司在孟加拉、孟买、马德拉斯三个地方分别治理的。1773年的法律则将孟加拉作为印度殖民地的总部所在地,在加尔各答设立总督府。实行总督制后,总督也被称为英国副王,代表英国国王形式宣战媾和权和条约缔结权,但实质上这些权力都是有东印度公司董事会决定后再由总督实施。

　　孟加拉管区由于是总督府所在地,管辖区域越来越广,对印度其他土邦以及国王的战争所获得土地都归属到其管辖之下。1836年进行了分割,西部分离出西北区。马德拉斯管区也通过对印度土邦的战争扩大到了德干高原。马德拉斯管区也扩大到了卡纳塔克。三个管区统治范围被称为 Britain India。其余地方则是数百个土邦。土邦君主为东印度公司治下的主权者,除了外交权和军事权外,一切行政权力和宗教等都实行自治。土邦分三类。其一是从来都没有从属过什么主权和国家的那些独立王国。其二是本不是王国,而是随着东印度公司活动范围扩大而建立的土邦王国。其三是由东印度公司自身创造的土邦王国。第一类保留了高度的自治权,王位继承权可以传位到收养的继承人。第二类和第三类则不承认可以传位到收养继承人。如果没有继承人,其土邦的地位、国土和人民将会被收归东印度公司,成为公司直接统治地。正是因为这点才引起了1857年的印度民族起义,也显现出东印度公司以公司形式实行殖民地统治出现的国际法困境。最后英国将印度殖民地改为英国直接统治,才在国际法上彻底解决了这一问题,与当时各国的殖民地统治的主权原则相一致起来。英国女王获得印度皇帝的称号,除了满足英国君主的虚荣心之外,也带有在殖民地统治形式上的国际法梳理的意义,即无论实质上还是形式上,英国对印度的统治都具有了当时国际法上的依据。

4.1.3　奥斯曼帝国的国际法律秩序的崩溃

4.1.3.1　奥斯曼帝国的兴起于君士坦丁堡的沦陷

　　在欧洲国际法形成和发展过程中,始终与奥斯曼帝国密切相关。这是一个东方帝国,也是一个非基督教国家,灭亡了拜占庭帝国后与欧洲国家体系直接接触,曾经以其强大的军事实力强烈地冲击着欧洲的国家、制度和社会。欧洲形成的以国际法主权原则为基础的国家体系构成一个独特的世界,而欧洲的国际法成为欧洲的区域性国际法律规则,欧洲已经形成了区域国际法律秩序。同样,在这个欧洲接壤的东方,奥斯曼帝国也有着自己的国际法律秩序,统治着与欧洲不相上下的广大的帝国领域和众多的民族,承袭和融合了阿拉伯民族、突厥民族和波斯民族的文明和遗产,以东方的帝国理念构成一个自己的世界。在欧洲没有发生工业革命,产生出绝对优势的生产力和军事力量之前,根本就无从谈起到底是欧洲的国家主权至上的国际法体系优越还是奥斯曼帝国的帝国理念下的国际法律秩序优越。如果欧洲没有能够抵御住当年奥斯曼帝国军事的冲击而被其征服的话,那也就没有什么后来的国际法成为全球的统一规则的事情了。但是后来的历史表明,胜利者是欧洲和国际法。奥斯曼帝国在第一次世界大战后被解体。

奥斯曼帝国也叫奥斯曼土耳其帝国(Ottoman Turkish Empire),因而它是由土耳其民族建立的。土耳其人在中国古代文献中就是突厥人,早先带有匈奴血统,南北朝时期从阿尔泰山迁居至蒙古,又从蒙古前往中亚。中亚被认为是后世土耳其各部的直接起源。唐朝时期突厥作为北方游牧民族与唐朝对垒,后被击败分裂为东突厥和西突厥。东突厥后被同化,西突厥中后来又兴起过回鹘(后来的维吾尔)、艰昆(后来的吉尔吉斯)等。在波斯、高加索等地,突厥系民族就是现在所说的土耳其人,11世纪奥格斯(Ughuz)部的塞尔柱家族率领土耳其各部落强大起来,在1071年的曼奇刻尔特战役中取得对拜占庭帝国的决定性胜利,俘虏了拜占庭帝国皇帝罗曼努斯四世,控制了安纳托利亚,把拜占庭帝国局限在君士坦丁堡周围,沦为一个小国。1074年,塞尔柱帝国成立。该帝国一直持续到1308年,是中近东最大的帝国,最后亡于蒙古的征服王朝伊尔汗国。但土耳其人并未因此从历史中消失,而是出现了另一个更加伟大的奥斯曼帝国。奥斯曼(1258—1326)率领从蒙古人攻击中逃避而来的土耳其军人和伊斯兰宗教人士,以及被断绝拜占庭帝国援助的基督教的军人于1299年在安纳托利亚高原东北起兵,对塞尔柱王朝宣布独立,建立了奥斯曼王朝。紧接着又击败拜占庭帝国军队,打下了奥斯曼王朝的基础,开创了后来奥斯曼帝国的繁荣之路。1371年,在马利查战役中,奥斯曼土耳其打败了塞尔维亚诸侯联军,使得拜占庭帝国和第二保加利亚帝国成为奥斯曼帝国的臣服国家。1893年,进而灭掉第二保加利亚帝国。次年,包围君士坦丁堡,占领伯罗奔尼撒半岛,将巴尔干半岛基本上置于帝国支配之下。1453年,攻陷君士坦丁堡,拜占庭帝国灭亡,结束了延续1480年的罗马皇帝的皇统。奥斯曼帝国苏丹宣布保护原君士坦丁堡的市民,将该城市名称改成伊斯坦布尔。其实如果他愿意,也可以沿袭东罗马帝国皇帝的称号。但是他作为穆斯林,还是自立皇帝为好。于是这个东罗马帝国皇帝称号的资源被俄罗斯盗用,成为俄罗斯帝国的沙皇。

4.1.3.2 维也纳攻防战对欧洲国际法秩序的冲击

到了16世纪,奥斯曼帝国将统治势力范围扩大到阿拉伯人和波斯人的地区。特别是1517年灭亡埃及的马木留克王朝,获得了伊斯兰教两大圣地麦加和麦地那的保护权,成为伊斯兰教逊尼派的领导者,也获得了埃米尔的称号。苏莱曼一世时期帝国势力达到鼎盛时期,其统治延伸到中欧和北非。在欧洲,1521年攻下了贝尔格莱德。1526年第一次莫哈赤战役中战胜了匈牙利,将这个10世纪左右从亚洲作为马扎尔人到来的强悍民族打得元气大伤,上千名贵族战死,俘虏都被苏莱曼一世下令杀掉。停战后奥斯曼帝国获得匈牙利大量领土,并于1529年兵临维也纳城下,开始了维也纳围城战。这是奥斯曼帝国第一次介入欧洲列强的争霸之中,也使得欧洲和欧洲文明最后一次面临来自东方的直接威胁。

这时在维也纳城里的也是一位意气风发的神圣罗马帝国皇帝卡尔五世。他还兼任西班牙国王,成为欧洲两大强国的君主,对法国和其他欧洲列强已经居于优势地位。他本来想利用这一强势地位对德意志出现燎原之势的宗教改革运动采取强硬措施,但面临来自亚洲方面的强大的异教徒苏莱曼一世的挑战,不得不改变立场,对路德派实行宽容政策,以绝后顾之忧。当时欧洲和中近东地区最强大的两个皇帝对垒于维也纳,成为决定命运的一场决战。如果苏莱曼一世如果攻下了这座城市,那就意味着神圣罗马帝国难以再组织起更有效的抵抗,奥斯曼土耳其军队可以长驱直入,欧洲是否会穆斯林化尚不得知。但是这场攻坚战最后没有成功。

一个半世纪后的1683年,奥斯曼土耳其又一次包围维也纳。但是这一次中欧各国组成了联军,奥地利、波兰、威尼斯、俄国等国组成神圣同盟与奥斯曼土耳其进行了长达16年的战争。维也纳经过第一次被包围后已经用最新的筑城法要塞化,具备坚固的防御体系,使得土耳其军队无法突破入城。而奥地利、波兰和德意志诸邦的联军在维也纳城外的西郊展开了决战,取得了胜利。这一仗标志着奥斯曼土耳其对欧洲国家的军事优势的丧失,也意味着奥斯曼帝国的衰退。欧洲国家对奥斯曼帝国开始转为攻势,最后通过大巴尔干战争,步步紧逼奥斯曼帝国的中心伊斯坦布尔。但是欧洲这时已经出现国际法。势力均衡已经在发生作用。法国国王路易十四如果从基督教立场上看是应该支持神圣罗马帝国对抗奥斯曼帝国的,但却因担心神圣罗马帝国皇帝因抗土胜利而做大,威胁到法国利益,所以竟然站在了奥斯曼帝国一边,拒不派兵支援维也纳围困战。战争的最后,1699年签订了《卡尔洛夫奇条约》。这是奥斯曼第一次向欧洲国家割让领土,也是奥斯曼第一次见识了新近出现的国际法。该条约是完全按照欧洲国际法的模式制定,并且按照欧洲的条约法规则是必须得到遵守的。条约规定了奥斯曼帝国向奥地利割让奥斯曼占领的匈牙利、外特兰西凡尼亚公国和波斯尼亚,将亚得里亚海沿岸的达尔马提亚割让给威尼斯共和国,将波多利亚割让给波兰。

4.1.3.3 首都特惠待遇——近代国际法不平等条约的起源

奥斯曼帝国介入的欧洲国际关系中,开始时和法国保持了非常友好的关系。在16世纪,法国还不是欧洲一个非常强大的国家,而土耳其因为进逼维也纳城下而成为欧洲为之震惊的强国,为了削弱在欧洲势力均衡关系中出于对立面的哈布斯堡家族的力量,法国国王弗朗索瓦一世与苏莱曼一世成立了法土同盟。为了表示土耳其对法国的好意,特地于1536年给予法国人以首都特惠待遇(capitulation)。这是奥斯曼帝国给予在帝国内居住的外国人以特别优惠待遇的特权,保障其贸易通商和居住的自由,享有领事裁判权,免除捐税,人身、财产和企业经营的安全。这一待遇也有伊斯兰国际法上的根据。虽然不是对等的,但是可以作为一种恩典赋予外国人。奥斯曼帝国的首都伊斯坦布尔从来就是一个国际贸易城市。在这里的各种国际贸易中海损事故以及诉讼时有发生,奥斯曼帝国皇帝也时时要征收人头税和关税。如果拥有首都特惠待遇,那就意味着获得了某种免税和免除司法管辖的特权。这是奥斯曼帝国全盛时期的自信的表现。在给法国首都特惠待遇之前,攻下君士坦丁堡的奥斯曼帝国皇帝穆罕默德二世就将这个特权授予了当时的航海贸易城市威尼斯和热那亚,希望它们仍然来已改名为伊斯坦布尔的城市开设货栈商铺,并享受这些特权,目的在于搞活奥斯曼帝国的经济和贸易。穆罕默德二世虽然是一个有名的征服者,以尚武好战著称,但他也是一个非常开明的皇帝,实行宗教自由和贸易自由政策。他还自称罗马皇帝,企图和欧洲的皇统挂上钩,但后来放弃了。后来奥斯曼帝国又将这些待遇给予其他与其结盟或友好的国家。1579年给予了英国,1613年给予了荷兰。

这一待遇具有很大的政治和经济意义。在经济上,可以使以首都伊斯坦布尔为中心的商业贸易活动活性化。在政治上,则将奥斯曼帝国与法国的同盟关系更加紧密化,使其从国家层面深入到民间层面。弗朗索瓦一世为了突破东南北三个方向的哈布斯堡家族的包围圈,抛弃了宗教上的差异,向苏莱曼一世请求援助。于是作为强国皇帝的苏莱曼一世为了体现大国的慈悲,对于盟国的弱国法国赋予了这样的特权。这种特权只限于一代人享有,不能为下一代人所继承。

但是,经过第二次维也纳包围战失败和紧接而来的大土耳其战争的失败,奥斯曼帝国的势力开始走向下坡路。到了18世纪,随着奥斯曼帝国的衰退,首都特惠待遇便成为日益强大起来的西欧各国与奥斯曼帝国订立近代国际法不平等条约的绝好的借口和模版。本来,首都特惠待遇作为一种奥斯曼帝国单方面给予对方的待遇就是不平等的。但是这种待遇是奥斯曼帝国自愿给的,体现的是大国的宽厚,并不求对方回报。但是欧洲国家经过现实主义和势力均衡的洗礼,已经成为没有理念、只有利益的国家,自然不会放过首都特惠待遇这一机会,谋取不平等的利益。奥斯曼帝国发现了这一企图,于1740年和法国确定将这一待遇定位双方对等赋予。

这一待遇的核心是治外法权。国际法上的治外法权就是豁免本地司法管辖的特权。这也并不意味外国人可以为所欲为。因为他自己的国家在东道国还有领事馆或者领事。如果他享有治外法权,就意味着他受本国法的管辖,具体体现在领事管辖,包括由领事根据本国法进行审判等程序性的事项。因此,治外法权也被称为是领事裁判权。由于中国近代史上对于治外法权有不愉快的回忆,所以一般印象中都对治外法权持有否定看法。

其实治外法权也分各种场合,有着很多种情况。有强制性的治外法权和非强制性的治外法权。强制性的治外法权是从以武力或武力威胁为后盾的强制外交产生的。它是战胜国或者武力威胁国单方面要求在其租借或租借地排除东道国法院或法律管辖,作为外国人单方面享受本国法管辖的特权。其所依据的条约都是不平等条约。而非强制性的治外法权是自愿给予的,是表达对于对方国家和人民最大善意。奥斯曼帝国的首都特惠待遇及其所包含治外法权就属于这一类,因此欧洲国家不应该恶用奥斯曼帝国的这个待遇和特权。治外法权还有普遍性和外交性的区别。外交性的治外法权属于外交官履行其职务的需要,无论在任何情况下都应该予以保留。这里也不存在平等不平等问题。它后来演变成为外交特权与豁免制度。驻外的军人等也根据条约可以享受治外法权。而普遍性的治外法权则是不平等条约下规定的。这才是我们通常理解的那种含有负面意义的治外法权。西欧国家在奥斯曼帝国得到的包括治外法权的特权,在16~18世纪则是属于奥斯曼帝国自愿赋予的特权待遇,是善意和宽厚的恩惠。但是西欧国家在19世纪和20世纪初在奥斯曼帝国的治外法权则已经演变成为了非自愿的不平等条约基础上的治外法权。从这一点看,西欧国家是不道德的,并且是恶意运用的。这也是它们运用国际法多年后越来越老道,越来越不讲道德讲良心,只讲利益讲占便宜的自私表现。因为国际法在这个时候越来越现实主义了,这也是国际法的一个消极效果。

4.1.3.4 奥斯曼帝国的国际法律秩序

除了奥斯曼帝国的首都特惠待遇对国际法的治外法权制度的影响之外,奥斯曼帝国本身也构成一个帝国理念下的国家间关系的体系。奥斯曼帝国的国家机构是典型的东方专制帝国。同时,它也是基于伊斯兰教传统的世界国家。奥斯曼帝国皇帝在灭亡了东罗马帝国(拜占庭帝国)之后不久也曾经自称过恺撒,那就是苏莱曼皇帝(文治武功都了不得,也被称为苏莱曼大帝)。皇帝通过所拥有的君士坦丁堡大主教的任命权对东正教徒实行统治,也被认为是拜占庭帝国的皇帝教皇主义(Caesaropapism)的延伸。这个理论认为皇权优于教权。皇帝与教皇为一人。皇帝既然就是教皇,所以皇帝通过国家可以管理控制教会。还有人认为奥斯曼帝国是东罗马帝国的继续,是新拜占庭帝国。

奥斯曼帝国是典型的东方帝国理念下的国家体系。帝国有直辖领土。它们是直辖行省,财政不独立。此外,还有财政独立行省,如埃及行省就是这种类型。总督由帝国中央派遣任命,而其他官员则由当地人士组成。其财政方面完全自主,行省行政的剩余费用要上缴帝国中央财政。更为独立的就是属国。属国有很多名称或等级。属国的君主由帝国中央政府掌握,其他原则上都自治。财政不仅是自主的,而且是独立的。奥斯曼帝国的主要属国有以下几个。

克里米亚汗国(1441—1783)。分布在黑海的北岸以克里米亚半岛为中心的广大草原,由成吉思汗后裔王族建国。1475年起它的政治和王位继承方面接受奥斯曼帝国的干预,成为其保护国。在该汗国强盛的时期曾经与俄罗斯帝国的前身莫斯科大公国进行对抗,发生过不少战争,曾经将大量的俄罗斯人和乌克兰人俘虏作为奴隶。俄罗斯为了将其国人的奴隶身份赎回,不得不支付大量金钱。但是俄罗斯强调不是贡赋,不愿接受克里米亚汗国的称臣纳贡的要求。这段俄罗斯屈辱的历史成为后来发生多次俄土战争的原因。

瓦拉几亚公国。其在今天罗马尼亚东南部。这是罗马尼亚的前身。1415—1859年为奥斯曼帝国的诸侯国。1859年俄土战争后成为俄罗斯的保护国。

摩尔达维亚公国。其在罗马尼亚东北,曾为前苏联加盟共和国,苏联解体后独立建国。民族和罗马尼亚一样都是罗马尼亚人。建国为1359年。16世纪初与北上去征服匈牙利的奥斯曼帝国发生冲突,不敌奥斯曼帝国军队的强大,不得不承认奥斯曼帝国的宗主权,甘愿成为帝国的属国。而奥斯曼帝国则承认摩尔达维亚公国的自治权。君主由大贵族大会选举产生。但产生的结果要经过奥斯曼帝国政府认可的程序才能生效。摩尔达维亚作为奥斯曼帝国的属国,在俄土争端中当然要站在奥斯曼帝国一边。这就将其卷入俄土之间的战争之中。最后,该国被分为两个部分。东北部于1812年被割让给俄罗斯。西南部开始是归属罗马尼亚王国,后来在1940年被苏联占领。1941年被罗马尼亚收回。1944年苏德战争中苏军反攻占领摩尔达维亚后并入苏联,成为摩尔多瓦加盟共和国。

特兰西瓦尼亚公国。这一公国在匈牙利和罗马尼亚之间,现在属于罗马尼亚。它从苏莱曼一世的维也纳围困战以后倒向奥斯曼帝国,成为其附属国。但是后来在哈布斯堡王朝和奥斯曼帝国之间经常漂浮不定。1711年后,完全归属哈布斯堡王朝,脱离了奥斯曼帝国的国家体系。

杜布罗夫尼克共和国。这是亚得里亚海岸的城市共和国,现在属于克罗地亚。

汉志,也称希贾兹。现在沙特阿拉伯西部地中海沿岸直到约旦一带。这里拥有麦加和麦地那两座伊斯兰教圣城。这里是伊斯兰教和伊斯兰帝国的发祥地,拥有它就在某种程度上在伊斯兰世界里具有正统性。奥斯曼帝国从埃及马木留克政权下夺取了汉志的宗主权,一直到第一次世界大战结束为止。汉志的自治权始终得到奥斯曼帝国的保障,由麦加的城主实施。由于第一次世界大战中奥斯曼帝国成为德奥同盟国一边的重要盟军,英国便在奥斯曼帝国的后方汉志策动阿拉伯人反对奥斯曼帝国的运动。1916年,英国帮助建立了汉志王国,英国电影《阿拉伯的劳伦斯》说的就是这一段历史,但是站在战胜国英国的立场上,根本没有提到土耳其在这里本来就是有宗主权的,因此并不符合历史事实。但是汉志王国并没有得到其他阿拉伯部落的响应,因而没有发展成为大规模的阿拉伯王国。经过几番家族斗争,1932年沙特阿拉伯王国成立。

奥斯曼帝国是中东地区很多国家的发源国。马木留克王朝的埃及在16世纪被奥斯曼帝国征服后成为奥斯曼帝国的行省,由帝国派遣总督进行统治。但是大部分地方总督仍然由马木留克军人担任。拿破仑的埃及征服一时打断了这个进程,法军撤退后奥斯曼帝国方面派出的亚美尼亚部队的首领阿里成为总督,排除了马木留克军人统治,实行中央集权下对奥斯曼帝国的半独立统治。但是,亚美尼亚人的世袭政权并没有得到欧洲列强的承认,所推进的近代化政策使得埃及的经济依附于列强。1868年,埃及与法国共同建设了苏伊士运河,但是财政负担过于巨大,招致英国的介入。1882年,反英运动被英国武力镇压,结果成为英国的保护国。第一次世界大战时英国与埃及名义上的宗主国奥斯曼帝国宣战,意味着埃及不再承认奥斯曼帝国的宗主权。直到1922年埃及王国成立,得到英国承认。以后,埃及成为英国的势力范围。英国对埃及实行间接统治。北非、叙利亚、伊拉克等也有着与埃及相似的情况和历史。

4.1.3.5 俄土战争及第一次世界大战的爆发

战争中起来,战争中衰退,就是奥斯曼帝国的历程。其中与俄罗斯的战争贯穿奥斯曼帝国的最后两个半世纪。俄罗斯和奥斯曼帝国之间一共发生过12次战争,平均不到19年就发生一次较大的战争,成为欧洲近代史上最长的系列战争。奥斯曼帝国就是在这些战争中逐渐消耗,最后走向衰亡的。俄土战争具有很强的地缘政治特点,也是欧洲势力均衡的国际关系中的一环,导致奥地利、英国、法国、波兰、罗马尼亚、保加利亚等国先后参与其中。先是俄罗斯和奥斯曼帝国争夺高加索和黑海北岸。结果俄罗斯获胜。接着俄罗斯需要黑海的出海口进入地中海,而奥斯曼帝国则占据着黑海海峡,对俄罗斯的黑海形成封锁的态势。奥斯曼帝国首都伊斯坦布尔就处在黑海海峡最狭窄的地方博斯普鲁士海峡上。只要奥斯曼帝国还存在一天,俄罗斯从其手中夺取黑海海峡是不可能实现的。于是俄罗斯便介入奥斯曼帝国势力范围的巴尔干半岛。再加上奥匈帝国对巴尔干半岛的挺进和英国利用希腊问题的介入,使这里成为大国势力角逐的中心舞台。1914年6月,奥匈帝国皇太子斐迪南大公夫妻在波斯尼亚的萨拉热窝被刺,奥匈帝国认为是塞尔维亚策划了这场暗杀,向塞尔维亚发出了最后通牒。塞尔维亚由于有俄罗斯的撑腰,没有全面接受奥匈帝国的最后通牒,最后导致奥匈帝国对塞尔维亚宣战。本来,塞尔维亚无非是个不大的国家,面对欧洲大国奥匈帝国是无任何还手之力的。但是俄罗斯与塞尔维亚同为斯拉夫人,又是东正教国家,在奥匈帝国和奥斯曼帝国两大势力的巴尔干争夺中具有相同的立场和利益诉求,于是为塞尔维亚撑腰,向奥匈帝国宣战。而这时奥匈帝国与德国结成了同盟国,德国根据同盟国的义务向俄罗斯宣战。俄罗斯和法国、英国结成的协约国集团,根据协约法国和英国也向德国和奥匈帝国宣战。这就将全部欧洲强国带入了战争。

4.1.3.6 第一次世界大战中的奥斯曼帝国

奥斯曼帝国在战争一开始保持了亲德的中立。但是与俄罗斯之间的长期战争结成的矛盾以及梦想夺回失去的克里米亚，使其开始了对俄罗斯的进攻。1914年10月29日，奥斯曼帝国军队炮击克里米亚半岛，与俄罗斯断绝了外交关系。英国和法国虽然在以往的俄土战争中出于遏止俄罗斯势力向地中海扩张而支持奥斯曼帝国，但这次因为俄法英三国协约关系，站在俄罗斯一边，便对奥斯曼帝国采取了敌对行动。第一次世界大战开始时，德国巡洋战舰格本号和另外一艘轻巡洋舰在地中海不敌绝对优势的英国地中海舰队，逃往黑海海峡伊斯坦布尔。这时还是中立国地位的奥斯曼帝国贪恋这两艘军舰，想据为己有，投放到未来的黑海去和俄罗斯争夺黑海制海权，于是就没有要求解除武装，与德国谈判直接购买军舰加入奥斯曼帝国海军事宜。最后谈判成功，奥斯曼帝国保留德国舰队原班人马，舰长被任命为奥斯曼帝国海军司令。为此，俄罗斯于10月31日以此理由向奥斯曼帝国宣战，欧洲中央同盟国从德奥两国变为了德奥土三国。

英国为了支援俄罗斯，海军大臣温斯顿·丘吉尔热心推进了一个计划，想从地中海方向进攻黑海海峡，打通俄罗斯黑海通向地中海的出口，占领首都伊斯坦布尔，发动了在达达尼尔海峡峡口的加里波利登陆作战。1915年3月，英法强大的舰队来到达达尼尔海峡，还没真正开战就碰到了奥斯曼帝国军队敷设的水雷，结果战舰被炸沉3艘，严重损坏3艘。要知道这时的战舰是最大的军舰，吨位都是数万吨，都有多门巨炮。这场最成功的水雷战炸沉如此多的战舰，创造了海战史上的奇迹。

英军不得不放弃海上硬闯伊斯坦布尔，改为在马尔马拉海西岸的加里波利半岛实行登陆作战，企图像日俄战争中的旅顺口争夺战那样，海路打不进，就改为从陆路登陆，直接攻击伊斯坦布尔。但这场登陆战对双方都造成了极大的伤亡，成为消耗战，英军无法达到战役目标，最后以失败告终。丘吉尔的如意算盘全面落空，只好从海军大臣的职位上黯然离去。20多年后他又成为英国的一条好汉，从纳粹德国的进攻中拯救了大英帝国。作为大英帝国忠实臣民的澳大利亚和新西兰本想通过参战表示对帝国的忠心，倾国之力派出了志愿军澳新军团前来助战。英国方面本来是考虑这是一场占绝对优势的进攻战，想让这些来自远离战乱纷争的澳洲，已经成为和平痴呆的子弟们来这里走个过场，好回去给父母和女朋友们作为炫耀的资本，谁知道这里竟然成了他们的伤心地，好多可爱的年轻人陈尸海滩，成为不归之魂。这是澳大利亚人和新西兰人有史以来第一次真正的战争经历（早先参加过的布尔战争不过是摆摆花架子），却在登陆滩头上遭受了毁灭性打击和重大牺牲。其惨状被随军记者即时发往国内详细进行报道，给两国国民以巨大的冲击，让这些勇敢而不幸的战士们的父母终于明白了战争不是快乐的旅行，不是好玩的游戏。新西兰只有100万人，占人口10%的人作为军人参战，而此战的失利让新西兰成为这次世界大战中按照人口比例战死率最高的国家，而澳大利亚也成为伤亡率最高的国家。两国每年都将这场登陆战的日子4月25日作为澳新军团日,作为全国正式假日,举行纪念活动。这场战斗表明奥斯曼帝国虽然已经日薄西山,但也是一支不可轻辱的军队。加里波利保卫战中站在陡峭的海岸悬崖上指挥奥斯曼帝国军对被压制在登陆滩头上的澳新军团大开杀戒的是奥斯曼帝国第19师师长凯末尔上校(Mastafa Kemal Ataturk,1881—1938)。他成为帝国国民英雄。而几年之后,命运让他又一次拯救了这个国家,成为土耳其共和国的国父。一场杰出的防御战让大英帝国海陆军丢尽面子,但却不可能挽救帝国灭亡的命运。奥斯曼帝国在第一次世界大战中只是配角。主角德国的战败使得奥斯曼帝国的崩溃解体已是命中注定。

4.1.3.7 奥斯曼帝国的国际法律秩序的崩溃和土耳其融入国际法体系

1920年8月10日,协约国与战败的奥斯曼帝国在巴黎西郊的色佛尔签订了《色佛尔条约》,对于奥斯曼帝国领土等进行战后处理。该条约对于奥斯曼帝国的处理较对德国和奥匈帝国的处理要苛刻得多。不但让这个数百万平方公里的庞大帝国彻底肢解,按照威尔逊的《十四条和平原则》,安纳托尼亚以外的各民族脱离帝国,而安纳托利亚本身还要让出一部领土给亚美尼亚、希腊、未来的叙利亚。也就是说,即使是土耳其人传统的居住地都不能保留。已经被废除的外国人治外法权也被恢复,足见西方人的伪善。条约还限制奥斯曼帝国军力在45 000人以下。如果条约没有得到执行,伊斯坦布尔将被协约国占领。这部条约理所当然在国内掀起轩然大波,刺激了土耳其民族主义的兴起。面对希腊派兵登陆伊斯密尔前来索要后来在《色佛尔条约》所许诺的小亚细亚的领土,土耳其国民议会(已不是奥斯曼帝国)任命凯末尔为总司令,率领土耳其国民军于1922年8月26日的杜姆鲁皮那之战(Battle of Dumlupinar)中彻底击溃希腊军,乘胜追击,于9月8日攻入伊斯密尔,希腊人军民慌忙逃亡希腊,自古希腊时代以来终于彻底离开了小亚细亚半岛。面对土耳其民族主义爆发出的巨大战斗力,英法不愿意正面对抗,因而抑制住了军事干预的冲动。

1923年7月,在安卡拉由凯末尔领导的新兴土耳其政府与以英国、法国、意大利、日本、希腊、罗马尼亚、南斯拉夫为协约国另一方签订了《洛桑条约》,承认了土耳其共和国取代奥斯曼帝国成为国际法上的主权国家唯一合法政府。土耳其放弃阿拉伯世界的宗主权,塞浦路斯割让给英国,包括罗德岛在内的十二群岛归意大利所有(第二次世界大战后在土耳其的反对下交给了希腊,成为至今希腊和土耳其争端的一个火种)。取消土耳其的库尔德自治区和亚美尼亚人的独立计划。摩苏尔地区割让给英国委任统治的美索不达米亚,现在成为伊拉克库尔德地区的中心。土耳其恢复关税自主权,财政军事权不受协约国干涉。连接爱琴海和黑海的黑海海峡对所有国家所有舰船开放。削减战争赔款(战争赔款支付要等到土耳其经济的恢复为条件,事实上就没有赔偿了)。与威尔逊《十四条和平原则》在东欧的落实不同,在希腊和土耳其之间进行国民交换。100万希腊正教徒从土耳其移居希腊,而50万希腊的穆斯林移居土耳其。凯末尔的出生地萨洛尼卡也是希腊的领土。他带动起来的土耳其民族主义运动取得的胜利,竟然彻底推翻和取代了《色佛尔条约》,成为第一次世界大战战后处理仅有的例子。他在国家危难之际临危受命,拯救了国家,于1923年10月29日就任土耳其共和国第一任总统。以后,他以他的威望独揽权力,实行土耳其全盘西化政策,实行政治改革、宗教革命、文字改革、解放妇女和服饰改革,将土耳其改造成为世俗的国民国家。他的成功也给中国孙中山以很大的启迪。和中国遍布以孙中山为名的路名一样,土耳其全国城镇都有凯末尔路、凯末尔广场等。土耳其最大的国际机场——伊斯坦布尔国际机场也是以他的名字命名的。

4.1.4 华夷秩序的崩溃

4.1.4.1 尼布楚条约

清王朝虽然是非汉族政权,也实行民族差别政策,但从康熙等开始一直竭力吸收中华文化,清王朝具有了中华帝国的正统性,因而非常固执于中国传统的华夷秩序和"普天之下莫非王土"的理念。但是清入主中原后不到半个世纪,在北方遇到了从欧洲向东方扩张而来的俄罗斯帝国。后者也是欧洲国际法律秩序的一分子,当然认可其他国家的主权和皇权的并存,但是这对于清朝皇帝来说,却是传统的华夷秩序遭遇到的一大考验。

1663年,沙俄向清派遣使节,要求清顺治皇帝称臣,成为俄罗斯殖民地,被清拒绝,反而要求沙皇前来北京朝贡。1652—1689年,中俄之间发生了争夺黑龙江控制权的雅克萨战役(俄方称为1649—1689年俄中边境冲突)。最后俄军居于劣势,撤出雅克萨,与清在尼布楚和谈,于1689年签订了《尼布楚条约》。俄方期待与清开展边境贸易,而清希望通过与俄签约孤立正在叛乱的蒙古准格尔部。这是中国第一部与西方国家按照近现代国际法签订的国际条约。

关于条约文本的语言,由于两国语言不同,原文正本采用拉丁语。清政府方面聘请了耶稣会徐日升(Thomas Pereira)和张诚(Jean-Francois Gerbillon)。中方代表为清大臣索阿图。条约内容为,确定中俄国境为黑龙江和外兴安岭,禁止非法越境,只有持有护照的人才能进行中俄贸易。这也是中国第一次采用护照制度。

该条约是平等条约,因为战争的优势,内容也许对清更有利。清也是第一次遇到具有主权意识的欧洲政权,能够和其签订平等条约也是对大中华意识和华夷秩序的一种突破。不过,清将俄罗斯事务放到专门处理蒙古和亚洲内陆朝贡事务的理藩院内,显然对内把俄罗斯置于朝贡国的地位。

后来于1727年和1728年中俄间还签订了《布连斯奇条约》和《恰克图条约》,就中俄划界以及其他事务作出了规定。这两部条约也是平等条约。

4.1.4.2 马嘎尔尼访华

乾隆时代是清朝时代最为强盛富饶的时代。乾隆皇帝的"普天之下莫非王土"的理念膨胀,不觉却来了英国的使节马嘎尔尼(George Macartney,1733—1806)访华的外交难题,对华夷秩序是一个严重考验。

1792年,英国任命马嘎尔尼为正使,乔治·斯当东为副使,以朝贺乾隆80岁庆典为由访问中国。这是西欧国家首次向中国派出正式使节。1793年8月5日,英国使团乘船来到天津,受到直隶总督欢迎。在大沽登陆后赴北京途中停留于通州,与中国礼部官员发生外交礼仪争执。进京后继续前往热河避暑山庄晋见乾隆皇帝。9月13日,使团抵达热河,向中国政府代表和珅递交国书,但因礼仪问题发生争执,焦点在于晋见皇帝是否行跪拜磕头礼。中国方面认为,中国皇帝是世界最高统治者,所有晋见皇帝的外国君主都要行跪拜磕头礼。但是英国使臣认为,英国使臣作为主权国家君主英国国王的代表,向中国皇帝性跪拜磕头礼是不平等的。英国君主与中国皇帝都是主权国家的君主,地位是平等的,拒绝行跪拜磕头礼。这是清政府第一次遇到这样的难题,也不知道远方的英国是否真的强大。于是作为妥协,双方协议英国使节行单膝下跪礼,不必磕头。9月14日,乾隆正式接见使团。马嘎尔尼代表英国政府提出了关于签订正式国际条约、开放口岸、在北京建立使馆、允许英国商人经商和居留、英国商船进入和减免税收、口岸公布税率、允许英国传教士传教等要求,被皇帝以无先例为由一一拒绝。乾隆认为中国是天朝上国,不要外国商品都可自给自足,双方不存在平等贸易的基本条件。双方赠送了礼品。

马嘎尔尼访华是中国认识西方和国际法的一大机会,但是中国方面的"普天之下莫非王土"的意识太强烈,无法直面这一现实,以至于这次访华以失败告终。这使华夷秩序没有及时面对西方列强崛起进行必要调整,没有采用宋辽金时代那种灵活应对政策。这导致后来华夷秩序失去了和平适应西方国际法秩序的可能性,最后终于在西方坚船利炮下面对西方国际法秩序土崩瓦解。

4.1.4.3 华夷秩序的崩溃

随着欧洲势力东进,到达了东亚东南亚,作为这一带区域性法律秩序规则的华夷秩序受到直接挑战,开始了华夷秩序的崩溃过程。崩溃的背后还是欧洲现代科技下的军事实力对中国占据了绝对优势。

崩溃是从中国周边朝贡国开始的。欧洲势力逐渐进入东南亚,使得一些原有的朝贡国不再向中国王朝朝贡。到了清朝中期,朝贡国减少到 7 个:朝鲜、越南、南掌、缅甸、苏禄、暹罗、琉球。而琉球先是同时向清和德川幕府朝贡,后来便停止向清朝贡,"明治维新"后不久便被合并到日本。东南亚的朝贡国也先后被法国、西班牙、荷兰等殖民,成为殖民地后也就停止向清朝贡。朝鲜停止朝贡则是甲午战争后的《马关条约》。

华夷秩序被最终打破还是欧洲势力直接对中国的入侵。从鸦片战争开始,西方列强和中国进行了几次战争,西方的国际法秩序和华夷秩序直接碰撞,在清政府一次次战争失败后不得不接受了一系列不平等条约。关于这些过程,已有很多著述,这里就不再赘述。在这个华夷秩序崩溃中,留给中国领事裁判权、租界、单方面的最惠国待遇、关税自主权的丧失和协定关税、沿海和内地口岸的开放、内河航运权的开放、外国在中国的特定地区的驻兵权等。而这些恰恰并没有体现出西方国家国际法的主权原则和主权平等、不干涉内政这些最重要的核心内容。当时国际法中的最坏的部分却被强加给了中国,使得中国接受西方国际法秩序成了痛苦的体验。中国最后摆脱这些不平等条约的约束,真正平等地参与和融入国际法秩序,在其中获得与自己相称的地位,还是第二次世界大战后了。不过在对苏联的关系中还留有尾巴。直到 1952 年,苏联才将中国东北的中东铁路管理权交还给中国。1955 年苏联军队撤出大连旅顺。而外国在中国的最后一块殖民地澳门是在 2000 年 1 月 1 日才回归中国的。

4.1.4.4 中国的不平等条约的产生

西方列强恶意运用治外法权在 19 世纪的东亚则发挥到了极致,不但有武力威胁,而且还连带欺骗手法。从这点看,东方国家对于国际法秩序的反感并非没有由来。东亚地区的治外法权的由来是鸦片战争后的《中英南京条约》。这是中国近代第一部不平等条约。这部条约是作为鸦片战争的结果而于 1842 年 8 月 29 日在南京附近一条英军战舰康沃利斯号上签订的。条约本身只是规定了战争的处理问题,当然是不平等的,因为中国打败了这场战争。在后续还有两部补充条约,即 1843 年的《中英五口通商章程》和《虎门条约》。前者规定,华英人民诉讼,双方官吏合审,各按本国法律治罪,此即领事裁判权。后者规定,英国人犯罪的场合,由英方官员实行逮捕,与清政府方面协商后由英方官员参加联合调查。这也被认为是领事裁判权。除此之外,这一部条约中还规定了单方面的最惠国待遇,即清政府与其他国家签订的条约中给予他国以更为优惠的待遇,也必须给予英国同等待遇。但条约中却并没有关于清政府和中国人在英国享受同类待遇的规定。还对关税作了特别规定,规定了双方的关税以以后共同的协定而决定。这里讲的以后的共同协定就是《中英五口通商章程》,里面明确规定货税平均值百抽五,即协定关税税率为 5%,停止旧有规费。而中国货物在英国及其海外属地的待遇却并无规定,实际上是任由英国方面征收。这就意味着清政府丧失了关税自主权。这些不平等条约的内容后来又为清政府与美国、法国、俄罗斯等西方列强签订的条约所复制。其实也并非所有的西方列强都和英国、法国一样与中国进行过恶战。它们而是通过单方面最惠国待遇条款而自然又轻易获得了所有先前不平等条约所给予它们的一切待遇。这些不平等条约就构成了一个巨大的条约网,严重损害了东亚国家的主权完整。对这些国家而言,国际法和主权原则本来就是外来的东西,对其的理解和后果都不甚清楚。西方列强作为精通国际法的一方,只是让清政府方面了解国际法条约法中的条约神圣,即条约必须遵守的义务,利用清政府并不了解其他国际法实质性规定的后果的情况下就强加给清政府这样多的不平等条约。在清政府要反悔或不愿履行不平等条约义务的时候,便以违反国际法的理由又对中国发动战争,一次次将中国陷于更为不利的境地。这样造成了中国在西方国家设定的国际法陷阱中越陷越深,严重阻碍了中国接受和融入国际社会,反而使得中国逐渐沦为半殖民社会。

4.1.4.5 日本、泰国等的治外法权和不平等条约的废除

对西方列强而言,并非只有中国才是它们侵略的唯一目标。它们还把贪婪的眼光瞄准了日本、泰国等亚洲国家。在和这些国家打交道的时候,西方列强把其在中国的所作所为作为一种先例,同样利用坚船利炮进行威胁,结果又复制了在中国的一幕。在日本,1853年美国舰队司令佩里率领美国舰队来到日本神奈川外海,以武力威胁迫使日本开国。1858年幕府时代末期,与美国、俄罗斯、荷兰、法国、英国五国分别缔结了不平等条约。由于这是日本幕府安政5年,因此被称为"安政五国条约"。后来到1869年为止又分别与葡萄牙、普鲁士、瑞士、比利时、意大利、丹麦、瑞典、挪威、奥匈帝国等缔结了同样的不平等条约。这些条约里都仿照西方列强与清政府签订的条约,包含了领事裁判权、协定关税、单方面最惠国待遇等规定。这些都成为日本当时仁人志士心头之痛,变成了"明治维新"的一个重要动力,改变了日本,也改变了东亚的历史。其中引起"明治维新"还有一个重要的国际法理由。当时主张维新的人发动的尊皇攘夷运动发展为倒幕运动,其中一个重要的原因在于这些不平等条约,特别是"安政五国条约"只是由德川将军幕府出面与外国签订的,并没有得到天皇的许可,因此属于"无敕许条约"。其实当时天皇已经多年没有任何实权了,当然也没有外交权和缔约权。但是非难这些条约合法性的人认为,在这个时代,幕府的权威已经削弱,为了保证条约缔结的正当性,必须要天皇方面认可。不过,在西方列强绝对强大的军事实力面前,他们并没有直接和列强叫板。日本的维新派和后来的明治政府在处理与列强的关系方面要灵活得多,因而和列强之间并没有像中国那样发生那么多的战争和入侵事件。1868年"明治维新"成功后,新政府宣布从幕府接受了外交权,但

声明以往的不平等条约具有很大的弊病,要求进行修改。不过这个要求被列强拒绝,提出修改的条件是实行法治上的"泰西主义",即实行与西方文明国家同样的法治,并进行法典编纂。这个过程有经历了半个世纪,个中艰辛只有身在其中才能得以体验。到了日俄战争日本战胜俄罗斯,其世界大国的地位得到列强认可后,修改不平等条约才获得最后成功。从日本的例子也可以对国际法的公正性产生某种怀疑。

泰国也遇到了西方列强的不平等条约问题。泰国虽然是一个有着数百年历史的东南亚王国,但其国家实力并不强大,稍有不慎就有可能成为西方殖民主义的盘中餐。英国殖民者从西边的缅甸和南边的马来亚过来。而法国殖民者从印度支那过来。幸运的是,这两股殖民势力正好在泰国交会,英法双方都不愿意泰国落入对方之手,于是这个国家免遭其他东南亚国家或地区沦为殖民地的命运,硕果仅存。但这并不意味着它就可以成为免遭不平等条约侵扰的世外桃源。

最早与泰国缔结不平等条约的是1855年拉玛四世与英国签订的《英泰友好通商条约》。其实早在大城府王朝时代英国就和泰国缔结过通商条约,但那时还没有中国清政府与列强缔结的不平等条约的模本。所以,这部《英泰友好通商条约》才开启了泰国不平等条约的痛苦史。1865年,泰国又被迫与法国签订了《修好通商航海条约》。这也是不平等条约。1867年,泰国和法国签订的协定将泰国一个属国的宗主权转让给了法国。其他西方列强也先后与泰国签订了不平等条约。对于不平等条约的反感,泰国也兴起了修改运动。但是泰国并没有日本那样的奋发图强变身为世界强国的实力。西方列强并不理睬。在第一次世界大战中,泰国坚定站在英法协约国一边,并提供了很多方便。作为一个小国,能够这样旗帜鲜明地把赌注押在英法一边,为日后修改不平等条约打下了基础。感情投资得到回报。泰国在第一次世界大战后修改了与德国、奥匈帝国等战败国的不平等条约。1832年,泰国爆发了立宪革命,制定了宪法和其他法典,建立了完整的法典体系,最后,泰国的不平等条约全部被废除。通过泰国的例子我们看到,虽然国际法在向亚洲普及推广充满了武力威胁,而且还留下了不平等条约的不光彩,但是还是存在着只靠自己的努力,不用武力也能够修改不平等条约的可能性。从这点看,国际法还是具有推动一国法制文明化、进步化的功能。

在朝鲜也有不平等条约的体会。1895年甲午战争结束,朝鲜脱离中国附属国的地位,虽然处于日本的势力范围下,但在国际法上获得独立,成立了大韩帝国。面对列强的威逼,韩国也和西方列强签订了若干不平等条约。不过这只是短暂的瞬间。随着日本将韩国合并入日本领土,这些不平等条约被日本宣布无效。面对已经是世界列强的日本,西方各国根本不敢说三道四。朝鲜的例子从国际法角度又说明了什么呢?

4.2 维也纳体制的建立

4.2.1 维也纳会议

4.2.1.1 维也纳会议的举办

维也纳如今是欧洲小国奥地利首都,拥有维也纳国家歌剧院、维也纳交响乐团等,以莫扎特、贝多芬、约翰·施特劳斯及其圆舞曲等而享誉世界,是世界公认的"音乐之都"。漫步于维也纳街头,也许会为其广场的气势、宫殿的派头和斯特凡教堂的大气所折服。多瑙河穿城而过,广袤的维也纳森林启发了音乐家们无穷的灵感,孕育出多少世界名曲。这里是哈布斯堡家族的发源地,因而当这个家族获得神圣罗马帝国皇位后,维也纳便成为帝国首都,成为在欧洲与巴黎齐名的国际大都市,也是国际会议的大舞台。1814—1815 年,当欧洲各大国联手驯服了拿破仑这头怪兽,大国巨头们聚集在这里,举行了著名的维也纳会议,讨论拿破仑战争的处理和重建欧洲国际秩序问题。

单单出席者的名单就可见这就是 19 世纪初巨头们的聚会。奥地利帝国是皇帝弗兰茨二世,全权代表是外交大臣克莱门斯·梅特涅(Klemens Wenzel von Metternich, 1773—1859)。俄罗斯帝国是沙皇亚历山大一世,全权代表是外交大臣聂瑟罗德伯爵。普鲁士王国是国王腓特烈·威廉三世,全权代表是宰相卡尔·奥古斯特·冯·哈登堡侯爵(Karl August Furst von Hardenberg, 1750—1822),以及著名外交家、学者威廉·冯·洪堡(Wilhelm von Humboldt, 1767—1835)。英国因为已经是君主立宪制,所以出席的是全权代表、外交大臣罗伯特·斯图亚特·卡斯尔雷子爵(Lord Castlereagh, 1769—1810),代理全权代表先是惠灵顿公爵,会议途中惠灵顿赶赴滑铁卢彻底打垮拿破仑,就由驻荷兰公使理查德·特兰斯伯爵担任。法国不是以帝国名义,而是以王国名义参会,由当时主持临时政府的德·塔列朗-佩里戈尔(Charles Maurice de Talleyrand-Perigord, 1754—1838)担任全权代表。为了会议的神圣性,罗马教皇国派出了全权代表、负责外交的红衣大主教艾可勒·康萨尔维。除此之外,一共有 216 个贵族聚集在这里。这是一次不亚于当今联合国大会的一场空前国际盛会。在没有飞机、汽车和火车的时代,这些皇帝、国王、亲王、贵族们风尘仆仆地骑着马,乘着颠颠簸簸的马车,在众多的随从仆役簇拥下,千里迢迢赶赴维也纳的情景,是可以让人动容的。

会议分为两个阶段。第一个阶段是从拿破仑第一次退位后的 1814 年 9 月 1

日开始。确定了将法国国境原则上恢复到 1792 年以前的状态,而法国的君主制度按照正统原则处理。但是具体问题的讨论涉及各国的利害关系,发生了很多矛盾和冲突,以至于历经数月也无进展。直到 1815 年 3 月拿破仑逃出爱尔巴岛的消息传出后,各国才终于有了危机感和紧迫感。惠灵顿公爵奔赴战场去迎击拿破仑,其他全权代表开始认真讨论和妥协,在彻底打败拿破仑的滑铁卢战役还没开打的 6 月 9 日就签署了《维也纳议定书》,提前从国际法上为拿破仑和法国的前途作出了国际安排。

会议主要是在奥地利、普鲁士、俄罗斯、英国、法国五个大国之间进行讨论。西班牙、葡萄牙、瑞典代表参加一些问题的讨论,而关于德国问题汉诺威、巴伐利亚、符腾堡代表也参加讨论。在拿破仑出逃前,会议大多数代表无所事事,于是东道主奥地利皇帝便举办很多娱乐舞会为代表们提供消遣。这被奥地利利涅亲王说成是"大会不行动,大会在跳舞。"(le Congres ne marche pae; il dance)。维也纳的圆舞进行中并非是从 A 点移动到 B 点那样的线性的前进,而是向画圆圈那样转来转去又回到了原点。这一历史背景也于 1931 年在德国拍成著名轻歌剧电影《大会在跳舞》。

俄罗斯的亚历山大一世在会议的大多数时间都留在维也纳。他虽然无意破坏国际法的根基,但是以在莫斯科大败拿破仑的自负,作为大国国家元首亲自赴会,企图在会议上获得最大利益,夺取波兰,逐鹿西欧,成为拿破仑式的欧洲大陆新霸主。但英国一方面自己无意在大陆称霸;另一方面在会议上致力于阻止任何国家在欧洲大陆建立霸权。拿破仑的霸权必须打破,而且已经被打破,但绝不容许俄罗斯或者未来的新法国在欧洲大陆建立新的霸权。普鲁士作为莱比锡之战和滑铁卢之战主力,已经成为名副其实的欧洲大国,其影响和势力在德意志诸邦中大大加强,与奥地利形成互角态势。而波兰的前途则取决于俄罗斯、普鲁士和奥地利三国的角力的结果。法国虽然好不容易挤进了这个舞台,但是主要更关心会议对法国的处理,以及如何在处理中维护法国的利益,还远远谈不上法国势力在欧洲的延伸。

4.2.1.2 维也纳会议的灵魂人物梅特涅及其国际法影响

无论如何,维也纳会议的最大功臣是梅特涅。他并非奥地利人,1773 年出生于德意志的特里尔大主教国的科布伦茨。45 年后,特里尔还出生了世界革命的导师卡尔·海因里希·马克思(Karl Heinrich Marx, 1818—1883)。梅特涅青年时期在斯特拉斯堡大学学习外交学,因法国革命爆发,革命军占领阿尔萨斯、莱茵兰,以及后来的拿破仑战争,使梅特涅具有了对民族主义的极度警戒心。17 岁作为典礼人员参加了奥地利皇帝利奥波德二世的加冕仪式,以此机会与后来活跃于维也纳中央政界的许多要人建立了人际关系。3 年后利奥波德二世驾崩后,梅特涅又成为弗兰茨二世的加冕仪式的典礼官。1794年为了得到英国的军费援助,年仅21岁的梅特涅赴英,向乔治三世、皮特首相、福克斯外交大臣等要人力陈欧洲面临革命的严重局面,尽力将英国说服到反对革命的国际阵营中。他与保守主义思想家、大牌议员埃德蒙·伯克(Edmund Burke,1729—1797)有深交,受其思想影响,对梅特涅自身的保守主义思想的形成起到很大作用。伯克反对法国大革命的社会契约论和人民主权论,认为人民如果可以对于它们认为的国王违约者随意处置,自己任意设立新的政体,那么包括国王在内的为政者只有义务而没有相应的权利。他主张理性回归,恢复秩序。不过,无论梅特涅多么聪明,充满理想,要想在他主张的等级森严的封建奥地利出头还是会困难重重的。不过,机会总是垂青有准备的人(Chance favors the prepared mind)。金发美男大帅哥梅特涅青年遇到了特蕾莎时代的宰相考尼茨公爵的孙女,陷入爱河,很快结婚,被封为侯爵,为他打开了官运亨通的大门。不过爱妻难产死去,为梅特涅留下了女儿。女儿又为他生下了外孙女,就是大名鼎鼎的鲍莉涅·冯·梅特涅侯爵夫人(Pauline von Metternich-Winneburg,1836—1921),后来在维也纳和巴黎社交界大放异彩,被认为奥匈帝国贵妇人的代表。这场婚姻使梅特涅的保守主义理想有了实现的可能性,从而使他在拿破仑战争风云历练中出尽风头,担任大使,参加国际会议,缔结国际条约,最后于1809年成为帝国外交大臣。他还是1810年拿破仑与奥地利公主路易莎联姻的主要策划人。他主导的这场维也纳会议虽然重建了欧洲新的国际法秩序,但还不是他事业的顶峰。1821年,这个外国人在奥地利帝国甚至官拜帝国宰相,获得一人之下万人之上的地位。后来在1848年革命中他才辞去相位。

处理拿破仑问题的会议正是因为梅特涅的倡导才在维也纳举行。维也纳在欧洲位置适中,奥地利在拿破仑战争中艰难地在拿破仑和欧洲各国君主中间逢源,奥地利皇室的悠久历史和地位等也是维也纳成为会议主办地的有利条件。但是如果没有梅特涅坚定不移的保守主义信念和胸有成竹的外交斡旋技巧,维也纳作为会议主办地也不会为奥地利加分多少。在拿破仑战争后期,梅特涅主导了"联姻代替战争",使拿破仑与奥地利联姻,利用奥地利皇室这一金字招牌引诱内心存在"山寨皇帝"的自卑心理的拿破仑上钩,使奥地利免遭拿破仑灭国的命运。他在长期的外交生涯中练就的外交技巧体现在他那"最高明的手法在于能说服大国异中求同"的名言中,到了维也纳会议已经达到炉火纯青的程度。以至于维也纳会议后形成的欧洲国际秩序"维也纳体系"也被称为"梅特涅体系"。维也纳会议因为梅特涅的努力而成为和平和国际法的一个象征性存在,因此维也纳也成为第二次世界大战后的很多国际法条约的签署地,并被命名为"维也纳××条约",如1961年的《维也纳外交关系公约》、1963年《维也纳领事关系公约》、1969年《维也纳条约法公约》、1975年《关于国家在其对普遍性国际组织关系上的代表权的维也纳公约》、1978年

《关于国家在条约方面的继承的维也纳公约》、1986年《关于国家和国际组织间或国际组织相互间条约法的维也纳公约》等。

4.2.1.3 维也纳会议对拿破仑战争的处理

会议争论最大的是波兰和萨克森王国的安排。波兰本已被俄罗斯、普鲁士和奥地利瓜分,此次俄罗斯和普鲁士提议将其大部分地区(主要是拿破仑建立的华沙公国地域)让出来建立波兰王国,即"波兰会议王国"。这个时候波兰无力以自己的力量建国,波兰又是拿破仑的协力者,所以出现了通过国际会议建立国家的现象。波兰王国是与俄罗斯帝国组成同君联合。因为沙皇亚历山大一世自己在会议大部分期间就待在维也纳,必须照顾他的感受。因而,波兰王国虽然建国,但实质上是俄罗斯的傀儡国家。这虽然与维也纳会议确立的国际法原则不符。但是为了让欧洲的势力均衡这样的国际法秩序大局能够达成,不得不作出这样的小小的牺牲。传统国际法中为了大国的利益得到平衡,让小国作出牺牲的例子是举不胜举的。这是国际法标榜的主权独立、主权平等的光环下的阴影。任何光环下都是有阴影的。波兰王国最后真正获得独立,也是在国际会议上实现的。不过时间已经是在一个世纪后的1917年了。沙皇尼古拉二世退位,波兰国王空位,第一次世界大战中被送进德国集中营的毕苏斯基回国,于1918年11月14日成为波兰共和国国家元首。维也纳会议上俄罗斯还获得了之前由瑞典统治的芬兰,使俄罗斯的帝都圣彼得堡获得了安全的纵深防御空间。作为对瑞典的补偿,瑞典获得了挪威,瑞典国王兼任挪威国王。挪威本来就不是独立王国,属于丹麦。而拿破仑战争中丹麦站在拿破仑一边,因此将挪威从丹麦手中移交给瑞典,增设一个挪威国王,由瑞典国王兼任,成为同君联合。挪威脱离瑞典成为独立王国已经是1905年了。由于挪威缺乏王族,就从丹麦王族迎来了卡尔王子就任独立的挪威首任国王。

俄国觉得普鲁士吃亏了,便和普鲁士商议把在拿破仑战争中拿破仑铁杆支持者萨克森王国合并到普鲁士。但是奥地利、法国和英国反对这一计划。最后在塔列朗安排下三国密约,基于正统原则,反对俄国和普鲁士的计划,并向俄罗斯和普鲁士发出威胁。虽然三国已无精力与俄罗斯和普鲁士开战,而且经历了法国革命以来20余年的欧洲战争,再次发动战争已经不合时宜。俄罗斯和普鲁士也不得不屈服于威胁,收回了计划,以普鲁士获得萨克森40%领土而最后妥协。除此之外,普鲁士还获得了波兰人居住的波兹南,属于瑞典的波美拉尼亚,并把德意志的威斯特法伦地区和莱茵河地区直接纳入自己的版图。这样,普鲁士对德意志地区的实际统治范围已经超过奥地利,成为德意志诸邦中最大的一个,为后来由它主导德意志统一创造了极为有利的条件。

奥地利割让长期被法国占领的奥属尼德兰给荷兰,成为尼德兰联合王国。荷兰则出让锡兰(现斯里兰卡)给英国作为英国战争贡献的补偿。奥地利还获得了波兰人居住的加利西亚、意大利北部伦巴第和原威尼斯共和国的领土。伦巴第和威尼斯组成伦巴第-威尼斯王国，由奥地利皇帝兼任国王。作为在拿破仑战争中丧失的神圣罗马帝国皇帝地位的安排，原神圣罗马帝国领域的德意志地区的大部分进行重组，将原有的390个邦国减少90%，合并成为39个邦国，其中35个君主国、4个自由城市，共同组成德意志邦联。邦联主席为奥地利皇帝，副主席为普鲁士国王。奥地利和普鲁士除了拥有原神圣罗马帝国范围内的领土外，还拥有神圣罗马帝国范围外的更多领土。它们依靠各自的领土及其构成的实力，在梅特涅体系体现的势力均衡在德意志地区被打破后的19世纪60年代开始了统一德国的角逐。

英国在这次瓜分欧洲领土中也表现出比奥地利更大的克制，反映出它和奥地利一样作为欧洲势力均衡的维护者的立场。在这点上，英国的国策与梅特涅的理念心有灵犀一点通。英国立志于做一个海上强国，执念于纳尔逊用生命换来的大英帝国制海权的控制，因此对于海外贸易据点和战略要地特别在意，获得了地中海的马耳他岛以及东地中海的爱奥尼亚群岛、西印度群岛的特立尼达岛、印度洋的毛里求斯和锡兰、南非的好望角、北海的黑尔戈兰岛。

瑞士获得由列强保证的永久中立国地位，成为欧洲势力均衡不可缺少的一个要素。从法国获得日内瓦等三个州。说法语的日内瓦成为瑞士的组成部分。意大利仍然是四分五裂，分别由奥地利、波旁王朝的两西西里王国、萨丁尼亚王国、教皇国统治。

4.2.2 维也纳会议与正统原则

4.2.2.1 正统原则主导维也纳会议

这是一场欧洲国际版图的大重组，必须要有国际法加以确认和维持。因此维也纳会议对国际法的发展具有特殊重要的意义。

将这些各自心怀鬼胎的各个国家及其代表们连接在一起的当然是对拿破仑带来的对国际法冲击的恐惧，具体体现为对革命的恐惧。反对欧洲出现革命，维护各个王室和君主制度的稳定，是维也纳会议各国代表的共识。为了让这种共识以法律的方式肯定下来，维也纳会议确定了若干国际法的原则。这些原则对19世纪国际法得到稳固发展起来了决定性作用。

正统原则，也叫正统主义原则、正统王朝主义（legitimisme），本来是指最正确继承了某种教义或学说的流派，但在法国大革命中是指支持波旁王朝的王党，与共和派和后来支持拿破仑的波拿巴主义相对立。在维也纳会议上，除了处理拿破仑战争中拿破仑占领并改变政治版图的法国以外国家的问题外，恢复革命前法国原有版图的统治者应该是谁也要解决的问题。拿破仑被剥夺了帝位并被放逐。而打败拿破仑的是欧洲各君主国联合行为，所以共和主义者也被排除，法国应该恢复君主制，即成立法兰西王国。波旁家族的路易十八和瑞典王储贝尔纳多特都有出任法国国王的意愿。

塔列朗虽然是以法国临时政府的代表身份出席维也纳会议，但是他已经偏向于波旁王朝，不支持由德斯戴尔推荐的贝尔纳多特。支持路易十八，并得到列强的理解，成为波旁家族复辟成功的关键。塔列朗出身王国军队团长家庭。在封建时代的法国很多这样的职位应该由长子继承，可是身为长子的他因先天性内翻足残疾不能从事军职，最后专修神学，立志终身贡献给上帝，并在1775年成为兰斯的桑·多尼修道院院长，并于1779年升任主教。他有革新思想，反对教皇至上的权威，参加法国教会界的高卢主义运动（Gallicanisme，即法国教会不受罗马教廷干涉），并得到路易十六重用。1789年作为神职人员代表参加三级会议，主张教会财产国有化，并向法国国民议会提出了著名的《米制法案》。它是在听取了法国哲学家孔多塞（Marquis de Condorcet）意见基础上提出的法案，并邀请了英国议员米勒和美国国务卿托马斯·杰弗逊（Thomas Jefferson，1743—1826，后美国第3任总统）到法国进行研讨。这部法案虽然没有实施，但后来已经在欧洲很多国家成为一种运动，最后于1875年5月20日由17个国家签署了《米制公约》，成立了国际度量衡委员会，终于形成了我们现在使用的公制度量衡，其意义大于秦始皇统一度量衡。由于他在国民议会的活跃和威望，1790年被选为国民议会议长，自己辞去教职，同时被教皇革除教籍。1792年被派往英国，成为驻英国使节，但因恐惧雅各宾专政，流亡美国。1796年由当时的情妇、前述的文学家杰曼·德斯戴尔的引荐出任督政府外交部长。他参加了1799年拿破仑等组织的雾月十八日政变，又成为外交部长，得到拿破仑很高的评价。拿破仑称帝后，他的势力均衡的外交理念和拿破仑称霸欧洲的帝国理念发生冲突，1807年辞去帝国外交大臣，并计划推翻拿破仑。由于这段经历，他得到维也纳列强的信任，代表法国出席会议。他已与前情妇德斯戴尔撕破脸，因而在推举法国国王人选时与举荐贝尔纳多特的德斯戴尔曾经针锋相对。路易十八虽然因为阻止拿破仑复辟百日王朝无力，其王位和能力受到列强质疑，但塔列朗为了证明自己举荐的路易十八具有正当性和合法性，他在维也纳会议上提出了正统原则。

正统原则得到了与会各君主国代表的共鸣。首先，正统原则以君主制为前提，直接针对共和主义，从而也就捍卫了君权的正统性。其次，正统原则维护了君主制国家王族的正统，即并非"王侯将相宁有种乎"，不是任何人像拿破仑那样称帝就可以得到当然的承认。要成为君主，必须要有正统的王家血统，并且还要得到其他君主即君主国家的承认。这就是国际法上的承认制度。国际法上的承认制度中正统原则是一个非常重要的原则。根据正统原则，即使一个政权实际统治了一个国家的部分、大部分甚至全部领土，因为血统不正统，就不能够得到国际社会和国际法的承认，就是非法政权。它既代表了国际法上的理想主义，也体现了国际法上的现实主义。

之所以体现了现实主义，是因为欧洲各国君主在法国大革命的影响下，在拿破仑急风暴雨般的军事力打击之下，都经受过了君主制的危机，都陷入过君主制灭亡，君主们本人有可能像路易十六那样被送上断头台的恐惧。而正统原则最能够体现维护君主制国家和王权稳定性。它所代表的理想主义在于，它坚持国际法上的正义论，只不过将正义的标准确定为是否王统是正统的。只有那些符合正统原则的王室才能够成为合法的君主，其政府及其各种国际法行为，如使节的派遣、条约的缔结等才具有合法性，才能得到国际社会的承认。因此依靠武力和实力获得的权力及其后果将不能得到国际社会承认。如果出现了这样的事态，包括拿破仑以如此强大的武力所改变了欧洲的版图，都将是不合法的。

4.2.2.2 正统原则成为19世纪欧洲区域国际法的普遍原则

这样一来，正统原则虽然是塔列朗为了代表法国的利益而提出来的，但其效果却遍及全欧洲，成为维也纳会议认可的普遍的国际法原则。它现在意味着，必须承认1789年前法国及其他各封建君主是正统王朝，恢复他们的统治权力、政治制度及所属领土。若原有君主被拿破仑推翻，可以由其兄弟或亲属代替继位为该国的世袭君主。这就成为拿破仑建立起来的那些卫星国王朝或共和国如何进行处理的基本原则。根据这一原则，法国路易十八，无论其人品、资质是否适合做国王，却只凭着他作为路易十六的哥哥，是路易十六现存亲属中血统最近而成为法国国王。他虽然被评为性格宽厚，但他并没有有效阻止波旁王朝复辟后，王党分子长达3年对拿破仑主义者进行的疯狂报复。在他的治下设立的速决法庭断罪的拿破仑主义者达到9 000多名，其中1/3被送上断头台。断头机又开动起来了，刽子手们的生意又好起来了。对拿破仑主义者的私刑也流行开来。这种无能之极的做法加深了法国民众对这位心胸狭窄的国王的反感，甚至成为1830年七月革命的原因。他虽然也对下层人民采取了稳定的政策，财政方面也在世界上最早实行会计年度的概念，但是后来又恢复到与路易十六时期相差无几的绝对王权。塔列朗自己也对于他力主正统原则扶上位的路易十八没有多少好的评价，说他说谎、自私、愚钝，只知享乐，不知报恩。路易十八虽然也把塔列朗推上首相位置，但是很快就将他解职。

另一个欧洲大国西班牙国王斐迪南七世的地位也得到确认。他曾经在1808年短暂地担任西班牙国王，很快被拿破仑废掉，囚禁在法国的瓦兰塞宫，而其王位被拿破仑送给了拿破仑哥哥约瑟夫·波拿巴。拿破仑失败后他才被解放出来。但是被解放后，他依靠正统原则重新登基时，发现西班牙虽然在之前以他的名义从事反法战争，却已经在1812年制定宪法实行君主立宪制。他变成了一个没有实权的国王。斐迪南七世不得不接受这个现实,但即位后随即翻脸,过了几个星期就宣布废除宪法,逮捕反对者,复辟当年波旁王朝的旧制度。可见正统原则的王室血统的纯正性一点也不能净化君主心灵。路易十八也好,斐迪南七世也好,靠着正统主义坐上了王位,却都是一路货色。斐迪南七世的这样一个矛盾而背信的立场使得西班牙内外交困,根本无力应对拉丁美洲的独立运动,最终在拉美独立主义者玻利瓦尔(Simon Bolivar,1783—1830)和圣马丁(Jose de San Martin,1778—1850)的领导下,拉丁美洲西班牙殖民地相继独立,脱离西班牙统治。西班牙殖民帝国崩溃,在拉丁美洲出现了一系列主权国家。由于它们追随母国西班牙参加到国际法秩序里,因而与北美的美国一起逐渐为欧洲国际法秩序一个组成部分,也使国际法开始从欧洲的区域性法律规则走向西半球,成为一种带有全球意义的法律制度体系了。这些拉丁美洲国家再加上后来独立的墨西哥、巴西等国具有一定的连带性。其相互交往在国际法基础之上也形成了一些本地域的国际法规则,被称为拉丁美洲区域国际法。它对国际法的发展也有一定的影响,包括阿根廷的卡尔沃主义。

荷兰也废除了拿破仑建立的波拿巴王朝,恢复了奥兰治-拿骚王朝。这一王朝持续到现在。意大利南部拿破仑建立的那不勒斯王国和西西里王国也被废除,恢复两西西里王国,由波旁王室的费迪南多一世就任国王。罗马教皇国得到恢复,教皇从拿破仑软禁中得以解放,恐怕还在为他当年为何出席拿破仑皇帝加冕仪式而感到后悔吧。

4.2.2.3 正统原则在 20 世纪国际法的变形

正统原则所代表的王权和君主制也许随着历史的演进而被很多国家所放弃,而在欧洲维也纳体制下的君主制复归下,它反而成为一些君主恢复专制君主制的工具,但它在 20 世纪却以一种新的形态复活。这时的正统原则已经与意识形态等挂上了钩,与国际法上的承认制度中的实际统治原则形成鲜明的对比。

首先是苏联的国际法承认问题。1917 年 3 月 8 日(俄历 2 月 23 日),俄罗斯发生了二月革命,帝制被推翻,成立了资产阶级的临时政府。同年 11 月 7 日,列宁领导布尔什维克又发动了十月革命,推翻了临时政府,成立了苏维埃政权,即苏维埃共和国联盟(苏联)。第二年,被推翻的沙皇尼古拉二世及其家族全部遇害。这一事件被欧美很多国家认为是对正统原则的破坏,拒不承认苏联的合法性,并以支援反政府武装的名义进行军事干涉,企图围剿新生的社会主义政权。其实尼古拉二世已经遇害,列强以及邻国波兰的军事干涉也无意恢复罗曼诺夫王朝的统治,而是支持白俄夺取政权。这时的正统原则已经变成了意识形态的工具了。历时数年的干涉失败后,欧洲国家出于现实主义的考虑,相继根据国际法上的承认的实际统治原则于 20 世纪 20 年代中后期承认了苏联,并与其建立了外交关系,互派大使。但是美国仍然坚持不承认原则。一直到 1933 年罗斯福总统上台后,11 月 17 日才宣布正式承认苏联,并建立外交关系。这时已经距离苏联革命16年了。

第二次世界大战后的冷战时代,正统原则更是发挥到了极致。对于那些新成立的政权,苏联阵营和美国阵营一般都对于对方的新政权不予承认,更不建立外交关系。这还蔓延到了国际组织的代表权问题。中华人民共和国政府自1949年建立以后,长期以来只得到苏联阵营的国家和少部分亚非拉国家的承认。英国对中华人民共和国的承认是在1950年,那是因为中英间有香港问题需要双方建立外交关系进行实务上的处理。法国在西方阵营中有所突破,于1963年率先和中华人民共和国建立外交关系。直到中国1971年加入联合国后,承认中国、与中国建立外交关系才成为世界主流。但是美国一直拖到1979年才与中华人民共和国建立外交关系,而这时已经距离中华人民共和国成立有30年了。至今,世界上仍然还有些政权没有得到承认。因而,正统原则发展演变的结果和实质就是,一个国家不想承认某个政府,就可以以其不正统为由不予承认,国际法上并不存在任何障碍。这在某种程度上削弱了国际法的效力。

4.2.2.4 正统原则确立中塔列朗的历史作用

塔列朗坚持正统原则归根到底还是为了法国的国家利益。他说:"法兰西的利益要求列强阻止拿破仑,要求它们联合在一起,筑起堤坝,反对他不可满足的野心,拿破仑的事业不再是法兰西的事业了。"对于塔列朗,有着各种各样的评价。他当年作为神职人员背叛了教会和教皇,后来在革命政府中担任议长,却背叛了革命政府逃亡美国,又在督政府和拿破仑政府担任多年外交部长或大臣,却又背叛拿破仑,甚至密谋推翻拿破仑,最后极力推出了路易十八,却对路易十八的评价极尽刻薄言辞,被一些人看作是没有节操的变节者,甚至被拿破仑蔑视其政治手段犹如"绸缎袜子中的臭大粪",意思是表面上看起来好看,其内容臭不可闻。但是,他和拿破仑互相认可对方具有天才级的才能。他作为外交家与梅特涅齐名。特别是法国作为一个战败国参加维也纳会议,却被他巧妙地用正统原则唤起回忆,让列强各国君主及其代表们与他产生共感,使这些被塔列朗的迷魂阵忽悠得团团转的君主和代表们不知不觉中顺着塔列朗的梯子爬上去,然后都掉进他挖的坑里。他们完全陷入其套路之中,其结果是,明明法国是战败国,但法国的要求基本上都被战胜国接受了。特别是他使法国和英国的关系有了彻底的改善,结束了自从英法百年战争以来的长达数百年的敌对甚至战争关系,建立了以后可以长期持续的同盟或合作关系,为19世纪和20世纪长达200余年的两国同盟和协调打下了基础。这个同盟关系指引这两国在20世纪两次世界大战中站在了一起,使得法国都成为战胜国,除了英国方面的努力,大部分也属于塔列朗的外交遗产。

塔列朗天生残疾,但是自强自爱,奋斗不息。作为外交家名垂青史的经历的背后凝聚着他不同常人的冷峻体会。他那些著名的话犹如格言般充满哲理。他说:

"没有生活在1789年以前的人是不懂人生的甘甜的;咖啡像恶魔一样的黑,地狱一样热烫,却如同天使般纯洁,如同恋爱那样甜蜜;要是没有快乐,人生肯定更能够忍耐;比诽谤中伤更残酷的是真实;语言给予人类的就是去隐瞒他所考虑的东西;暗杀是俄罗斯最常用的免职的方法;我未曾背叛拿破仑,也没有阴谋。我自己所用的策略只限于法国人都成为共犯的时候。我虽然宣誓并渴望救国,但没有比拿破仑更为危险的阴谋家了。"他说:"我到底是哪种人,考虑着什么,希望什么,最好让人们议论几个世纪去吧。"

4.2.2.5 维也纳体制体现的其他国际法的原则

维也纳体制还体现了当时国际法的其他原则。它们有补偿原则、势力均衡原则、围堵法国原则、恢复原状原则。

补偿原则就是在重新整理欧洲版图的过程中对于失去领土的国家以及在对拿破仑战争中有功的国家给予补偿。这一原则在普鲁士和俄罗斯的领土所得中体现得尤其明显。

势力均衡原则体现在无一国家能够在欧洲大陆取得绝对优势,防止拿破仑主宰欧洲的事态出现。

围堵法国原则是说要加强法国周边国家的力量,以便围堵法国,防止其侵略扩张。塔列朗虽然是帮着法国人的,但是法国的战争和侵略,以及在欧洲建立起来那么多傀儡卫星国,完全颠覆了欧洲正常的国际法秩序。法国必须要自制,要防止波拿巴主义者又掀起新的一轮狂热。根据后来法国果真出现了拿破仑三世的重新执政和第二帝国的建立,说明了塔列朗的警戒是非常有远见的。

恢复原状原则是说恢复到革命前的法国领域境界,以及欧洲政治文化也恢复到1792年以前。这也是正统原则所要求的。

关于国际争端解决机制,维也纳会议确立了一种会议仲裁原则。当时的国际法制度还没有进化到用国际法院和国际仲裁庭来解决国际争端。一般情况下,两国之间的争端很多时候是诉诸战争来解决。当然,这种情况下还是需要有战争的国际法理由的,并且也要符合国际法宣战和战争进行的战争法规则。威斯特伐利亚体制更多的是确立了主权原则,还没有在解决国际争端上有更加制度化的内容。而这次维也纳会议采取的手法则是利用这次罕见的,甚至是唯一的大规模国际会议的机会,包括战败国和战胜国都聚集一堂进行仲裁。仲裁的规则并不明确,因为各个国家实力有大小,对拿破仑战争的贡献也有大小。无论如何,俄罗斯、普鲁士、奥地利、英国、法国五大国的意见在这个会议仲裁制度中得到了比较充分的反映。

其中,俄罗斯和普鲁士还是保持了拿破仑战争前那种尽量得到领土的传统理念,赤裸裸地瓜分波兰,对萨克森王国、芬兰等国实行吞并或者割让等手段。它们的理念没有一点与时俱进的苗头,经历了这些战争,付出了如此多人民的生命,一点没有长进,只知道对领土的无穷无尽的贪婪,一点没有拿出大英帝国那种超凡脱俗的侠义肝胆的风度来。它们代表着旧欧洲。而奥地利有得有失,表现了某种大度,体现了梅特涅的妥协技巧,成为维也纳会议成功和建立维也纳体制的关键。英国也表现出了极大的克制,在对拿破仑战争作出了巨大贡献的情况下,强忍利用这场战争获得优势角逐欧洲大陆的冲动,专心维护海上霸权,以平衡者的超然身份维持欧洲的势力均衡。

而法国本来是一个战败国的身份,却在塔列朗的外交艺术下成功变身为欧洲五大列强之一,继续参与欧洲事务,不但保住了法国革命前的传统边境,而且还将正统原则推广为会议仲裁制度的基本原则。他那让人眼看着揪心的残疾腿脚一瘸一瘸,却透露出来的不卑不亢和坚毅执著,为法国赢得了尊严,以至于其他四个强国都能接受战败国法国的平起平坐的地位。在维也纳会议预备会议上,面对四强的发难,塔列朗严肃地说:"路易十八的一位大臣出现在这里表明了一条神圣原则,它是一切社会秩序的基础。现时欧洲的第一需要是永远消除唯有政府才能获取权力的观念,恢复正统继承权这一神圣原则,它是秩序和稳定的保证。"

在维也纳会议仲裁机制下,宽容的氛围甚至超过了20世纪第一次世界大战和第二次世界大战对战败国的处理,更具有普世性。倒是法国自身在国内远不及外国对法国的宽容。波旁王朝复辟后的报复,还在继续着革命时代那种激动和冲动,继续用革命的、恐怖的、暴力的手段来结束革命,表现出了与英国人完全不同的民族特征和国民性来。1815年11月20日,体现了维也纳会议精神的1815年《巴黎条约》签字。路易十八又一次得到列强的承认。但是由于法国的拿破仑再次向欧洲挑起战火,而路易十八的对应软弱无力,于是对法国有了严于1814年《巴黎条约》的规定。本条约已经将法国路易十八排除在缔约方之外,是英国、奥地利、俄罗斯、普鲁士四国之间缔结的。法国领土范围已经不再是前条约规定的1792年的领土,而是1790年当时的领土,显然缩小了。原来没有的战争赔款如今规定了7万法郎。为了防止波拿巴主义者复辟和重新挑起欧洲战争,鉴于路易十八无力阻止这一切的发生,同盟军进驻法国,最长5年,并由法国支付驻军费用。普鲁士还想提出更为严厉的要求,但考虑到波旁王朝的安定,被列强阻止了。

4.2.3 欧洲协调机制的国际法构造

4.2.3.1 欧洲协调机制的精神支柱——神圣同盟

作为维也纳体制的产物神圣同盟(The Holy Alliance)由沙皇亚历山大一世于1815年9月26日倡导下正式成立。如果说《巴黎条约》以及维也纳会议的会议仲裁制度所决定的事项是具有政治和外交上的法律约束力的话,那么神圣同盟是维也纳体制下抽象的、精神上的君主间的盟约。但是,神圣同盟体现的理念的核心对于19世纪的国际法律秩序的稳定性具有很大的影响。神圣同盟宣言写道:

> 以神圣的和不可分割的三位一体之名义!基于此前3年里在欧洲爆发的重大事件、尤其是出于其政府所信奉的、其政府将其全部希望寄托之于的神命为这些国家带来的福利,奥地利皇帝、普鲁士国王和俄罗斯沙皇陛下坚信需要将其互相之间的关系建立在神圣的救世主所传导的不变的宗教的至高的真理的基础上。因此他们庄重宣言,目前的这份宣言唯一的目的在于向全世界宣告其坚定不移的决定:在向内管理其国家内政以及在向外与其他任何政府的政治关系的唯一标准是正直、仁爱和和平的要求。这些标准也是这些君主在处理其私人事务,以及在决策和他们所有举动的引导。这样他们才能够长久地设立人世的机构、克服人世的不足。

神圣同盟最初的参加者是普鲁士、奥地利和俄罗斯三国。其建立的基础是基督教。通过神圣同盟的建立,维也纳体制便披上了神圣的外衣。君主制的国际法依据正统原则也披上了宗教神圣的外衣。无论是专制君主,还是立宪君主、开明君主,只要认同了神圣同盟的原则和精神,就能够神圣化,在神圣同盟内就能够得到道义上的支持,使自己的主权和统治合法化和正统化,在其政权受到革命威胁的时候,为国际干涉和镇压革命提供了国际法上的理由。它能够为欧洲各国君主提供君权神授的正统化依据,提供宗教维护国际秩序的系统,要求同盟各国劝令其子民信奉基督教教义。这样,在19世纪欧洲的国际法上,虽然主权原则得到充分的尊重,但也留下了国际干涉的借口,与当今一切欧美国家主张并采取的国际人道主义干涉或人权危机干涉的理由如出一辙。在已经发生产业革命、实行议会民主制的英国看来,这样的神圣同盟简直就是封建时代的回光返照,与英国正在兴起的市民社会格格不入。已经开始由选民决定政治的英国无法在胜利者的狂欢中加入这一同盟,成为反对拿破仑的战争四大胜利国中唯一的例外。英国出席维也纳会议的全权代表斯图亚特子爵形容这一神圣同盟是"一纸崇高神圣、虚无玄妙的胡言"。

在1815年《巴黎条约》签字的同时,法国加入神圣同盟了。除了英国之外,欧洲几乎所有的君主们都加入了神圣同盟。英国虽然没有加入,但作为同君联合的英王乔治四世以汉诺威王国国王的身份加入了神圣同盟,因而似乎并无例外。不过罗马教皇国的教皇却因宗教上的原因不能参加。因为罗马教皇作为天主教教主与东正教、新教等之间存在着宗教派别之争,认为有的教派属于异端,拒绝加入任何跨宗教的国际联盟。已经参与欧洲国际关系事务、成为欧洲区域性国际法主体的奥斯曼帝国也因属于伊斯兰教国家不能加入神圣同盟。

神圣同盟为19世纪初期一系列国际干涉提供了正当化的理由。它们是1818年亚琛会议上神圣同盟讨论了对付德国的市民和民族主义运动的策略;在1820年特拉波会议上讨论了对付西班牙革命、意大利革命、葡萄牙革命的策略;1821年莱柏克会议上确定了对那不勒斯革命的镇压;1822年凡罗那会议上决定让法国去镇压西班牙的市民革命。但是英国反对奥地利、法国等国利用神圣同盟去镇压欧洲大陆发生的市民革命,认为它们利用神圣同盟扩大自己的势力范围,就基本上不再参加神圣同盟的活动。

1830年,波旁王朝的专制统治终于使得法国人民无法忍受,爆发了市民革命,即七月革命。革命从7月27~29日一共进行了3天,被称为"光荣三日"(Trois Glorieuses)。路易十八以神圣同盟作为护身符,大肆恢复路易十六时代的专制,引起资产阶级的极大不满。继承他王位的查理十世镇压自由言论,强化对贵族的保护,甚至通过法律动用国库10亿法郎来作为法国大革命中贵族城堡被损坏的补偿。这些落后于时代的贵族和王族已经忘记了他们更多的同类在大革命中被灭族的教训。这些倒行逆施已经激起了民愤。巴黎民众趁查理十世在郊外欢乐之际蜂起,勇敢地展开了巷战,3天后攻陷了由瑞士人雇佣兵把守的卢浮宫。唯一参加过美国和法国两个大革命、当年法国大革命偶像拉法耶将军(Marquis de La Fayette,1757—1834)出来收拾残局。法国人有着崇拜偶像的传统和民族性,革命的狂躁在这位世界上唯一的两大陆英雄的面前终于平静下来,安静地听从他的建议和安排。拉法耶推出了同情革命的改革派王室成员,奥尔良公爵菲利普担任国王,成为菲利普一世。新国王没有辜负拉法耶代表法国民众的期待。他否定了绝对君主制,不再自称法兰西国王(roi de France),而是自称法兰西人国王(roi des Francais)。他仿照英国,实行君主立宪制和责任内阁制,推动工商业进步,法国开始了产业革命。对外重新开始了法国殖民主义,出兵阿尔及利亚,并设立法军的外国人兵团。在拉丁美洲介入墨西哥内政,1838年发动糕点战争(Guarra de les pasteles),以一家位于墨西哥的法国面包房受损为由,竟然向远在万里外的墨西哥宣战。查理十世害怕被送上断头台而放弃王位逃亡。菲利普一世还参与列强对中国的入侵,对中国清政府实行高压政策,与1844年签订《黄埔条约》,获得了英国鸦片战争在中国所获得的特权。他从中国那里不会获得什么好的评价。

面对大国法国发生的这场革命,欧洲列强并没有援引神圣同盟而贸然进行国际干预。因为至少法国折腾了半天还是实行君主制,最多和英国的王室和政治体制差不多,还没有成为维也纳会议后又用革命和暴力颠覆一个欧洲王室的先例。正统原则仍然得到维护。列强也终于放心了。

比利时被维也纳会议合并到荷兰,这时却受七月革命的影响发起独立运动的暴动,最后演变成为独立革命。以英国为首的列强承认了比利时的独立,由萨克森-哥达出身的利奥波德成为比利时国王,即利奥波德一世。已沦为欧洲小国的荷兰王国本来是以出让锡兰给英国为代价才获得比利时作为补偿的,现在比利时却独立出去了,而它敢向大英帝国要回它的锡兰岛吗?要知道那里以后却是世界上主要的茶叶生产地呀。可怜的荷兰只能无力接受列强为它决定的残酷现实。1839年,荷兰最终和比利时谈妥了边界的划分,脸上强作欢颜,心里却在滴血,承认了比利时的独立。这个分离成为了永远的离别。

俄罗斯的属国、同君联合的波兰受七月革命的影响也在华沙发起11月起义。但是这一起义不等到国际干涉就被俄罗斯自己搞定。以后波兰人民只能继续表面平静地服从俄罗斯的统治,其内心的愤懑直到80多年后复国以后才得以宣泄。面对西方列强围剿新生的苏维埃政权,波兰占尽地利,利用相邻的地理位置直接进攻苏联,攻城略地,占了不少便宜。但这个国家永远是吃到嘴里后必须得吐出更多。多次被瓜分使得这个国家和民众深陷被害狂想中不能自拔,以至于稍微日子好一点就会做出过激的行动去刺激东西两个巨大而可怕的邻国。1939年,波兰又一次被德国和苏联瓜分,仍然逃脱不了亡国的命运。1949年重新复国的波兰也不能从苏联吃掉的领土中拿回一丁点儿,只好在列强的干预下从战败国德国手中获得领土的补偿,得到了多年来分别在奥地利和德国治下的西里西亚。但谁会知道什么时候德国又会怎么样呢?

在意大利,烧炭党(Carbonari)在七月革命影响下,开始在那不勒斯和皮埃蒙特从事独立运动。虽然遭到奥地利的镇压,但其理念对后来的意大利的统一起到很大的作用。

4.2.3.2 四国同盟和五国同盟

作为欧洲协调机制的国家实体同盟,1815年11月20日对法国的合约1815年《巴黎条约》签署的同时,由梅特涅主导下,奥地利、英国、俄罗斯、普鲁士四国成立了四国同盟。梅特涅作为现实主义者不相信亚历山大一世倡议的神圣同盟能够用宗教维持下去,而且神圣同盟没有英国参加而有缺陷,于是组成了四国同盟,成功拉英国入伙。同盟的目的是为了防止法国反抗和复仇,因而是一个针对法国的军事同盟。同盟有效期为20年。《四国同盟盟约》第四条规定:"加盟各国……为了商讨它们的该条利益,并为了考虑每个时期被认为是最有利于各国的安定和繁荣的措施,以及为了维持欧洲和平……应定期召开会议"。这就是欧洲协调会议制度的国际法依据。这是一个以武力为后盾的强制执行机制。

但是英国不愿太深介入欧洲大陆事务。1820年后,四国同盟基本上为保守国家奥地利、俄罗斯、普鲁士所控制,成为通过神圣同盟正统化的专制君主镇压民族主义和自由主义的国际干预力量。

1818年,由于法国已经提前赔付完所有战争赔款,四国同盟在亚琛会议上决定恢复法国的国际法上的平等地位,与法国结盟,四国同盟发展成为五国同盟。《五国同盟盟约》有效期仍然为20年。

四国同盟和五国同盟在初期阶段曾经成功地作为国际干预力量干预了若干国家的革命和民族独立运动,维护了欧洲现行的君主制的稳定和政治版图。但是后期的作用逐渐减弱。特别是法国爆发了七月革命后,作为大国不能贸然发动干涉,而且法国也自己解决了问题,保留了君主制,因而五国同盟渐渐淡出,最后于1848年革命后被五国抛弃不用。

但是,欧洲会议协商体制在四国联盟和五国联盟淡出后仍然发挥作用,继续成为19世纪欧洲的国际争端解决机制。

4.2.3.3　1848年革命与维也纳体制的崩溃

七月革命尽管波及欧洲某些地区,但它毕竟主要是法国的国内革命。而且欧洲列强并没有按照神圣同盟的精神进行国际干预,因而只能说弱化了神圣同盟,还不至于导致其崩溃。但自从1789年大革命以来已经患上了革命中毒症的法国民众仍然不甘寂寞,在七月革命后面对菲利普一世这一位实行君主立宪、责任内阁、产业革命政策,把法国带进欣欣向荣发展路上的开明君主也不甘寂寞。1848年,因为国家发展中权利和利益受损的工人和农民等以开宴会为名举行各种政治集会,被称为改革宴会或革命宴会,本来是一个可以缓解社会不满诉求的一点创意,但这位开明君主没有察觉到社会矛盾的计划,在2月22日下令解散。下层和上层没有了一个可以沟通的渠道。于是,工人、农民、学生举行游行和罢工,爆发了革命。革命已经从以往的资产阶级为主体变成为工人为主体,性质已经发生了根本性变化。这一年,马克思和恩格斯发表了《共产党宣言》。

菲利普一世实在想不通自己作为一名开明君主到底哪里做错了。他是得到了资产阶级的全力拥护的,却被这样一些社会下层发动的暴动震惊了。他完全不理解这场革命的性质已经发生了变化,资产阶级和无产阶级的阶级斗争已经登上了历史舞台。失望之极,他在2天后的2月24日宣布退位,流亡英国,在维多利亚女王提供的一座城堡中度过余生。波旁王朝旁系的奥尔良王朝只经历了一代即告结束,法国又重新回到共和。这就是第二共和国时代。11月进行了选举,拿破仑的侄子路易·波拿巴成为法国总统。正是他趁着维也纳体制出现破绽,于1852年恢复帝制,将自己的总统身份变为了法兰西帝国皇帝,公然嘲讽维也纳体制下的正统原则。菲利普一世的下台,意味着持续了900余年的卡佩王朝王族在法国的终结。波旁王族和奥尔良王族都是卡佩王族的支系。现在卡佩王族还在西班牙王族和卢森堡大公家延续着。法国永远走向了共和。从此以后,这个爱闹革命的国度每逢出现重大变故,就会有新的共和政体诞生,如普法战争后的第三共和国,第二次世界大战后的第四共和国。1957年,戴高乐总统在法国没有重大社会变故的情况下又搞了一个共和国——法兰西第五共和国,让人们真的摸不着头脑:这个国家到底要搞到第几共和国才善罢甘休?

其实这场二月革命还只是个开始。革命迅速传播到欧洲各地。奥地利的维也纳发生了三月革命。那位声名显赫的梅特涅宰相也不得不逃往英国。作为维也纳体制灵魂和象征的梅特涅的出走,表明维也纳体制已经走向末路。以军国主义走向强国之路的普鲁士的柏林也发生了起义,成立了自由主义内阁,甚至向普鲁士国王腓特烈·威廉四世发起劝进书,劝进其就位德意志帝国皇帝,但为那位爱普鲁士胜过爱德意志的威廉四世所拒绝。意大利威尼斯发生暴动,建立了威尼斯共和国,但被奥地利镇压。1849年青年意大利党发动暴动,在马志尼领导下,在罗马教皇国建立了罗马共和国。由于法国的武装干涉,这一共和国运动最后失败。

奥地利的革命是从匈牙利开始的,那位外表抑郁内心情热的青年诗人裴多菲·山多尔(Petofi Sandor,1823—1849)那些催人泪下的爱国诗和爱情诗在革命的民众中争相传诵。革命很快蔓延到北意大利。在维也纳,批判梅特涅体制的自由主义者提出请愿书,要求废除垄断,实行自由贸易,言论、出版和宗教自由。这些自由主义者与学生结盟,发动了维也纳的暴动。宫廷让梅特涅辞职,因为皇室也对太强势太张扬的他已经厌烦。但这也不能平息民愤。多少年来国政都是梅特涅一人掌控,现在能够取代他的人一个也没有,出现了权力的空白,导致各地游行、请愿等风起云,事态难控。市民在请愿和游行的同时,对于工人运动也保持着警惕。宫廷也积极配合,于4月25日颁布了宪法。但是民众似乎并不买账,5月份又发生暴动。不过这次暴动已经改变了性质,皇帝感觉到了自己人身面临危险,逃亡蒂罗尔的因斯布鲁克避难,留下混乱的维也纳给暴民。意大利出现暴乱,镇压意大利暴乱后,奥地利又忙于对付波西米亚的运动。受宫廷的旨意,克罗地亚军队向维也纳进军,但被反对皇室匈牙利军队打败。后来皇帝的军队再次进攻维也纳,终于打败匈牙利军队,攻入维也纳。这些战争使得维也纳市民被害人数甚至超过了拿破仑战争。费尔南多一世皇帝本来就有精神疾病,不堪重负,干脆撂摊子不干了,让位于18岁的青年弗兰茨·约瑟夫一世。青年皇帝终于想起了神圣同盟,向俄罗斯请求派遣援军镇压匈牙利军队。1849年,匈牙利军队终于被俄罗斯军打败投降。诗人裴多菲也参加了匈牙利军,在与俄罗斯军的战斗中战死,成为匈牙利的民族英雄。这年他年仅26岁。

神圣罗马帝国崩溃后为了统一德意志召开了法兰克福议会。议会上围绕着德意志统一之路的大德意志主义和小德意志主义发生冲突。前者主张德意志统一应该包括普鲁士和奥地利在内,后者则排除奥地利,以普鲁士为中心进行统一。结果是后者获得胜利。但是普鲁士国王拒绝即位德意志帝国皇帝,推迟了德意志的统一。由于德意志统一开始排除奥地利,奥地利境内的非德意志民族要求民族自治,为以后解决匈牙利问题、将奥地利帝国改变为奥匈帝国打下了基础。这条路实际上是第三条路,即"中欧帝国"的道路。

4.2.3.4 维也纳体制的国际法解读

1848年革命席卷欧洲,除了俄罗斯、英国和荷兰未受影响外,其他地方都造成了激烈的社会动荡。各地的革命虽然都相继失败,工人阶级开始登上历史舞台,其阶级诉求不可能突然获得成功,但是革命也体现出的平民与贵族之间的抗争,以及自由主义对专制制度的反抗,动摇了欧洲保守势力的基础。很多国家实现了政权交替,法国实行共和制,后来转向帝政,其他一些国家则实行君主立宪,实际上标志着资本主义对封建主义的实质性胜利。这样,神圣同盟及其正统原则本身已经经受不起革命的冲击。

从国际法角度上看,维也纳体制是一个非常成功的国际法实践。其成功性主要体现在以下几个方面。

第一,维也纳体制彻底颠覆了拿破仑的帝国理念和他的国际法律秩序,实现了国际法的重归。维也纳体制是建立在势力均衡原理基础之上的体制。这一体制本身就是对帝国理念的彻底否定。帝国在这一时期虽然还存在,但是只是一个名义上的东西,在主权国家面前并无实际意义。奥地利、俄罗斯还在为它们的帝国称号沾沾自喜的时候,英国和普鲁士以及后来的法国以王国的身份参加到维也纳体制中,其地位和尊严丝毫不因其作为王国而低于奥地利和俄罗斯两帝国而受损。欧洲所有的大国作为列强都参与到了这一体制里来,说明这一体制中任何一个国家都不可能一国独大,形成霸权。相反,各个列强相互制衡制约,使得国际法秩序得到很好的维护。拿破仑的卫星国根据正统原则进行了拆分或重组,或者像西班牙、两西西里王国、荷兰、罗马教皇国等都重新让符合正统原则的王室重新回归王位,让欧洲形成了一个得到神圣同盟以及四国同盟、五国同盟保障的主权国家体系。国际法中的外交关系、国际会议仲裁制度、国际条约制度、同盟制度等都得到稳定的发展和丰富。

第二,维也纳体制实现了欧洲的和平,国际法从过去的以战争法为主转变为以和平法为主,成为规范和平时期国与国之间交往的主要法律规则。维也纳体制的和平是有机制保障的,那就是大国保障制度。这样的大国保障制度有四国同盟和五国同盟提供武力支持。虽然四国同盟和五国同盟的干预后来并不实施,而且五国同盟后来也实际上解散了,但是维也纳体制前期实施过现实的军事干涉的事实足以让各国有所警惕,防止自己过线。也就是说,各国基本上已经习惯于大国保障下的欧洲和平,并在和平的国际环境下把主要的外交和政治放到与他国和平交往上面。更重要的是,作为遮掩的欧洲协调的和平保障机制的五个大国都是参与方,而非受制裁方。开始时的四国同盟是为了防范法国的军事同盟,但是法国虽然对内残酷镇压波拿巴分子,对外却是积极配合维也纳体制和严格履行1815年《巴黎条约》的义务,没有做出任何越轨的行为来。其结果是取得了战胜四国的谅解,得以加入大国协调机制,成为创造性的成员。这样,欧洲出现了近代以来最为和平的和平年代。不但大国之间无战争,连小国之间也几乎无战争。即使是在欧洲发生了1848年的革命,出现了很多武力冲突,但绝大多数都是主权国家的内部冲突,而非外部冲突。唯一的例外是匈牙利反抗奥地利帝国的内战,占领了维也纳,结果招致俄罗斯军队的干预。但从正统原则看来,这是基于奥地利皇帝的请求俄罗斯才出兵的,而非侵略奥地利。而且对于奥地利和维也纳来说,匈牙利人才是外族,而俄罗斯是来赶走匈牙利人的。所以,这个维也纳体制保持了欧洲大陆与半个世纪无战争,与拿破仑战争以前欧洲每隔一段时间都要发生大规模的战争比起来,已经是一个巨大的历史进步。这为国际法的定型化和发展创造了最好的国际环境。我们还注意到,20世纪后半期世界和平得以维持的联合国安理会及其五大国否决权制度也是一种和平的大国保障机制。这段时期与19世纪欧洲的和平难道是偶然的巧合吗?

第三,维也纳体制的成功,使得国际法不但在欧洲站稳了脚跟,而且还将国际法推广到了非欧洲的其他领域,国际法开始真正成为世界性的关于国与国之间的普遍性法律规则了。不可否认,这时世界上还存在其他的国与国之间的法律规则。它们从某种意义上说就是世界各地区的区域国际性法律规则体系,维护着区域国际法律秩序。欧洲的国际法无非也是欧洲的区域性法律规则而已。虽然在北美也得到适用,但这只是欧洲的法律秩序的延伸。在其他非欧洲地区的欧洲国家殖民地里,所发生的宗主国和殖民地之间的关系,甚至包括宗主国与殖民地的土邦王国之间的关系严格说来并非属于国际法秩序,而是主权范围内的法律秩序。国际法在这些地方的适用范围主要是在围绕着殖民地争夺的欧洲宗主国之间的关系。过去主要是通过战争,以实力来说话,而现在由于宗主国之间无战争,所以也只是调整者宗主国之间的和平交往所产生的法律关系。西班牙对美洲殖民地控制力的减弱,产生了大量的新兴拉美国家。它们是以欧洲文明为基础的国家,因而从一开始就接受了欧洲的国际法。虽然拉丁美洲国家间也相继出现了若干适用于本地的国际法规则,即出现了拉美区域性国际法的萌芽,但是作为一般的国与国之间的法律规则,它们首先适用的还是来自欧洲的国际法。有了拉丁美洲国家的参入,国际法真正从欧洲区域国际法变身于全球性国际法了。而这一转变的前提就是,国际法必须在欧洲要站得住脚。而维也纳体制就是让国际法在欧洲站住脚的最佳体制。

第四,在亚洲国家,国际法的推广遇到了各种亚洲古老文明的冲突,并没有真正贯彻国际法的主权原则和国家平等的理念。中国、印度、伊斯兰都有各自固有的国际法律秩序和传统。中国的朝贡体系、印度的宗教规范、伊斯兰的政教合一的体制下的国家间关系都有着比国际法及其法律秩序长得多的历史,而且都有能力建立自己文明圈内的和谐的国与国之间的关系及其法律规则。但是如今遇到了来自西洋文明的冲击,特别是其国际法规则。应该说国际法规则对于这些东方文明和国家来说并不占优势。但是欧洲的国际法的推行是伴随着武力征服的。而欧洲的武力在当时世界上相对于各文明而言是无敌的。这样,欧洲的国际法便取得对东方文明各国巨大的优势。国际法的主权原则和国家平等原则在西方国家对东方文明的冲击和战争中并没有得到贯彻体现。反而是,东方国家按照自己的多年处理国与国之间关系的准则办事的时候,便会被西方国家抓住违反国际法的把柄,从而按照西方国际法的战争法模式,采取西方国家认为是合法的武力行动,通过战争和武力使得东方国家屈服,同时还要背上违反国际法的罪名。有的由此沦为殖民地,连作为国家存在于世上这一基本权利也被剥夺了,如印度的莫卧儿王朝。有的屈服于武力被迫签署不平等条约,国家主权受到很多限制,甚至沦为半殖民地。这些国家都没有按照主权平等的原则获得与欧洲国家平起平坐的地位。很多国家不被西方国家承认为国际法主体。还有的国家虽然被承认为国际法主体,但不是平等主体。在互派使节的时候,无论这个国家国土有多么大,人口有多少,也只能是公使级外交关系,而非是大使级外交关系。由于欧洲国家的强势地位,导致东方国家自身存在的国际法律秩序渐渐走向衰退甚至消亡。可以说,维也纳体制解决了欧洲国家间规则的内部问题,使得国际法规则变得异常强大,走向世界,摧毁了世界其他文明中的国际法律秩序及其法律规则,从而成为全球统一的法律规则,也许就是普世法律规则。不过这个普世也并非都是公平的、正义的。

4.3 势力均衡与光荣的孤立

4.3.1 英国的势力均衡政策的国际法基础

4.3.1.1 均衡政策的地缘要素:大英帝国真的很大吗

正如我们在前面叙述的,大英帝国这个帝国其实是来路不明的。它从来就没有正式获得过"帝国"的称号,最后维多利亚得到的那个女皇称号还是从印度那里偷来的,而且来得既不光彩,也不正当。但我们在看这个国家帝国称号笑话的同时,却丝毫不敢嘲弄它的历史。在这个地处世界文明的产生和发展的中心大陆欧亚大陆西端的最边缘一群岛屿上,盎格鲁-撒克逊人硬是把自己变成了最近200年世界的伟大民族,造就了一个伟大的国家,演出了一段世界的神奇。到底是这块土地的灵气,还是这块土地上的人更加杰出? 如果要从历史长河来考量,其实是人不杰,地也不灵。

大英帝国的"帝国"来路不明,那么"大英"呢? 为什么要在英国面前加上"大"(great)字呢? 其实这个"大"是与不列颠密切相关的,并非是英国变大变强后才加上去的。这片地处欧亚大陆边缘的不大的群岛最早是被文明世界的迦太基航海记录所收录,称为"Albion"(现在这个词是指英吉利海峡多佛尔海岸边那段气势磅礴的白色断崖)。公元前4世纪的希腊商人才叫它为"不列颠"(Britannia),其中最大的岛就叫大不列颠岛(拉丁语Britannia Maior,英语Great Britain)。其实希腊人并没有劳心费神去绕岛一周航行,并不知道这是一座岛,只不过看似大一点,就叫它大不列颠,与其后来成为"大英帝国"偶然巧合。所以,就没有什么"小不列颠岛"了。小不列颠其实就是指英吉利海峡法国一边的布列塔尼(Bretagne)。虽然这座大不列颠岛面积为219 850平方公里,名列世界第九,但正如"鸡无论飞得多高也不能变成凤凰",岛屿无论多么大,跟英吉利海峡对岸的欧亚大陆比起来,不过是一个小指头而已。只有跟国家的强盛联系起来后,"大英"才被赋予了新的意义,以至于我们在说"大英帝国"的同时,称"the British Museum"为"大英博物馆",称那座被马克思用来写作《资本论》的图书馆"the British Library"为"大英图书馆"。所以,"大英帝国"虽不是正式称呼,但确实是国家强盛获得的美誉,就和中国的"大唐"、"大汉"等一样。由于英国的面积并不大,却被称为"大英帝国",也使得某些不大的国家也产生了一些美好的幻觉和联想,在自己的国号上也加上了"大",比如"大韩帝国"、"大韩民国"、"大日本帝国"等。当然,一个国家叫什么名字是天赋的当然权利,我们也不应该说三道四。作为一个面积和人口都很了不起的国家的国民,我们应该有大国国民的气度,宽容地和周围的"大国"和谐相处。

先居住在这里的人是不列颠人(British Tribes),属于凯尔特语系民族。公元前55年和前54年,恺撒两次远征这里,但是这只是作为他掌控高卢的一个环节,并没有在此建立永久据点。公元43年,罗马皇帝克劳迪任命奥尔斯·普劳蒂为总司令,率领4个罗马军团计4万人打败了不列颠人的部落联合,然后皇帝亲自率援军赶到不列颠,在现在叫做科尔切斯特的地方宣布设置不列颠行省,正式划入罗马帝国版图。公元78—83年阿格里克拉(Gnaeus Julius Agricola,公元40—93)总督时代,不列颠行省版图最大,除了小部分苏格兰外包括了全部大不列颠岛。但到了哈德良和安敦尼皇帝时代面对北方的入侵开始收缩防线,建筑了横贯大不列颠岛中部的"哈德良长城"和"安敦尼长城"。它们都只有100多公里长,与同时代的中国万里长城不能同日而语。到了帝国末期,罗马军团也从不列颠撤出,不列颠的罗马时代宣告结束。盎格鲁-撒克逊人(Anglo-Saxons)乘虚而入,征服和驱逐了不列颠人。盎格鲁-撒克逊人是盎格鲁人、朱特人、撒克逊人三个日耳曼部族的总称,来自现在丹麦、德意志北部。其中撒克逊人和现在德国的萨克森是同源,即古代属于同一支日耳曼部族,说明英国人与德国人的血缘关系并非始于中世纪王室联姻,而是早就有了人种联系。他们在不列颠岛南部,即罗马不列颠行省的故地相继建立了7个小王国。这个王国很快就遭遇北欧海盗维京人的入侵,连首都伦敦也落入海盗手中,最后还是靠韦塞克斯王阿尔弗雷德打败了海盗。9世纪初,韦塞克斯王埃格伯特统一七国。不过这只是在10万平方公里范围内的统一,远不及秦始皇统一七国的规模和气势。后来,这里又被丹麦王库努兹征服,然后盎格鲁-撒克逊人的王家重新复国。这乱糟糟的历史和王国兴衰直到1066年海峡对岸的诺曼底公爵威廉一世的征服才告结束。他所开创的英格兰王国成为千年王国,一直延续到现在,即所谓的"大英帝国"。多少年来,这个王国虽然没有遭到大规模的入侵,也不用像海峡对岸的欧洲大陆国家那样必须面对邻国的生存竞争,但却在欧洲中世纪历史中长期被边缘化。这里阴雨绵绵,没有丰富的物产。这里的城市肮脏落后,没有什么了不起的文明。只有那来自法国诺曼底的王家血统让其有了通过继承和联姻染指法国一些领地的可能。1337年,法国卡佩王朝绝嗣,英国国王爱德华三世企图以近亲身份继承法国王位,但未能得逞,于是宣战,御驾亲征法国,开始了一场世界上最长之一的战争——英法百年战争。战争持续多年,你来我往,难分胜负。但在1428年法国方面陷入困境时出现了17岁少女贞德。她昙花一现,1431年被当做巫女处死,年仅19岁。但法军人心大振,一鼓作气,终于在1458年把英国人赶出了法国,完成了国家的统一。而英国做梦也没有想到败在了一个小女孩身上,郁闷之余从此退缩岛屿,不再大规模染指欧洲大陆领土,成为英国后世外交推行势力均衡政策的历史缘由。

但从欧洲大陆收手之后,看似英国失去了一次获得国土的机会,但盎格鲁-撒克逊这个晚熟的民族仿佛一夜之间突然惊醒,迅速超过海峡对岸那些辉煌的大陆民族,甚至超越了那些拥有悠久历史的东方文明,成为世界领导民族。它的一个克隆体美利坚人在20世纪中期从英国那里接过了接力棒,继续引领着世界。英国从15世纪开始先是文化的觉醒,相继出现了莎士比亚、霍布斯、洛克、培根、牛顿、达尔文、亚当·斯密等科学文化思想巨匠。然后是海外开拓,成就了海上霸权,建立了横跨各大洲的"日不落帝国"。它完成了政治革命和产业革命,使其在19世纪中期无论从政治上、经济上,还是从军事上、文化上都成为世界上首屈一指的强大国家。它的文明引领世界的近代化。它的舰队航行在全世界。它的产品销往全世界,因为它已经成为世界工场,它的法律在各大洲都有适用,与源于法国、德国的大陆法系分庭抗礼，形成了英美法和大陆法两大法系的世界格局。大英帝国最为强盛的时期管辖的领土最多达到 3 700 万平方公里，面积超过了亚历山大帝国、罗马帝国、阿拉伯帝国以及成吉思汗建立的蒙古帝国，是自人类有史以来最大的帝国。它统治着全球人口的 1/4，与同时期生活在中国大清帝国的中国人人数基本相等，但却是肤色、种族各异的各大洲人群、种族和民族。但是，这个凭实力能够主宰世界的国家却并没有像欧洲历史上强大国家那样，毫不犹豫地角逐欧洲大陆去寻求欧洲大陆霸权。它采取了更为理智的行为，将主要的精力放到了海外经营和殖民活动上，而退出欧洲大陆的直接竞争。但是它对大陆事务也绝不放手，而是采取身在大陆边缘冷眼看世界的态度。当大陆某个国家的霸权兴起势头出现的时候，英国即去阻止这样的霸权的实现。势力均衡构成了英国对欧洲大陆外交的基本国策。正是因为这一政策，产生自欧洲大陆的国际法的种子才得以生根、发芽、开花和结果，成为当今世界枝茂叶盛的参天大树。

4.3.1.2 霍布斯的现实主义国际法观念对英国势力均衡政策的影响

英国的这种现实主义，不谋求大陆霸权，追求势力均衡的政策实际上是受霍布斯政治学的很大影响。霍布斯在《利维坦》中从人类的利己性出发，认为人与人之间为获得有限的物质财富而竞争，相互不信任导致猜忌，追求和保持荣誉而相互敌视，使得人与人之间关系成为"一切人反对一切人"的战争状态。但是人类又具有理性。对残废的恐惧、对舒适生活的渴望和通过自己的劳动来获取舒适生活的愿望，提示人们一些方便易行的条件，这就是自然法。自然法限制每个人给予本性与本能的自然权利，以便维护和平与秩序。脱离自然状态以保存自我的渴望决定了要寻求和平。为了和平就要放弃一些特定的权利，即权利的互相转让，这就是契约。所订立的契约必须要得到遵守。人类要摆脱自然状态，就要寻求能够使大家都畏惧，并指导其行动以谋求共同利益的公共权力。国家凭借其自然的强制力量，使契约各方都平等地履行义务。这就是国家形成的过程。他在《利维坦》中讨论了国际无政府状态，认为国际社会中国家如同自然状态下的人，也是一切国家反对一切国家的状态。这是因为国家都拥有平等的主权，国家追求着权势，导致国与国之间的竞争，因而各国缺乏安全感。国际无政府状态下有限的国际合作无法改变国际关系中的普遍冲突性质，因而不存在任何道义，而是充满着暴力和欺诈。国际关系无真正的和平，和平只是战争的间歇而已。霍布斯的这种认识只能导致采取现实主义的对外政策。因此，作为一种外交策略，国家间的合作只是权宜之计。如果是长期合作，合作中受益的多少就会发生不平衡，受益较少的国家的安全必然会受到威胁。人类不具有长期的理性，他们时时注意对手实力的消长。当对手因为合作变得强大的时候，合作的基础就动摇了。国家为自身的安全可以结成同盟。从事实上和感情上，国家应该做一个理性的利己主义者，不能完全寄希望于同盟,也不能经常背弃协议。经常背弃协议会使国家处于孤立状态。即使是大联盟,最终也会因为共同敌人的消失而解体。联盟成员又回复到自然状态中去。

霍布斯的理论让英国认识到了国与国关系的险恶性。因此,英国是不太相信有什么革命、正义等抽象的理想,而只看重现实的实力。但是英国古代中世纪长期以来地处文明的边缘,国家的气候和物产并不丰富,深知国力的限度,因而清楚自己国家无论多么发展,都不应该采取在欧洲大陆寻求霸权的政策。英国得天独厚的岛国位置使英国可以在大陆的争斗中置身度外,得以解脱,全力转身海外,走海洋路线。而其他欧洲大陆国家即使有英国的觉悟,也因地理环境使得自己不得不深陷其中不可自拔。荷兰就是一个立志面向海外的航运大国,但是由于与德意志、法国等陆地相邻,每次欧洲的战争都卷入其中,难以自全。

4.3.1.3 海权国家英国的国策与国际法的发展

英国虽然是一个岛国,但英国人并非生来就是一个善于航海和海战的民族。早先的维京人等北欧海盗远比英国人更能航海。在探寻新航路中意大利人、葡萄牙人和西班牙人大展其航海天赋和探险决心的时候,英国人还孤傲地故步自封在不列颠岛上。英法百年战争后,英国还没有从欧洲大陆完全撤退。在尼德兰问题上,已是新教国家的英国的介入引起了和西班牙的矛盾。又因英国女王伊丽莎白一世处死玛丽,再加上英国的海盗经常掠夺西班牙船舶,导致西班牙决定远征英国,于1588年派出由包括28艘军舰在内130艘船舶组成的巨大的无敌舰队(Spanish Armada)。英国虽然在1588年海战中击败西班牙无敌舰队,但是后来的战争中也没有占明显上风。英西战争从1585年一直到1604年签署《伦敦条约》而告结束,西班牙和英国各自停止对爱尔兰和尼德兰的军事干涉,西班牙可以放心在拉丁美洲发展,而英国则开始经营北美殖民地。这样,西班牙在欧洲大陆和美洲大陆走向了大陆霸权国家之路,而英国则专注于海洋,建设强大的海军,走向了海洋霸权国家之路。

1756—1763年的七年战争,英国从法国手中取得了印度和加拿大两个殖民地,开始了英国海上霸权的时代。虽然不久遭到北美13个殖民地独立的打击,但是印度和加拿大殖民地的成长,以及后来开辟了澳大利亚、开普敦等殖民地,使英国在拿破仑战争之前就已经成为一个世界性的海洋大国。拿破仑战争中的大规模海战英国都取得了胜利,将拿破仑封锁在欧洲大陆,英国舰队则自由航行在各大洋,由此开始的英国无与伦比的海洋霸权持续了1个世纪之久,殖民地遍布各大洲。特拉法加角海战的结果,拿破仑的法国去追求欧洲大陆的霸权,而英国获得海上霸权,取得了16世纪西班牙无敌舰队被英国打败后西班牙与英国瓜分欧洲大陆霸权和海上霸权相似的效果。

4.3.2 英国的既定国策:光荣的孤立

4.3.2.1 英国的势力均衡与光荣的孤立的提出

1896年1月16日,在加拿大议会上,使用了"光荣的孤立"(Splendid Isolation)一词来表示英国外交虽然孤立,但却是光荣地存在,加拿大自治领将支持英国本国。当时英国本国正因布尔战争陷入困境,而美洲的加拿大以外为数不多的英国属地中的英属圭亚那又在和委内瑞拉之间发生着领土争端,加拿大想在这个时候向英国表达支持,有拍马屁的意思。这个马屁拍对了。这一表达被传到了英国本国,对因布尔战争以及德意志帝国外交攻势焦头烂额的英国以很大的鼓舞。5天后,英国的殖民大臣约瑟夫·张伯伦(Joseph Chanberlain,1836—1914)引用了这个词发表了鼓舞国民的演说。第二天这件事被登在了《泰晤士报》,"光荣的孤立"一时成为流行语,作为这一时代英国外交的象征性的表述。

实际上,这一时期世界正处在"大英帝国治下的世界和平"之中。如前所述,这个和平时代是从拿破仑战争结束的1815年开始,到1914年第一次世界大战爆发为止,持续了整整百年。这个空前的百年和平的时代到来的原因虽然有很多,但是在国际法的大本营欧洲,出现了英国这样的一个国家,是其中一个重要的因素。

欧洲自从威斯特伐利亚体制建立之后有了势力均衡体系,国际法诞生,并成为调整国与国之间关系的准则,国家主权得到尊重。但这并没有带来欧洲的和平。18世纪出现的多次战争倒不如说欧洲实际上是处在一个战争的世纪。可见,这一时代的势力均衡和国际法与是否发生战争和是否能否维持和平是没有直接关联的。

国际法和势力均衡是基于一种利益驱动下的最现实主义考虑的产物。三十年战争打消了欧洲国家之间在宗教外衣下的所谓上帝名义下的公平、正义、神圣,把国家间关系放到了主权者之间的关系这一现实基础之上。但是,如果失去了理念,无论它来自对上帝的敬畏还是对帝国的崇拜,国家的私利就会横行。这样一来,难道国家间的关系变成了每个国家针对每个国家的战争这样一个遵循丛林法则的关系了吗?然而我们看到,在势力均衡下的欧洲国际关系和国际法,即使在战争频繁的18世纪,也没有出现那样的局面。这是因为18世纪再也没有出现过哪个国家为了谋求欧洲霸权而借用上帝的名义或者公平正义的名义。所有国家都是从自己的国家利益出发而行动,反而根据势力均衡的原理自动防止了大国霸权的出现,也防止了战争的扩大化和持久化。战争后的和平体系也是因为建立在现实主义和国家利益基础之上,与国家间的友谊和友好没有关系,因而更加可靠,更加能够得到保障和实施。也就是说,没有永恒的朋友,也没有永恒的敌人,只有永恒的国家利益。

所以,威斯特伐利亚体系是人类第一次建立在现实主义基础上的国际法律秩序。在欧洲,若干个强国具有等质性。它们在生存和利益的驱动下自然会形成某种联合和组合,但是也不能克制有时出现的霸权的冲动。如果没有一个更为理性而又具有实力的国家来抑制这样的冲动,就会发展演变成霸权战争。拿破仑战争就是这样的结果。在欧洲,到底哪个国家才能够担当此任呢?答案是有的,那就是英国。英国作为欧洲势力均衡体系的平衡者是欧洲国家乃至英国自身不二的选择。欧洲大陆的国家虽然都具有相似的文化、宗教等传统,但是由于靠得太近,利害关系冲突太激烈,以至于有时候难以保持理智和清醒。与欧洲大陆若即若离的英国,一方面可以避免欧洲大陆国家之间的是非之争;另一方面有着自己的海外利益,这样的得天独厚的地理条件使它可以保持一个比较中立的立场冷静看待欧洲的局势,正确应对欧洲大陆出现的各种变化。英国的欧洲大陆战略就是防止欧洲出现霸权。如果欧洲某个势力过于强大,英国就会站在弱势一方,支持这一方,阻止欧洲霸权的实现。在整个18世纪的王位继承战争和七年战争中,英国采取了扶弱抗强的战略,在每次战争后形成的势力均衡的重组中扮演着关键的角色。拿破仑战争也是因为英国始终如一的贯彻这一战略,才让拿破仑称霸欧洲,摧毁国际法的企图没有变为现实。

4.3.2.2 从欧洲协调机制到孤立战略的转变

但是拿破仑战争以后我们看到了一个新的变化。仍然是势力均衡的体系,国际法从拿破仑战争的硝烟中获得了重生,但是英国对待欧洲的态度发生了变化。光荣的孤立当然是以势力均衡为前提的。英国是欧洲各国中最早玩弄势力均衡的国家,也是最老练的玩家。但是如何玩弄势力均衡,确有着不同的做法。英国有可能通过积极地直接干预欧洲大陆事务,也可能是从欧洲大陆事务中抽身,在必要的时候再进行干预。光荣的孤立显然是属于后一种。而前一种也曾经是英国长期采用的政策。

维也纳体制下的四国同盟和后来的五国同盟的建立是梅特涅主导的,但是英国在其中扮演了关键的角色。四国同盟将法国作为战败国看待,其核心就是遏制法国,防止法国波拿巴主义复活去追求欧洲霸权。五国同盟加上了法国,是因为法国是波旁王朝复辟,让英国觉得放心。这样的体制的核心就是欧洲会议协调机制。一旦欧洲出现了势力均衡被打破的动向,或者发生某些国与国之间的争端,就由这五个欧洲大国协商解决。因此这就是欧洲的国际争端解决机制。英国当然也是其中最重要的成员之一。作为一个已经完成产业革命,市民社会已经形成的现代工业化文明国家,和这些代表着过去和保守的封建君主们坐在一起商讨怎样防止革命和自由主义思想的蔓延,已经是非常滑稽的了。但是为了英国的国家利益,也得忍受这样的场面。因为英国也是一个君主制国家。英国从来都是积极参与乃至干预欧洲大陆事务的。拿破仑战争中,虽然英国把主要精力放在维持海上霸权,对拿破仑的大陆封锁针锋相对地实行海上封锁,但是在伊比利亚半岛上,英国与葡萄牙联合抗击着法国一边的西班牙。并且在西班牙的民众支持下,惠灵顿率领英国军队从西班牙达到了法国,独自担当对拿破仑的西南战线。在拿破仑百日王朝复辟之后,正是惠灵顿统帅的英国军队在滑铁卢最终打败了拿破仑,结束了拿破仑时代,让国际法获得新生。所以,战后的欧洲会议协调机制中英国积极参与和发挥作用是再自然不过的选择,也是英国享受战争胜利果实的一种体现。

卡斯尔雷从1812年开始担任英国外务大臣。他就是英国积极参与欧洲大陆事务政策的推行者。根据欧洲会议协调机制,五大国每隔一定时期要召开一次协调会议,就欧洲事务统一展开协商,并达成处理意见。在这个机制成立后一共开了5次会议,大约每2年开一次。1818年的亚琛会议上,卡斯尔雷联合梅特涅,反对帮助西班牙国王镇压在南美兴起的独立革命,反对沙皇亚历山大一世关于组建欧洲国际军队的建议,防止俄罗斯在欧洲事务上拥有更多的发言权。他担心俄罗斯、奥地利、普鲁士三个保守国家会以这样的协调机制以及它们企图组建的欧洲国际军队以镇压革命为由去干涉欧化国家的内政,扩张自己的势力。他作为一名外交家赢得了名声,但作为一个人却在晚期精神不安定。1822年,他被发现在自宅割喉自杀。他的意外死去却带来英国对欧洲政策的重大转变。

接任他担任英国外交大臣的是乔治·坎宁(George Canning,1770—1827)。他其实在1806年已经担任了英国外交大臣,但是由于政见之争,于1809年9月21日与当时的陆军与殖民大臣卡斯尔雷发生了一场决斗。没有摸过枪械的坎宁笨拙地拔枪出击,根本没有击中卡斯尔雷,却被后者击中了大腿。更不利的是,在已经是资本主义社会的英国两名主要政要竟然用充满中世纪愚昧的贵族决斗来解决政见上的分歧,遭到了舆论的严厉谴责。坎宁和卡斯尔雷不得不双双辞职。1822年在他的仇人自杀身亡后,他继任了卡斯尔雷的职位,并对其积极参与欧洲大陆事务的政策来了一个一百八十度的大转变。这就是被后人概括的"光荣的孤立"政策。这一政策的转变确定了19世纪英国外交的基调,那就是不再积极参与欧洲大陆事务,从欧洲充满封建保守和迂腐沉闷中抽身,专注于海外殖民和自由贸易,获得实利,进一步加强英国的实力,以此作为英国干预欧洲事务的威慑力。从此,英国以孤傲的立场冷眼注视欧洲大陆局势的变化。当某个国家或国家集团的势力增强,英国就会站在弱势一方,重新平衡欧洲大陆的势力对比。英国就像天平两个托盘之间的砝码,当一个托盘过重下沉时,英国就会把砝码放到另一个托盘上,使天平重新恢复平衡。英国不与欧洲大陆任何国家结盟。

英国后来的历任外交大臣始终如一地贯彻了光荣的孤立政策。这是英国国家利益使然。因为英国是一个海洋强国,也是一个贸易立国的国家。英国最早完成了产业革命。产业革命解放出来的巨大生产力必须要寻找出路。国内市场相对狭小,因此出路就在海外。海外可以面向欧洲大陆,也可以面向英国海外殖民地。英国的大工业能够生产价廉物美的纺织品。英国相信这些纺织品在自由竞争的条件下具有强大的竞争力。如果欧洲大陆出现了巨大的霸权国家,就有可能破坏自由竞争的国际环境。因此对英国而言,最为理想的是在欧洲大陆维持若干个国力大体上均等的强国。它们保持独立,又相互牵制。因此,英国在欧洲大陆的政策就是维持各国的独立。对于那些威胁小国独立的国家都是英国的敌人。特别是威胁到离英国最近的小国——低地国家,英国视为对其构成直接威胁。到了这时就是英国出手干涉的时候了。

低地国家是指现在的比利时、荷兰、卢森堡三个低海拔国家。低地国家(Low-country)也称尼德兰(Netherlands)。而荷兰也叫尼德兰,英语中用单数"Netherland"来表示,其本意也是用低地来指荷兰。荷兰王国的正式荷兰语名称"Koninkrijk der Nederlanden"也采用了低地。其南部的比利时在中世纪有着先进的毛纺织业和商业。而荷兰则曾经在17~18世纪建立了全球性海上霸权,是当时世界最强大最富饶的国家。卢森堡古时是德意志诸邦诸侯,当今则成为世界人均收入最高的国家之一。

低地国家风大,环境比较恶劣,但是人民非常勤劳,过着比较幸福的生活。但最不幸的就是它们处在德国、法国、英国三个大国的中间。瑞士也处在大国中间。包围瑞士的有法国、德国、意大利和奥地利,但享受着天堂般的和平。可低地国家却成为三个大国角逐的舞台。更为悲剧的是,它成了三大国乃至欧洲传统的战场。打败拿破仑的战争就发生在这里。在德国没有统一的时候,神圣罗马帝国的哈布斯堡王朝经常在这里和法国角逐。英国和荷兰也曾有过同君联合的历史。保持低地国家的独立和安全,是英国的欧洲大陆政策中重要的一环。这里的人民从来都是受大国翻弄的对象。大国要打仗,首先在这里较量。因此要说向往和平,低地国家比任何国家都更加强烈。自从英国奉行光荣的孤立政策以后,这里才终于实现了和平。比利时成为永久中立国。但是在20世纪两次世界大战时,英国都没有实行光荣的孤立政策,结果低地国家又成了战场。第二次世界大战后,比利时终于想明白了。不是自己不爱和平,而是周围的大国不让自己和平。所以干脆就明明白白地加入军事同盟。它把北大西洋公约组织总部招到布鲁塞尔,也把欧盟总部设在布鲁塞尔。

在处于"大英帝国治下的世界和平时代",英国的光荣的孤立政策是不会受到轻易挑战的。光荣的孤立虽然不干预欧洲大陆事务,但英国强大的实力使欧洲大陆国家不会突破英国的干涉底线。欧洲的小国在维也纳体制下得到维持,低地国家的独立和主权得到尊重。法国和普鲁士在19世纪前半期能够相互保持理智而和平共处。英国还联手法国在俄土战争中支持奥斯曼帝国对抗俄罗斯。而欧洲大陆本土上,从维也纳体制建立到1870年普法战争的爆发之间的50多年中,基本没有发生规模较大的战争。就连1830年的革命和1848年的威胁到欧洲几个君主国王室和国内政局的革命,都几乎没有出现国际干涉,更没有发生大国之间的战争。这不能不说是英国光荣的孤立政策的功效。在欧洲大陆旁边的这个拥有最强大的经济、军事实力的国家的存在,并以其最先进的文明和政治制度带来的崇高的威望,欧洲的和平得以维持。英国是不结盟的,是孤立的,但却是光荣的。

4.3.2.3 英国的光荣的孤立与美国的门罗主义:拉美独立运动

抑或是盎格鲁-撒克逊民族的血液的唤醒,在19世纪20年代英国和美国这一对已经打了几十年仗的老冤家却突然心有灵犀一点通,同步实行起孤立的外交政策,并且还相互声援,成为国际上一种潮流声音了。美国从此开始的门罗主义确立的孤立主义一直延续到19世纪末,与英国的光荣的孤立政策远隔大西洋形成遥相呼应。

拿破仑战争中西班牙的衰退削弱了西班牙在拉丁美洲的统治,唤起了拉丁美洲的独立意识。1810年,加拉加斯、波哥大、圣地亚哥和布宜诺斯艾利斯爆发起义。1811年,委内瑞拉、巴拉圭宣布独立。1813年,墨西哥宣布独立。这些起义大部分被镇压,但1816年,出现了军事家和政治家玻利瓦尔和圣·马丁。在他们的领导下,经过10年的艰苦斗争,西班牙在拉丁美洲的殖民地除了古巴和波多黎各外全部获得政治独立。这一独立运动及其成功将国际法的主权国家范围从欧洲加上美国扩大到了整个拉丁美洲,成为一种跨越大西洋的超大陆的国际法律秩序,改变了国际法只是调整欧洲区域性法律秩序的法律规则,美国只是一个例外的尴尬场面。

由于拉丁美洲独立运动影响到了欧洲宗主国的殖民政策。这些政策是否顺利推行关系到若干欧洲君主制国家的稳定。所以在独立运动进行过程中,宗主国西班牙和同为波旁王朝的法国准备联合干涉拉美独立运动。实行自由贸易的英国更愿意看到若干独立的主权国家出现在世界版图上,这样可以扩大英国的海外市场。再加上崇尚自由主义的英国不愿意欧洲的封建保守势力得势,于是坎宁外交大臣采取了支持拉美独立运动的态度,拒绝了法国和西班牙联合干涉拉丁美洲的提议,并代表英国退出了欧洲会议制度(Congress System)。

英国认为美国是这一政策的支持者。1823年10月,英国驻美国大使理查德·拉什对美国传达了坎宁提议英美两国发表宣言,共同反对欧洲国家对拉丁美洲进行干涉。英国还想加上以英国的强大海军组织对拉丁美洲的再次征服,对美国不得进行干涉的内容。但这样的提案中英国的主导色彩太强烈,于是门罗与美国其他领导人进行了协商。美国积极支持拉丁美洲国家的独立,已经与阿根廷、智利、秘鲁、哥伦比亚、墨西哥等国有了联系,准备向这些国家派遣大使,缔结包含最惠国待遇的通商条约。前总统杰弗逊和麦迪逊支持接受英国的提案,而国务卿约翰·亚当斯(John Quincy Adams,1767—1848,后成为美国第六代总统)认为,与其说让人们看到美国就像是跟在大英帝国巨大战舰后面的一条小舢板,倒不如直截了当地对俄罗斯、法国堂堂正正表明我们的原则。美国总统门罗(James Monroe,1758—1831)接受了亚当斯的建议,考虑到俄罗斯也在俄勒冈南进,就要与美国就俄勒冈的领土要求发生冲突,因此亚当斯就在由他起草的宣言中用了"全美洲"一词,说明美洲大陆各国的自由和独立应受保障,不得成为欧洲列强将来殖民地化的对象。说得明白一点,就是说,美洲是美洲人的美洲,不容许欧洲来干预美洲的事务。今后随着时代的变迁,换成"美洲是美国的美洲,不容许欧洲来干涉美洲的事务"也同样说得通。因为英语中,"美洲"和"美国"是一个词。

　　1923年12月2日,总统门罗在联邦议会发表国情咨文,正式提出了门罗主义(Monroe Doctrine)。在门罗主义的宣言中,美国宣布欧洲列强不应再殖民美洲,或涉足美国与墨西哥等美洲国家之间的主权事务。而对于欧洲各国间的争端,或者各国与其美洲殖民地之间的现状和归属,美国不干涉。但是如果超过现在程度对美洲殖民化,美国不容许。对具有独立倾向的西班牙殖民地的干涉,美国将视为有敌意的行为。这样,美国就没有和英国发表联合声明。但是反对拉丁美洲再殖民化这点是一致的。门罗主义体现了美国独自的政策,那就是反对欧洲国家干涉美洲事务。这一点在后来美国国力强大起来,成为美洲最大强权国家之后发展演变为美国将美洲视为势力范围,不容许欧洲列强的势力进入美洲的美国势力范围的含义。

　　门罗主义后来是美国的一大国策,代表了美国不要介入东半球事务的孤立主义倾向,与威尔逊总统所倡导的国际主义、理想主义形成对比。门罗主义还被引申为"孤立主义"的代名词。很多具有孤立主义色彩或团块分割色彩的政策都被冠以门罗主义,如"亚洲门罗主义"等。门罗主义的初衷是支持拉丁美洲国家反对殖民主义,具有积极的意义。但是后来渐渐变质,成为美国视拉丁美洲为自己的后院,实行赤裸裸的干涉的政策基础。即使是在门罗总统的时代,门罗主义也体现出了对美国印第安人的讨伐作战。只不过这时的国际法还没有保护人权和人道主义干涉的内容,管不了美国的这些破烂事。1898年美西战争美国取胜获得菲律宾,以及美国吞并夏威夷,美国的门罗主义早已突破了美洲的界限,美国已经成为一个具有侵略色彩的新殖民主义国家了。

4.4 势力均衡的崩溃与国际法的走向

4.4.1 普法战争

4.4.1.1 法兰西第二帝国

虽说欧洲有百年和平,但是完全意义上的和平是前50年。后50年欧洲的势力均衡已经开始出现倾斜,并越到后来战争的危险越来越大,以至于最后连奉行光荣的孤立的英国也卷入欧洲的是是非非当中。平衡者的缺失使得欧洲和平再也没有保障,不可避免地走向了战争。这场战争再也不是欧洲的战争,而是世界大战。

欧洲的势力均衡的倾斜是从法国与普鲁士之间开始的。主要动因在于,德意志在普鲁士的主导下开始了走向统一的进程。法国恰恰出现了有一名叫拿破仑的人也试图重整拿破仑的雄风。它们之间必然发生激烈的冲突。冲突的结果就是普法战争。

路易·拿破仑·波拿巴(Charles Louis-Napoleon Bonaparte,1808—1873)也称拿破仑三世(Napoleon Ⅲ),是法兰西第二帝国皇帝。在位一共18年。他的父亲是当年拿破仑一世的五弟,当时被封为荷兰国王的路易·波拿巴。因此他一出生就是尊贵的王子。他的母亲奥坦丝·德·博阿尔内是拿破仑第一个妻子约瑟芬与前夫生的女儿,也就是说是拿破仑的继女兼弟媳妇。这位前夫在大革命中被雅各宾党送上断头台。拿破仑三世是拿破仑一世的侄子、约瑟芬的外孙。他的父亲荷兰王路易不想做拿破仑一世的傀儡国王,总是想捍卫荷兰人民的利益。但路易·拿破仑·波拿巴却和母亲一样狂热地崇拜拿破仑一世。他在出生时就是拿破仑一世的排名第四的继承人,后来拿破仑一世与哈布斯堡家族的玛利亚·路易莎生下了儿子后才降了一位。拿破仑在滑铁卢失败后,他随母亲开始了欧洲各地的流亡生活。1830年,在他激情燃烧的22岁投身于意大利统一运动,参加了意大利独立运动的起义,失败后逃出意大利,1832年取得瑞士国籍。1836年参加了波拿巴主义者在斯特拉斯堡的起义,失败后被捕,被驱逐到美国。以后4年他先后在纽约和伦敦利用其母亲的巨额财产过着豪华放荡的生活,出版《拿破仑的理念》一书,提出皇帝民主主义的观点,被出版过4版,翻译成6种语言。1840年回到法国,又搞了一次暴动,虽免于死刑,却被判处无期徒刑。这时,他总算有了点名气。5年多的牢狱生活使他有时间写出《贫困的杜绝》一书。得知父亲病危,请求探望未获批准,于是实行了成功的越狱。这被媒体大体渲染,大大提高了他的知名度。在伦敦又花光了从刚死去的父亲那里继承来的巨额财产,在困境中结识了后来成为情妇的十分富有的哈瓦德小姐,等待法国国内的形势变化。他终于等来了1848年的革命。奥尔良家族的路易·菲利普一世被推翻,法兰西第二共和国诞生,他身在伦敦,却也当选为法国制宪议会议员。由于他大半生都在法国国外,法语中夹杂着浓厚的德语音调,在议会第一次发表演说时被嘲笑,但成功地让具有多血质国民性的法国人相信他是最爱国的。于是,没有更多背景的他在其他各派相持不下的僵局中脱颖而出,仅凭他那张"拿破仑"的名片就足以让其他候选人的所有广告黯然失色,这年年底竟然以绝对多数当选为第二共和国总统。既然一系列的偶然和巧合把他推上历史的前台,后面的演出就不得不带上他个人色彩了。这些色彩不仅影响了法国,还影响了德国和欧洲的历史。

他虽没有拿破仑之才,却有拿破仑之志,当总统后仅4个月就开始了向罗马的进攻。1851年12月,他发动了一次成功的政变,即雾月政变。政变后当月进行了投票,将总统任期延长到10年。他一次次冒险,却一次次成功,终于使他下决定,1852年举行国民投票,结果以压倒多数支持他实行帝制,法兰西第二帝国时代开始。他已经44岁了,还是独身,成为欧洲君主中的第一号钻石王老五。为了确保帝国的正统性,想和欧洲的王家联姻,但很不顺利。他自己有喜欢的女人,即哈瓦德小姐,也为他生了两个私生子,但她曾流落风尘的经历使她不可能成为母仪天下的皇后。结果迎娶的是西班牙特瓦伯爵的女儿乌杰妮(Eugenie de Montijo, 1826—1920)。对这个美丽而有知性有教养有品位的贵族女性,拿破仑三世非常尊敬,言听计从,听任后宫干政。为了取悦她,拿破仑三世采取各种手段驱赶哈瓦德小姐。愤怒之下,哈瓦德小姐带走了她生下的两个小王子(其实在欧洲私生子不能算作王子)远走伦敦。当初,欧洲各王族,包括维多利亚女王都很小看这个出身于西班牙小贵族的她。但1855年皇帝夫妇访问伦敦,结果女王和乌杰妮臭味相投,结成终身的友人。乌杰妮以皇后的身份重新开始融入华贵的法兰西宫廷文化,社交、时装、绘画、家具、内部装修、博览会、慈善活动目不暇接,引领了欧洲时尚新潮流,与海峡对岸同样耀眼的维多利亚时代遥相辉映。在1859年、1865年和1870年皇帝不在巴黎的时候,她还作为摄政总览皇帝的政务。

在拿破仑三世的治世,法国完成了产业革命,经济和市民生活有了很大的提高。皇帝大胆推进了巴黎的城市改造计划,使其成为世界城市改造的范本,当时就被称为"世界的首都",其雄伟和气派超过了当时的伦敦、纽约和柏林。为了防止乱民暴动难以镇压而拆迁的贫民窟和狭窄的街巷变成了以凯旋门为中心的放射状宽阔的大街,却被认为在后来的普法战争中无法组成有效的巴黎城防而不得不投降的原因。

但是内政的成功并不掩盖拿破仑三世在对外关系方面的问题。他从一开始就想推翻否定他伯父拿破仑的维也纳体制,在克里米亚战争中与英国联合帮助奥斯曼帝国击败俄罗斯,显示出了一种进攻性外交的姿态。他不惜得罪奥地利,支援意大利的统一运动,为的是圆一个青年时代的梦,因为他的青春曾经洒在意大利独立运动中。他展开了野心勃勃的海外殖民计划。他开始推进阿尔及利亚殖民运动,据他说是为了将这里的人民从奥斯曼帝国解放出来,最终建立阿拉伯王国。在撒哈拉沙漠以南非洲,他以法属西非洲和法属赤道非洲从事殖民活动。在马达加斯加、印度支那、南太平洋岛屿和中国,他都在广泛推行殖民政策。其中在越南的殖民活动引发了中法战争,使越南从中国的朝贡体系中脱离。在第二次鸦片战争中和英国一起组成英法联军,攻入北京,火烧圆明园,从此在中国没有得到过好评。对墨西哥的干涉更为离谱。1861年亲美墨西哥总统就任,拿破仑三世在皇后乌杰妮的建议下和英国、西班牙一起进行武装干涉。太不适应热带气候和疟疾的困扰使得英国和西班牙早早收兵,而法国一个国家坚持下来,并于1863年6月攻下首都墨西哥城。1864年,他以法军在墨西哥驻留为条件让奥地利皇帝弗兰茨·约瑟夫的弟弟马克西米连就任拿破仑三世创建的墨西哥帝国皇帝。这是拉丁美洲历史上第一个皇帝。但墨西哥人民并没有沉浸在出了一个皇帝的喜悦之中。他们并不买账,等1867年法军撤回法国之后,立即就把这位倒霉的傀儡皇帝给枪杀了。本来是要讨好奥地利,结果却得罪了奥地利,以至于奥地利皇帝出席1867年巴黎世界博览会时谈到不带妻子的原因说道:"妻子不愿到出卖马克西米连的法国人那里去",很让拿破仑三世下不了台。

以上那些只不过是花架子,出一些差错也没有什么大不了的。但在处理普鲁士问题上的不断挑衅和错招连发却是致命的。这些轻率最终成为法兰西第二帝国的催命符。

4.4.1.2 普法战争的前奏:对丹麦战争和普奥战争

自三十年战争大伤元气的德意志历经200多年的分和之乱,终于形成了具有统一实力的两大中心——普鲁士和奥地利,迎来了德国统一的序幕。德意志民族在包括法国在内的周围列强干预下陷入长期的民族悲剧后终于走向了统一之路。这是一个极其具有创造性和隐藏着极大潜力的民族。如果有谁在这样一个历史进程中去阻挡它的统一,必然会遭遇极大的反弹。欧洲其他国家在势力均衡体系中已经习惯于和平和国际法,尚能理智而冷静地观望中欧发生的一切。德意志民族的事情由德意志民族自己去解决,尤其是这个时候不要轻易干涉或招惹他们。俄罗斯是这样,英国也是这样,但是法国在拿破仑三世的冲动性格下就显得很不淡定了。

拿破仑三世的对手是一个智商、诡计和才能远远超过他的普鲁士王国宰相俾斯麦(Otto von Bismarck,1815—1898)。他出身于东普鲁士的容克地主家庭,自小所受的教育就坚信传统和保守主义,从来不受自由主义和革命运动的蛊惑。他在 26 岁的时候成为外交官,确立了排除奥地利统一德国的"小德意志主义"的路线图。而在奥地利帝国,则流行有奥地利主导下排除普鲁士的统一,即"中欧帝国"的构想。还有就是广泛流行于德意志地区的包括奥地利帝国统治下的非德意志民族在内,包括普鲁士和奥地利在内的"大德意志主义"统一。1862 年,他在议会斗争中胜出,被普鲁士国王威廉一世任命为普鲁士王国宰相。他在同年 9 月的普鲁士议会上为了打开军事预算被否决的局面而发表了著名的"铁血演说":

> 普鲁士在德意志的地位,不取决于它的自由主义,而是取决于它的力量……普鲁士必须集中力量,而且维持力量以待适当时机,这时机来临了好几次,也离开好几次了。自从维也纳诸条约以来,我们的边界划分得太差劣了,不利于健全政治。当代的重大问题不是通过演说和多数派决议所能解决的(这正是 1848 年和 1849 年的重大过失),而是要用铁和血来解决!

这场演说感动了议会,他的预算案得到通过。他的铁血政策得到德国朝野的支持,更得到威廉一世的完全信任。普鲁士开始了富国强兵、对外强硬的德国统一之路。

首先开始的是对丹麦的石勒苏益格与荷尔斯泰因战争。这是德意志北部靠近丹麦的两个小公国,当时被丹麦国王继承,处在丹麦管理之下。由于居民多为德意志人,也盛行起了德意志民族主义,给普鲁士的干涉提供了口实。1863 年俾斯麦联合奥地利对丹麦施加压力,要求两公国脱离丹麦,并指出丹麦继承两公国在国际法及其条约法上有瑕疵。丹麦尽量采取外交解决,但为了防范普鲁士和奥地利的军事行动,与瑞典国王约定派遣 2 万兵力前来支援丹麦。但瑞典的实权已经转移到议会,议会没有批准这次派兵,结果只有丹麦一国军队单独迎击强大的普奥联军。战争中丹麦很英勇,但毕竟势力悬殊,败局并无悬念,只能寄希望于列强干涉。结果列强似乎装着看不见,丹麦只好接受现实,割让了两公国分别给予普奥两国。但围绕着分赃普奥两国矛盾又上升为主要矛盾。闹了 1 年多后,终于引发了 1866 年的普奥战争。这是自拿破仑战争以来欧洲第一次出现两个强国之间的战争。人们都认为这是一场势均力敌的长期战争。法国也乐意看到战争中两败俱伤,以便渔翁得利。

普奥战争实际上是普鲁士和奥地利争夺德意志统一主导权,即中欧帝国和小德意志主义的斗争的体现。至于在德意志联邦流行的大德意志主义由于太理想化,并不受这两个强国的重视,不值一提。但是,奥地利利用德意志邦联主席的地位,于 1866 年 6 月 14 日在德意志邦联法兰克福议会上提出提案,谴责普鲁士在对丹麦战争结束后关于荷尔斯泰因的立场和行为。14日,法兰克福议会通过决议,认定普鲁士排除奥地利,阻碍德意志统一。德意志邦联并无实权,这反倒给普鲁士提供了借口。于是普鲁士退出了它作为副主席的德意志邦联,并于次日向奥地利宣战,进军荷尔斯泰因。天真地将普鲁士作为侵略者的巴伐利亚王国、萨克森王国、符腾堡王国和黑森选侯国站到了奥地利一边。只有北德意志的小邦不得以跟随了普鲁士。奥地利本来就是欧洲列强,再加上德意志四个比较大的邦国加盟,普鲁士军队再善战,一般预测都是胜负对半开。但是普鲁士军队有军事天才毛齐(Helmuth Karl Bernhard von Moltke, 1800—1891,为了和第一次世界大战中的德国名将毛齐相区别,一般都将前者叫老毛奇,后者叫小毛奇)。他的军事思想从克劳塞维茨的《战争论》中受到启发,但充满新时代的革新。他的战略是通过分散攻击—包围—总攻达到歼灭敌人的目的,并尽可能运用出现不久的铁路系统作为运兵和后勤的保障,运用新出现的电报作为通信工具。普鲁士强大的工业打造的克虏伯大炮初露头角,世界最早的后填式装弹的来复枪大大提高了射击速度,很快只用了3周就大局已定,6周就将更善于拼刺刀的奥军彻底打败。

为了获得较好的国际环境,普奥双方都试图拉拢法国,都和拿破仑三世进行了接触,争取到法国的中立。但奥地利要求拿破仑三世在普法边境加强军队配置,以给普鲁士压力,结果被拿破仑三世拒绝。俾斯麦判断拿破仑三世并无参战的意志,促使他下决心放手与奥地利大干。俾斯麦与拿破仑三世会谈时还提出,只要法国保持中立,普鲁士容忍法国合并比利时、卢森堡以及莱茵河左岸德意志诸邦。但拿破仑三世竟然毫无反应。他是想等战争拖延下去双方国力消耗殆尽时再提出更多的要求。在战争开始后很快就向普鲁士有利倾斜的时候,拿破仑三世一度考虑过武力威胁普鲁士,但害怕引起德意志民族主义的抬头,于是只等交战方提请法国仲裁。最后奥地利方面提出请拿破仑三世仲裁。奥地利提出的条件是保持本国的独立和盟国萨克森王国的领土完整。俾斯麦觉得普鲁士也应适可而止,于是接受了这个条件。但拿破仑三世却拿出开战前和俾斯麦谈的条件,要求割让莱茵河左岸,以及要求俾斯麦保证德意志的统一只限于德意志的北部。俾斯麦同意了后一个条件,但拒绝割让莱茵河左岸。虽然后来法国作出了让步,但给普鲁士以及德意志各邦留下了趁火打劫的不良印象。

普奥战争的结果是维亚纳体制下的德意志邦联解体,邦联主席国奥地利也自然再无主导德意志诸邦的理由,退出了德意志统一进程,将德意志统一主导权转移到了普鲁士。普鲁士成立了以普鲁士国王威廉一世为盟主的北德意志邦联,除了普奥战争中参加奥地利一方的南部四国外全部加入了这个邦联。

拿破仑三世又开始在卢森堡问题上做文章。卢森堡这时与荷兰处于同君联合之中。它加入了原来的德意志邦联,但普鲁士可以在此驻军。拿破仑三世要求普鲁士撤军，并要从荷兰购入卢森堡。荷兰国王不愿意卖，而德意志人通常都把卢森堡看作是德意志诸邦一份子。结果拿破仑三世的举动引起德意志诸邦的反感，俾斯麦故意不表态，拖延的结果是引诱拿破仑三世上钩，想购买的愿望越来越强烈。他等火候到了时在北德意志邦联议会发表演讲，批判法国，表示决不放弃卢森堡，煽动南北德意志的民族主义情绪。结果荷兰国王再也不敢卖卢森堡。拿破仑三世觉得被俾斯麦耍弄，已经起意对普鲁士开战，但考虑到法军远征墨西哥失败，最后没有真正开战。不过，此事已经引起德意志诸邦对法国的仇恨大大增强。眼见普法关系陷入僵局，英国出边调停，让普法在1867年签订了《伦敦条约》，确定卢森堡为永久中立国，普鲁士军队撤出卢森堡。

4.4.1.3 奥地利脱离德意志统一和奥匈帝国的兴亡

奥地利失去在德意志诸邦影响力后只得专注经营帝国内部。这是一个多民族的帝国，统治民族日耳曼人（德意志人）只占总人口的24%，是建立诸民族平等的联邦国家，还是与帝国内第二大民族、占总人口20%的马扎尔人（匈牙利人）结成联盟，成立德意志人和马扎尔人的二元帝国，成为脱离德意志圈后这个帝国前途的两大选择。马扎尔人对1848年奥地利政府所做的一切心存芥蒂，其实他们的军队当时已经大大地乱了奥地利维也纳一次。最后还是由美丽的奥地利皇后伊丽莎白（Elisabeth Amalle Eugenie, 1837—1898, 爱称Sissi, 即电影上的茜茜公主）在奥地利皇室和匈牙利贵族间的斡旋下达成了妥协，于1867年成立了奥匈帝国。这在国际法上属于政合国，与当时欧洲盛行的政合国即同君联合形成一种对比。奥匈帝国由帝国统一行使外交权和国防权，对外交往、派遣使节、缔结条约等均由帝国政府进行。帝国内成立两个王国：奥地利王国和匈牙利王国。每个王国成立自治政府，实行独立的王国内政治和行政。在国际法上只有帝国有主权，帝国内的两个王国没有主权。这种两个主导民族分别成立王国构成的国家结构也被称为"二元帝国"。帝国皇帝弗兰茨·约瑟夫一世（Franz Joseph Ⅰ，1830—1916）和皇后伊丽莎白同时兼任奥地利王国和匈牙利王国的国王和王后。

奥匈帝国好歹走向正轨，努力解决多民族帝国的大量问题。但是紧接而来产生了皇位继承的严重危机。在奥匈帝国成立的当年，弗兰茨·约瑟夫一世的弟弟、被拿破仑三世忽悠到墨西哥去做了几年墨西哥帝国皇帝而不亦乐乎的马克西米连被墨西哥起义军枪杀。他是奥地利王位第二顺序继承人。第一顺序继承人是弗兰茨·约瑟夫一世与伊丽莎白的唯一的儿子鲁道夫（Kronprinz Rudolf, 1858—1889）。皇帝夫妇共有四个孩子，其他三个都是女孩，其中长女早逝。根据奥地利采用的日耳曼萨利克法的继承原则，只有鲁道夫有皇位继承权，成为皇太子，集帝国全部期待于一身。他的母亲伊丽莎白与太后苏菲婆媳关系不好，鲁道夫的教育由苏菲负责，让他在所指定的康多列克伯爵那里从小受到严厉的斯巴达式帝王教育,柔弱的性格受到精神刺激,有了自闭症倾向。在伊丽莎白要求下,后来鲁道夫接受伊丽莎白选定的自由主义者教育,开始对专制君主制和贵族制持批判态度,引起了首相和保守派大臣们的担心。1881年,鲁道夫和比利时利奥波德二世的女儿结婚,婚后感情不好,2年后产下一女,并没有给帝国增添新的继承人。1888年4月,他结识了外交官维泽拉男爵的女儿、年仅16岁的玛丽,开始了交往,一起散步,互赠礼物,陷入婚外恋。玛丽的母亲非常担心,想亲自诱惑皇太子救女,没有成功。1889年1月,两人的情事传到了皇帝耳边,鲁道夫与皇帝发生激烈争执。1月29日,两人一起到了下奥地利州皇帝专用狩猎场别墅。第二天,两人的尸体被发现。是情死还是他杀,两人的死因仍有很多谜团,成为奥匈帝国重大悬案之一,也是小说、电影、歌剧灵感的源泉。无论他们的死因如何,奥匈帝国皇室没有了继承人,对帝国的前途和命运产生了重大影响。伊丽莎白美丽、宽容,作为自由主义者很少得罪过谁,得到帝国内匈牙利人民衷心的爱戴。她遭遇丧子之痛后也于1898年9月在日内瓦莱蒙湖畔遭到意大利人无政府主义者刺杀,丢下孤独的皇帝驾鹤西去。

新的皇太子只能从血缘最近的皇亲中选出,确定从皇弟卡尔·路德维希的三个儿子中选任。三儿子与平民结婚,因为贵贱结婚被排除。二儿子生活放浪已经染上性病也被排除,唯一的人选就是长男弗兰茨·斐迪南。可是他与捷克身份较低的女性索菲谈恋爱被发现,最后以索菲放弃未来皇族特权待遇,所生孩子放弃将来的皇位继承权为条件,斐迪南成为皇太子。但是在宫廷里索菲受尽歧视,令斐迪南常常也很难堪。其实他与捷克女子结婚,内心倾向斯拉夫人,而且皇帝正在策划建立波西米亚王国(波西米亚就是捷克),将奥匈二元帝国变成斯拉夫人也成为统治民族的奥匈波三元帝国,理应得到帝国内斯拉夫人的好感。他也正是为了获得斯拉夫人的好感才于1914年6月携索菲夫人访问波斯尼亚的萨拉热窝。谁知道他的这番心没有人能够理解。正是在这里皇太子夫妇被同是斯拉夫人的塞尔维亚青年刺杀。丧妻丧子,而今又丧失皇位继承人的年迈皇帝已经84岁了。他已经在位66年了,如今连一个继承人都没有了。这样的危机除了开战已经很难有别的选择了。第一次世界大战因此而爆发。奥匈帝国战败而被解体,宣告了这个自公元10世纪一直延续下来的"罗马皇帝"走向终点。在奥匈帝国的废墟上出现一系列新型的民族国家:波兰、捷克斯洛伐克、匈牙利、罗马尼亚(部分)、南斯拉夫(部分)。而帝国的统治民族德意志人则成立了奥地利共和国,面积人口只有原帝国的1/5。这个国家后来出现了一个海关官员的儿子,他在1938年将自己的祖国合并到了德意志人邻居德国。因为他已经通过《我的奋斗》成功地将聪明无比的德意志民族洗了脑,把犹太人从那个国家赶走或者送进了集中营,以后还要进一步送进焚尸炉,而自己则成为那个强大德国的国家元首。这个人就是阿道夫·希特勒。

4.4.1.4 普法战争的爆发和德意志帝国的成立

1868年,西班牙爆发政变,西班牙女王伊丽莎白二世被废,宣布实行君主立宪制,需要一名新国王。法国路易·菲利普的儿子和普鲁士霍亨索伦家族的利奥波德都成为候选人。后者的人选引起法国的反感。俾斯麦暧昧地表示霍亨索伦家族放弃候选人资格。但是西班牙方面仍然要求利奥波德出任西班牙国王。普鲁士和西班牙两国间的秘密通信被报刊泄露(是不是俾斯麦故意的还未证实,但从常理看只有这样才符合逻辑)。于是法国认为两国造成既成事实强加给到法国头上,这就是俾斯麦的反法策动阴谋。法国的反普鲁士的情绪更为高涨。皇后乌杰妮等极力鼓动对普鲁士开战。拿破仑三世的身体日渐不行,乌杰妮担心一旦皇帝驾崩她的儿子继位时,法国没有一个强有力的政治体制是不行的。而法国只有开战才能强化政治体制。拿破仑三世并不想和普鲁士开战。他知道在墨西哥演练过的法军可能不是普奥战争中演练成虎狼之师的普鲁士军的对手。但病弱的他也是怕老婆的主,更难以阻止乌杰妮等将法国推入对普鲁士的战争的道路上去。普鲁士国王威廉一世为了避免战争危机,想辞退利奥波德的候选资格,息事宁人。

但法国国内的右翼政治家和记者们仍不善罢甘休。拿破仑三世在乌杰妮的枕边风吹动下还是走出了错误的一步,那就是派法国驻普鲁士大使文森特·贝内德狄到温泉疗养地埃姆斯温泉谒见威廉一世,递交拿破仑三世的密函,要求威廉一世还要保证不再将利奥波德作为西班牙国王的候补。威廉一世认为非常无礼加以拒绝,并将电报转送给俾斯麦。俾斯麦正在吃饭,见到这一急电立即兴奋起来,认为可以作政治上的利用。他必须要有军事上的支持,立即询问了总参谋长毛齐,从毛齐那里取得了一旦开战普军必胜的肯定答复后,随即提笔修改电文,去掉了威廉一世的"从长计议"的话,加上了"以后拒绝接见法国大使,并命令值日副官转告法国大使,和法国再也没有什么好谈的了"的字句,向报界公布,并通告驻国外所有的普鲁士使团。这就是埃姆斯电报事件。巴黎的反普舆论立即高涨,拿破仑三世再也按捺不住。老婆、群臣、军方、舆论、普鲁士的动向,所有方面都指向对普鲁士宣战。7月19日,法国正式向普鲁士宣战,普法战争爆发了。俾斯麦所做的就是篡改圣旨,要放到中国历史上就是典型的将国家引入战争的欺君行为,将俾斯麦车裂诛灭十族都不过分。要是世界上其他国家的君主都不会容忍这样的事情发生,至少宰相引咎辞职算是最轻的了。可是俾斯麦知道和了解威廉一世。威廉一世已经把德国统一的大任全权托付给了自己,对其绝对信任。就凭威廉一世这一胸怀,他就不愧做后来的德意志帝国皇帝。他的伟大不在于他自己有多大的才干,普鲁士国王的才能都被腓特烈大帝一人占尽用尽了,腓特烈以后的普鲁士君王自己不需要什么才干就能混下去了,因为普鲁士已经处于人才辈出的时代。唯一想自己有所作为的君王威廉二世却将德意志帝国引向了末路。而当时的威廉一世已经不需要自己打理国家。他的伟大是在于将王国的外交和内政交给俾斯麦打理,任凭他去瞎折腾,将军事交给了毛齐。他们俩人弄出个战争也不要紧,顶多不过是搞出个德国皇帝的名号来而已,而皇冠最终还不是要戴到自己头上。他对这两个文臣武将的信任远远超过了当年蜀国刘备父子对诸葛亮的信任。

表面上是法国向普鲁士宣战,其实拿破仑三世上了俾斯麦的当。普鲁士在普奥战争结束后就在准备打这一仗了,已经在通向法国的方向修造了6条铁路。而法国境内通向德国的方向只有1条铁路。普鲁士派出大量化妆成游客的间谍收集了大量情报。普鲁士还与北德意志邦联各邦签订了条约,在普鲁士被宣战的场合参战。这里的被宣战的用语十分微妙。事实上俾斯麦用尽手段就是要让法国首先向普鲁士宣战,打响第一枪。只有这样普鲁士才能装出无辜受害的可怜样,让那些南德意志离心离德的几个王国也再也不忍心看着这个德意志民族的老大受尽法国的欺辱,从而唤起德意志民族大义。这一目标现在已经通过俾斯麦吃饭之余,只动用一支笔,只在一分钟之内,只修改一个电报就轻易实现。现在德意志各邦同仇敌忾,从来也没有如此空前团结了。对于其他欧洲列强,俾斯麦事先沟通了俄罗斯、奥地利、意大利、英国等,要求不要介入普法战争。奥地利本来在普奥战争中败于普鲁士,但鉴于法国在墨西哥战争中丢弃了哈布斯堡家族的墨西哥皇帝马克西米连,决定普法战争中也抛弃法国一次。毛齐早就就对法作战计划进行过十次以上的全面订正,所有的细节和可能性都已经全部考虑周全,已经不能再挑出任何毛病了。果不其然,战争开始后普军势如破竹,利用铁路的快速运输和克虏伯大炮的威力全面向法军方向挺进。普鲁士这个国家的自信就在于,只要宰相敢于挑起战争,军方就敢于把战争进行到底,而且是必胜。以后宰相只管考虑如果处理战后事宜,不用管军事的事情。

法军完全没有预料到一封小小的电报竟然能让法国对普鲁士宣战。这可是拿破仑战争后半个多世纪从未有过的极小概率,但现实就是它确实发生了。法军基本上没有进行战争准备,不得不仓促上阵。更要命的是拿破仑三世已经病重。乌杰妮皇后认为要鼓舞法军士气还是要御驾亲征,于是他不得不最后听了老婆一回,再赌一把。在把巴黎的国政交给老婆打理后,7月28日皇帝无精打采地和皇太子儿子一块向梅斯前线出发。战斗开始于德意志境内的萨尔布吕肯,但短短几天就推进到法国,法军不得不放弃阿尔萨斯-洛林。巴黎震惊,内阁倒台,新首相决定实行戒严。面对普军的步步紧逼,拿破仑三世准备退回巴黎再作打算。当他将此意传达给皇后时,皇后反对说,如果是战败回到巴黎,帝制将崩溃。皇帝本来就重病在身,完全无精力与皇后争辩,于是放弃撤回巴黎的打算,与在梅斯的法军主力汇合。其实皇帝也好,皇后也好,都不是什么打仗的料,这个关头还听老婆的话,而不是听军事参谋和顾问的话,就应注定了皇帝、皇后乃至帝国的悲剧不可避免。机会瞬间即逝。去巴黎的路很快被进军神速的普军切断,皇帝和法军10万主力一起被包围在色当要塞。皇后要求皇帝率领军队突围。她考虑如果皇帝英勇战死,一定会感动法国人民，捍卫了帝国的名誉，她的乖儿子皇太子路易就可以顺利继承皇位，成为拿破仑四世，至少皇帝的名字还是叫路易·拿破仑（父子同名同姓）。她认为只要有儿子在，法国并不缺皇帝。从长计议，虽然把老公的老命丢了，但拿破仑家的帝位或许永远传承下去。这就是她所认为的大义灭亲的爱国爱拿破仑家族名誉的义举。

但是拿破仑三世终于鼓起勇气，拿出男子汉大丈夫的气概，决定这辈子还是有必要不听老婆一回，回电说他自己没有让士兵去送死的权力。说罢就大义凛然地在色当要塞举起白旗，向威廉一世派出使者送达投降书，9月2日将自己和那些愿意投降与不愿意投降的10万法军将士一起变成了普鲁士的战俘。拿破仑三世要求会见俾斯麦谈判具体投降条件，但遭到俾斯麦拒绝，说这是毛齐管的事情。拿破仑三世又要求和威廉一世会见，但被俾斯麦斥责道，败军之君在签署投降协定前会见是不可能的。结果他只好按照俾斯麦的安排，先和普鲁士将军签署投降文书，然后才和威廉一世见了面。威廉一世见到憔悴的拿破仑三世不禁感慨万分，真是世态炎凉，不可预测。

乌杰妮在巴黎听到皇帝投降的消息简直不敢相信耳朵，失神地狂叫："拿破仑不会投降，他们隐瞒了皇帝驾崩的消息"。两天后，巴黎市民发生暴动，占领市政厅，选出了临时政府。俾斯麦本来是想在色当胜败决定时就以比较宽松的条件讲和，不想给法国留下太多的遗憾，只要法国服气，不干预德国的统一就行了。他的睿智告诉他凡事要适可而止。如果真的是这样，恐怕就不会发生第一次世界大战了。但是毛齐和军方在舆论的反对下，俾斯麦不得不顺应民意和军方的主张，也将他铁腕下的理智抛到脑后，随波逐流了一次，让军队继续向巴黎进军。结果皇帝投降后，普军继续将没有了皇帝主心骨的法军分割包围，歼灭战仍然不停息进行着。9月19日，普军完成了对巴黎的包围圈，但要预防梅斯要塞17万法军在巴赞元帅率领下从普军后面杀回马枪过来，因而没有马上攻城。这17万大军是法国人最后的希望，也是法国取得有利停战谈判的最后筹码。但10月28日，巴赞突然觉得皇帝都不干了，自己独立支撑也没有什么盼头，于是率领被包围的这支大军向普军缴械投降。这一举动使他成为法国的国贼，在战后的1873年被判处绞刑，后被法国第三共和国总统麦克马洪减刑为20年。坐了几年牢后故意让他越狱成功，逃到马德里度过余生。

从此法军再无主力，于是普军在1871年1月5日开始炮轰巴黎。18日，在持续的炮轰巴黎的隆隆炮声中，威廉一世在俾斯麦的安排下在巴黎西南郊外那著名的凡尔赛宫即位德意志帝国皇帝。10天后，法国人在巴黎陷落的屈辱和对普鲁士的刻骨仇恨中签署了停战协定，以法国的彻底失败结束了普法战争。巴黎市民在绝望和悲愤之余，于3月26日举行了暴动，宣布成立"巴黎公社"（la Commune），在巴黎市区建立了世界上第一个无产阶级专政的政权。正在进行战后处理谈判的普法双方立即共同对付这一新的事态。法国梯也尔领导的临时政府撤到凡尔赛，指挥了对巴黎公社的镇压。普鲁士也释放了17万法军俘虏，使得政府军对4万巴黎公社的国民卫队占据了绝对优势。尽管公社在巴黎城内实行社会主义政策，巴黎的无产阶级沉浸在革命的兴奋之中，巴黎也似乎重新燃起了当年法国大革命的激情，但对法国政府军的军事上劣势是活生生的现实，是无法用革命和主义来填补上的。法国大革命时代"革命就是一切"的奇迹再也没有发生。政府军对巴黎的攻城持续了一个多月，最后于5月21日在拉雪兹公墓后来叫做"公社社员墙"的墙下，随着最后一批英勇的公社社员倒在枪口下，结束了对巴黎公社的战斗。阶级报复持续了7天，被称为"血腥的一星期"。

在法国政府军攻城期间，5月10日，普法两国在《法兰克福条约》签字。法国割让了说德语的阿尔萨斯-洛林的三个省，支付50亿法郎战争赔款。普鲁士军队驻守法国一直到1873年9月。拿破仑三世得知停战协议签署后给皇后的信中认为按照这样的条件签署和平协议得到的和平只是一时性的，很快就会给欧洲带来不幸。后来的事实证明他说得对。但梯也尔政府认为这样的结果正是拿破仑三世造成的，于3月1日宣布废除帝制，也废掉了拿破仑的皇位。法国人推卸起责任来的智慧远远超过打仗的智慧。

拿破仑三世没有受到惩罚而被释放。为了见到妻子和儿子，他被流亡到英国，和几十名侍从杂役居住在伦敦郊外一座豪华的宅子里。这座宅子是那位对他多情多义的哈瓦德小姐及其友人们为他准备的。失势的第二帝国政要贵族和波拿巴分子也聚集在这一带。乌杰妮早就转移了巨额财产到海外，一家仍然可以过上不亚于当年宫廷的生活。她的毕生好友维多利亚女皇也时常屈尊前来拜访，让她的虚荣心得到满足，为她的流亡生活添色不少，多少弥补了失去皇后尊威的失落。英国方面还安排拿破仑三世与乌杰妮的独生子路易（拿破仑四世）15岁进入英国陆军军官学校。这位有志青年和拿破仑青年时代一样气宇轩昂，充满抱负，毕业后毅然从军。不过他作为法国前皇太子加入的并非法国陆军，而是打败拿破仑的那支大英帝国的皇家陆军。为了不辜负拿破仑家族的英名，他作战奋不顾身，身先士卒，却于1878年在南非与祖鲁族作战中英勇战死，年仅23岁，用他的青春和生命回答了这个拿破仑都很尊重的国家。正是这个国家的那些浅薄的人让法国最伟大英雄拿破仑毫无尊严地屈死于大西洋汪洋中的一个孤岛上。拿破仑三世也早在1873年离世。最后留下乌杰妮一个人万念俱灰，从伦敦社交界消声遗迹，告别了维多利亚盛世的奢华喧嚣，在汉普郡的一座别墅里与世无争，与她那张扬的前半生判若两人，一个人安静渡过以后的漫长余生。她等待了很久很久，一直等了40年，终于等到了法国对德国复仇的实现。

1919年6月26日，法国以战胜国的身份，在与威廉一世宣布成立德意志帝国的同一座凡尔赛宫，签署了《凡尔赛和约》。法国向德国勒索了2 690亿金马克的战争赔款，高出普法战争法国对普鲁士赔款好多倍。法国后来也为这次勒索付出了代价。希特勒以此为由上台，给予法国乃至全欧洲以更深刻的教训。冤冤相报何时了，还是1950年法国国务秘书、伟大的莫奈表现出了战胜国的胸襟，提出建立煤钢共同体，法德的千年世仇终于最后得以消解，共同走向了建立欧共体和欧盟、永世和平相处之路。这笔赔款虽然德国多次赖账，又经过减免，但还是拖了几乎一个世纪才还清。2010年9月19日，德国政府向法国交付了最后一笔战争赔款6 870万欧元，最终了结了这笔孽债。1920年1月，《凡尔赛和约》生效，而乌杰妮这年以94岁高龄看到了德国终于受到惩罚，心满意足地离开了这个世界。后来一颗小行星被命名为乌杰妮，似乎是她在天之灵还在遥望地球，审视着尘世间的是是非非。作为美女的她爱用的御用香水"Guerlain"的制造商于1914年在香舍丽榭大街68号开店，打着她的旗号向全法国、全欧洲和全世界进军，将"Guerlain"香水摆上了经济全球化时代千千万万女白领们和男白领的老婆们的梳妆台，成为法国香水中与香奈儿齐名的代表品牌之一，用乌杰妮所代表的法国软实力和香艳继续征服着这个世界，延续着这个西班牙人的传奇。

4.4.2 俾斯麦体制及其崩溃

4.4.2.1 德国的统一

1871年成立的德意志帝国是以普鲁士王国为中心的联邦国家。联邦成员为构成国(Bundesstaat)。联邦参议院由各构成国按照人口或大小分配。王国有4个，即普鲁士(17席)、巴伐利亚(6席)、符腾堡(4席)、萨克森(4席)。大公国6个，即巴登(3席)、梅克伦堡-什未林大公国(2席)、黑森(3席)、奥登堡(1席)、萨克森-魏玛-爱森纳赫(1席)、梅克伦堡-施特雷利茨(1席)。其他还有公国5个、侯国7个、直辖州1个(即阿尔萨斯-洛林，有参议院3席)、自由城市3个(汉堡、吕贝克、不莱梅)。全部28个。其中普鲁士占60%的面积和人口。威廉一世为帝国皇帝。他本来很不愿意就任皇帝，担心普鲁士王国会被德意志帝国吸收。在就任皇帝的前一天他还希望不是他就任德意志皇帝(Deutscher Kaiser)，而是就任德意志国土皇帝(Kaisei von Deutschland)，害怕普鲁士被德意志一词掩盖掉。他不愿做普鲁士王国的终结者。当然，俾斯麦拼命劝说后他才接受，但含泪说道，明天是我有生以来最不幸的一天。因为普鲁士王国被埋葬了。但是，在他的名下成就了德国统一大业，在德国仿照红胡子巴巴罗萨，他被称为白胡子巴巴布兰卡(Barbablanca)，因为这是他已经是73岁高龄的白胡子老人。这位老人还在帝位上继续坐了18

年,到1889年去世时已经91岁高龄。他虽然屡次和俾斯麦政见不合,但往往最后都听从了俾斯麦,也没有将俾斯麦解职。俾斯麦从1862年担任普鲁士王国宰相以来一直事奉他,一直到他去世时已经长达27年。他心胸开阔,一点也不在乎俾斯麦、毛齐等文臣武将会功高盖主,任由俾斯麦出处出风头。他说,对帝国而言俾斯麦比朕自己还要重要。俾斯麦几次请辞他都以无人能够替代宰相的理由加以挽留。以至于英国外交大臣说威廉一世不过是俾斯麦的玩偶而已,讽刺说俾斯麦简直就是国王俾斯麦一世。但这样的挑拨在宽厚的老皇帝那里只不过一笑置之而已。

面对德国、法国和奥地利之间短短几年发生的这么多事情,欧洲其他列强都不知所措,难以找到应对的方法,生怕一步走错引来更大的危机。这一切变化的核心就是德意志的统一导致一个强大的德国的产生。一个普鲁士王国竟然接连打垮了欧洲两个大国,而且每次只花数星期时间。虽然同时还有意大利的统一这一大事件,但自从古代西罗马帝国灭亡后,亚平宁半岛上的人们似乎都失去了武勇,除了威尼斯人在海上还称霸过多时外,陆地上都是受到外来势力的翻弄。即使它统一成为意大利王国,这一时期也不过是像弱体化的西班牙王国一样,被划入欧洲二流国家之列。而这个德国的出现,面积和人口都雄踞欧洲第一(俄罗斯有广大的亚洲领土、远离欧洲中心除外)。更为让人担心的是,统一进程中德意志民族复兴的民族精神已经勃发出巨大的能量。文化的复兴、科学的进步、产业革命的开展、政府的效率和励精图治、成就远胜于《拿破仑法典》的《德国民法典》的制定,使得这个新兴的帝国欣欣向荣,蓬勃向上。一个多难的民族获得新生本来是一件高兴的事,理应得到曾经压迫过它、捉弄过它的周围那些国家的理解和祝福。但从国际法上看问题却并不简单。

因为德国统一的实现,欧洲各国之间的力量对比发生了重大变化。维也纳体制建立起来的、保持了半个多世纪欧洲和平的势力均衡体系中的平衡开始被打破了。如果势力均衡体系被打破,建立在其基础上的国际法是不是又要遇到一次危机考验呢?这不但是欧洲各国要考虑的事情,也更是俾斯麦要考虑的事情。他必须要在德国统一后的欧洲国际关系格局中摆正自己的位置。必须看到,德意志帝国皇帝在凡尔赛宫举行就位仪式这件事情可能给法国人心理上的伤害。这是法国路易十四建造的让法国人自豪的皇宫。现在法国被打败,大量的法军官兵伤亡和被俘,第二帝国也崩溃了。虽然这个国家是被俾斯麦忽悠得向普鲁士宣战的,但是作为一个大国走到了这一步已经非常不幸了。可是作为战胜国的普鲁士,有自己的首都、自己的宫殿。自己要从王国升格成帝国,完全可以在自己的国土上完成。现在却借战胜国的威风,在法国这样一座极具象征性的凡尔赛宫举行登基仪式,是非常让法国人乃至欧洲人费解的。以这种方式来发泄对一个自尊高傲的法兰西民族的侮辱,虽然可图一时之快,但留下的仇恨是要遭报复的。48 年后,也是在这座凡尔赛宫,也是在凡尔赛宫中最为华丽的镜厅,举行了对德和约《凡尔赛条约》的签字仪式。德国人在这里加倍受辱。但是,随意报复和侮辱德意志民族难道就没有后果了吗?再过了 23 年,历史又一次作出了回答。

尽管当时全德意志的人们都沉浸在战胜法国的德意志民族主义高扬的狂欢之中,但作为帝国宰相的俾斯麦心里不应该不明白这事后果的严重性。之所以他听任这样的事情发生,是因为在战争中俾斯麦是没有多少发言权的。威廉一世本来就当过兵,这次也御驾亲征,由民族主义色彩浓厚的毛齐担任总参谋长。根据普鲁士的出征军队统帅选举制度等先例,在战胜的敌国的宫殿宣布皇帝就位在普鲁士或德国也是有根据的,是符合日耳曼人古老习惯的。对此俾斯麦更是无话可说。这次也是以德意志诸邦劝进的方式登基的。这次普法战争也是德意志诸邦的名义进行的。就连在普奥战争中站在奥地利一边的南德意志四国君主都递上了劝进书。在凡尔赛宫举行了德意志皇帝就位仪式后,外交上怎么收拾残局,统统留给俾斯麦一个人了。谁叫他什么事情都要大包大揽,以至于让很多国家的人只知德国有宰相,不知德国有皇帝。

4.4.2.2 俾斯麦体制及其对国际法的影响

实际上当时欧洲所有的大国都对新生的德国抱有警惕,但是其他所有国家的恨的总和都比不上法国一个国家的深仇大恨。这个恨短期是不能解的,而且德国人民也不会答应简单宽容法国。法国不但被课以巨额赔款,而且阿尔萨斯-洛林被割让。对德复仇成了法国全国各个党派和阶层的共识。法国人拼命劳动,从战争创伤中恢复,只花了 3 年就付清了 50 亿金法郎的巨额战争赔款,德国在巴黎的占领军再无理由继续驻扎下去,撤回了德国。俾斯麦看到法国人在国难之下爆发出的惊人能力,知道要安抚这样的国家至少在相当长时期内是不可能的了。如果要安抚,在色当一战就应该与法国议和。事至如此,只有把法国抛在一边,与欧洲其他国家签订各种条约、协定,或结盟,构筑一个以遏制法国和孤立法国为目的的巨大的包围网,将防止法国复仇作为德国外交的首要目标。

但是,以势力均衡为国是的英国以及俄罗斯不会容忍德国势力进一步增强和法国势力的进一步削弱。在文化方面,德国周边的天主教诸国(奥匈帝国、意大利、法国)等的反对新教国家德国的动向也越来越明显。放下屠刀的俾斯麦必须安抚很多国家,外交变得非常谨慎。他宣布德国的领土已经得以满足,表示德国不再有领土野心,改变了他以往的德语圈都是德国领土的看法。他在 1877 年概括他的外交政策时说,我的外交不是要得到什么地方的领土,而是除了法国以外的所有列强对我而言都是必要的,并且要尽可能阻止列强之间形成针对德国的任何联合。

突破口首先在与法国没有多少地缘利害关系的俄罗斯和奥匈帝国。三国都是君主制的帝国作为共同性,而俄奥两国对于法国的共和政体具有天生的厌恶感。因此俾斯麦竭力阻止法国的恢复君主制的势力。俾斯麦主张的君主制原则在某种程度上是俄罗斯当年倡导、奥地利跟随的神圣同盟的再版,终于赢得两国的共感。1873年10月22日,奥匈帝国皇帝弗兰茨·约瑟夫一世、德国皇帝威廉一世和俄罗斯帝国沙皇亚历山大二世三个皇帝结盟,形成了"三帝同盟"(Dreikaeserbund)。同盟约定三国中任何一国遭到攻击时实行共同防御,还要反对共和主义和社会主义,捍卫君主主义。这个协定受到英国的反对。这个同盟在巴尔干半岛俄奥两国的对立中,渐渐不能发挥其效果。到1878年柏林会议时实际上已经解消。1879年建立了德奥同盟。这是对抗俄罗斯的同盟,因而德俄关系变冷了。

  俾斯麦害怕大国之间的势力均衡崩溃。这个时候他还是遵循着国际法的势力均衡行事的。1881年,他积极调整了双边关系后,建立了三帝协商。其实也是三国同盟的延长。其中以俄罗斯为核心的泛斯拉夫主义和以奥匈帝国为中心的泛日耳曼主义的对立难以消除。1887年,围绕保加利亚君主继承权问题,俄罗斯拒绝更新三帝协商而解消。三帝协商终结后为了孤立法国,就只能依靠英国了。实行光荣的孤立政策的英国这时的首相索尔兹伯里侯爵在伦敦会议后就因为英国处于孤立状态而深感不安,在阿富汗又和俄罗斯相对立,于是也想和德国搞好关系。为了避免与俄罗斯彻底决裂,俾斯麦并没有直接与英国结盟,而是通过德国的同盟国意大利和英国签订《地中海协定》,并让奥匈帝国也参加这个协定,成为英国的间接同盟国。因为有了《地中海协定》,德国对意大利的负担大大减轻。法国在地中海从事反意大利的行动变得困难。1882年,德国、奥匈帝国和意大利三国成立了三国同盟。这一同盟后来就是同盟国,成为欧洲与协约国对立的两大军事同盟。第一次世界大战就是在这两大军事同盟之间进行的。不过第一次世界大战中意大利叛变,加入到后来的战胜国一方,即英法协约国一方,最后竟然在没有作出多少军事贡献的情况下成为战后五大列强之一。它发现做墙头草比真刀真枪干来得更加实惠。还是奥斯曼帝国来填补了意大利叛变留下的漏洞,三国同盟还是三国同盟。西班牙要求参加三国同盟,起初俾斯麦不愿意,后来意大利和西班牙协商成立后,德国与奥匈帝国也参加意大利与西班牙的协商。这一协商也是以维持君主制为目的。

  俾斯麦竭力阻止法俄同盟的出现。在三帝协商1887年期满时,德国和俄罗斯签订了《德俄再保障条约》。其秘密协定部分是容忍俄罗斯进入巴尔干半岛。1887年11月22日,俾斯麦向英国分析,欧洲大陆存在两类国家:一类是英国、德国和奥匈帝国那样的"饱和国家";另一类是法国、俄罗斯那样的对现状不满、有可能破坏欧洲和平的非饱和国家。其中德国需要避免在法国和俄罗斯之间两面作战,因此要求结盟。如果不能满足结盟的话,只要不对奥匈帝国的独立构成威胁,就不得不对俄罗斯维持友好关系。

俾斯麦通过以上的各种结盟、协商以及间接结盟而构成了一个对法国的包围网。这个体系也被称为俾斯麦体制,是一个普法战争结束后以法国为目标的欧洲安全保障体系。俾斯麦主导的德意志帝国的政策是以欧洲大陆的安全保障为核心,对海外殖民比较消极,因此也叫做大陆政策。这与后俾斯麦时代德国积极向海外殖民转化的政策,即世界政策形成鲜明的对比。总体而言,俾斯麦体制体现了俾斯麦是一个势力均衡的维持者的立场。德国虽然打败了法国,但是并没有谋求欧洲霸权,反而是处处小心,为了达到孤立法国的目的,和欧洲所有大国都企图建立同盟、协商或间接同盟关系。称他是"铁血宰相",其实是说的他在德国统一进程中采取的手段。一旦德国统一完成,他就再也没有采取铁血政策。国际法秩序在俾斯麦这里得到了维持。作为已经是欧洲大陆一个最强大的国家,能够在击败两个大国之后保持如此清醒和克制的态度,是非常不容易的。

但是俾斯麦的理智只得到威廉一世的理解。随着威廉一世的去世,腓特烈三世接任德国皇帝本来是一个与英国结盟的最佳机会。因为腓特烈三世的皇后就是英国维多利亚女王的女儿维多利亚。而为了防止女婿成为德国皇帝而丈母娘只是英国女王的尴尬局面出现,如前所述英国已经将印度女皇的皇冠戴在了维多利亚女王头上。但事实证明这些都是空忙一场。因为腓特烈三世虽然具有自由主义思想,而且受维多利亚影响比较亲英,但无奈他登基的时候年龄偏大,已经身患不治之症喉癌,仅仅在位 99 天就告别人世,在德国被称为"百日皇帝"(100 Tage Kaiser)。他登基时已经不能说话,只能用文字表达他的意思,并以此干了他作为皇上的唯一工作,坚决而果断地将内政大臣撤了职。

29 岁的皇太子继位。短短 100 天德国已经举办过两次皇帝的国葬、两次皇帝的登基仪式。虽然年轻的皇帝比起已故父皇的自由主义倾向来更加权威主义,与俾斯麦的政见更为一致。但富有个性的他不甘于像祖父那样生活在俾斯麦的巨大阴影之下。他的亲信挑拨他说,只要有像俾斯麦那样的伟大臣下,就连腓特烈大帝也不能成为大帝了。对威廉二世影响很大的菲利普·奥伦堡也讽刺俾斯麦与威廉一世的关系就像睡着了的英雄皇帝与伟大的政治家的关系。威廉二世自己也认为继位后前两三年也许俾斯麦侯爵还是必要的,但以后就得自己干了。但是还没有等到这么久,当年就《德意志评论》杂志登载的内容是否被禁止发行一事皇帝和宰相已经发生了冲突。第二年 5 月围绕鲁尔矿工罢工问题俾斯麦又因皇帝一时采取的自由主义态度发生分歧。从此以后俾斯麦回到自己的领地,一直到 1890 年 1 月 24 日基本就待在这里,与皇帝已经很疏远,更谈不上对皇帝的影响了。这天的御前会议上俾斯麦和皇帝在关于《社会主义者镇压法》追加条文问题上发生冲突,提出辞职。辞职是俾斯麦要挟皇帝的惯用伎俩,皇帝又一次容忍了他。不过当他在

3月18日故伎重演时,威廉二世却接受了他的辞呈,授予他公爵爵位。俾斯麦没想到他玩过好多次的辞职把戏这次竟然玩砸了,愤而拒绝了这次授爵。深感失意的俾斯麦一度想到自杀,但考虑再三放弃了此念,埋头于回忆录的写作。计划的6卷只完成了3卷。1898年7月30日他离开了人世。虽然晚年受到威廉二世的冷遇,但接到讣告后威廉二世宣布10天不上朝,陆海军7天穿丧服停止操练。虽然他和俾斯麦斗气,但他也知道俾斯麦对于这个强大的帝国兴起的贡献是抹杀不了的。由于俾斯麦家族的拒绝,没有举行国葬。

4.4.2.3 欧洲势力均衡的崩溃

俾斯麦体制主导了统一后的德国和欧洲的国际关系20年,也是继梅特涅体制(维也纳体制)建立后稳定和平半个多世纪后又一个事实上的欧洲和平机制。尽管法国在这一体制中被排除、孤立、被限制,但是在那个时代,这些都是符合国际法原则的。作为一个被打败的国家,这也是当时必须要付出的代价。同时代在中国,每一次清政府被列强打败,都要被强加若干不平等条约及租界,都要被勒索若干赔款,甚至丢掉若干领土。

但与梅特涅体制不同的是,虽然它们都是以某个关键人物命名,但俾斯麦体制更加具有俾斯麦个人色彩。梅特涅体制伴随着一个欧洲会议协调机制的存在,是几个大国相互影响和行为的体系。虽然梅特涅担任外交大臣一直到1848年,但即使他下野,即使欧洲会议协调机制已经不发生作用,梅特涅体制因惯性还持续下去,直到普奥战争的爆发。这是因为欧洲的势力均衡体系并没有打破。英国保持光荣的孤立政策也是一个关键因素。但是俾斯麦体制就没有这么良好的外部环境了。同样都是针对法国,梅特涅体制对法国极其温情宽容,并很快把它纳入到体制中来,成为积极的参与者。而俾斯麦体制则是将法国作为孤立的对象,作为体制的客体而非主体。他心中的噩梦就是法国突破孤立,这被称为"俾斯麦噩梦"(Bismarck's Nightmare)。这样的具有鲜明个人色彩的国际和平体制固然可以在俾斯麦高超的外交技巧和智慧下维持和运转,但一旦俾斯麦不在,是没有人能够玩得转的。无论是德国,还是其他国家,包括势力均衡的高手英国,这一时代都不存在俾斯麦这样的高人。这一体制致命的弱点和悬念就是,俾斯麦能够在德意志帝国宰相位置上待多久?

如前所述,俾斯麦因和皇帝不和而于1890年下野。欧洲的和平虽然还继续维持,但已经不可避免朝着势力均衡崩溃的方向发展。就连宣称光荣的孤立的英国也不能阻止这样的趋势的发展,甚至最后连自己也给卷进去了。德国的新皇帝威廉二世的个性也开始影响到欧洲,甚至全世界。在有些历史的关头,性格不但决定了个人的命运,而且还决定了国运,甚至世界的命运。所以,一个人不管他的能力和贡献有多大,把国家的前途和命运都压在他身上,他也不堪重负,国家也会跟着遭殃。俾斯麦虽有着1.90米的高大身躯,但他已不堪重负。他一己之躯已经背负普鲁士和德国走过了它历史上最辉煌的28年。他已老了,再也不可能继续背负这个变得更加伟大更加沉重的国家走下去。他一手打造的具有专制色彩的德国君主制决定了这个国家的运行更主要的不是靠体制,而是靠个人。他有他的个性,威廉二世也有威廉二世的个性。他的反社会主义、反民主的超保守的政治偏见使他失去了利用他那绝大的声望,这是连威廉一世皇帝都对他不得不言听计从的声望,在德国建立通向民主和和平机制的任何可能性。德国没有建立民主约束战争的国内机制,是后来为什么它成为两次世界大战策源地的原因之一。如果他不是那样地保守和固执,如果他能够建立一种能够持续他的国际体制的国内机制,从人才辈出的这一时期的德国人中通过某种更加民主的机制提拔或培养出能够堪当此任,玩转欧洲玩转世界的外交人才来,以便让他不在时也能够继续维持欧洲国家间的势力均衡,用某种民主或立宪机制去控制或抑制威廉二世那种危险、张扬和冒险的个性,德国或世界或许要少走很多很多的弯路。和民主体制相比,俾斯麦建立的专制体制无论它多么有效率,无论多么能够在短时间内取得巨大的成就,无论多么能够实现赶超其他强国的任务,无论多么能够通过耀眼的政绩获得民心,其不确定性和太受个人影响最终给这个国家或者世界带来的可能不是幸运,而是灾难。可是历史是没有"如果"的。等到世界醒悟过来,已经付出了几千万人生命的代价了。这个俾斯麦一手打造出来的德国成为了两次世界大战的策源地。虽然德国和德意志民族的伟大性已经被世人所认识、所公认,但其发动战争给人类带来巨大痛苦的负罪感在善于自省的这个民族身上还会沉重地存在很多年、很多世代。

　　欧洲乃至世界从贯穿19世纪始终的和平向非和平的转折就发生俾斯麦下野的1890年。在俾斯麦还在台上的1887年,德国和俄罗斯签订了前述的《再保险条约》(Reinsurance Treaty)。这是一部秘密条约。由于保加利亚危机的爆发,俄国与奥匈帝国关系恶化,德国、奥匈帝国和俄罗斯三帝同盟不复存在。俾斯麦抓住这个机会和俄罗斯签订这个条约,稳住俄罗斯,防止俄罗斯和法国结盟,达到孤立法国的战略目的。条约内容是:第一,德国和俄罗斯同意,如果对方与第三国交战,已方保持中立。但此条款不适用于德国攻击法国或俄国攻击奥匈帝国。这个内容就把法国和奥匈帝国放到了条约防范的标的上去了。第二,在附加议定书中写到,如果俄罗斯干预黑海海峡,德国保持中立。这个内容就是说德国容许俄罗斯进犯黑海海峡,进入地中海,从而威胁到地中海的势力均衡。这部条约有效期为3年,但其维持以及是否续约完全取决于俾斯麦的声望。1890年俾斯麦下台,德国再也找不到能够贯彻这部条约的人选。俄罗斯要求续约,德国拒绝了。威廉二世认为他和俄罗斯有血缘关系,凭此可以维持与俄罗斯的关系,确保俄罗斯不与法国结盟。但他的外交感觉与俾斯麦不是一个档次。条约失效后,俄罗斯觉得被孤立,于是在

1894年与法国结盟,开始了第一次世界大战前欧洲两大军事集团之一的三国协约的第一步。这对于德国而言,俾斯麦所担心的法国突破孤立的"俾斯麦噩梦"在威廉二世的折腾下仅仅4年成为现实。俾斯麦精心打造的确保德国安全的俾斯麦体制已经被撕开一个大口子。

但威廉二世不在乎。因为他心中装的已经不是小小的德国,也不是吵吵嚷嚷的欧洲,而是一个宏大的世界。他对隔壁的法国如何根本就看不上眼。他更不怕俄国。他一直受到维多利亚女皇和她的阿尔贝托皇夫的溺爱,因而实行亲英反俄的政策。他一出生就是一个"逆子",难产把他的母亲、娇贵而美貌并富有教养的维多利亚女皇的长公主折磨得够呛,还给自己落下了左半身障碍的后遗症,以至于他缺乏身体的平衡感。这种身体平衡感的缺乏最后竟然演变为政治平衡感的缺乏,目前在医学上还没有合理的解释。从小争强好胜的性格使见到幼年威廉二世的俄罗斯外交大臣拍马屁作出预言说,小小年纪的霍亨索伦是历代普鲁士国王中最能放出异彩的。他会成为德国的中心,其威风将向世界显露。那个时候将让整个欧洲震惊。这个预言还真的说中了。只不过他放出来的并不是异彩,小时还听话,但到了青春反抗期却对英国长大的母亲表现出了逆反。在波恩大学学了国际法课程,却把国际法完全理解偏了。29岁登上帝位的时候,德国已经崛起成为一个强大的国家,而且在其他强国中唯一实行专制君主制,因而被评价为他登上了世界上最强大的帝位。俄罗斯虽然也是专制君主制,但是国力已远不及德国,没有德国那样的危害世界的能力和能量。

1890年,德国和英国签订了《黑尔戈兰-桑给巴尔条约》,就非洲两国殖民地势力划分达成了协议。这也标志着威廉二世已经开始了向世界的扩张,从俾斯麦的大陆政策转向了世界政策,参与到列强的殖民地瓜分和争夺中去,企图建立德国的殖民帝国。他的亲英政策一直实行到1897年,以后由于在海外殖民地争夺和瓜分中与英国和法国发生了更多的矛盾和冲突,他再也不亲英了。1890年在外交部下设立殖民地局,1894年将殖民事务全部交由该局统辖,1907年升格为殖民地部。1895年应俄罗斯请求,与法国、俄罗斯一起就甲午战争处理的辽东半岛发动了针对日本的三国干涉,从而有了向清政府索取回报的理由。1898年,以上一年德国牧师被害事件为契机从清政府那里获得了胶州湾租借地,作为回报。然后以此作为在亚洲的据点向太平洋进发,取得了加洛林群岛和马里亚纳群岛。受美国地政学家马汉的海权论影响,开始发展海军,企图建立强大的远洋舰队。1896年1月18日,威廉二世演说中激动地宣布,德意志帝国如今已经成为世界帝国。1897年6月,德国制定《舰队法》。在1898年9月23日的演说中宣布,德国的未来在海上。这些举措与世界海上霸权国家英国发生直接冲突,并使两国陷入建造巨舰大炮的竞争之中。当时的世界已经被殖民大国列强基本瓜分完毕。德国参与其中必然要和既得利益者发生冲突。这是典型的帝国主义争夺,几乎无任何正当性的理由。德国的帝国主义政策:一是向非洲扩张;二是向巴尔干半岛扩张,进而延伸到中近东。后者目的在于建立一个德国、奥匈帝国和奥斯曼帝国的经济统一体,其象征就是以巴格达铁路建设计划"3B 计划"(Berlin、Byzantium、Baghdad,即柏林、拜占庭、巴格达),与英国的"3C 政策"(Cairo、Capetown、Calcutta,即开罗、开普敦、加尔各答)相对抗,直接威胁到了具有英国重大权益的苏伊士运河的重要性。这三个国家构成后来的三国同盟。1898 年,威廉二世访问奥斯曼帝国时演说到,德国是全世界 3 亿穆斯林的朋友。这对于统治着大量穆斯林的英国、法国和俄罗斯是一个巨大的刺激,被后者理解成德国企图与伊斯兰教势力勾结颠覆英法俄三国的伊斯兰教区域的支配地位。

面对德国如此咄咄逼人的挑战,英国好不容易才觉悟,并怀疑以往倍感自豪的光荣的孤立政策现在是否还行得通。英国再也不能淡定下去了。欧洲大陆的势力均衡已经破坏,德国、奥匈帝国、意大利再加上奥斯曼帝国构成的中欧强国集团明显势力太强大,大有取得欧洲大陆霸权、问鼎世界霸权之势,而法国和俄罗斯的协约国一方明显弱势。英国必须要考虑是否放弃不结盟的平衡者立场了。这样的势力均衡的破坏也蔓延到了世界范围。为了遏止因三国干涉形成的中国争夺中的法德俄三国优势,英国决定放弃光荣的孤立政策,与在三国干涉下闷闷不乐的弱势一方日本结盟。1898 年,日英同盟成立。1904 年,英法协商成立。法国以承认埃及的英国权益为代价,换取英国承认法国对摩洛哥进行殖民。这表明英国已经深深卷入了大陆事务,光荣的孤立已成为过去。而威廉二世还没有充分意识到英国介入大陆事务的严重性,继续挑衅,于 1905 年 3 月 31 日访问摩洛哥的丹吉,对反对法国殖民的摩洛哥苏丹保证德国支持摩洛哥独立。日俄战争后英国认定俄罗斯在远东已经不构成英国的威胁,为了遏止德国在中近东和海军舰队的扩张,1907 年与俄罗斯成立了英俄协商。刚刚在日俄战争中胜出获得强国地位的日本也决定来过一过大国协约的瘾,仿照英国的做法,与法国和俄罗斯缔结了日法协约和日俄协约。这样,就构成了欧洲和全球的对德国的包围圈。日本还围绕中国问题于 1908 年与美国缔结了日美协约。由于日英同盟的效应,美国和英国在这场英德全球争霸中开始接近,为后来的第一次世界大战美国最后加入协约国一方打下了基础。

在这样的国际局势下,无论国际法能够起到多大的作用,也只能为国际政治让路。世界经过一个世纪的和平之后,重新回到了丛林法则主导下。战云密布的欧洲,在英法俄三国协约和德奥土(即土耳其,意大利也是同盟国,但立场波动,国力不强,在后来的大战中有摇摆到协约国一边去了)同盟这两大集团之间如果有一个身在局外的更为强大的力量出现,对于咄咄逼人的德奥土中欧同盟实行必要的威慑,欧洲的势力均衡体系还是能够维持下去的。这样的强大力量已经出现了,而且也身在局外。这个国家就是美国。在德国国力超过英国,成为欧洲最强大的国家的时候,英国作为欧洲势力均衡的平衡者的作用已经消失。但是美国在 1890 年的 GDP 已经超过英国和德国,增强的国力已经成为世界第一。无穷的资源,广阔的国土,海洋屏障的安全环境,巨大的工业生产力,使这个国家的发展潜力无限大,远非挤在欧洲那一个旮旯角落的列强所能够比拟的。可惜的是,美国实行的是孤立政策的门罗主义。其国力还没有用在发展军事实力上。国家的战略也没有任何想承担世界责任、维护世界和平的理想和理念,因而不能承担作为新的欧洲势力均衡的平衡者,阻止战争、维护和平的历史大任。世界大战的爆发已经没有任何力量能够阻止,只差萨拉热窝那一声枪响了。当时很多人看到了这个可怕的前景,但却都无力阻止这样的惨剧的发生。人、民族、国家,无论多么理智,多么强大,有时候在命运面前仍然显得如此渺小、如此无力。第一次世界大战后仅仅 20 年,人类又一次犯了同样的错误。美国的孤立主义又一次纵容了德国法西斯的狂野。欧洲的东方经过社会主义革命解放出巨大国力的苏联已经有了成为超级大国的雏形,但它陷入波兰等的利益之争,并且面对希特勒的野心无法淡定。人类注定还要在经历一次痛苦的历练,才能迎来一个新的和平时代。

  不过我们如果从国际法的发展来看,正是因为两次世界大战,国际法才能从那种太现实主义、太世故的欧洲势力均衡的怪圈中脱胎换骨,获得新生。第一次世界大战后我们看到,威尔逊总统的理想主义种子在国际法中生根和发芽。列宁打造的苏联也能够理智行事,在意识形态存在分歧的前提下也能够做到和平共处。虽然国际联盟下的世界和平体制存在着种种缺陷,未能防止下一次世界大战的爆发,但是这样的理想主义火花却是人类社会最有勇气的尝试之一。经过更为残酷的第二次世界大战的洗礼,联合国的建立,使国际法的理想主义之花终于盛开。尽管第二次世界大战后世界还存在意识形态之争,存在社会主义阵营和资本主义阵营你死我活的竞赛和争斗,甚至核武器也成为绑架人类的利器,但是我们看到,国际法是冷战时期人类社会渡过生存危机的关键的要素之一。它在两次世界大战后焕然一新,脱离了以往完全建立在势力均衡和现实主义基础上的国家利益至上的理念,抛弃了其中的战争解决争端合法性、对非欧洲国家的不平等性、殖民主义等糟粕,成为一种真正的,体现着人类文明、进步与和平的,理想主义和现实主义相结合的普世性国际法律规则。有了这样的国际法,已经经历和度过了这么多危机和战争的人类社会虽然现在仍然面临着环境、资源、全球化、人口、人权等挑战,但是已经在国际法及其各种细微的规则中存积了人类如此丰富的智慧,是能够为人类社会的繁荣和进步保驾护航的。

参 考 文 献
(按出版年排列)

[1] J. H. W. Verzijl. International law in Historical Perspective[M]. A. W. Sijthoff-Leyden, 1968.

[2] 安德烈·卡斯特洛. 塔列朗传[M]. 西安:陕西人民出版社,1991.

[3] Fukuyama, Francis. *The End of History and the Last Man*[M]. Free Press, 1992.

[4] 让-巴蒂斯特·迪罗塞尔. 外交史(1919—1984,上、下)[M]. 汪绍麟,等,译. 上海:上海译文出版社,1992.

[5] 王铁崖. 国际法[M]. 北京:法律出版社,1995.

[6] 詹宁斯·瓦茨修订. 奥本海国际法(第一卷第一分册)[M]. 北京:中国大百科全书出版社,1995.

[7] 邢贲思,等. 影响世界的著名文献(法律·军事卷)[M]. 北京:新华出版社,1997.

[8] 邢贲思,等. 影响世界的著名文献(政治·社会卷)[M]. 北京:新华出版社,1997.

[9] 邢贲思,等. 影响世界的著名文献(经济卷)[M]. 北京:新华出版社,1997.

[10] 门多萨. 中华大帝国史[M]. 何高济,译. 北京:中华书局,1998.

[11] 邵津. 国际法[M]. 北京:北京大学出版社,高等教育出版社,2000.

[12] J·阿尔德伯特. 欧洲史[M]. 蔡鸿滨,译. 海口:海南出版社,2000.

[13] 沈坚. 世界文明史年表[M]. 上海:上海古籍出版社,2000.

[14] 杨泽伟. 宏观国际法史[M]. 武汉:武汉大学出版社,2001.

[15] Wolfgang Graf Vitzthum(沃尔夫刚·格拉夫·魏智通). 国际法[M]. 吴越,毛晓飞,译. 北京:法律出版社,2002.

[16] 邵沙平,余敏友. 国际法问题专论[M]. 武汉:武汉大学出版社,2002.

[17] 郑洁,刘文鹏. 李鸿章外交之道[M]. 西安:陕西师范大学出版社,2002.

[18] 马蒂亚斯·赫蒂根. 欧洲法[M]. 张惠民,译. 北京:法律出版社,2003.

[19] 威尔·杜兰(Will Durant),等. 拿破仑时代[M]. 北京:东方出版社,2003.

[20] 威尔·杜兰(Will Durant). 东方的遗产[M]. 北京:东方出版社,2003.

[21] 肯尼思·华尔兹. 国际政治理论[M]. 信强,译. 上海:上海世纪出版集团,2003.

[22] G·L·斯特雷奇. 维多利亚女王[M]. 罗卫平,译. 贵阳:贵州人民出版社,2004.

[23] 辛益. 塔列朗与法兰西近代民族国家的建立[J]. 史学月刊,2005(11).

[24] 埃德蒙·波尼翁. 公元1000年的欧洲[M]. 席继权,译. 济南:山东画报出版社,2005.

[25] 佛朗索瓦·布吕士. 太阳王和他的时代[M]. 席艳萍,译. 济南:山东画报出版社,2005.

[26] Louis Henkin(路易斯·亨金). 国际法:政治与价值[M]. 张乃根,等,译. 北京:中国政法大学出版社,2005.
[27] 格劳秀斯. 战争与和平法[M]. A. C. 坎贝尔英,译,何勤华,等,译. 上海:上海人民出版社,2005.
[28] Timothy Hillier(蒂莫西·希利尔). 国际公法原理[M]. 曲波,译. 北京:中国人民大学出版社,2005.
[29] Kalevi J. Holsti(卡列维·霍尔斯蒂). 和平与战争:1648—1989年的武装冲突与国际秩序[M]. 王浦句,译. 北京:北京大学出版社,2005.
[30] 亨德里克·威廉·房龙. 荷兰共和国兴衰史[M]. 颜玉强,常绍民,译. 石家庄:河北教育出版社,2005.
[31] 拿破仑法典[M]. 李浩培,等,译. 北京:商务印书馆,2006.
[32] 许海山. 欧洲历史[M]. 北京:线装书局,2006.
[33] 许海山. 亚洲历史[M]. 北京:线装书局,2006.
[34] 许海山. 美洲战争简史[M]. 北京:线装书局,2006.
[35] 许海山. 亚洲古代战争简史[M]. 北京:线装书局,2006.
[36] 许海山. 亚洲近现代战争简史[M]. 北京:线装书局,2006.
[37] 许海山. 欧洲近现代战争简史[M]. 北京:线装书局,2006.
[38] 汪高鑫,程仁桃. 东亚三国古代关系史[M]. 北京:北京工业大学出版社,2006.
[39] 杉原高岭. 国际司法裁判制度[M]. 王志安,易平,译. 北京:中国政法大学出版社,2006.
[40] 伏尔泰. 路易十四时代[M]. 王晓东,译. 北京:北京出版社,2007.
[41] 帕特莎·波尼,埃伦·波义尔. 国际法与环境[M]. 2版,那力,等,译. 北京:高等教育出版社,2007.
[42] 伊恩·布朗利. 国际公法原理[M]. 曾令良,余敏友,译. 北京:法律出版社,2007.
[43] 尼科洛·马基雅维利. 君主论[M]. 上海:上海三联书店,2007.
[44] 卡尔·冯·克劳塞维茨. 战争论[M]. 王小军,译. 西安:陕西师范大学出版社,2008.
[45] 腾尼·弗兰克. 罗马帝国主义[M]. 宫秀华,译. 上海:上海三联书店,2008.
[46] 罗圣荣,等. 浅析梅特涅的均势外交及其影响[J]. 井冈山学院学报哲学社会科学版,2008(9).
[47] 罗国强. 国际法本体论[M]. 北京:法律出版社,2008.
[48] 德里克. 革命与历史[M]. 翁贺凯,译. 北京:北京大学出版社,2008.
[49] 杰里·辛普森. 大国与法外国家——国际法律秩序中不平等的主权[M]. 朱利江,译. 北京:北京大学出版社,2008.
[50] 麦克尔·哈特,安东尼奥·奈格里. 帝国——全球化的政治秩序[M]. 杨建国,范一辛,译. 北京:北京大学出版社,2008.
[51] 尼科洛·马基雅维利. 佛罗伦萨史[M]. 北京:商务印书馆,2008.
[52] Antonio Cassese(安东尼奥·卡塞斯). 国际法[M]. 蔡从燕,译. 北京:法律出版社,2009.
[53] 勒内·格鲁塞. 草原帝国[M]. 蓝琪,译. 北京:商务印书馆,2009.
[54] 费正清. 中国的世界秩序——传统中国的对外关系[M]. 杜继东,译. 北京:中国社会科学出

版社,2010.
[55] E·H·卡尔.两次世界大战之间的国际关系(1919—1939)[M].徐蓝,译.北京:商务印书馆,2010.
[56] 爱德华·吉本.罗马帝国衰亡史(上、下)[M].黄宜思,黄雨石,译.北京:商务印书馆,2010.
[57] 查尔斯·A·比尔德,玛丽·R·比尔德.美国文明的兴起(上、下)[M].许亚芬,译.北京:商务印书馆,2010.
[58] 托克维尔.旧制度与大革命[M].冯棠,译.北京:商务印书馆,2010.
[59] 希罗多德.历史(上、下)[M].王以铸,译.北京:商务印书馆,2010.
[60] 巴托洛梅·德拉斯·卡萨斯.西印度毁灭述略[M].孙家堃,译.北京:商务印书馆,2010.
[61] 乔治·勒费弗尔.法国革命史[M].顾良,等,译.北京:商务印书馆,2010.
[62] 普罗科皮乌斯.战争史(上、下)[M].王以铸,崔妙因,译.北京:商务印书馆,2010.
[63] 弗里德里希·席勒.三十年战争史[M].沈国琴,丁建弘,译.北京:商务印书馆,2010.
[64] 约达尼.哥特史[M].罗三洋,译注.北京:商务印书馆,2010.
[65] 恺撒.内战记[M].任炳湘,王士俊,译.北京:商务印书馆,2010.
[66] 志费尼.世界征服者史(上、下)[M].何高济,译.北京:商务印书馆,2010.
[67] 霍布斯.利维坦[M].黎思复,黎廷弼,译.北京:商务印书馆,2010.
[68] 西塞罗.国家篇 法律篇[M].沈叔平,苏力,译.北京:商务印书馆,2010.
[69] 史彤彪.自然法思想对西方法律文明的影响[M].北京:中国人民大学出版社,2011.
[70] 杰弗里·布莱内.战争的原因[M].时殷弘,译.北京:商务印书馆,2011.
[71] Malcolm N. Shaw(马尔科姆·N·肖).国际法(上、下)[M].6版,白桂梅,等,译.北京:北京大学出版社,2011.
[72] Jose E. Alvares(何塞·E·阿尔瓦雷斯).作为造法者的国际组织[M].蔡从燕,译.北京:法律出版社,2011.
[73] 张潇剑.国际法纵论[M].北京:商务印书馆,2011.
[74] 杨泽伟.国际法析论[M].3版,北京:中国人民大学出版社,2012.
[75] 秦一禾.论国际法院任择强制管辖权[M].北京:法律出版社,2012.
[76] 张乃根.国际法原理[M].2版,上海:复旦大学出版社,2012.
[77] 恺撒.高卢战记[M].任炳湘,译.北京:商务印书馆,2012.

后　记

本书的成书的动因来自笔者在课堂上讲授国际法时的一种冲动。笔者作为一名国际法教授，长期以来在各种场合从事国际法研究和教学，是有很多心得的。通过对国际法的琢磨，感到国际法与历史、地理、国际政治密切相关，它自身的形成和发展也构成历史的一部分。在国际法的发展史上，有着很多历史背景和人物故事，完全可以把国际法放到波澜壮阔的历史画卷中去描绘，并且更为活跃，更为有趣。这样，我看到在国际法上，我可以在高深学问和浅显易懂之间搭起一座桥梁，写出一本既有趣味可读性，又具有一定的学术和知识深度的国际法书籍。我遍阅国际法方面的著述，的确还没有这样的国际法读物。这就给了我一个机会，那就让我来"纵横"一下国际法吧。

我的这一想法得到了立信会计出版社方士华副编审的共鸣，并得到了他所在的出版社以及我毕生供职的复旦大学法学院的大力支持。这才使本书的构想成为了现实。在此我向方士华和立信会计出版社，以及复旦大学法学院表示感谢！本书的问世，使得我内心世界的国际法开始走出我所在的国际法学术圈子和大学的国际法教师课堂，能够有机会直接和广大普通读者见面和进行对话。这对我而言是未曾有的经历，也是一次挑战。因为时间和篇幅的限制，我在本书关于国际法的叙述戛然终止于第一次世界大战前。到这时为止的国际法是在势力均衡和帝国理念的博弈中发展起来的，因此我就可以以"势力均衡与帝国理念"的副标题来对这一次"纵横国际法"进行界定。其实20世纪以来的国际法，即现代国际法更加精彩，更需要我们去"纵横"。不过现代国际法已经超越了势力均衡和帝国理念，已经带有某种普世的特性。所以，当我以后有机会再"纵横"国际法的时候，就会有另外的主题作为其主线展开了。这时"纵横"的视角将不再限于历史、地理、宗教、传统和国际政治，而是进一步扩展到哲学、社会、民族等方面。

何　力
2013年1月10日于上海复旦书馨公寓